Ovunque andiamo
WhereverWeGo

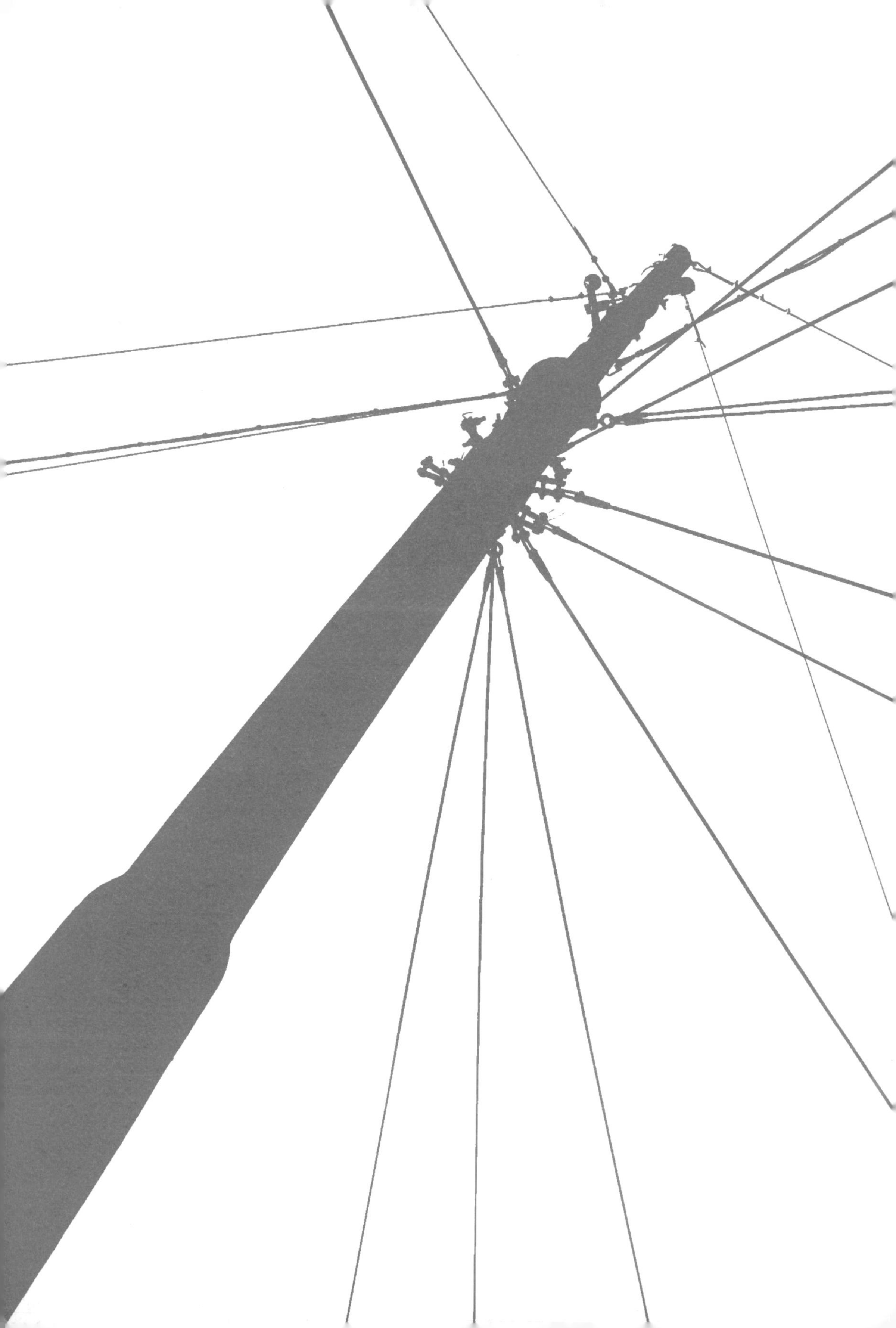

Wherever We Go – Ovunque andiamo

Arte, identità, culture in transito – Art, Identity, Cultures in Transit

a cura di / edited by
Hou Hanru e / and Gabi Scardi

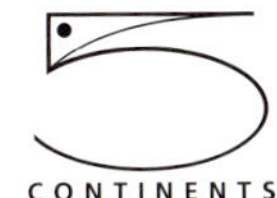

Catalogo a cura di / Catalogue edited by
Hou Hanru e / and Gabi Scardi

Testi di / Texts by
Roel Arkesteijn, Jen Budney, Charles Esche, Larys Frogier,
Hou Hanru, Yukie Kamiya, Christine Macel,
Velimir Moist, Stella Santacatterina, Gabi Scardi,
Pelin Tan, Pier Luigi Tazzi, Elvan Zabunyan

Redazione e coordinamento editoriale /
Editing and Editorial Coordination
Federica Cimatti

Redazione testi inglesi / Editing English texts
Emily Ligniti

Traduzioni / Translations
Cristiano Buffa
Huw Evans
Carole Simonetti

Progetto grafico / Graphic Design
Letizia Abbate, Mario Piazza
46 xy studio

© 5 Continents Editions srl
Milano, 2006
info@5continentseditions.com

ISBN: 88-7439-390-3

Wherever We Go – Ovunque andiamo
Arte, identità, culture in transito
Art, Identity, Cultures in Transit

Spazio Oberdan, Milano
17 ottobre 2006 - 28 gennaio 2007
October 17, 2006 – January 28, 2007

Walter & McBean Galleries
San Francisco Art Institute
San Francisco, CA
4 maggio - 11 agosto 2007
May 4 – August 11, 2007

a cura di / curated by
Hou Hanru e / and Gabi Scardi

Assistant Curator
Rossella Moratto
con la collaborazione di /
with the collaboration of
Caterina Riva

Coordinamento generale /
Coordination
Serena Zonca

Segreteria organizzativa /
Organization Secretariat
Lucia Borrelli
Fiorenza Melani

Progetto grafico della mostra /
Exhibition Graphic Design
46xy

Progetto di allestimento / Exhibition Design
Giampaolo Artoni

Coordinamento tecnico all'installazione /
Installation Technical Coordination
Stefano Dugnani
con la collaborazione di /
with the collaboration of
Cristhian Raimondi
Manuel Scano

Consulenza e assistenza per lo stato
di conservazione delle opere /
Consultation and Assistance for the state
of preservation of the works
Silvia Fabro

Allestimento / Set-up
Tosetto s.r.l
con la collaborazione di /
with the collaboration of
Mario Quadraroli

Ufficio stampa / Press Office
Ilaria Gianoli

Assicurazioni / Insurance
Assitalia

Trasporti / Shipping
Arterìa

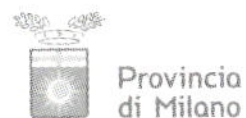

Provincia
di Milano

Presidente / President
Filippo Penati

*Assessore alla cultura, culture
e integrazione / Councilor for Culture,
Cultures, and Integration*
Daniela Benelli

*Direttore Centrale cultura
e turismo / Central Director
for Culture and Tourism*
Pia Benci

*Direttore Settore beni culturali,
arti visive e musei /
Cultural Heritage, Visual Arts,
and Museums Department Director*
Angelo Cappellini

*Direttore Settore Cultura /
Culture Department Director*
Massimo Cecconi

Organizzazione / Organization
Bianca Aravecchia
Caterina Aurora
Antonella Gradellini
*con la collaborazione di /
with the collaboration of*
Valentina Briguglio

*Servizio Comunicazione /
Communications Services
Responsabile / Head*
Marco Piccardi

Ufficio Stampa / Press Office
Pinuccia Merisio
Paola Di Andrea

Pagina Web / Web Page
Stefania Della Zizza
Glamm

Promozione pubblico / Promotion
Irene Moresco

Servizi tecnici / Technical Services
Saverio Camarca
Luca Carovelli
Caterina Casati
Bruno Chemolli
Gianni Molari
Marco Occhipinti
Saverio Pullano
Paolo Sigrisi

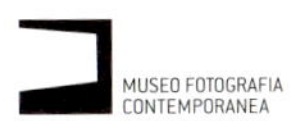

President
Chris Bratton

*Senior Vice President
for Finance and Administration*
Judy Logan

*Dean of Academic Affairs,
Senior Vice President*
Okwui Enwezor

Dean of Graduate Programs
Renée Green

*Vice President, Academic
Planning and Facilities*
Jennifer Stein

Vice President, Enrollment
Victoria Valle

Interim Vice President, Advancement
Kathie Lowry

*Associate Vice President,
Human Resources*
Resa Peay-Wainwright

*Associate Vice President,
Information Technology*
Tony Maridakis

*Associate Vice President
for Student Affairs*
Byron McRae

*Director of Exhibitions
and Public Programs*
Hou Hanru

*Director of Foundation
and Corporate Relations*
Karen Weber

*Associate Director
of Communications*
Nina Zurier

*Exhibitions and Public
Programs Coordinator*
Mary Ellyn Johnson

Editor/Publicist
Lucy Martin

MUSEO FOTOGRAFIA
CONTEMPORANEA

Presidente / President
Daniela Gasparini

Vicepresidente / Vice-President
Angelo Zaninello

Direttore generale / General Director
Giuseppe Manzoni

Direttore scientifico / Scientific Director
Roberta Valtorta

*Direttore di produzione /
Production Director*
Gabriella Guerci

*Conservazione e catalogazione /
Preservation and Cataloguing*
Arianna Bianchi
Barbara Chiarini
Francesca Prina
Diletta Zannelli

*Mostre, eventi, comunicazione /
Exhibitions, Events, Communications*
Matteo Balduzzi
Massimiliano Foscati
Sara Maestranzi
Carole Simonetti

*Biblioteca e videoteca /
Library and Video Library*
Lorenzo Pulici
Alessandra Corio

Servizi educativi / Education Services
Silvia Mascheroni

*Segreteria e amministrazione /
Organization and Administration*
Lucia Borrelli
Fiorenza Melani
Serena Zonca

Ufficio stampa / Press Office
Alessandra Pozzi

Enti fondatori / Founding Institutions

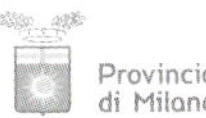

Provincia
di Milano

Comune di
CiniselloBalsamo

Partner

sponsor tecnologico

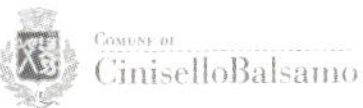

L'UNIONE SARDA

Le nostre società vivono con urgenza i problemi dei conflitti tra culture e le difficoltà dell'incontro con mondi altri. L'attenzione per questo scenario è un impegno di tutti e rientra, a ragione, anche nel dibattito artistico.
Gli artisti agiscono infatti come veri e propri sismografi del presente; nel loro lavoro si manifestano, con immediatezza eccezionale, abitudini individuali e pratiche collettive, il carattere e il sentire più profondo della contemporaneità. La migrazione, scelta o forzata, è l'esperienza caratteristica del nostro tempo e il meticciato la sua conseguenza. Per chi attraversa mondi e culture – lingue, usi, costumi, religioni – molto si perde e molto si acquista o si può riconquistare. Per dirla poeticamente con John Berger "Perché aggiungere altre parole? Per dire sommessamente ciò che è andato perduto. Non per nostalgia, ma perché è là, dove avviene la perdita, che nascono le speranze". Per illustrare attraverso le opere di donne e uomini, artisti che con particolare sensibilità e lungimiranza sanno parlare di perdita e di speranza, di individui singoli e di mondo, di differenze e di ricchezze, abbiamo voluto e realizzato *Wherever We Go – Ovunque andiamo: Arte, identità, culture in transito*. La mostra ha infatti il senso di una riflessione sui temi della cittadinanza e della rappresentanza, dell'identità e della convivenza tra culture. Si tratta di questioni legate al rapido divenire del mondo e ai processi di globalizzazione in corso.

Mossi dalla fiducia nella cultura come veicolo fondamentale di valori, e dalla convinzione che l'arte sappia dare forma ed espressione a fenomeni, caratteri, inquietudini del presente, con *Wherever We Go – Ovunque andiamo* abbiamo dato spazio ad artisti di matrice culturale e di provenienza variegata; artisti già noti nel panorama internazionale o appena emergenti, accomunati dal fatto di aver sperimentato in prima persona il transnazionalismo e gli itinerari tra culture diverse.
Le loro opere veicolano il carattere complesso e stratificato della società attuale, ed esprimono un mondo composito, dai confini mobili e dagli orizzonti allargati, un mondo percorso da tensioni, tutt'altro che pacificato nelle sue molte componenti, ma culturalmente ricco e interessante.
Sfidando ogni definizione univoca o semplicistica, queste opere invitano a una riflessione evidenziando come l'espressione contemporanea, e l'arte in particolare, possa costituire un laboratorio fondamentale per la conoscenza reciproca e un importante fattore di cambiamento sociale capace di favorire la condivisione di valori comuni.

Daniela Benelli
Assessore alla cultura, culture e integrazione
Provincia di Milano

Our societies are faced with an urgent need to solve the problems of the conflicts between cultures and the difficulties of the encounter with other worlds. Attention to this state of affairs is an obligation for all and is also, rightly, regarded as a fitting subject for artistic debate.

In fact, artists act as sensitive seismographs of the present; in their work, individual habits and collective practices, the most profound characteristics and feelings of contemporary life, are made manifest with exceptional immediacy. Migration, whether voluntary or involuntary, is the distinguishing experience of our time and hybridization, its consequence. For those who move between worlds and cultures—languages, usages, customs, religions—much is lost and much is gained, or can be regained. As John Berger puts it poetically: "Why add more words? To whisper for that which has been lost. Not out of nostalgia, but because it is on the site of loss that hopes are born." To illustrate through the works of men and women, artists who are able to speak of loss and hope, of individuals and of the world, of differences and riches, with particular sensitivity and farsightedness, we have conceived and organized *Wherever We Go. Art, Identity, Cultures in Transit*. In fact, the exhibition has the sense of a reflection on the themes of citizenship and representation, of identity and the coexistence of cultures. These are questions linked to the rapid changes taking place in the world and to the processes of globalization that are underway. Prompted by a faith in culture as a fundamental vehicle of values, and by the conviction that art is able to give form and expression to the phenomena, characteristics, and anxieties of the present, with *Wherever We Go* we have given space to artists of a wide variety of cultural backgrounds and origins. Artists who already have an international reputation or who are just making a name for themselves, but who all have in common the fact of having experienced transnationalism and transit between different cultures firsthand. Their works convey the complex and stratified character of today's society, and reflect a composite world, with fluid borders and broadened horizons, a world permeated by tensions and anything but at peace in its many components, but one that is culturally rich and fascinating.

Challenging any unequivocal or simplistic definition, these works invite us to reflect by showing how contemporary forms of expression, and art in particular, can constitute a laboratory of fundamental significance for mutual understanding and an important factor of social change capable of promoting the sharing of common values.

Daniela Benelli
Councilor for Culture, Cultures, and Integration
Province of Milan

Ovunque vadano, stanno creando un nuovo mondo. Appunti sulla migrazione, ibridazione culturale e arte contemporanea Hou Hanru

Le migrazioni contemporanee sono uno dei segnali più forti del cambiamento in corso nel mondo d'oggi. Con la fine della Guerra Fredda e l'intensificarsi della globalizzazione della nostra economia e della nostra cultura, gli spostamenti fra le diverse parti del pianeta sono diventati un fenomeno in continua crescita. La circolazione globale del capitale, dei beni e delle persone sono un elemento essenziale alla macchina della nostra economia mentre, in Occidente, l'immigrazione di provenienza extraoccidentale è un elemento chiave del rimodellamento demografico, che va compreso per poter affrontare la sfida (non procrastinabile) del cambiamento sociale. D'altro canto, con il boom delle nuove economie in numerose aree extraoccidentali, sempre più persone provenienti dall'Occidente si stabilizzeranno, nel nuovo millennio, in queste aree. Questo movimento in più direzioni sicuramente indurrà a uno scambio senza precedenti fra diverse culture. Conseguenzialmente provocherà profondi cambiamenti nelle diverse culture locali e, in ultimo, produrrà nuovi realtà locali e quindi nuove globalizzazioni.

Inevitabilmente, questa inedita condizione culturale necessita di una nuova comprensione del concetto di identità. Siamo infatti portati a definire le nostre identità secondo una modalità in costante spostamento, muovendoci continuamente lungo le nostre traiettorie intorno al mondo. Ciò implica una de-identificazione dalla nozione stabilita di identificazione, solitamente derivata dalla dipendenza di ognuno dalla propria comunità di stato-nazione, e una re-identificazione basata sull'assai complessa esperienza del confronto e del vivere di ognuno, sia esso singolo che comunità, con le altre persone, seguendo le vie del viaggio globale, nel tentativo di ricollocarsi nei "nuovi mondi".

Inesorabilmente, questo nuovo tipo di identificazione, implica un'ibridazione culturale. L'esistenza contemporanea è una forma di vita che ci conduce, attraverso la "non-casa" e il "non-radicamento", verso il concetto di "luoghi di mezzo". Tutto ciò produce a sua volta una rivoluzione dei valori sociali.

È un tipo di identità assolutamente nuova che coniuga i legami storici e l'esperienza quotidiana del migrante, spesso relazionata alla memoria collettiva, ai progetti comuni e alle strategie condivise da quanti vivono in una condizione comune. Unisce altresì persone diverse fra loro che si sono trovate a condividere un destino simile, diventando così una forza di critica sociale.

Come uno straniamento perpetuo, questo nuovo tipo di identificazione non è solo una forza di resistenza e sovversione nei confronti dei poteri forti, è anche, ovunque vada il migrante, un modo di creare una nuova moltitudine, la classe lavoratrice contemporanea, e quindi nuove realtà locali.

L'Europa è stata profondamente trasformata negli ultimi vent'anni. Il successo solo parziale nella creazione di una Nuova Europa, basato sul desiderio di unificare il continente, ha dato luogo a un grande spostamento di persone sia dall'esterno all'interno del continente che viceversa, mescolando le reazioni insite nelle onde migratorie. Come su un vasto campo di battaglia nella nego-

Wherever They Go, They Create A New World.
Notes on Migration, Cultural Hybridity,
and Contemporary Art Hou Hanru

Contemporary migration is one of the strongest signs that the world of today is changing. With the end of the Cold War and the acceleration of the globalization of our economy and culture, migration between different parts of the planet has become an increasingly significant phenomenon. Global circulation of capital, goods, and people are an essential condition of the machine of our economy while, notably in the West, immigration of non-Western populations is a key element in the remaking of its demography in order to face the necessary challenge of social change. On the other hand, with the boom of new economies in different non-Western regions of the world, more and more people from the West, at the turn of the millennium, will permanently settle in those areas. This multi-directional movement of people certainly prompts unprecedented exchange between various cultures. Consequentially, it provokes profound changes in different local cultures. Ultimately, it produces new localities, and hence new globalness.

Inevitably, this new condition of culture leads to a new understanding of the notion of identity. We tend to define our identities in a constantly shifting manner, continuously moving along the trajectories of our globetrotting. It implies a de-identification of the established notion of identification that is often derived from one's dependence on the nation-state community, and a re-identification based on the very complex experience of every individual or group confronting and living with others along the routes of global travel in an attempt to resettle themselves in "new worlds."

Inevitably, this new way of identification has to embrace cultural hybridity. Contemporary existence is a form of life that leads towards the non-home, non-rooted existence in an in between space. This in turn provokes a revolution of social values.

This is a totally new kind of identity that combines the historical legacy and the day-to-day experience of the migrant, often related to the collective memories and common projects and strategies shared by people living in similar conditions. It also unifies those who have comparable destinies and hence becomes a critical social force.

As a permanent estrangement, this kind of new identification is not only a force of resistance and subversion of "mainstream" power, it is also, wherever the migrant goes, a way of producing new multitudes, the contemporary working class, and therefore new localities.

Europe has been deeply transformed during the last two decades. The semi-successful realization of the project to create a New Europe based on the desire to unify the continent has caused great movements of people, both from inside and outside the continent, and mixed reactions to the waves of migration. As an intense battlefield in the negotiation with migrations,

ziazione fra queste migrazioni, la Nuova Europa è un esempio perfetto della creazione di nuove realtà locali. Ci sono necessariamente scontri fra culture nella società, generati da diversi gruppi di cultura, etnia, condizioni economico-politiche e religione differenti. Questi conflitti diventano una grande forza che modella sia fisicamente che psicologicamente la fisionomia dei luoghi. Le nostre città stanno attraversando dei cambiamenti cruciali.

Infatti, i migranti trasformano il proprio "esilio" in un processo di investimento e negoziazione con gli spazi urbani e suburbani. La loro presenza e il loro coinvolgimento attivo nella vita quotidiana della città, ne muta fortemente le strutture, sia culturalmente che fisicamente, arrivando alla creazione di nuove città (spesso secondo stili tradizionalmente europei). Il diffondersi delle Chinatown, dei quartieri arabi ecc. sono solo i segni più visibili mentre, internamente, la struttura della popolazione, gli stili di vita, i valori ecc. stanno rapidamente trasformandosi e diversificandosi.

Questo, in termini dell'ambiente urbano, fa sorgere la questione dell'autenticità e dell'originalità e mette alla prova il concetto di eurocentrismo. Come interessante conseguenza, sempre più paesi extraeuropei stanno urbanizzando i propri territori seguendo una sorta di "esotismo al contrario" ovvero ispirandosi a modelli europei. Sia in Occidente che al di fuori, gli spazi urbani stanno diventando sempre più simili. Le "città generiche" sono il segno di quest'era di globalizzazione. Tuttavia, i movimenti per mantenere le differenze e gli scambi culturali, e anche le ibridazioni, non hanno mai smesso di riempire le strade. La mobilitazione sociale per la coesistenza e la giustizia fra le diverse comunità continua a giocare il suo ruolo nella formazione di nuove realtà locali.

Le richieste sociali e politiche delle diverse comunità "nuove" e "straniere" devono in ogni caso essere ascoltate, e le differenze culturali vanno accettate e anche promosse come elemento chiave di adattamento al cambiamento globale da parte di una società che diventa così più "social(ista)".

È un insieme di lotte sociali, culturali, economiche, politiche e infinite negoziazioni e perpetui assestamenti. In questo processo, le attività culturali e artistiche hanno trovato una nuova funzione e definizione. Il mondo dell'arte deve attivamente riflettere questo processo della realtà.

In prima linea in questa battaglia ci sono gli artisti "immigranti", specialmente coloro che provengono da realtà extraoccidentali. Essi non solo raccontano la storia dell'esilio, ma creano altresì nuove e innovative narrazioni di quelle nuove realtà locali chiamate nuove metropoli. Propongono nuove visioni e scenari della realtà in trasformazione. Combinando tradizione artistica e innovazione dalle proprie culture d'origine e dalle nuove culture adottive introducono differenti esperienze, punti di vista, metodi, stili, immaginazioni, visioni e strutture linguistiche che intervengono nel mondo attuale rimodellandolo, accentuando il movimento, il cambiamento, nonché le strategie di "resistenza" dei gruppi minoritari.

La questione del razzismo, del neocolonialismo, della giustizia sociale, dei diritti civili, dell'uguaglianza, delle condizioni economiche ecc. sono elementi chiave che caratterizzano le loro fatiche intellettuali e artistiche.

the New Europe is a perfect example of the creation of new localities. There are necessary culture clashes of the society generated by different groups of people from different cultures, ethnicities, economic-political conditions, and even religions. These clashes become a major power in forming the physical and psychological reality of our surroundings. Our cities are going through some crucial changes.

In fact, the migrants turn their "exile" into a process of engaging and negotiating with urban/suburban spaces. Culturally and physically, their presence and active involvement strongly changes the social and cultural structures of the city in order to produce new cities (often traditional European styles). The boom of Chinatowns, Islamic quarters, etc. are the most visible signs while, internally, the structure of the population, public behavior, values, etc. are becoming increasingly diversified and transformed.

This, in terms of the urban environment, raises questions of authenticity and originality and challenges the Eurocentric imagination. Echoing this, interestingly enough, more and more non-Western countries are urbanizing their territories by adapting to a certain "reversed exotic reading" of the West. In both the West and non-West, urban spaces are growing more and more similar. "Generic Cities" are the sign of this era of globalization. However, battles for cultural difference and exchange, and even hybridization, have never ceased to unfold on the streets. Social mobilization for coexistence and justice between different communities continues to play its role in the making of new localities.

Accordingly, the social and political claims of different "new" and "foreign" communities must be heard, and cultural differences must be accepted and even promoted as a key element for the society to adapt to the global change and hence become more "social(ist)."

This is a process of social, cultural, economic, and political struggles and endless negotiations and new arrangements. In this process, cultural and artistic activities have found their new functions and definitions. The art world should actively reflect this process of reality.

At the very forefront of this battle are "immigrant" artists, especially those from non-Western parts of the world. They not only recount the story of exile, but also create new and innovative narratives of the new localities, namely the new metropolises. They propose new visions and scenarios of the reality-in-progress.

Combining artistic traditions and innovations from their own cultures and the cultures of their newly adopted localities, they introduce different experiences, angles, methods, styles, imaginations, visions, and linguistic structures to intervene and reform the existing world, emphasizing movement, change, and resistance strategies as "minorities."

Questions of racism, neo-colonial dominance, social justice, civil rights, equality, economic status, etc. are key concerns that characterize their intellectual and artistic endeavors.

Thanks to their efforts, the global art world is now rapidly shifting its focus beyond the tra-

Grazie ai loro sforzi, l'arte globale sta ora spostando il suo obiettivo al di là del tradizionale concetto di Occidente come centro che esclude chi non ne fa parte. Nel frattempo, la migrazione di artisti non è più unidirezionale. Grazie alla circolazione di informazioni, immagini e persone, l'arte contemporanea si sta diffondendo in tutto il mondo, suscitando interesse e dibattito, mentre le culture locali si sono aggiornate e perfezionate.

Il mondo dell'arte vanta oggi un innumerevole quantità di artisti "migranti", che lavorano tra l'Occidente e l'Oriente, il Nord e il Sud. Essi stanno ora raggiungendo uno status assolutamente nuovo di viaggiatori del mondo, che trasportano autentiche merci di scambio tra culture e persone.

Creano generi assolutamente inediti di realtà locali in tutto il pianeta, che sono geograficamente nel mezzo, culturalmente ibridi (la proposta di Homi K. Bhabha per un ibridazione culturale), e "convivialità" sociale (il concetto di spazio conviviale di Paul Gilroy). Questi diventano, in ultima istanza, nuovi luoghi di produzione che creano non solo immagini, linguaggi e visioni culturali e artistiche originali e creative, ma anche un elemento chiave nella formazione di una nuova moltitudine globale (Toni Negri e Michael Hardt). Giocano altresì un ruolo fondamentale nel sollecitare ulteriori cambiamenti in ambito sociale, economico e culturale. Il contributo di questi artisti è quindi estremamente importante per la nostra epoca, nella quale ci troviamo di fronte alla minaccia di una guerra globale, manovrata dai poteri forti che tentano di riportare all'ordine i territori "fuori controllo", aree in realtà liberate dalla dominazione coloniale e neocoloniale. L'immaginazione e l'azione artistica stimolano le voci di protesta, interventi critici e visioni alternative per un mondo migliore.

Ovunque essi vadano, creano dei nuovi mondi.

San Francisco, 6 settembre 2006

ditional, Western center and reaching out to non-Western regions. In the meantime, the migration of artists is no longer unidirectional. Thanks to the circulation of information, images, and persons, contemporary art is spreading all around the globe, causing excitement and debate while the local culturescapes are being updated and improved.

The art world boasts of many "immigrant" artists, now travelling and working between the West and the non-West, the north and the south. They are now attaining a totally new status as world travelers, carrying out veritable exchange between cultures and peoples.

They are creating completely new genres of localities all around the planet that are geographically in between, culturally hybrid (Homi K. Bhabha's proposal for cultural hybridity), and socially "convivial" (Paul Gilroy's notion of space of conviviality). These become, ultimately, new sites of production that are producing not only original and inventive artistic and cultural images, languages, and visions, but also a key element in the making of a new global multitude (Toni Negri and Michael Hardt). They eventually play crucial roles in prompting further changes in terms of social, economic, and cultural orders. The contributions of these artists is radically important for our age, as we face the growing threat of global war, manipulated by the dominant powers that search to re-conquer the "out-of-control" territories liberated from their colonial and neo-colonial domination. The artistic imagination and actions stimulate protesting voices, critical interventions, and alternative visions for a better world.

Wherever they go, they create new worlds.

San Francisco, September 6, 2006

Quante strade Gabi Scardi

Attraversano territori e culture, varcano confini, negando ogni nazionalismo; ovunque passino acquisiscono informazioni, fanno proprie immagini, prendono in prestito modi e linguaggi. Spinti da motivi personali o professionali, o semplicemente per curiosità, hanno lasciato il suolo natale. Certi finiscono per fermarsi, altri sbarcano ovunque e non si stabiliscono mai.

Sono artisti provenienti da tutto il mondo: dall'Europa al Sud Est asiatico, al Medio Oriente, all'America. Li accomuna un orientamento interculturale che non è scelta programmata, ma spontanea risposta agli stimoli e alle influenze dei diversi contesti in cui si trovano a vivere.

In un rapporto di travasi, d'innesti, di confronto e di scambio, questi artisti, come anche, d'altra parte, numerosi tra i maggiori scrittori, cineasti, musicisti attuali di origine non occidentale, stanno infondendo nel panorama artistico internazionale nuove energie creative.

Sono portatori di una cultura duplice o addirittura molteplice. Riescono ad affiancare una perfetta padronanza del linguaggio artistico internazionale, una conoscenza della cultura del loro paese d'approdo e un dialogo continuo e vitale con il presente e con i miti del paese d'origine. La loro personalità si sviluppa e si rinnova senza che perdano memoria, e anzi dalla memoria, oltre che dalle diversità che incontrano e che di volta in volta "includono", traggono il valore autentico della propria nuova identità.

Nella loro posizione culturale ubiqua avvertono consapevolmente la necessità di rinunciare a qualsiasi definizione a priori e di far convivere visioni diverse del mondo, e godono di una libertà che contribuisce alla ricchezza e alla stratificazione di significati del loro lavoro.

Attraverso l'opera dei ventitré artisti che partecipano a *Wherever We Go – Ovunque andiamo* si rivela dunque l'orientamento interculturale che caratterizza molta parte della società e dell'arte attuale. Si esprimono i temi della dislocazione e della stratificazione culturale, della rappresentanza, l'idea di cultura come ambito dotato di vitalità, capace di assimilare ed integrare continuamente nella propria forma e nella propria tradizione espressiva elementi nuovi ed estranei. Si esprime la nozione di identità; intendendo per identità non un'astrazione, qualcosa di statico e immutabile, definito in base alla propria radice o a coordinate geografiche e determinato una volta per tutte, ma qualcosa di vivo e che cambia, che ha a che fare con le nostre vite, con ciò che facciamo. Un'identità, dunque, che è forma di vita, che sfugge alle definizioni, che resiste alle semplificazioni e alle classificazioni e che non si preoccupa troppo di se stessa, della propria singolarità e purezza: "Le tigri per essere tali non hanno bisogno di proclamare la propria tigritudine" afferma lo scrittore nigeriano Wole Soyinka, premio Nobel per la letteratura nel 1986.

Parliamo, insomma, di un'identità che è anche, soprattutto, prodotto di relazioni, sempre soggetta a cambiamenti, appartenente a uomini e donne che non vengono considerati esclusivamente come elementi di una collettività, ma come individui diversi tra loro, e che non sono necessariamente obbligati, com'era in passato e com'è ancora in molte parti del mondo, a rispetta-

How Many Roads Gabi Scardi

They span different territories and cultures, crossing boundaries and rejecting any nationalism; everywhere they go, they acquire information, appropriate images, and borrow styles and languages. Driven by personal or professional motives, or simply by curiosity, they have left their native soil. Some of them end up settling down somewhere, others go everywhere and never put down roots.

They are artists from all over the world: from Europe to Southeast Asia, the Middle East to America. What unites them is an intercultural outlook that is not a deliberate choice, but a spontaneous response to the stimuli and the influences of the different environments in which they have ended up living.

In a relationship based on grafts and influences, on comparison and exchange, these artists, like for that matter many of today's greatest writers, filmmakers, and musicians of non-Western origin, are infusing the international art scene with new creative energies.

They are bearers of a dual or even multiple culture. They are able to combine a perfect mastery of the international language of art with an understanding of the culture of the countries in which they live and a continual and vital dialogue with the present and with the myths of the countries of their birth. Their personalities develop and are renewed without them losing their memory. Indeed, it is from that memory, as well as from the differences that they encounter and that they "imbibe," that they draw the authentic value of their own new identities.

In their ubiquitous cultural position, they are conscious of the need to renounce any *a priori* definition and to reconcile different visions of the world, and they enjoy a freedom that contributes to the richness and the many layers of meaning found in their work.

Thus the work of the twenty-three artists who are taking part in *Wherever We Go* reflects the intercultural orientation that characterizes much of today's society and art. It explores the themes of displacement and cultural stratification, of representation, the idea of culture as a sphere with a life of its own, capable of assimilating and continually integrating new and foreign elements into its own form and its own tradition of expression. It explores the notion of identity: meaning by identity not an abstraction, something static and immutable, defined on the basis of its own geographical roots or coordinates and determined once and for all, but something alive and ever-changing, that has to do with the way in which we live our lives. An identity, therefore, that is a form of life, that eludes definitions, that resists oversimplifications and classification and doesn't worry too much about itself, about its singularity and purity: "a tiger does not shout its 'tigerness,' it acts," declares the Nigerian writer Wole Soyinka, winner of the Nobel Prize for Literature in 1986.

We are speaking, in short, of an identity that is also, and above all, the product of relationships, always subject to change, belonging to men and women who are not regarded exclusive-

re uno status imposto loro attraverso il linguaggio, la nazionalità, la religione, gli usi e i costumi del luogo nel quale sono nati, ma che dispongono di un maggiore margine di iniziativa individuale. La loro libertà culturale consente loro di pensare da sé, di dialogare con gli altri, di cambiare opinioni e modi di vita resistendo alla forza dei criteri identitari dominanti. Di fatto, vivendo oggi nel mondo della mobilità e degli interscambi, è impossibile sfuggire al confronto e allo scambio culturale e anche le esperienze individuali diventano in realtà processi assolutamente complessi e culturalmente ibridi. Ognuno di noi è esposto alle diverse influenze culturali.

Le opere di questi artisti sono dunque storie di relazioni interculturali vissute direttamente, sono racconti da vedere, esperienze vere che un approccio fantastico alla realtà permette loro di trasporre in arte; vi transitano, non parafrasate ma ricreate, le sensibilità, la complessità emotiva, oltre che il pensiero. Sono opere che sfuggono alle definizioni e alle etichette di identità; etichette che del resto hanno ben poco a che fare con il modo in cui ciascun essere umano sperimenta concretamente la vita; eludono ogni esotismo culturale – nulla di pittoresco, nessun colore locale – aprendo invece il varco a una riflessione articolata intorno ai temi delle identità.

Ma queste opere non hanno soltanto una valenza individuale; si tratta anche di testimonianze e attestazioni di presenza valevoli per tutti coloro che vivono in luoghi diversi da quelli nei quali sono nati; primi tra tutti le comunità che sull'onda di sempre più ampi flussi migratori approdano nei paesi occidentali alla ricerca di un futuro migliore, di diritti, di benessere o semplicemente di un lavoro capace di garantire loro la sopravvivenza; persone partite in fuga o per speranza, le vite segnate spesso da cesure e ritorni, dalla necessità di sopravvivere al ricordo, alla nostalgia di una *home* che è casa e terra insieme; destinate troppo spesso a vedere i propri sogni trasformati in incubi, a vivere la tensione e i disagi dei processi di integrazione, a scontrarsi non solo con una comprensibile difficoltà a trovare spazio e ruolo in un contesto nuovo, ma anche con la separatezza dovuta all'incomprensione, a muri culturali, a una paura del diverso che corrompe e mangia l'anima; perché la passione identitaria si può manifestare nel rifiuto di vedere gli altri, fino all'ostilità, prima ancora che nella volontà di riconoscere se stessi.

Che si sentano stranieri in ogni luogo, che vivano il proprio percorso come ripiego o che possano sentire la dolcezza di una nuova terra, comunque queste persone nel loro nomadismo non abbandonano tutto dietro di sé; la necessità di trovare un proprio spazio nel luogo in cui sono approdati non esclude che restino legati a ciò che hanno lasciato portandolo dentro di sé: memorie indelebili, consapevoli o depositate nell'oscura profondità della psiche e del corpo. "Scrivo per ricordare da dove vengo. Scrivo per non dimenticare cosa voglio. Scrivo per tracciare una traiettoria da seguire" dice Valentina Acava Mmaka.[1]

Ovunque vadano, "wherever they go", resteranno per sempre l'una e l'altra cosa.

Ciò che sono continuerà a comprendere ciò che sono stati. E si svilupperà per stratificazioni successive in virtù degli incontri, delle relazioni, di individualissimi percorsi.

ly as elements of a community, but as individuals who differ from one another, and who are not necessarily obliged, as they were in the past and still are in many parts of the world, to accept a status imposed on them through the language, the nationality, the religion, and the usages and customs of the place in which they were born, but who have a greater margin of individual initiative. Their cultural freedom allows them to think for themselves, to hold a dialogue with others, to change their opinions and ways of life, resisting the power of the dominant criteria of identity. In fact, living today in a world of mobility and interchange, one can no longer escape from cultural confrontation and exchange while every individual experience is a highly complicated and cultural hybrid process. One is systematically exposed to diverse cultural influences.

So the works of these artists are stories of intercultural relationships they have experienced directly. They are visual accounts, true experiences that a fantastic approach to reality allows them to transpose into art; through them are conveyed, not paraphrased but re-created, their sensibility, their emotional complexity, as well as their thoughts. They are works that elude definitions and labels of identity; labels, moreover, that have little to do with the way in which each human being experiences life concretely. They shun any cultural exoticism—nothing picturesque, no local color—but open the way instead to a complex reflection on the themes of identity.

But these works do not have just an individual value. They are also testimonies and demonstrations of presence valid for all those who live in places different from the ones in which they were born; in the first place, those communities that, with the ever-growing tide of migration, arrive in Western countries in search of a better future, of human rights, of wellbeing, or simply of a job that will ensure their survival. People who have fled in desperation or set off in hope, their lives often scarred by interruptions and returns, by the need to endure painful memories, by the nostalgia for a home that is both house and land; destined all too often to see their dreams turn into nightmares, to go through the tensions and hardships of the processes of integration, to run up against not just a comprehensible difficulty in finding room and a role in a new environment, but also an exclusion due to lack of understanding, to cultural barriers, to a fear of the different that corrupts and consumes the soul. For the obsession with identity can find expression in a refusal to see others, to the point of hostility, even more than in the desire to recognize oneself.

Whether they feel like foreigners everywhere they go, whether they see their journey as a stopgap, or whether they discover the joys of a new land, these people do not leave everything behind in their nomadism. The need to find a space for themselves in the place where they have ended up does not mean that they do not remain tied to the one they left. They carry within them indelible memories, whether conscious or hidden away in the recesses of the mind and the body. "I write to remember where I come from. I write so as not to forget. I write to trace a path to follow," says Valentina Acava Mmaka.[1]

"L'avvenire non è nel multiculturalismo, ossia l'inerte coesistenza di universi impenetrabili gli uni agli altri e tendenti a rinchiudere chiunque cerchi di uscirne pur facendone parte, bensì nel transculturalismo, l'itinerario individuale attraverso le culture, frutto di educazione e di libertà. Come dire che la Storia non è finita" dice Marc Augé.[2]

Ecco dunque ciò che passa attraverso le opere proposte nell'ambito della mostra *Wherever We Go – Ovunque andiamo*.

Gli artisti, del resto, sono sempre stati tra le figure più attente alle trasformazioni in corso, ai nuovi contesti, alle istanze sociali del proprio tempo e alle tensioni tra individuo e cultura, intendendo per cultura un sistema di espressione di idee, valori, della vita sociale con i suoi cambiamenti e i suoi conflitti.

La mostra costituisce dunque uno spazio a più voci, un campo aperto di confronto: "zona di contatto" la definirebbe l'antropologo James Clifford,[3] messa in scena di questioni cruciali del presente; ogni opera, frutto di una riflessione-azione, racconta cose del luogo in cui il suo autore è nato ma anche di quello in cui attualmente vive, e dice la diversità delle esperienze, degli approcci e dei linguaggi attraverso i quali ogni cosa viene espressa.

Sono opere che parlano di tante strade percorse, di viaggi che ricominciano sempre e non finiscono mai, di tragitti in cui più ancora della meta possono contare le derive e tutto quel che si trova lungo il percorso (Kristine Alksne, Banu Cennetoglu). Parlano di affinità che riuniscono e di diversità che separano, a volte drammaticamente, ma che contribuiscono anche a individuarci (Adel Abdessemed, Carlos Amorales, Maja Bajević e Danica Dakić, H.H. Lim), e delle contraddizioni, dell'assurdità e dell'insensata violenza della storia passata e di quella presente (Yael Bartana, Tsuyoshi Ozawa, Huang Yong-Ping, Pascal Marthine Tayou, Nari Ward). Esprimono le difficoltà, le tensioni sociali, culturali e tra generi (Mella Jaarsma), tra passato e presente, tra tradizioni e possibile futuro (Nindityo Adipurnomo), tra ciò che è originario e ciò che è acquisito, tra memoria e identità, tra perdita e novità (Shen Yuan); dicono la mancanza (Keren Amiran), la nostalgia (Latifa Echakhch), la morte e la rinascita rappresentata da ogni partenza e da ogni nuovo innesto (Adrian Paci). Parlano di migrazioni e dei loro drammatici effetti (Ni Haifeng), di incontri, di confronti (Elena Nemkova), della relazione io-altri (Maria Thereza Alves, Magali Claude, Koo Jeong-A).

Sono comunque tutte opere cangianti, contingenti e inclassificabili, inclini alla commistione e all'impurità, a prendere dentro tutto, la realtà e l'attualità, perché trasmettono immagini di individui mobili, abitanti di un mondo in perenne ridefinizione.

I messaggi di cui sono portatrici non vogliono essere univoci ma complessi, stratificati; che è proprio al flusso indistinto delle informazioni omologate e massificate che questi artisti vogliono resistere e reagire. Perché comunque l'identità può essere colta solo a frammenti. Impossibile venirne a capo. Quando ci pare di averla afferrata, ecco che invece si rivolta, si trasforma, si sottrae. Tutto è altrove, nulla è veramente localizzabile.

Wherever they go, they will always remain both one and the other thing.

What they are will continue to understand what they have been. And will grow layer by layer as a result of encounters, relationships, highly individual routes.

"The future does not lie in multiculturalism, i.e. in the inert coexistence of universes that cannot penetrate one another and tend to confine anyone who tries to emerge from them while still belonging to them, but in transculturalism, the individual journey through cultures, fruit of education and of freedom. Which amounts to saying that history has not ended," says Marc Augé.[2]

So this is what is conveyed through the works presented at the exhibition *Wherever We Go*.

Artists, moreover, have always been among the people most attentive to the transformations under way, to new contexts, to the social expectations of their own time, and to the tensions between individual and culture, understanding by culture a system of expression of ideas, values, of social life with its changes and its conflicts.

Thus the exhibition constitutes a space with many voices, an open field of comparison: a "contact zone" as the anthropologist James Clifford would call it,[3] a *mise-en-scène* of crucial questions regarding the present. Every work, fruit of a reflection-action, recounts things about the place in which its author was born, but also about the one in which he or she now lives, and tells us about the diversity of the experiences, approaches, and languages through which everything is expressed.

They are works that speak of many roads traveled, of journeys that always start again and never come to an end, of routes in which it is not so much the destination that counts as the drifting and everything that is encountered along the way (Kristine Alksne, Banu Cennetoglu). They speak of affinities that unite and differences that separate, sometimes dramatically, but that also help us to identify ourselves (Adel Abdessemed, Carlos Amorales, Maja Bajević and Danica Dakić, H.H. Lim), and of contradictions, of the absurdity and senseless violence of the past and the present (Yael Bartana, Tsuyoshi Ozawa, Huang Yong-Ping, Pascal Marthine Tayou, Nari Ward). They express the difficulties, the tensions in society and culture and between genders (Mella Jaarsma), between past and present, between traditions and a possible future (Ninditiyo Adipurnomo), between what is original and what is acquired, between memory and identity, between loss and new experience (Shen Yuan). They talk of absence (Keren Amiran), nostalgia (Latifa Echakhch), and the death and rebirth represented by every departure and every new graft (Adrian Paci). They speak of migrations and their dramatic effects (Ni Haifeng), of meetings, of confrontations (Elena Nemkova), and of the relationship between the self and others (Maria Thereza Alves, Magali Claude, Koo Jeong-A).

In any case, they are all changeable, contingent, and unclassifiable works inclined to mixture and impurity, to taking everything in, reality and actuality, as they convey images of mobile individuals, inhabiting a world in perennial redefinition.

The messages they bear do not set out to be unequivocal, but complex and stratified; for it

"Noi siamo fatti di cose in prestito. Lo siamo anche culturalmente. Animali, come dice Geertz, intrinsecamente insaturi, incompleti e contingenti, ci siamo forgiati protesi nelle culture in cui ci è accaduto di avere una vita da vivere e un'identità, distinta da altre, da ricevere, ereditare o inventare, modellare e costruire. Anche in questo senso, possiamo riconoscere in modo perspicuo, insieme alla nostra contingenza, il nostro essere intrinsecamente debitori ed eredi. Nello stesso senso in cui siamo fatti di cose prese in prestito, fisicamente e culturalmente, noi possiamo facilmente riconoscere di essere tutti *immigranti* nel mondo del pensiero." scrive, d'altra parte, un filosofo della politica, Salvatore Veca.[4]

1. Cfr. Valentina Acava Mmaka, *Io... donna... immigrata: Volere, dire, scrivere*. Bologna, Emi, 2004.

2. Dall'intervento tenuto da Marc Augé al Festival del Mondo Antico, 15-18 giugno 2006, Rimini, citato in *La Repubblica*, 15 giugno 2006.

3. Cfr. James Clifford, *Strade: Viaggio e traduzione alla fine del secolo XX*. Torino, Bollati Boringhieri, 1999.

4. Cfr. Salvatore Veca, *La penultima parola e altri enigmi. Questioni di filosofia*. Roma-Bari, Laterza, 2001, pp. 11-12.

is precisely the indistinct flow of standardized and homogenized information that these artists want to resist and to react against. Because in any case identity can only be grasped in fragments. It's impossible to make head or tail out of it. Just when we think we've got it, it turns on its head, is transformed, escapes us. Everything is elsewhere, nothing is truly locatable.

As a philosopher of politics, Salvatore Veca, puts it: "We are made of borrowed things. Even culturally. Intrinsically unsaturated, incomplete, and contingent animals, as Geertz calls us, we have made prostheses for ourselves in the cultures in which we have happened to have a life to live and an identity, distinct from others, to receive, inherit or invent, to model and construct. In this sense, too, we can clearly recognize, along with our contingency, the fact that we are intrinsically debtors and heirs. In the same sense in which we are made of borrowed things, physically and culturally, it is easy for us to recognize that we are all immigrants in the world of thought."[4]

1. Cf. Valentina Acava Mmaka, *Io... donna... immigrata: Volere, dire, scrivere*. Bologna: EMI, 2004.

2. From Marc Augé's speech at the Festival del Mondo Antico, Rimini, June 15–18, 2006, quoted in *La Repubblica*, June 15, 2006.

3. Cf. James Clifford, *Routes: Travel and Translation in the Late Twentieth Century*. Cambridge: Harvard University Press, 1997.

4. Cf. Salvatore Veca, *La penultima parola e altri enigmi. Questioni di filosofia*. Rome–Bari: Laterza, 2001, pp. 11–12.

Il gattopardo Gilane Tawadros

Paolo fu quasi accecato dall'abbagliante luce del sole che si rifletteva violentemente sui bianchi palazzi lungo il canale. Quella mattina era stato piuttosto difficile alzarsi dal letto, dopo i festeggiamenti della notte precedente. Nel momento in cui il suono della sveglia eruppe a lato del letto, il sonno incollava saldamente insieme le sue ciglia. Allungò la mano a tastoni sul tavolo e ci mise un po' prima di riuscire ad afferrarla e spegnerla. Le immagini intermittenti della sera prima attraversavano la sua mente. Sentì un'esaltazione mai provata prima, quando la punizione di Fabio Grosso filtrò attraverso il portiere della squadra francese. In quel momento si sentiva un surfista a cavallo della gigantesca onda dell'orgoglio e della vittoria italiana. L'intero bar esplose in brindisi e festeggiamenti che sembravano echeggiare in ogni angolo della città. Urla e trombe fuori dalle case e dalle finestre che i bar avevano lasciate aperte per avere un po' di respiro da quel caldo opprimente. Nessuno aveva osato lasciare il bar quella sera, neanche i suoi amici Paolo e Francesco e neppure gli altri che si erano incontrati al locale subito dopo pranzo, quella domenica; nessuno fu in grado di andarsene prima delle prime ore del mattino seguente; quasi avessero paura che lasciarsi significava cancellare gli eventi eccezionali accaduti quella sera, come un inaspettato risveglio che vanifica brutalmente un bel sogno.

Sdraiato nel letto, con gli occhi chiusi e tentando di risvegliarsi pienamente, Paolo si chiedeva se effettivamente tutto ciò era accaduto veramente o se semplicemente se l'era immaginato. Con grande sforzo si alzò dal letto, si fece una doccia e si vestì, così da poter scendere a comprare *La Gazzetta dello Sport* e leggere la cronaca della finale dei mondiali della sera prima, fra Italia e Francia. Se si sbrigava avrebbe avuto il tempo di bersi un caffè e di dare un'occhiata agli articoli sulla partita prima di andare a lavorare al ristorante. L'acqua ghiacciata della malfunzionante doccia nel suo appartamento era intollerabile in inverno, ma per l'estate era un ottimo refrigerio. Non aveva nessuna voglia di andare al lavoro. Fantasticò di prendere il vaporetto per il Lido e starsene sdraiato sulla spiaggia tutto il giorno, rinfrescandosi nell'acqua, di tanto in tanto, qualora si fosse sentito accaldato. Ma andare al lavoro era fuori discussione; aveva già preso troppi giorni di vacanza per seguire le partite. Se non si fosse presentato oggi al lavoro lo avrebbero sicuramente licenziato. Fabio del resto stava cercando una scusa qualsiasi per sbarazzarsi di lui. Non gli era mai piaciuto Paolo; lo considerava arrogante e, non fosse stato per la sua indiscutibile professionalità, lo avrebbe fatto fuori già da tempo. Anche Ahmed, un altro cameriere del ristorante gliel'aveva fatto notare un paio di settimane prima. Paolo lavorava al ristorante da quattro mesi, da molti anni a questa parte l'impiego in cui aveva resistito più a lungo. Aveva pagato alcuni debiti e stava per fare la svolta – almeno per quanto riguardava l'aspetto economico. Fino a quel momento non era stato per lui un problema perdere un lavoro e cercarne subito un altro, e così via. Ma ora, sempre più, era alla ricerca di una vita un po' più comoda. Forse stava semplicemente diventando vecchio.

The Leopard Gilane Tawadros

The intense glare of the sunlight, reflecting violently off the white buildings along the water-side, almost blinded Paolo. It had been difficult enough to get out of bed this morning after last night's celebrations. His eyelids had been glued together with sleep when the alarm clock erupted next to his bed. He had groped at the table several times until his hand landed on the alarm clock and was able to switch it off. Intermittent images of the previous night's events flashed across his mind. When Fabio Grosso's penalty shot past the French goalkeeper, he'd felt a surge of elation that he'd never experienced before. At that moment, he was like a surfer, riding a towering wave of Italian pride and victory. The bar had erupted in cheers and jubilation that seemed to echo right across the city. Shouts and screams rang out of apartment, bar, and café windows that had been left wide open in the oppressive heat. No one had wanted to leave the bar that evening. Neither his friends Paolo and Francesco nor any of the others who had congregated at the bar soon after lunch that Sunday had been able to tear themselves away before the early hours of the morning. It was as if they were afraid that if they left each other's company, the events of that afternoon and evening would fall away and disappear into noth-ing, like a pleasurable dream disturbed abruptly by being woken.

Lying in bed with his eyes closed trying to rouse himself awake, Paolo wondered whether it had all really happened or whether he had imagined it all. He had to force himself to get out of bed and get showered and dressed so that he could buy a copy of *La Gazzetta dello Sport* and read the report about last night's World Cup final between France and Italy. If he hurried, he'd have time to have a coffee and read the report on the match before he went to work at the restaurant. The icy cold water from the malfunctioning shower in his apartment was intolera-ble in winter, but cool and refreshing at the height of summer. He wished he didn't have to go to work today. He daydreamed about taking the waterbus to the Lido and lying on the beach all day, cooling down in the water when it got too hot. But skipping work was out of the ques-tion. He'd taken too many days off work all month to watch the soccer matches. If he didn't show up for work today, he'd get the sack. Fabio was looking for any excuse to get rid of him. He'd never liked Paolo. He thought he was arrogant, and if he hadn't been so good at his job, he would have fired him months ago. Ahmed, another waiter at the restaurant, had hinted as much a few weeks ago. He'd been working at the restaurant for four months—the longest he'd held down a job for the same number of years. He'd paid off some of his debts and began to turn a corner—at least where money was concerned. He could really do without the hassle of losing his job and starting to look for another one all over again. It didn't used to bother him before. Now, more and more, he wanted an easier life. He was probably just getting old.

The bitter taste of the coffee started to kick his head into gear. The photograph of Gianlui-gi Buffon embracing Fabio Cannavaro was all over the front pages of the newspapers that

Il gusto amaro del caffè iniziò a mettere in movimento i suoi pensieri. Sulla prima pagina di ogni quotidiano campeggiava la foto di Buffon che abbracciava Cannavaro. Non c'era dubbio. Gli azzurri erano Campioni del Mondo ancora una volta, la prima dopo quella vittoria sulla Germania, ai mondiali di Spagna '82. Suo padre era solito ripetere che Paolo era nato sotto una buona stella, l'anno della vittoria azzurra ai mondiali. Sua madre era già molto avanti con la gravidanza, nel periodo delle partite, piuttosto sofferente a causa del caldo sfiancante di quell'estate. Nacque così la settimana successiva al termine del mondiale e suo padre scelse il suo nome in onore di Paolo Rossi. Questo fu sempre motivo di sconfortante paragone, visti i fallimenti della sua vita rispetto alle aspettative riposte in un nome così impegnativo.

Il secondo caffè svegliò finalmente Paolo e che trovò solo in quel momento una certa reattività. Non gli pareva giusto che le squadre di Cannavaro e degli altri dovessero retrocedere nonostante il successo mondiale. Non credeva alle insinuazioni circa la compravendita di partite ma, se anche fossero state veritiere, di certo i giocatori erano all'oscuro di tutto. Se tali voci si fossero rivelate vere, allora i presidenti dovevano pagare, non certo i calciatori. Ecco come stavano le cose. La colpa doveva sempre ricadere sui comuni mortali, mentre coloro che detenevano il potere e l'autorità in un modo o nell'altro ne uscivano puliti e senza ripercussioni né responsabilità per l'accaduto. Oppure venivano incolpate le persone sbagliate. Zinedine Zidane ne era un esempio perfetto. L'avrebbero probabilmente dichiarato innocente, riguardo all'episodio della testata a Materazzi, al diciannovesimo minuto dei supplementari. Se anche Materazzi lo avesse chiamato terrorista che problema c'era? Non era poi così grave, giusto una provocazione, il genere di situazioni che capitano di frequente sul campo da calcio. Anche Ahmed non l'aveva mandata giù. Al momento della testata a Materazzi, Paolo inveì contro Zidane come fece tutto il bar. La gran parte dei terroristi in giro per il mondo erano o non erano arabi? E allora che motivo c'era di scandalizzarsi tanto? Ahmed invece non gradì l'affronto, ma forse non avrebbe dovuto avventarsi contro Paolo in quel modo, di fronte a tutti i suoi amici.

Paolo pagò i suoi caffé, prese il giornale e si incamminò verso il ristorante. Il sole era già accecante nonostante non fossero neanche le undici di mattina; riverberava sui marciapiedi e sui palazzi raddoppiando se non triplicando la sua intensità. Neanche gli occhiali da sole parevano sufficienti a proteggersi da quella luce spietata. Il problema era che le cose stavano cambiando troppo rapidamente. Il clima mutava repentinamente e così tutto intorno a sé. Era tutto troppo intenso. Riusciva a gestire giusto un paio di cose alla volta, e così andava bene. Ma la vita, un tempo interessante, gli si era fatta ora priva di stimoli, solo più complicata. Si sentiva come Burt Lancaster ne *Il gattopardo*: un uomo travolto dall'onda del cambiamento che nello scompiglio generale tenta di intimidire le persone che ha accanto senza averne più il controllo. Quando Marco lo scorso novembre gli aveva proposto di andare a vedere il film, Paolo era convinto che si sarebbe annoiato a morte. Un film di quarant'anni prima, della durata di due ore e mezzo di

morning. There was no doubt about it. The Italians were World Cup champions again for the first time since they beat West Germany in Spain in 1982. Paolo's father had always said that his son was well-starred, having been born in the auspicious year when Italy won the World Cup. His mother had been heavily pregnant during the tournament, uncomfortable in the heat of another sweltering summer. He had been born a week after the tournament ended and his father had named him after Paolo Rossi. It was a constant reminder of how Paolo had failed to live up to the achievements of his namesake.

The second espresso made Paolo feel awake and alert for the first time all morning. It didn't seem fair that the players and Cannavaro of all people might end up in the third division after all they'd achieved for Italy. Paolo didn't believe the allegations about the match-fixing ring, but even if it was true, surely the players weren't implicated. If the allegations were found to be true, then the management should suffer, but not the players. That was how things were. Ordinary people always got the blame and those with power and influence somehow managed to get away scot-free without any repercussions or responsibilities for what had happened. Or else the wrong people got the blame. Zinedine Zidane was a perfect example. He would probably escape all blame for head-butting Marco Materazzi nineteen minutes into extra time. So what if Materazzi had called him a terrorist? It wasn't serious. Just a jibe to wind him up. That sort of thing happens on the soccer pitch all the time, anyway. Ahmed didn't get it either. After Zidane attacked Materazzi, Paolo had cursed him the same way everyone else had in the bar that evening. Most terrorists *were* Arabs these days, so what was the big deal? Ahmed couldn't take a joke. He shouldn't have grabbed Paolo like that in front of his friends.

Paolo paid for his coffees, picked up his paper, and started walking to the restaurant. The sunlight was piercing and it wasn't even 11 o'clock yet. The light seemed to ricochet off the pavement and the buildings and it doubled, even trebled, in its intensity. Sunglasses were inadequate protection from its relentless brightness. The problem was that things were changing too fast. The climate was changing too fast and so was everything around him. It was all too intense. It was manageable when there were just a few of them. If anything, he'd quite liked it then. It had made life more interesting, but it wasn't interesting any more, just more complicated. He felt like Burt Lancaster in *The Leopard*. A man caught up in a tide of change and upheaval that threatened everything he knew, but which he no longer had any control over. When Marco had suggested going to see it last November, he thought he'd be bored rigid. A movie made forty years ago and two and a half hours long was bound to be completely dull. He tried to persuade Marco to go and see something else, but Marco was quite determined. He had a thing about Visconti films and Claudia Cardinale. Thinking about it, it was more a thing about Claudia Cardinale than Visconti. But Paolo barely noticed her. From the beginning, he had been captivated by Burt Lancaster. It was hard to believe that an American could play an

certo sarebbe stato soporifero. Tentò di convincere Marco per qualche altro film ma lui fu irre-
movibile. Aveva la fissazione per i film di Visconti e per Claudia Cardinale, a ben pensarci più per
la Cardinale che non per Visconti, ma Paolo quasi neppure la notò. Fu catturato sin dall'inizio da
Burt Lancaster: gli pareva incredibile come un attore americano potesse recitare la parte di un
aristocratico italiano in maniera tanto convincente. Elegante e dignitoso, Lancaster riassumeva
in sé tutte le caratteristiche del nobile raffinato intrappolato fra i grandi cambiamenti che scon-
volgono il suo mondo. Avrebbe comprato il dvd di quel film per guardarselo e riguardarselo al-
l'infinito. Nell'intimità della sua stanza si esercitava a camminare e sedersi come Burt Lancaster,
immaginando di vivere nell'Italia di cent'anni prima.

Paolo svoltò nel vicolo del ristorante e fu assalito da un odoraccio putrido. Sotto la calura
marcivano i pezzi di carne cruda e ossa, gettati la sera prima fuori dalla porta della cucina. Quella mattina non aveva mangiato niente, e così l'olezzo di carne andata a male gli rivoltò lo stoma-
co. Sicuramente chi si sarebbe dovuto occupare dei sacchi aveva fatto tardi e così avevano salta-
to il turno di raccolta rifiuti. Bussò alla porta laterale del ristorante e attese per un lasso di tempo che gli sembrò un'eternità. Voleva disperatamente fuggire da quell'odore ripugnante. Udì finalmente i due chiavistelli aprirsi e si trovò di fronte Fabio che lo fece entrare senza dire una parola. Era chiaramente sorpreso di vedere Paolo, in orario, quel giorno. Paolo attraversò la cucina,
passando davanti a Fabio, aprì il suo armadietto e si mise la divisa da cameriere. Si chiese quanto tempo sarebbe passato prima che qualcuno notasse la scomparsa di Ahmed.

Non aveva alcun dubbio circa il fatto che Ahmed lo aveva provocato facendogli notare come gli stalloni di pura razza italiana sarebbero stati annientati da una squadra di immigrati. La
partita si stava giocando sul filo del rasoio: 1 a 1 al primo tempo dei supplementari. Sperava che
non si arrivasse ai rigori; non erano certo il punto forte degli Azzurri e se non fossero riusciti a
segnare un altro gol nei supplementari la vittoria poteva dirsi sfumata. La squadra di Lippi doveva assolutamente vincere; l'Italia ne aveva bisogno. Fabio riteneva Paolo un arrogante, mentre
vedeva Ahmed come un tranquillo e volenteroso lavoratore immigrato. Non vedeva l'altra sua
faccia: quella orgogliosa di essere algerina, la faccia che mai sarebbe stata italiana. La maggior
parte di *loro* erano fatti in quella maniera: tranquilli e pacifici a vedersi, ma in realtà colmi di ri-
sentimento e rabbia nei confronti degli italiani che li ospitavano. Il problema era che i politici e
gli intellettuali di sinistra non avevano mai veramente passato del tempo con *loro* e non li conoscevano come invece li conoscevano Paolo e i suoi amici. L'Italia aveva bisogno di più politici
che la vedessero come la vedono i comuni lavoratori; forse così Paolo e i suoi amici non sarebbero stati provocati e spronati a fare cose che non avrebbero voluto fare. Paolo non voleva am-
mazzare Ahmed, non era certo nei suoi programmi, ma Ahmed lo avevo esasperato oltre ogni limite e così aveva reagito brandendo il primo oggetto a portata di mano. Se Ahmed non si fosse
voltato di scatto l'incidente si sarebbe chiuso con un taglio sul braccio, medicabile al pronto

Italian aristocrat so convincingly, but he had. Elegant and dignified, Lancaster had been the epitome of refined aristocracy, barely ruffled by the upheavals going on around him. He'd bought the DVD of the film after that and watched it over and over again. In the privacy of his own room, he practiced walking and sitting like Burt Lancaster, imagining himself living in Italy a hundred years earlier.

Paolo turned down the alleyway by the side of the restaurant and was assaulted by a putrid smell. Uncooked bits of meat and bone, tossed out of the restaurant kitchen the day before, were rotting in the heat. Paolo hadn't eaten anything yet that morning and the stench of decomposing flesh made his stomach turn. The garbage men had obviously been out late themselves the night before and skipped their early trash collection shift. He knocked on the side door of the restaurant and waited for what seemed like ages. He was desperate to get away from that dreadful smell. He heard the top and bottom locks turn as Fabio opened the door and let Paolo in without a word. He was obviously surprised to see Paolo turn up at all that day, let alone on time. Paolo walked straight past Fabio and through to the kitchen, opened his locker, and changed into his work clothes. He wondered how long it would be before someone reported Ahmed missing.

There was no doubt in his mind that Ahmed had provoked him. He'd taunted him that Italy's purebred stallions were going to be thrashed by a team of immigrants. The game was on a knife-edge: 1:1, and the first period of extra time. He didn't want the game to go to penalties. Italy had never been good at penalties and if they failed to score another goal in extra time, then all might be lost. Lippi's team just had to win. Italy needed them to win. Fabio thought that Paolo was arrogant and that Ahmed was a quiet, unassuming, and hard-working migrant. He hadn't seen the other side of Ahmed. The proud, Algerian side of him. The side that would never be Italian. Most of them were like that. Quiet and unassuming on the outside, but inside full of resentment and anger towards their Italian hosts. The problem was that most politicians and liberal intellectuals never actually spent time with them, didn't know them like Paolo and his friends did. Italy needed more politicians that saw Italy the way ordinary working people did. Perhaps then Paolo and his friends wouldn't be provoked and taunted to do things that they didn't want to do. Paolo didn't want to kill Ahmed. He hadn't set out to kill him, but Ahmed had drove him into a rage and he just hit out, grabbing whatever object came easily to hand. If Ahmed hadn't turned in that split second, it would just have been a cut in the arm that could have been patched up in hospital. He hadn't panicked when Ahmed's body slumped to the ground. Like the Leopard, he was composed and dignified. He and Marco had wrapped a dark shirt around Ahmed's mid-riff, propped up his body, and carried him out of the bar, pretending he'd passed out from too much heat and alcohol. No one there knew Ahmed or that he rarely drank. It wasn't that he avoided alcohol for religious reasons, but that he was study-

soccorso. Paolo non fu preso dal panico quando il corpo di Ahmed cadde al suolo. Rimase composto e dignitoso, proprio come il Gattopardo. Con l'aiuto di Marco avvolse il suo corpo in una maglietta scura e lo sollevò, trasportandolo fuori dal bar e raccontandosi che l'altro aveva perso il controllo a causa del grande caldo e di troppo alcool. Nessuno in quel posto conosceva Ahmed né il fatto che non era solito bere; non era astemio per motivi religiosi, semplicemente stava studiando per passare degli esami di medicina e così trascorreva il suo tempo libero concentrato sulla lettura e ripassando. Paolo lo invidiava molto per la tenacia e l'impegno. Aveva uno scopo ed era determinato a raggiungerlo. Paolo non era mai stato così motivato. Non aveva mai voluto un qualcosa in maniera così determinata; almeno fino al momento in cui l'Italia era arrivata in finale dei mondiali e aveva tifato per la loro vittoria. Non per un suo interesse personale, ma per il bene dell'intera nazione.

ing to pass his Italian medical exams and spent all his spare time reading and revising. Paolo had envied Ahmed for his tenacity and commitment. He had a goal and was determined to achieve it. Paolo had never felt so driven. He'd never wanted anything that much; at least not until Italy reached the finals of the World Cup and then he'd wanted them to win, not just for his sake, but for the sake of the whole nation.

Identità e territori Pier Luigi Tazzi

Documenta IX

All'inizio dell'estate del 1989 il gruppo dirigenziale creato da Jan Hoet per realizzare la nona edizione di Documenta, che si sarebbe aperta di lì a tre anni, si riunì per spartirsi le diverse aree geografiche da esplorare nell'universo dell'arte di quel periodo. Queste esplorazioni avrebbero avuto lo scopo non solo di scegliere gli artisti da invitare, ma anche e soprattutto di definire la sostanza di cui informare la mostra di Kassel, che all'epoca era ancora la mostra d'arte contemporanea più importante del mondo. Facevo parte del *team*, come presto prendemmo l'abitudine di definirlo, insieme a Hoet stesso, Denys Zacharopoulos e il giovane Bart De Baere, e optai per un'area che andava dalla parte europea dell'impero sovietico, in quei mesi in pieno collasso, alla costa occidentale del Nord America e dalla Scandinavia al Mediterraneo. A motivare questa scelta c'era il fatto che di questo territorio mi sentivo di conoscere la lingua, non certo in senso glottologico ma culturale: era la lingua comune della cultura europea e della sua estensione utopico-espansionista nordamericana.

Paul Valéry, all'indomani del carnaio della prima guerra mondiale, aveva identificato i fondamenti dell'identità europea in tre città/simbolo: Atene, Roma e Gerusalemme. Atene, simbolo della cultura greca classica, aveva apportato la razionalità della conoscenza, il concetto di armonia, la valorizzazione dell'uomo come misura di tutte le cose. Roma aveva promosso il diritto, la concezione di cittadinanza e l'idea di impero. (Fino a pochi anni fa, e in parte ancora oggi, mi commuove visitare le ultime capitali imperiali nel senso romano del termine, Londra, Istanbul, Mosca, dove ancora si percepisce il senso di cittadinanza, al quale cioè ciascuno, a qualsiasi ceto sociale, razza, religione, credo ideologico appartenga, si sente di avere pieno diritto. Parigi è la capitale della borghesia meritocratica. Di Roma al più è rimasta la Suburra. New York, uno scoglio a cui stanno aggrappati naufraghi e migranti, avventurieri e profittatori, e su cui sventola la patetica bandierina dell'*American Way of Life*, il tazebao del *melting pot*, per non dire del ridicolo logo della Grande Mela.) Gerusalemme, considerando soprattutto l'innesco operato dal cristianesimo nel giudaismo, aveva prodotto un'etica soggettiva, valorizzato la coscienza individuale e un senso di giustizia fondato su un amore, più che su una legge, universale.

A queste città/simbolo designate da Valéry aggiungerei, ed è stato fatto già da altri, fasi di civiltà, imbricate sì una dentro l'altra, e tuttavia distinte nel loro momento, un momento di rivelazione e di scoperta: l'umanesimo rinascimentale, l'illuminismo, la modernità; che non sono tanto le fondamenta della cultura europea ma la sua sostanza in atto. In questi momenti si torna a insistere sull'uomo e sulla sua centralità, sulla ragione non scissa dalle sue zone oscure, sulla libertà di essere, di agire e di progettare in ottemperanza non solo ai bisogni e alle necessità, ma anche ai desideri e alle aspirazioni individuali e collettivi, non nascondendosi che spesso

Identities and Territories Pier Luigi Tazzi

Documenta IX

At the beginning of the summer of 1989 the group set up by Jan Hoet to curate Documenta IX, scheduled to open three years later, met to share out the different geographical areas to be explored in the universe of art of that period. The purpose of these explorations was not just to choose the artists to be invited to take part, but also and above all to define the shape to be given to the event in Kassel, which at the time was still the most important exhibition of contemporary art in the world. Along with Hoet and myself, the members of the team, as we soon got into the habit of calling it, were Denys Zacharopoulos and the young Bart De Baere. I opted for an area stretching from the European part of the Soviet empire, where the process of collapse was reaching its height in those very months, to the West Coast of North America and from Scandinavia to the Mediterranean. The reason for this choice was the fact that I felt I knew the language of this territory, not in the linguistic sense of course, but in the cultural one: the common language of European culture and its utopian-expansionistic extension onto the North American continent.

Paul Valéry, in the aftermath of the carnage of World War I, identified the foundations of the European identity with three symbolic cities: Athens, Rome, and Jerusalem. Athens, the symbol of classical Greek culture, had contributed the rationality of knowledge, the concept of harmony, and the elevation of the human being to the status of the measure of all things. Rome had introduced law, the notion of citizenship, and the idea of empire. (Up until a years ago, and to some extent even today, I found it moving to visit the last imperial capitals in the Roman sense of the term: London, Istanbul, Moscow, where it is still possible to perceive the sense of citizenship, something to which everyone, whatever their social status, race, religion, or ideological creed, feels they have full right. Paris is the capital of the meritocratic middle class. All that's left of Rome is its slums. And New York, a rock to which survivors of shipwrecks and migrants, adventurers and profiteers cling, and over which flies the pathetic flag of the American Way of Life and the *dazibao* of the melting pot, not to mention the ridiculous logo of the Big Apple.) Jerusalem, above all in view of the grafting of Christianity onto Judaism, had produced subjective ethics, promoted the consciousness of the individual, and created a sense of justice founded on universal love, rather than universal law.

To these city-symbols designated by Valéry I would add—and it is something that others have already done—phases of civilization, overlapping one another and yet each with its own moment, a moment of revelation and discovery: the humanism of the Renaissance, the Age of Enlightenment, modernity. These are not so much the foundations of European culture as its substance taking shape. In these moments, the focus was once again on humanity and its centrality, on reason not separated from its zones of obscurity, on the freedom to be, act, and plan in obedience not just to needs and necessities, but also to individual and collective desires and

possono essere in contrasto fra loro, sull'autonomia spirituale e pratica che trascende la Legge
e la riformula di volta in volta in un processo senza limiti e senza fine.

Questa lingua io conoscevo, non altre. Su che base dunque avrei potuto imbastire un dialogo costruttivo in America Latina, in Asia, in Africa? Che cosa vi avrei dovuto cercare e capire, dal
momento che la mia ricerca verteva sull'arte, e l'arte ha un linguaggio che corrispondeva a quello che io conoscevo e non ad altro?

E in quel territorio intrapresi le mie perlustrazioni, mentre altri le condussero altrove.

Eppure dei 188 artisti alla fine partecipanti ben 159, con l'aggiunta di due australiani e di
sette israeliani, provenivano dal territorio occidentale. Degli altri, che costituivano una netta
minoranza, ben sette vi soggiornavano ormai da anni e due si apprestavano in quel torno di
tempo a prendervi residenza. Una strana eccezione quella del cherokee Jimmie Durham, che al-
l'epoca viveva in Messico, considerato che la maggior parte degli artisti non europei, quando si
fossero spostati dal loro territorio di origine, lo avevano fatto verso quello occidentale, l'Olanda, la Germania occidentale, l'Inghilterra, l'Italia. Durham nato e cresciuto negli Stati Uniti, dopo un lungo periodo a Ginevra come rappresentate della Indian Nation presso le Nazioni Unite,
aveva optato da qualche anno per il Messico.

Per quanto esigua fosse la quantità di artisti non provenienti e non residenti all'epoca nel
territorio occidentale, il loro impatto sul *corpus* della mostra non fu affatto minore. Le massicce
sculture del senegalese Ousmane Sow, il villaggio costruito dal giapponese Tadashi Kawamata
sulle rive del Kleine Fulda, tanto per citare due delle opere di maggior evidenza, unitamente a
molte altre opere minarono la mia posizione teorico-critica rivelandomi qualcosa che esulava
in modo consistente dall'estetica occidentale che fino a quel momento era stata oggetto unico
della mia considerazione. Parallelamente lo stesso territorio occidentale, non solo visto nelle
sue aree tradizionalmente centrali, ma anche in quelle periferiche, dalla Finlandia a Israele, mo-
strava una tale complessità da scardinare lo schema iniziale che avevo costruito in gran parte
sulla mia profonda adesione all'arte degli anni Ottanta, da Remo Salvadori a Thierry de Cordier
e Miroslaw Balka fra gli europei, e che comprendeva anche artisti nordamericani come il cana-
dese Rodney Graham e statunitensi, in particolare da Robert Gober a Joe Scanlan.

Quella dunque che si presentò allora ai miei occhi era una situazione di crisi. Una crisi non
tanto dovuta all'ingresso di nuove realtà culturali promosse da artisti non occidentali – una fe-
nomenologia che si presenterà appena più tardi, ma di cui tuttavia già se ne percepivano le prime avvisaglie –, ma che scaturiva dalla situazione stessa degli artisti occidentali che si trovarono
a fronteggiare un profondo mutamento in corso i cui dati più certi erano il crollo dell'impero
comunista e l'avanzamento rapido dei processi di globalizzazione economica, e per il quale non
trovavano gli strumenti né per leggerlo né tanto più per governarlo.

La "nostra" Documenta fu una mostra discontinua, piena di crepe e fratture, che non resti-

aspirations, without hiding the fact that they can often be in conflict with one another, and on the spiritual and practical autonomy that transcends the Law and reformulates it on each occasion in a process without limits and without end.

This language I knew, not others. So on what basis could I have cobbled together a constructive dialogue in Latin America, Asia, Africa? What would I have had to look for and understand there, given that my research was in art, and art had a language that corresponded to what I was familiar with and nothing else?

And so it was in that territory I went on my reconnaissance, while others conducted their searches elsewhere.

And yet out of the 188 artists who took part in the end, a total of 159, with the addition of two Australians and seven Israelis, came from the West. Of the others, who constituted a distinct minority, seven had been living there for years and two were about to move there. One noteworthy exception was the Cherokee Jimmie Durham, living in Mexico at the time, considering that the majority of non-European artists, when they had left their lands of origin, had moved to the Western world, to the Netherlands, West Germany, Great Britain, Italy . . . Born and raised in the United States, Durham, after a long spell in Geneva as representative of the Indian Nation at the UN, had opted for Mexico some years earlier.

However small the number of artists not coming from or currently resident in the West may have been, their impact on the corpus of the exhibition was far from insignificant. The massive sculptures of the Senegalese Ousmane Sow and the village constructed by the Japanese Tadashi Kawamata on the banks of the Kleine Fulda, to cite just two of the most striking works, along with many others, undermined my theoretical-critical position, revealing something to me that lay substantially outside the Western aesthetics that had up until then been the sole object of my consideration. At the same time the territory of the West itself, viewed not just in its traditionally central areas, but also in the peripheral ones, from Finland to Israel, displayed such complexity that it demolished the initial scheme I had based to a great extent on my profound affinity for the art of the eighties, from Remo Salvadori to Thierry de Cordier and Miroslaw Balka among the Europeans, but extending as well to North American artists like Rodney Graham from Canada and Robert Gober and Joe Scanlan from the US.

So what presented itself to my eyes was a situation of crisis. A crisis that was due not so much to the entry of new cultural realities promoted by non-Western artists—a phenomenon that was to become evident just a short while later, but the first inklings of which could already be perceived—as to the situation in which Western artists found themselves. A profound change was under way in which the most certain facts were the fall of the Communist empire and the rapid advance of the processes of economic globalization, and they could not find the tools either to interpret it or still less to control it.

tuiva un quadro unitario dello stato dell'arte, ma ne evidenziava le frizioni e le contraddizioni, riunendo sotto lo stesso ombrello malconcio cose vive e cose morte, segni di irreversibile obsolescenza e indicazioni gravide di futuro, coacervi inestricabili di decadenza e di speranza, di purezza e di impurità. Si trattò di una ripresa in movimento del mondo dell'arte di allora, e non di una posa da fermo, e anche non a partire da un unico punto di vista né con le stesse apparecchiature ottiche. Tuttavia questa mancanza di unità non ci impedì di espanderci nella città forzando i luoghi dell'arte a moltiplicarsi e ad aprirsi all'ambiente urbano, anch'esso non inteso come una struttura fissa a cui fare riferimento, ma come un campo mobile in rapida mutazione frammentato In settori allo stesso tempo distinti e interagenti gli uni con gli altri, costellato di *terrain vague*, terre di nessuno, zone abbandonate, dimenticate e dismesse, e tuttavia pronte a essere rioccupate e sfruttate. Cedeva insomma l'idea di Europa, di Occidente, e quei pochi artisti non occidentali ne furono in quel momento gli attivi testimoni, a volte i portatori stessi di germi, ridottesi le difese immunitarie che una storia centenaria aveva contribuito pervicacemente a costruire, portatori di influenze estranee al nostro storico e iperdifeso habitat: furono insomma la *cosa* che minaccia, non vista ma sentita, la tana protetta del protagonista nel racconto "Der Bau" di Franz Kafka.

Al Hoceima

Dal 1970 al 1978 ho avuto casa in una piccola città sulla costa mediterranea del Marocco. Era stata, se non proprio fondata, materialmente costruita da uno scarpaio di Elche che si era fatto fabbricante di mattoni. Si chiamò all'inizio Villa Sanjurjo, dal nome del generale spagnolo che vi era sbarcato, vi aveva insediato un campo base nella guerra contro la Repubblica del Rif, costituita dal berbero Abd el-Krim negli anni Venti del secolo scorso in quell'area del Marocco, e infine aveva sconfitto il "ribelle del Rif", come allora veniva chiamato, riaffermando il dominio spagnolo. All'indipendenza del Marocco la città assunse il nome attuale, che è quello arabo di una pianta, vagamente simile a una piccola lavanda, che cresce spontanea in quei luoghi.

Fu il mio primo distacco dall'Europa. Là mi liberai e dalle mie nevrosi – soffrivo fra l'altro di una fastidiosa forma di agorafobia – e dai residui della mia educazione cattolica, che erano rimasti profondi nonostante il mio abbandono della fede e delle pratiche religiose nel corso dell'adolescenza – e non sarebbe potuto essere stato altrimenti per uno che alla fine dell'infanzia dialogava direttamente con Dio, aveva interpretato il suo primo orgasmo come la discesa nel suo corpo della grazia divina, per scoprire subito dopo che il piacere era il peccato, più di quanto non lo fossero le trasgressioni alla morale che la Chiesa gli aveva insegnato e che lui aveva fatto sua.

Là appresi che la Legge non era dentro di me, ma di fronte a me, e come tale non vi ci si poteva sottrarre e doveva essere affrontata nella sua durezza e nella sua severità, che poteva arrivare fino alla soppressione dell'esistenza del suo trasgressore, e tuttavia quando questo si dava, si dava con un'arma impugnata da altri e non con un cancro che ti nasce dentro e ti devasta il corpo.

"Our" Documenta was a discontinuous exhibition, full of cracks and fissures, which did not present a uniform picture of the state of art, but brought out its conflicts and contradictions, lumping together living things and dead things, signs of irreversible obsolescence and indications for the future, inextricable tangles of decadence and hope, of purity and impurity, all under the same battered umbrella. It was a following and not a fixed shot of the art world of the time, and it was not taken either from a single point of view or with the same camera. Yet this lack of unity did not prevent us from spreading out into the city, obliging the venues for art to multiply and open up to the urban environment: this, too, was not seen as a fixed frame of reference, but as a mutable field undergoing rapid change and fragmented into sectors at once distinct and interacting with one another, strewn with *terrains vagues*, no-man's lands, zones that were abandoned, forgotten, and disused, and yet ready to be reoccupied and exploited. In short, the idea of Europe, of the West, was crumbling and those few non-Western artists were at that moment the active witnesses to the process. At times they were themselves the bearers of the germs of its collapse, following the reduction in the defense of the immune system that centuries of history had stubbornly helped to build: bearers of influences foreign to our historical and hyper-protected habitat. In other words, they were the *thing*, unseen but sensed, that threatened the sheltered lair of the protagonist of Franz Kafka's story "The Burrow."

Al Hoceima

From 1970 to 1978 I made my home in a small city on the Mediterranean coast of Morocco. It had been, if not exactly founded, then at least materially constructed by a shoemaker from Elche who had become a manufacturer of bricks. At the beginning it was known as Villa Sanjurjo, after the Spanish general who had landed there and made it his base camp in the war against the Republic of the Rif, set up by the Berber Abd el-Krim in that area of Morocco in the twenties. Sanjurjo had eventually defeated the "rebel of the Rif," as he was called at the time, reestablishing Spanish rule. When Morocco gained its independence the city took its present name, which is the word in Arabic for a plant vaguely resembling a small species of lavender that grows in these parts.

It was the first time I'd been outside Europe. There I freed myself both from my neuroses (among other things I suffered from a tiresome form of agoraphobia) and from the last residues of my Catholic upbringing, which had remained deeply embedded despite my abandonment of the faith and of the practice of religion over the course of my adolescence: nor could it have been otherwise for someone who at the end of his childhood used to talk directly with God and who had interpreted his first orgasm as the descent of divine grace into his body, only to discover immediately afterward that pleasure was sin, even more so than transgression of the moral principles that the Church had taught him and that he had accepted as his own.

There I learned that the Law was not within me, but in front of me, and as such could not

Ma imparai anche altro. Imparai che il desiderio non necessariamente deve restare imprigionato nella corazza della volontà, ma è aperto e si rifrange in mille forme, mai le stesse, nell'Altro-da-sé.

Imparai che ogni visione del mondo è, anche e allo stesso tempo, un inganno, come una fata Morgana o un miraggio, e come tale è suscettibile di continui, a volte impercettibili, mutamenti, secondo la distanza, il calore, la densità del vuoto che separa l'osservatore dall'oggetto dell'osservazione.

Imparai che lo stato di coscienza può essere alterato con vari metodi, che l'Io è molteplice, che la Memoria ha un passo diverso dalla Storia, che Il Tempo è una convenzione con effetti pratici non trascurabili.

Non acquisii né sapere né saggezza, ma diedi corpo e forza alle mie passioni.

Il villaggio europeo

Quando tornai al mio "villaggio", che non era più la Toscana dove ero nato e cresciuto, né l'Italia degli italiani, a cui per "natura" avrei dovuto legittimamente sentire di appartenere, ma l'"Europa dei Popoli", quelle società che avevano attinto a una lingua comune e l'avevano arricchita di innumerevoli inflessioni, che a loro volta, lungi dal dividere, erano divenute fondamenti di un riconoscimento collettivo reciproco. Subii il fascino discreto della differenza nella tuttavia malsicura certezza di partecipare a uno stesso universo di discorso, ma lasciando aperte porte e finestre all'ingresso degli oggetti del desiderio – Alcibiade che irrompe incoronato di fiori e ubriaco nel simposio platonico resta per me una figura di riferimento imprescindibile: non sarò mai io ad ostacolarne l'accesso.

Fu questo il tempo dell'ultima utopia costruttiva, che tuttavia non prese quel nome ormai mortificato dai successivi fallimenti e dalla "realtà" della Storia, e a cui comunque era sottesa un'idea di dominio.

Idea che ancora permane nella cultura dell'Occidente e che si esplicita sempre più chiaramente e fallacemente negli orrori e nei crimini che costellano il mondo di oggi. Orrore e fallacia che non hanno tuttavia né il potere né la potenza di coprire sotto il loro manto totalizzante la realtà in movimento di questo nostro mondo.

L'artista

L'artista ha voce più chiara, più limpida, più diretta, pur nella propria parzialità e nella propria separatezza individuale.

Artisti provenienti da diverse periferie dell'impero occidentale, come Adrian Paci e Yael Bartana; artisti la cui cultura d'origine è già fortemente segnata dal meticciato come Maria Thereza Alves e Carlos Amorales; artisti il cui territorio di origine è stato a lungo oppresso da forme diverse di colonialismo che ha lasciato le proprie ancora indelebili tracce, come Adel Abdessemed e Pascale Marthine Tayou; infine altri scaturiti da culture antichissime che solo la moder-

be avoided and had to be faced in all its harshness and severity: a severity that could go so far as taking the life of its transgressor, and yet when this was done it was done by a weapon wielded by others and not by a cancer that grows inside you and devastates your body.

But I learned other things, too. I learned that desire does not necessarily remain trapped in the armor of the will, but is exposed and is refracted into a thousand forms, never the same, in the Other-than-Self.

I learned that every vision of the world is, also and at the same time, a delusion, like a *Morgan le Fay* or a mirage, and as such is susceptible to continual, sometimes imperceptible, changes, depending on the distance, the heat, the density of the air that separates the observer from the object he is observing.

I learned that the state of consciousness can be altered in various ways, that the Self is multiple, that Memory moves at a different pace from History, that Time is a convention with practical effects that are not negligible.

I acquired neither knowledge nor wisdom, but gave substance and force to my passions.

The European Village

When I went back to my "village," I found it was no longer in the Tuscany where I had been born and raised, nor in the Italy of the Italians, to which by "nature" I would have legitimately felt I belonged, but in the "Europe of Peoples," those societies that had drawn on a common language and enriched it with innumerable inflections that, in their turn, far from dividing, had become the foundations of a mutual collective recognition. I fell under the discreet charm of difference in the still dubious certainty of taking part in the same universe of discourse, but leaving doors and windows open for the entry of objects of desire—Alcibiades bursting drunk and wreathed with flowers into Plato's symposium remains for me an inescapable figure of reference: I will never be the one to put obstacles in his way.

This was the time of the last positive utopia, but one that never took that name, demeaned by successive failures and the "reality" of history, and which in any case implied an idea of domination.

An idea that still persists in the culture of the West and that is ever more clearly and fallaciously expressed in the horrors and crimes with which today's world are strewn. Horror and fallacy that nevertheless have neither the capacity nor the power to cover the ever-shifting reality of this world of ours with their all-embracing cloak.

The Artist

The artist has the clearest, most limpid, most candid voice, notwithstanding his or her partiality and separateness as an individual.

Artists from various outlying areas of the Western empire, like Adrian Paci and Yael Bartana; artists whose culture of origin is already strongly characterized by hybridization, like

nità occidentale ha depistato dal loro corso come Huang Yong-Ping e Koo Jeong-A, costituiscono la ricchezza di un'Europa altrimenti triste nello stato attuale della sua crisi. Diversamente da
un recente passato in cui potevano essere inscritti nel quadro suggestivo delle curiosità esoti-
che – ve ne è una lunga tradizione nella storia dell'arte occidentale, dalle *chinoiserie* rococò al-
l'*art négre* di Picasso o *brut* dei surrealisti – costituiscono oggi le presenze e il legame necessario
a riunire noi occidentali alla ricchezza aperta del mondo attuale. Personalmente non posso non
guardarli che con un appassionato sentimento di gratitudine.

Salonicco, luglio 2006

Maria Thereza Alves and Carlos Amorales; artists whose native lands have long suffered from different forms of a colonialism that has left its own indelible marks, like Adel Abdessemed and Pascale Marthine Tayou; others, finally, coming from ancient cultures that only Western modernity has diverted from their course, like Huang Yong-Ping and Koo Jeong-A. These artists constitute the wealth of a Europe that would otherwise be sad in its current state of crisis. Unlike in the recent past, when they would have been placed in the evocative category of exotic curiosities (of which there is a long tradition in the history of Western art, from rococo *chinoiserie* to Picasso's *art négre* or the *art brut* of the surrealists), they are now the presences and the connection needed to link us Westerners to the wide-open riches of today's world. Personally, I can only look at their work with a deep feeling of gratitude.

Thessaloniki, July 2006

"Wherever We Go", essere qui e altrove Elvan Zabunyan

Parallelamente a una grave crisi nel Medio Oriente, dove i bombardamenti israeliani sul Libano provocano nuovi esodi, leggiamo sulla stampa le testimonianze di coloro che cercano di fuggire: "Nella mia mente sono pronta per la partenza, e credo, per un distacco definitivo dal paese. Non so se ne avrò la possibilità. Credo che centinaia e migliaia di libanesi la pensino come me. Non ho niente qui, né un pezzo di terra, né proprietà. Possiedo solo qualche libro" dice una giovane donna.[1] Partire da un paese in guerra, lasciare il luogo in cui si vive, fare l'esperienza del distacco per ragioni politiche, economiche, etiche o culturali, è la realtà di centinaia di migliaia di persone nel mondo. In una raccolta di scritti intitolata *Place*, datata aprile 2006, Renée Green, artista e teorica, si interroga sugli spostamenti voluti o forzati. L'autrice cita una conversazione avuta con uno studente che le chiede come sia possibile fare la scelta, essendo artista, di lasciare un luogo; si tratta di una necessità, di un privilegio, o di entrambe le cose? Lei precisa: "Ho risposto che la necessità era una delle ragioni principali, se consideriamo che la conquista della libertà di pensare e di creare è una possibilità importante che tutti dovrebbero avere. Poiché questa è anche legata alla mia sopravvivenza, mi è sembrato necessario spostarmi per soddisfare questa ricerca. Tutti possono farsi domande sulla propria vita: sei rimasto nel luogo in cui sei nato? Avresti potuto restarci? Perché te ne sei andato? Come sei riuscito ad andartene? Tornerai? Che cosa ti permette di vivere? Dovunque tu sia?".

Wherever We Go – Ovunque andiamo sottintende una presa di coscienza sul luogo nel quale ci troviamo, sul modo in cui viviamo questo luogo con la memoria e l'esperienza dello spostamento. Ma l'idea è anche quella di una distanza che può essere piccola o molto ampia. Possiamo attraversare la strada, il quartiere, il villaggio, la città, possiamo andare da una città all'altra, da un paese all'altro, possiamo anche indagare il qui e l'altrove partendo dal punto in cui siamo, attorno al quale ruotiamo per comprendere l'estensione del mondo ma anche la limitatezza dei margini di manovra e i vincoli che ne derivano. Come è possibile essere definiti dalle nostre origini e dalla memoria del luogo nel quale siamo nati, quando dobbiamo, nello stesso tempo, giustificare incessantemente il punto di partenza nel momento in cui arriviamo *da qualche parte*, dove la distanza tra ciò che è *qui* e *là* si attenua, dove colui o colei che lascia un luogo si riferisce continuamente a quest'ultimo per definire la propria identità diventata *mobile*? E ancora, come è possibile concepire l'impossibilità del ritorno – così come il rischio di essere costretti a tornare – quando ciò si lega a una questione di vita e/o di morte?

Questi spostamenti tra mondi "occidentali" e mondi "extraoccidentali" rimandano alla relazione tra il "centro" e la "periferia" che sembra essere oggi una dicotomia decaduta anche se l'egemonia eurocentrica tenta di mantenere la propria autorità con ogni mezzo. Gli spostamenti non si effettuano più in *un senso*, ma in direzioni molteplici e differenti, da nord a sud, da est a ovest e viceversa. Le costrizioni economiche e politiche che segnano questi movimenti geogra-

"Wherever We Go," Being There and Elsewhere Elvan Zabunyan

At the time of a grave crisis in the Middle East in which the Israeli bombing of Lebanon is triggering new exoduses of refugees, we can read accounts in the press by those who are trying to leave: "In my head, I'm ready to go, and I think I will leave the country for good. I don't know if I will be given the possibility. I think that hundreds and thousands of Lebanese feel like I do. I have nothing here—no land, no property. All I own is a few books," says one young woman.[1] Fleeing a country at war, leaving the place where you live, going through the experience of departure for political, economic, ethical, or cultural reasons is a reality faced by hundreds of thousands of people in the world. In a collection of notes entitled *Place* and dated April 2006, the artist and theorist Renée Green also wonders about these notions of voluntary or forced mobility. In it, she relates the conversation she had with a student who asked her how one makes this choice, as an artist, to leave a place? Is it a necessity, or a privilege, or both at once? She goes on to say: "I answered that necessity loomed large, if one considers a quest for freedom of thought and for freedom to create, as important possibilities that everyone should have, and as these were also linked to my livelihood, it seemed necessary to move to fulfill these quests. Everyone can ask themselves these questions in relation to their own lives: Have you remained in the place you were born? Could you have stayed? Why did you leave? How were you able to leave? Will you return? What enables you to live, wherever you are?"

Wherever We Go implies this awareness of the place where we find ourselves, the way in which we live this place with our memories *and* our experience of displacement. But the idea is also that of a distance which can be very short or very great. You can cross the street, the block, the village, the city. You can go from one city to another, one country to another. You can even question the here and the elsewhere from the point where you are, from the point you revolve around in order to realize the extent of the world around you as well as the narrowness of your possible room for maneuver and the constraints that stem from it. How are you defined by your origin as well as by the memory of the place where you were born, when you have at the same time to incessantly justify the point of departure just when you arrive *somewhere*, when the distance between what is *here* and *there* is blurred, when the man or the woman who leaves a place constantly appeals to that place to define his or her now *shifting* identity? And how do you deal with the impossibility of return—as well as the risk of being forced to return—when this amounts to a question of life and/or death?

These movements within the "Western" world and the "non-Western" world refer to a relationship between the "center" and the "periphery" that today seems to be an outmoded dichotomy, even if the Eurocentric hegemony is trying to preserve its authority by every means. Movements are no longer made in *one* direction, but in multiple and different directions, from North to South, from East to West, and vice versa. The economic and political constraints that characterize

fici e territoriali esistono all'interno di una nuova coscienza del mondo globalizzato. I termini si trovano coniugati per affermare e confermare i legami tra condizioni di produzione culturale, analisi politiche, sistemi economici e spostamenti territoriali.

Lo spostamento connesso al concetto stesso di "diaspora" permette, al di là della violenza dello sradicamento e del disorientamento inevitabile che ne deriva, di creare forme fluide di incontri rinforzando paradigmi culturali comuni. Al centro della questione della diaspora, ampiamente discussa nel campo dell'arte contemporanea e dei *cultural studies*, si sovrappongono analisi, come quelle di Stuart Hall, che partono da un'esperienza soggettiva dello spostamento e dalla sua applicazione e portano alle nozioni di etnicità e di appartenenza razziale. È anche attraverso questo spostamento da un paese all'altro che spostiamo lo sguardo, il quale può essere compreso tanto nella concretizzazione di una forma rappresentata quanto nell'interpretazione che ne facciamo in maniera riflessiva. Questo rovesciamento è ciò che motiva, per esempio, il progetto di una mostra come *Unpacking Europe*, realizzata nel 2001 a cura di Salah Hassan e Iftikhar Dadi, nella quale lo sguardo che artisti provenienti da paesi del mondo extraeuropeo posano sull'Europa, determina la decostruzione di un certo numero di parametri storici iscritti in una coscienza collettiva segnata dall'Età dei lumi. Il concetto dell'Altro, leitmotiv delle analisi proprie delle teorie sull'identità culturale, oggi talvolta screditato perché troppo stereotipato, passa così "dall'altra parte" ribaltando i parametri dominanti della produzione artistica contemporanea.

Nel 1989, nel catalogo della mostra *Magiciens de la Terre*, lo scopo era di presentare il paese d'origine dell'artista sulla carta geografica come fosse al centro del mondo. Allo stesso modo di *Atlas à l'usage des artistes et des militaires* (1975) di Marcel Broodthaers che decideva di rappresentare tutti i paesi con le stesse dimensioni, tutte le differenze di scala venivano annullate e, allo stesso modo, tutte le forme di gerarchia politica.[2] Per sottolineare questa apertura, la mostra intendeva indicare il modo in cui la parte del mondo da cui proveniva l'artista potesse occupare una posizione centrale al di là delle dualità Nord-Sud. Simbolicamente, veniva invocata una visione nuova del pianeta e tutti i luoghi spesso lontani e sconosciuti a un occidentale (Bhaktapur in Nepal, Coué in Benin, Akwa in Nigeria, Bignona in Senegal, Ruwa in Zimbabwe...) abitati dagli artisti partecipanti alla mostra, diventavano quasi accessibili. Tuttavia, la mostra in sé non riusciva a trasmettere l'idea dello spostamento geografico. In effetti, l'allestimento delle opere non apportava alcuna idea veramente originale alla mostra in quanto architettura da abitare, dal momento che le opere, strumentalizzate dallo spazio museale, erano in attesa dentro un allestimento convenzionale che non permetteva di sviluppare nuove ipotesi di analisi sulla nozione stessa di esposizione, mentre, allo stesso tempo, il concetto provocava un'inedita apertura teorica.

Esiste un modo di pensare una mostra partendo da un concetto che permetta proprio di ribaltare i paradigmi dell'appartenenza a una cultura unilaterale, per sottolineare le interazioni

these geographical and territorial displacements exist within a new awareness of the globalized world. The terms are combined again to assert and confirm the links between conditions of cultural production, political analyses, economic system, and transfers of territories.

The displacement inherent in the very meaning of "diaspora" makes it possible, above and beyond the violent experience of being uprooted and the inevitable disorientation that stems from it, to create a fluid form of encounter, reinforcing common cultural paradigms. Within this question of the diaspora, widely discussed in the field of contemporary art and cultural studies, are juxtaposed analyses, like those of Stuart Hall in particular, that start out from a subjective experience of displacement and its application and lead to notions of ethnicity and racial belonging. It is also by this movement from one country to another that you shift your perspective, with the latter being understood equally well as the realization of a represented form and as the interpretation that one makes of it in an introspective manner. This reversal of the point of view is for example what motivated the project of an exhibition like *Unpacking Europe*, curated in 2001 by Salah Hassan and Iftikhar Dadi, in which the vision of Europe presented by artists from countries outside the European world resulted in the deconstruction of a certain number of historical parameters embedded in a collective consciousness shaped by the Enlightenment. Thus the notion of the Other, leitmotiv of the analyses of notions of cultural identity, now sometimes disparaged as too much of a stereotype, has gone over to "the other side," turning the dominant parameters of contemporary artistic production on their head.

In 1989, in the catalogue of the exhibition *Magiciens de la Terre*, the aim was to present the artist's country of origin on the map as if it were at the center of the world. In the manner of Marcel Broodthaers's *Atlas à l'usage des artists et des militaires* (1975), where all countries are represented in the same format, canceling out all differences in size along with any kind of political hierarchy.[2] To emphasize this opening up, the exhibition set out to show that the part of the world from which the artist came could occupy a central position quite apart from the dualities of North and South. Symbolically, a new perception of the planet was presented and all those places, often remote and unfamiliar to the Westerner (Bhaktapur in Nepal, Coué in Benin, Akwa in Nigeria, Bignona in Senegal, Ruwa in Zimbabwe . . .), in which the artists taking part lived became almost accessible. Yet the exhibition in itself did not succeed in transposing this idea of geographical displacement. Indeed, the presentation of the works did not bring any truly original idea to bear on the exhibition as architecture for living, since the works were hung in the museum space in a conventional way that did not permit any new perspective on the notion of exhibiting itself, even though the concept led to an unprecedented theoretical opening.

Is there a way of designing an exhibition on the basis of a concept that would rightly allow it to change the paradigms of belonging to a one-sided culture in order to emphasize the interactions characteristic of moving from one territory to another? To some extent this is what Ok-

proprie agli spostamenti territoriali? L'ipotesi di Okwui Enwezor per la seconda biennale di Johannesburg, nel 1997, partiva in qualche modo da questa idea con il progetto *Alternating Currents* nel quale, volutamente, le definizioni abituali di un'arte che si lega a un'identità nazionale erano state ingarbugliate. Solitamente una biennale raggruppa per sezioni nazionali il lavoro di artisti provenienti da paesi diversi. Enwezor aveva invece scelto di invitare sei collaboratori di origine diversa (Gerardo Mosquera di Cuba, Hou Hanru originario della Cina e residente a Parigi, Yu Yeon Kim residente a Seoul e New York, Octavio Zaya originario della Spagna e residente a New York, Kellie Jones, afroamericana residente a New York e Collin Richards del Sudafrica) che avrebbero a loro volta effettuato una selezione di artisti le cui opere si inscrivessero nell'ambito di una riflessione sull'idea di frontiera, che doveva essere imperativamente superata per evitare proprio un riconoscimento nazionale preciso. I numerosi spostamenti geografici, conseguenza della colonizzazione e/o dell'immigrazione, erano presi in considerazione come parametro essenziale: quasi tutti i curatori vivevano lontani dal proprio paese natale o dividevano il loro tempo tra due città, di cui almeno una occidentale. Che fossero originari di Cuba, della Cina, della Corea, della Spagna, degli Stati Uniti o del Sudafrica, tutti riflettevano sui termini di postcolonialismo, di tranculturalità o di globalizzazione culturale, esplorando in maniera critica i limiti del nazionalismo, qualunque fossero le sue forme. Così, al fine di opporsi all'imperativo istituzionale di ogni biennale, i curatori si impegnarono in una scelta artistica che privilegiava esperienze urbane non necessitando più di un allestimento all'interno di quattro mura. Gli artisti erano dunque *senza limiti* anche nel concetto della manifestazione.

Se consideriamo i cambiamenti avvenuti in più di dieci anni nell'ambito delle manifestazioni artistiche di una certa portata, si nota che gli artisti provenienti da paesi extraoccidentali occupano uno spazio sempre più importante nell'arte contemporanea e nel suo sistema di mercato. Una delle conseguenze è che la ricezione delle loro opere non si concepisce più sistematicamente secondo la loro appartenenza a uno spazio "minoritario".

Si può fare la stessa considerazione rispetto alla globalizzazione, fenomeno economico planetario che ha come conseguenza la creazione di cambiamenti strutturali che favoriscono gli incontri urbani tra persone originarie da paesi diversi. Gli esperti in materia confermano il legame stretto tra globalizzazione e postcolonialismo. Saskia Sassen sottolinea che "le città sono il terreno ... nel quale una molteplicità di culture può incontrarsi. Le città globali sono in parte i luoghi del postcolonialismo e davvero contengono le condizioni per lo sviluppo di un discorso postcoloniale".[3] La diversità inerente alla città contemporanea è anche il risultato dell'immigrazione. Per Sassen, quest'ultima permette di affermare il carattere multiplo della metropoli dove i concetti di etnicità e di diversità diventano presenze locali, che ribaltano la definizione di carattere cosmopolita solitamente attribuito all'élite. In effetti, le grandi differenze culturali tra membri di questi luoghi esterni, permettono loro di essere tanto cosmopoliti quanto i membri

wui Enwezor had envisaged for the second Johannesburg Biennale in 1997, with his project entitled *Alternating Currents* in which, deliberately, the customary definitions of an art linked to a national identity were blurred. As a rule a biennial presents the work of artists from different countries, divided up into national sections. On the contrary Enwezor had chosen to invite six co-contributors of different origins (Gerardo Mosquera from Cuba; Hou Hanru, born in China and living in Paris; Yu Yeon Kim, living in Seoul and New York; Octavio Zaya, born in Spain and living in New York; Kellie Jones, an African-American living in New York; and Collin Richards from South Africa) who in their turn would make a selection of artists whose works offered a reflection on the notion of frontier, something that had to be transcended precisely in order to avoid a national survey. Their numerous geographical displacements, a consequence of colonization and/or immigration, were taken into account as an essential parameter: almost all the curators lived outside their country of birth or divided their time between two cities, of which at least one was in the West. Whether they came originally from Cuba, China, Korea, Spain, the United States, or South Africa, they all reflected on the terms "post-colonialism," "transculturalism," or cultural globalization, exploring in a critical way the limits of nationalism, whatever form it took. Thus, in order to thwart the institutional requirement of a biennial, the curators decided to make an artistic choice that would give preference to urban practices that no longer needed to be put on show within four walls. So the artists were *out of bounds* in the very concept of the event.

If we consider the changes that have taken place in the setting of major artistic events over a period of more than ten years, we find that artists coming from non-Western countries are occupying a more and more dominant place in contemporary art and its marketing system. One of the consequences of this is that their works are no longer perceived systematically in terms of their belonging to a "minority" space.

The same thing can be said with regards to globalization, a planet-wide economic phenomenon whose consequence has been to create structural changes that favor the encounter with people from different countries in our cities. According to analysts of the question, the link between globalization and post-colonialism has been confirmed. Thus Saskia Sassen points out that "cities are the terrain where . . . a multiplicity of cultures come together . . . Today's global cities are in part the spaces of post-colonialism and indeed contain conditions for the formation of a post-colonialist discourse."[3] The diversity typical of the contemporary city is also the result of immigration. For Sassen, the latter makes it possible to affirm the multiple character of the metropolis where the notions of ethnicity and otherness become local presences, overturning the usual association of a cosmopolitan character with the elite. Indeed, the great cultural diversity of the members of these external communities allows them to be as cosmopolitan as members of the elite. While the movement of populations around the world is an age-old phe-

dell'élite. Al di là dello spostamento secolare delle popolazioni nel mondo, Sassen insiste sulla rapidità con la quale oggi si possano iniziare nuove articolazioni grazie alla riduzione delle distanze e grazie alla velocità degli spostamenti nella più efficace forma elettronica.

Gli incontri tra culture sono definiti anche dal momento di transito a cui fa riferimento Homi Bhabha all'inizio della sua opera *The Location of Culture*: "Lo spazio e il tempo si incrociano per produrre rappresentazioni complesse di diversità e identità, di passato e futuro, d'interno ed esterno, d'inclusione ed esclusione. Poiché si avverte un senso di disorientamento, un disturbo della direzione, nell'"oltre': un movimento incessante ed esplorativo, così ben riassunto nell'espressione francese 'au-delà', al di là, – qui e là, da tutte le parti, vicino e lontano, andata e ritorno".[4]

Questi stati a metà tra due, sono determinati anche dagli slittamenti inerenti ai movimenti di andata e ritorno propri della relazione locale/globale come descritti nella raccolta di Rob Wilson e Wimal Dissanayake intitolata *Global/Local: Cultural Production and the Transnational Imaginary* (in cui sono analizzate le trasformazioni delle comunità sul piano sia globale sia locale).[5] Questo approccio conferma la metodologia da antropologo applicata da James Clifford quando parte da racconti di viaggiatori occidentali per integrarvi un'analisi controcorrente indicando come queste narrazioni normative siano oggi relativizzate. Secondo lui "i concetti di comunità interiori ed esteriori, di casa e di altrove, di campi e di metropoli sono sempre più messi in discussione dalle correnti di pensiero post-esotiche de-colonialiste".[6] Il viaggio inteso come spostamento fisico, permette una "pratica spaziale" che mette in discussione i cambi di frontiera.

È principalmente su questo ultimo punto che poggia il concetto di "zona di contatto" proposto da Mary Louise Pratt. Il termine si riferisce infatti allo "spazio degli incontri coloniali, spazio in cui due popoli storicamente e geograficamente separati entrano in contatto l'uno con l'altro e stabiliscono relazioni durature che di solito implicano condizioni di coercizione, di radicale disuguaglianza e di conflitti insanabili. Prendo in prestito – sottolinea Pratt – il termine 'contatto' dall'utilizzo che se ne fa in linguistica, dove chiamiamo linguaggi di contatto, lingue improvvisate che si sviluppano tra relatori di madrelingua diversa che hanno necessità di comunicare regolarmente gli uni con gli altri, sovente in situazioni commerciali. Tali linguaggi nascono come *pidgin* e sono chiamati creoli quando diventano lingue madri. Come le società delle zone di contatto, queste lingue sono comunemente considerate caotiche, barbare, quasi prive di struttura. ... Con l'uso del termine 'contatto', intendo mettere in primo piano aspetti interattivi e improvvisati degli incontri coloniali, così facilmente ignorati o occultati dai resoconti diffusi di conquista e di dominio."[7]

Il concetto definito da Pratt permette di stabilire una continuità con il pensiero contemporaneo sulla creolizzazione esposto da Édouard Glissant e studiato in seno ai diversi approcci critici sulla globalizzazione culturale. "Penso che il termine creolizzazione si applichi alla situazione attuale del mondo, ovvero a una situazione in cui una 'totalità terra', finalmente realizzata,

nomenon, Sassen stresses the rapidity with which new links can be formed today, thanks to the shrinkage in distances and the speed of movement in its most efficient electronic form.

The encounters created between cultures are also defined by the moment of transit to which Homi Bhabha refers at the beginning of his work, *The Location of Culture*: "Space and time cross to produce complex figures of difference and identity, past and present, inside and outside, inclusion and exclusion. For there is a sense of disorientation, a disturbance of direction, in the 'beyond': an exploratory, restless movement caught so well in the French rendition of the words *au-delà*—here and there, on all sides, hither and thither, back and forth."[4]

These between states are also the ones defined by the slippages inherent in the back-and-forth movements typical of the local/global relationship as it is described in the collection of writings compiled by Rob Wilson and Wimal Dissanayake in *Global/Local: Cultural Production and the Transnational Imaginary* (where in particular transformations of communities are analyzed on the global as well as the local level).[5] This approach ties in with the anthropological methodology applied by James Clifford when he starts out from the accounts of Western travelers and integrates them with a reflection that goes against the current, showing how these normative narrations have been put into perspective today. In his view, "notions of community insides and outsides, homes and abroads, fields and metropoles, are increasingly challenged by post-exotic, decolonizing trends."[6] The journey considered as physical movement permits a "spatial practice" that questions changes of frontier.

It is to this last point that the notion of "contact zone" proposed by Mary Louise Pratt looks principally for support. The term refers to "the space in which peoples geographically and historically separated come into contact with each other and establish ongoing relations, usually involving conditions of coercion, radical inequality, and intractable conflict. I borrow the term 'contact' here from its use in linguistics, where the term 'contact language' refers to improvised languages that develop among speakers of different native languages who need to communicate with each other consistently, usually in the context of trade. Such languages begin as pidgins, and are called creoles when they come to have native speakers of their own. Like the societies of the contact zone, such languages are commonly regarded as chaotic, barbarous, lacking in structure . . . By using the term 'contact,' I aim to foreground the interactive, improvisational dimensions of colonial encounters so easily ignored or suppressed by diffusionist accounts of conquest and domination."[7]

This notion defined by Pratt allows us to establish a continuity with contemporary thinking about creolization as it is presented by Édouard Glissant and as it has been studied within the different critical approaches to the question of cultural globalization. "I think the term 'creolization' can be applied to the present situation in the world, that is to say, a situation in which a 'totality earth,' which in the end will come about, will permit that, within this totality (in which

permetta che al suo interno (in cui non vi è più alcuna autorità 'organica' e dove tutto è arcipe-
lago) gli elementi culturali più lontani ed eterogenei possano essere messi in relazione. ... Dal
momento che è di questo che si tratta: di una concezione sublime e mortale che i popoli d'Europa e le culture occidentali hanno veicolato nel mondo, il sapere che tutte le identità sono un'i-
dentità con una radice unica ed esclusiva rispetto all'altra. Questa considerazione di identità si
contrappone a una nozione 'reale', nelle culture composite, dell'identità come fattore e come
risultato di una creolizzazione, vale a dire dell'identità come rizoma, dell'identità non più come
radice unica ma come radice che incontra altre radici".[8]

Durante Platform 3, a Documenta 11, che si è svolta nel gennaio 2002 a Sainte-Lucie e che
si intitolava "Créolité et Creolization", Stuart Hall riprendeva l'idea di Glissant del "mondo intero in procinto di creolizzarsi" e la analizzava seguendo un approccio metaforico e metonimico.
Sotto forma di domande, cercava di definire la realtà di questo concetto rispetto a numerose
configurazioni storiche.[9] Sottolineando il carattere "misto" (*mixed*) delle culture caraibiche, facendo riferimento ai racconti di viaggi, di esilii, di traumi da espropriazioni e separazioni violen-
te, Hall parla di "società tradotte (*translated societies*)", ovvero di società pensate come "soggetti di una logica della traduzione culturale. La traduzione porta sempre le tracce dell'originale
ma in maniera tale che l'originale è impossibile da ricostruire. ... La traduzione è un modo importante di pensare la creolizzazione perché mantiene sempre la traccia di quegli elementi che
resistono alla traduzione stessa".[10]

Nella logica dell'analisi elaborata da Hall, l'utilizzo della parola *traduzione/translation*, con
il prefisso *trans*, di etimologia latina, crea un movimento intrinseco che segna visivamente il
passaggio di un termine a un altro.

Creolizzazione, zona di contatto, transculturalità sono altrettanti approcci linguistici *in relazione* che diventano strumenti di interpretazione. Per capire le pratiche artistiche che si sviluppano da tali concetti o che vi si ricollegano, il concetto di interpretazione è di effettiva im-
portanza, crea un legame stretto con la traduzione come forma. Dall'idea di viaggio a quella di
mostra, la logica di un movimento spazio-temporale si pone, in transito.

Scambi di culture, spostamenti territoriali, luoghi di transito, movimenti di frontiere, disorientamento, flussi migratori, viaggi, esplorazioni, nomadismo, sono tutti elementi che permettono di riflettere sulla cartografia mondiale contemporanea, ovunque siamo, ovunque andiamo.

1. Testimonianza di Nisrine, 31 anni, "nata nel 1975 con la guerra", insegna francese a Beirut. *Libération*,
martedì 18 luglio 2006.

2. L'*Atlas* di Marcel Broodthaers è pubblicato nel catalogo *Magiciens de la Terre*. Parigi,
Éditions du Centre George Pompidou, 1989, pp. 62-63.

3. Saskia Sassen, *Globalization and Its Discontents: Selected Essays 1984-1998*. New York, New Press, 1998.

there is no longer any 'organic' authority and where everything is an archipelago), the most distant and heterogeneous cultural elements can, in certain circumstances, be put in relation to one another . . . For the question, indeed, is this: the sublime and deadly notion that the peoples of Europe and the cultures of the West have exported throughout the world, namely that every identity is an identity with its own unique root, wholly separate from the next. This view of identity contradicts today's 'real' idea of identity, in these composite cultures, of identity as a factor and result of creolization, that is to say, identity as a rhizome: not a unique root that excludes any other root, but a root that meets other roots."[8]

At the time *Platform 3* of Documenta 11 was staged in January 2002 at Sainte-Lucie, under the title *Créolité and Creolization*, Stuart Hall took up Glissant's idea of the "whole world becoming creolized," enlisting it in a metaphorical, indeed metonymic approach. In the form of questions, he attempted to define the reality of this concept in relation to its numerous historical configurations.[9] Emphasizing the "mixed" character of Caribbean cultures and referring to accounts of travel and exile, and to the traumatic experience of violent expropriation and separation, Hall speaks of "translated societies," that is to say, societies "subject to the 'logic' of cultural translation. Translation always bears the traces of the original, but in such a way that the original is impossible to restore . . . Translation is an important way of thinking about creolization, because it always retains the trace of those elements that resist translation."[10]

In the logic of the analysis put forward by Hall, this use of the word *translation*, with its prefix *trans* derived from Latin etymology, creates an intrinsic movement that visually marks the displacement of one term to another. Creolization, contact zone, and transculturalism are linguistic approaches *in relation* that become tools of interpretation. To understand the artistic practices that stem from these concepts or are connected with them, the notion of interpretation is indeed an important one. It creates a close link with translation as form. From the idea of the journey to that of the exhibition, the logic of a movement in space and time presents itself in transit.

Exchanges of cultures, displacements of territory, places of transit, transposition of frontiers, disorientation, flows of migration, journeys, explorations, nomadism: all elements that allow us to reflect on the cartography of the contemporary world, wherever we are, wherever we go.

1. The words of Nisrine, thirty-one years old: "born in 1975 with the war," she teaches French in Beirut. *Libération*, Tuesday, July 18, 2006.

2. Marcel Broodthaers' *Atlas* is reproduced in the catalogue of *Magiciens de la Terre*. Paris: Éditions du Centre Georges Pompidou, 1989, pp. 62–63.

3. Saskia Sassen, *Globalization and Its Discontents: Selected Essays 1984–1998*. New York: New Press, 1998.

4. Homi Bhabha, *The Location of Culture*. Londra, Routledge, 1994, p. 2.

5. Rob Wilson e Wimal Dissanayake (a cura di), *Global/Local: Cultural Production and the Transnational Imaginary*. Durham, Duke University Press, 1996.

6. James Clifford, *Routes: Travel and Translation in the Late Twentieth Century*. Cambridge, MA, Harvard University Press, 1997, p. 53.

7. Mary Louise Pratt, *Imperial Eyes: Travel Writing and Transculturation*. Londra, Routledge, 1992, pp. 6-7.

8. Édouard Glissant, *Introduction à une Poétique du Divers*. Parigi, Gallimard, 1996, p. 22.

9. Vedere il testo sulla comunicazione di Stuart Hall "Créolité and the Process of Creolization", in *Créolité et Créolization: Documenta 11, Platform 3*, (Sainte-Lucie, gennaio 2002) a cura di Okwui Enwezor, Carlos Basualdo, Ute Meta Bauer, Susanne Ghez, Sarat Maharaj, Mark Nash, Octavio Zaya. Ostfildern-Ruit, Hatje Cantz, 2003, pp. 28-41.

10. Ibidem, pp. 31-32.

4. Homi Bhabha, *The Location of Culture*. London: Routledge, 1994, p. 2.

5. Rob Wilson and Wimal Dissanayake (eds.), *Global/Local: Cultural Production and the Transnational Imaginary*. Durham: Duke University Press, 1996.

6. James Clifford, *Routes: Travel and Translation in the Late Twentieth Century*. Cambridge (MA): Harvard University Press, 1997, p. 53.

7. Mary Louise Pratt, *Imperial Eyes: Travel Writing and Transculturation*. London: Routledge, 1992, pp. 6-7.

8. Édouard Glissant, *Introduction à une Poétique du Divers*. Paris: Gallimard, 1996, p. 22.

9. See the text of Stuart Hall's paper "Créolité and the Process of Creolization," in *Créolité and Créolization, Documenta 11, Platform 3* (Sainte-Lucie, January 2002), ed. by Okwui Enwezor, Carlos Basualdo, Ute Meta Bauer, Susanne Ghez, Sarat Maharaj, Mark Nash, and Octavio Zaya. Ostfildern–Ruit: Hatje Cantz, 2003, pp. 28–41.

10. Ibidem, pp. 31–32.

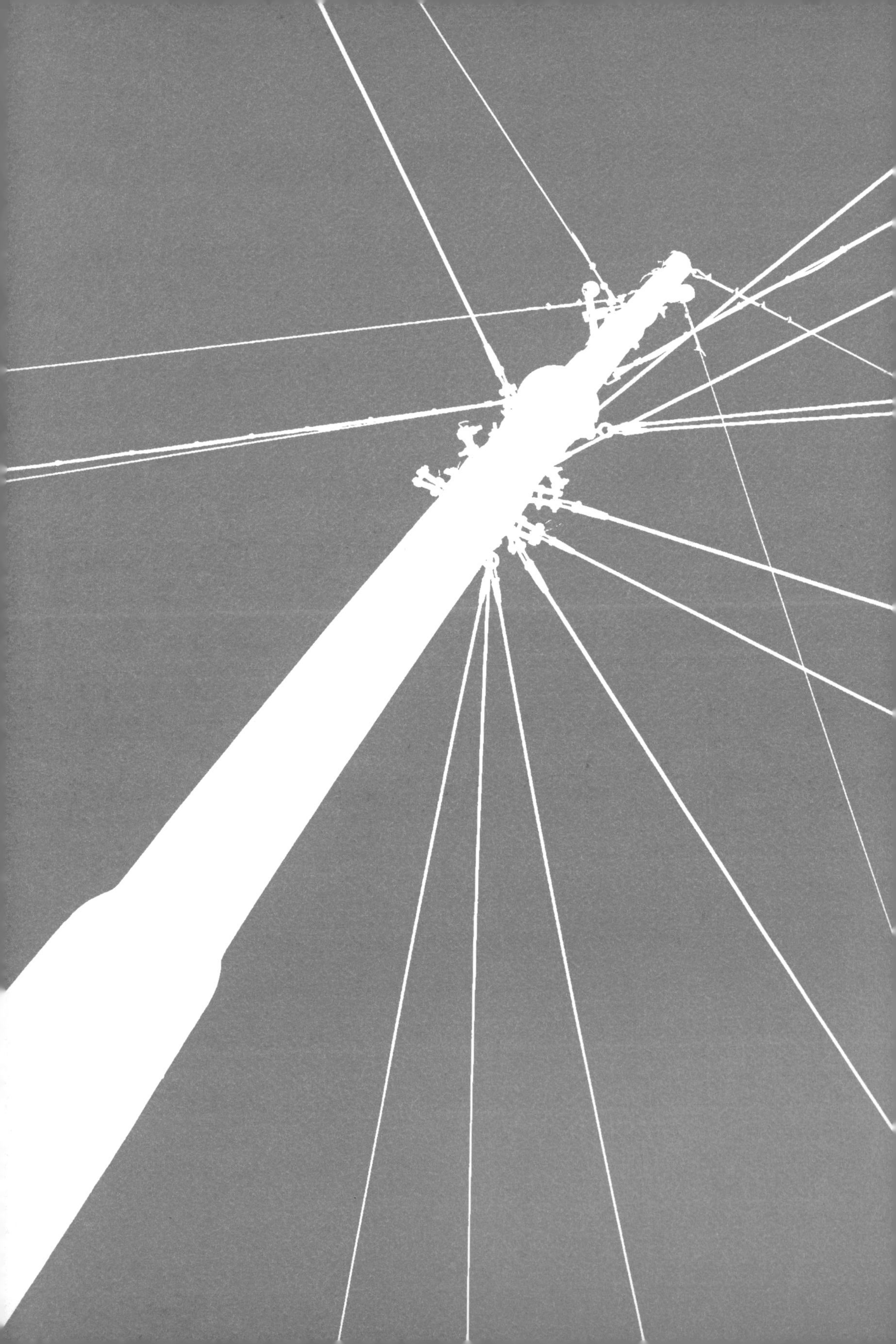

ADEL ABDESSEMED

NINDITYO ADIPURNOMO   KRISTINE ALKSNE

MARIA THEREZA ALVES   KEREN AMIRAN   CARLOS AMORALES   MAJA BAJEVIĆ E / AND DANICA DAKIĆ

YAEL BARTANA   BANU CENNETOGLU   MAGALI CLAUDE   LATIFA ECHAKHCH

HUANG YONG-PING   MELLA JAARSMA   KOO JEONG-A   H.H. LIM   ELENA NEMKOVA

NI HAIFENG   ADRIAN PACI   PASCAL MARTHINE TAYOU   TSUYOSHI OZAWA   NARI WARD   SHEN YUAN

ADEL ABDESSEMED

L'interesse principale di Adel Abdessemed risiede nell'indagare i sistemi di spettacolarizzazione dell'arte. Dietro a essi, esplora il potere biopolitico delle norme e dei tabù sociali. Il suo linguaggio, dal disegno al video, dalla fotografia alla performance o all'installazione, è sempre incredibilmente scarno e diretto e i contenuti estremamente acuti e potenti. Questa sua forza deriva dal radicale e audace uso della mobilizzazione e dalla sorprendente combinazione di forme, motivi, situazioni. In qualche modo tutto ciò è legato alla fede di Abdessemed nella rivoluzione, sia sociale che individuale e, intimamente, lo si può capire seguendo il percorso di vita di questo giovane e promettente artista. Fuggito dall'Algeria sconvolta dal conflitto civile, approda a metà degli anni Novanta in Francia. Qui si deve confrontare con una realtà totalmente differente ma non per questo meno dura; il razzismo e altri pregiudizi ideologici nei confronti degli stranieri sono onnipresenti, mentre il tardocapitalismo e la corruzione politica, spesso sotto forma di "fascismo moderato", non vengono mai messi sotto processo. Questo scontro genera un profondo sentimento di rivolta nei confronti del sistema. Intelligentemente, Adel Abdessemed utilizza il sistema stesso, ironicamente e criticamente, per rendere visibile la sua protesta e per stimolare il dibattito pubblico. Per la mostra *Wherever We Go – Ovunque andiamo*, viene presentato un film d'animazione estremamente minimale intitolato *God Is Design* (2005) in cui decine di simboli religiosi differenti si mescolano molto rapidamente in ripetizione diventando un vortice di immagini; un'abbagliante fusione e confusione in cui veniamo risucchiati, la spirale di uno shock culturale che cerca disperatamente la via d'uscita. HH

Questioning the system of the spectacle of art is an essential motivation for Adel Abdessemed. He probes into the bio-political power of social norms and taboos. His language, from drawing to video, photography to performance and installation, is always radically to-the-point and straightforward. However, the contents are sensitive and powerful. This power comes from the very audacious mobilization and surprising combinations of forms, motives, and situations.
This is linked to a belief in revolution, both social and individual. And intimately, one can understand it by reading about this talented young artist's life: he moved to France from Algeria in the mid-nineties at a time of great social upheaval. In France, he was faced with a totally new but no less conflictual reality where racism and prejudice are omnipresent and political corruption, often in the form of soft-fascism, goes totally unquestioned. This confrontation gives rise to a deep-rooted revolt against the establishment. He intelligently uses the system, ironically and critically, to make his claims visible and audible, and to stimulate public debate.
For the exhibition *Wherever We Go*, he presents a highly minimalist animated film called *God Is Design* (2005) in which various religious signs are mixed up rapidly and endlessly to become visual swirls. Viewers are whirlpooled into this dazzling confusion and dizziness and are forced to look for a way out. HH

GOD IS DESIGN

God Is Design è un sorprendente filmato d'animazione con una successione di 3050 disegni che si generano uno dall'altro nell'arco di 2 minuti e 20 secondi. Il video contiene anche un lavoro sonoro composto appositamente da Silvia Ocougne per accompagnare le immagini e amplificarne il dinamico susseguirsi. Il loro riprodursi fornisce allo spettatore una stimolante successione di rimandi: cellule del corpo umano, simboli religiosi ebraici e islamici, motivi geometrici ripresi dalle pitture dell'Occidente e arabeschi orientali. È come se gli opposti si accoppiassero per moltiplicarsi allo scopo di minare le certezze e provocare paradossi. I disegni denotano una ricca immaginazione aperta al cambiamento, alle contraddizioni e alle reazioni inaspettate. Apparentemente semplice e luminoso, il lavoro *God Is Design* ripensa la rappresentazione dell'invisibile presentandocela sotto forma di una collisione fra codici e stili.

Larys Frogier

GOD IS DESIGN

God Is Design is a startling animated video in which 3,050 drawings give birth to one another, mix together, follow each other, and disappear during 2 minutes and 20 seconds. The video is also a sound work since Silvia Ocougne has created a composition specifically for the piece in which the layers of sound extend the dynamic profusion of the drawings. The image-making process provides viewers with a fertile succession of references to cells from the human body, Jewish and Islamic religious symbols, motifs from Western geometric painting and oriental arabesques. It is as if opposites were coupling and multiplying in order to better shake up certitudes and provoke paradoxes. The drawings stimulate the imagination, which is open to permutations, contradictions, and unexpected relations. Seemingly simple and light-hearted, the work *God Is Design* rethinks the representation of the invisible as a collision between codes and styles.

Larys Frogier

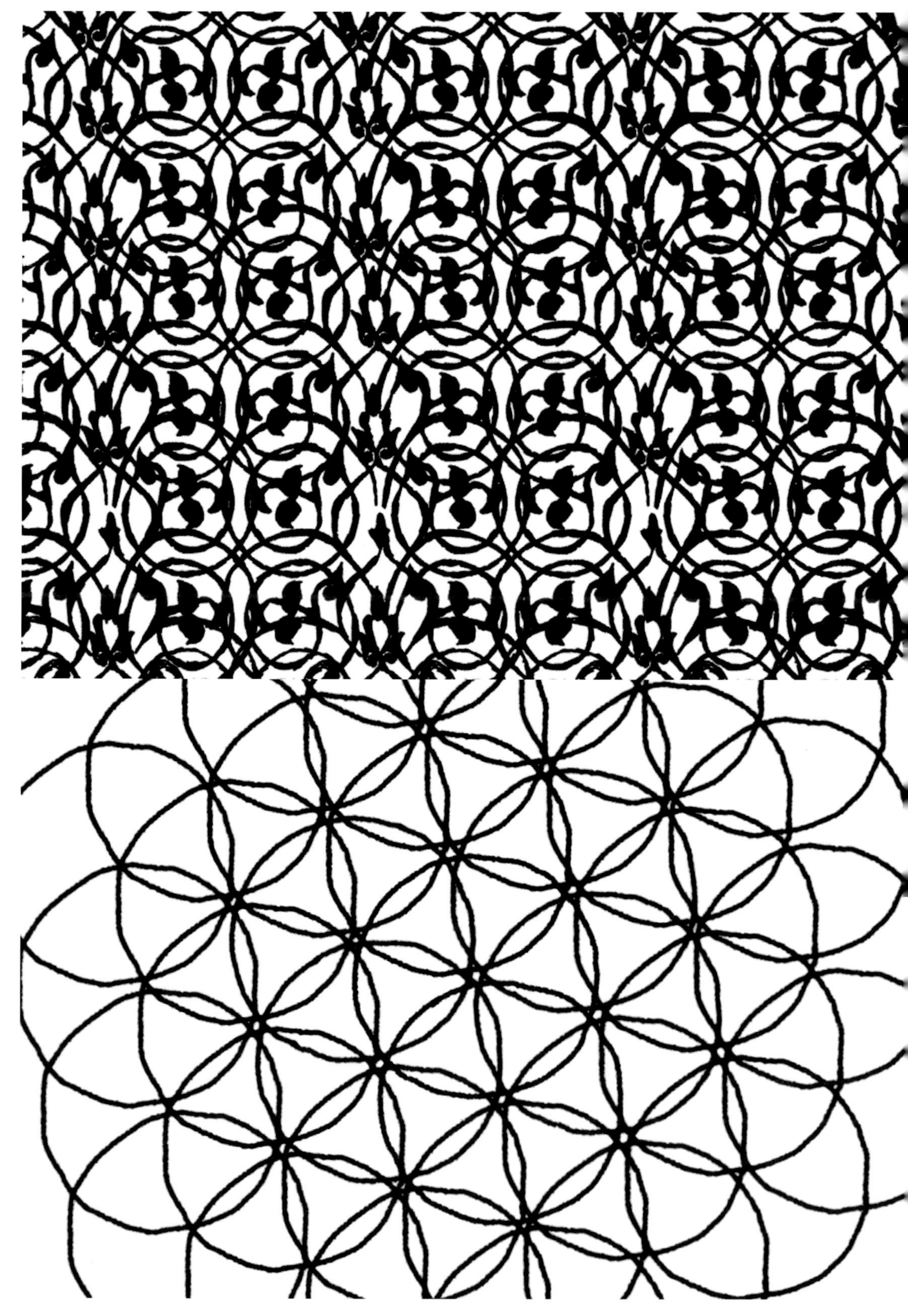

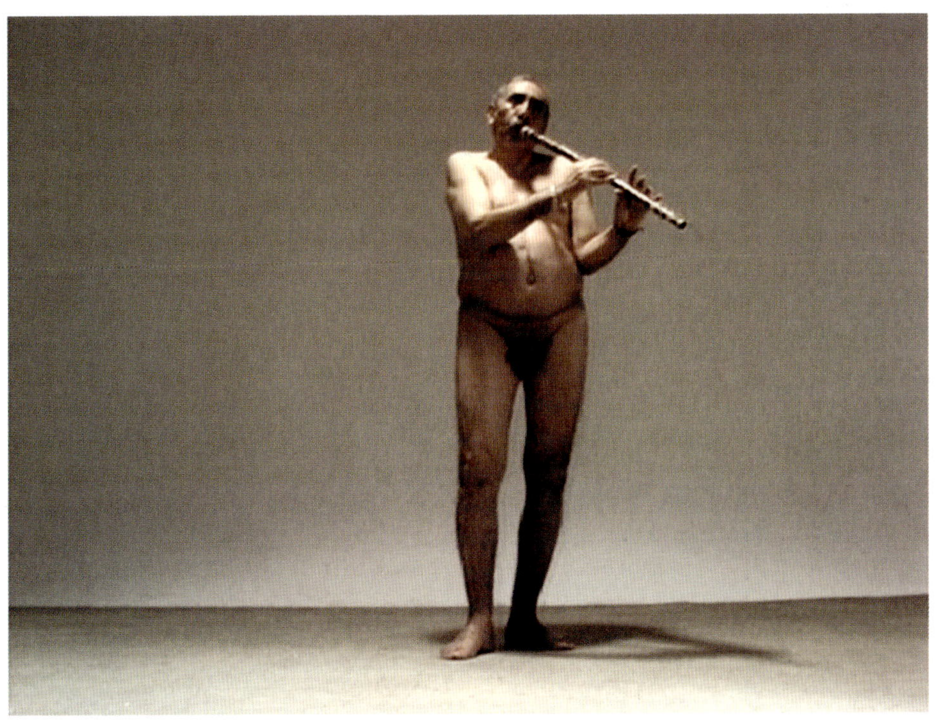

Adel Abdessemed, *Joueur de flute*, 1996
video, colore, sonoro, 30 min
courtesy l'artista

Adel Abdessemed, *Joueur de flute*, 1996
video, color, sound, 30 min
courtesy the artist

Adel Abdessemed, *God Is Design*, 2005
video, bianco e nero, sonoro, 2 min 20 sec
musica originale Silvia Ocougne
courtesy l'artista

Adel Abdessemed, *God Is Design*, 2005
video, black and white, sound, 2 min 20 sec
original music by Silvia Ocougne
courtesy the artist

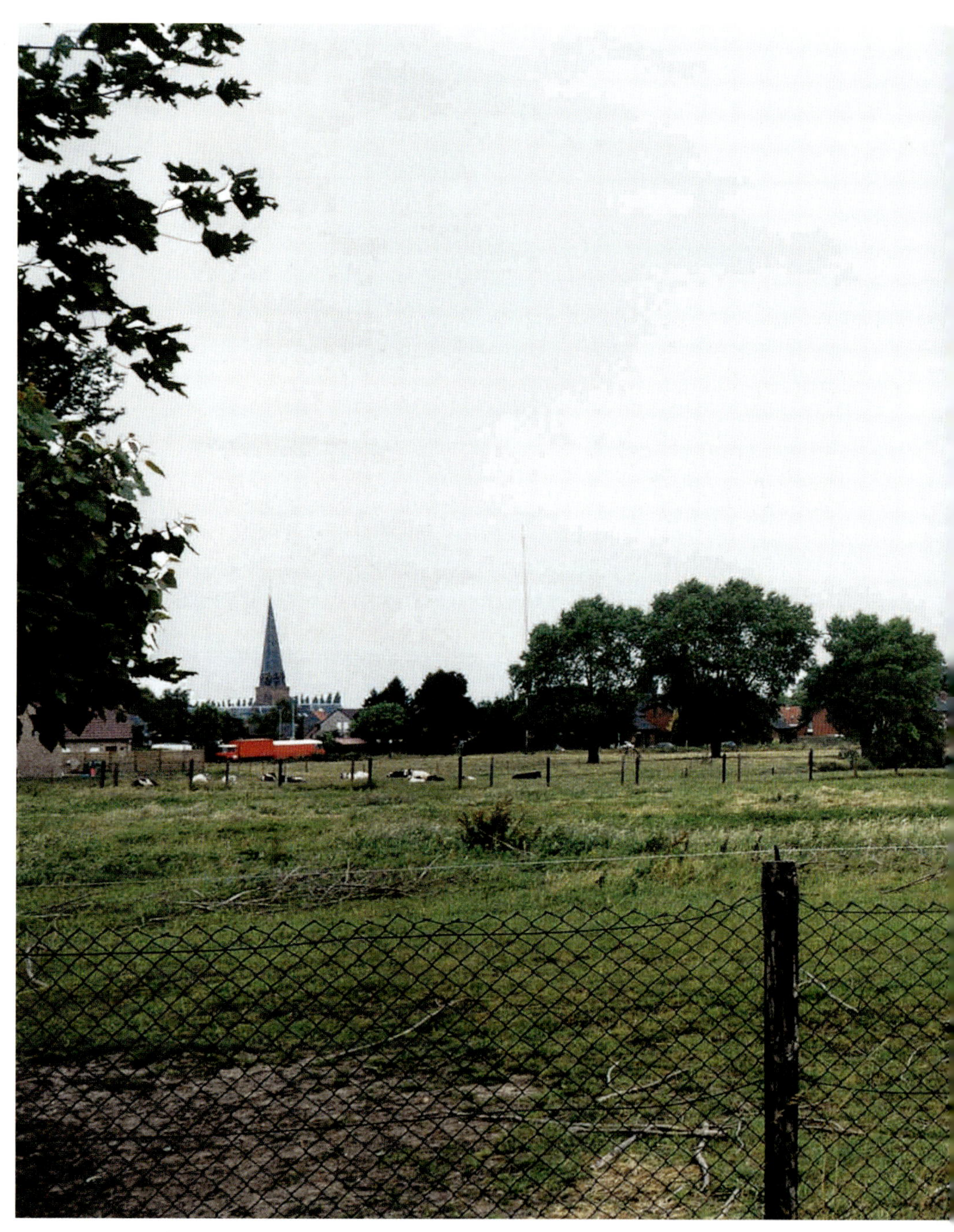

Adel Abdessemed, *Adel Has Resigned*, 2000
pannello e video, colore, 3 sec, loop
courtesy l'artista

Adel Abdessemed, *Adel Has Resigned*, 2000
panel and video, color, 3 sec, loop
courtesy the artist

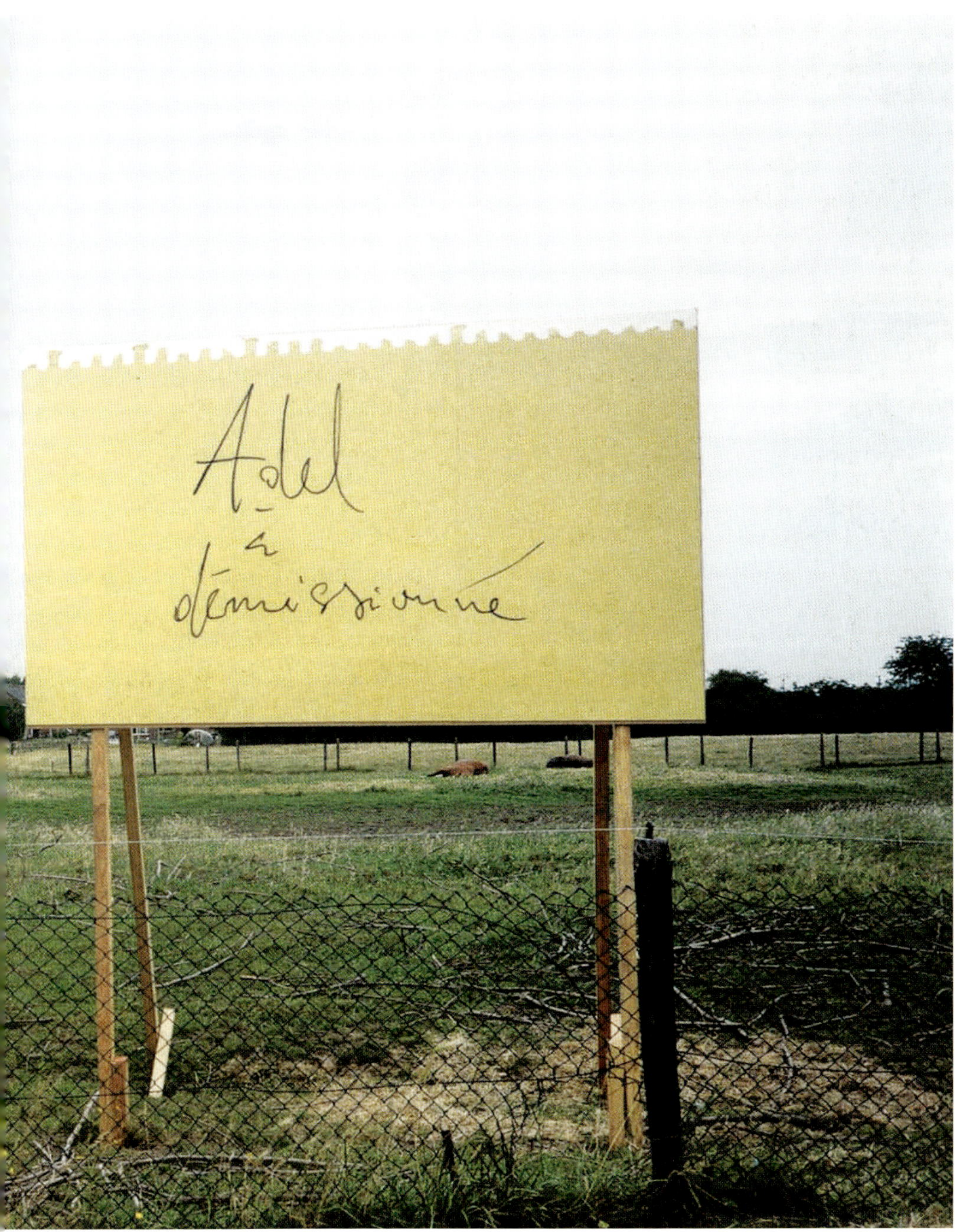

Adel
a
démissionné

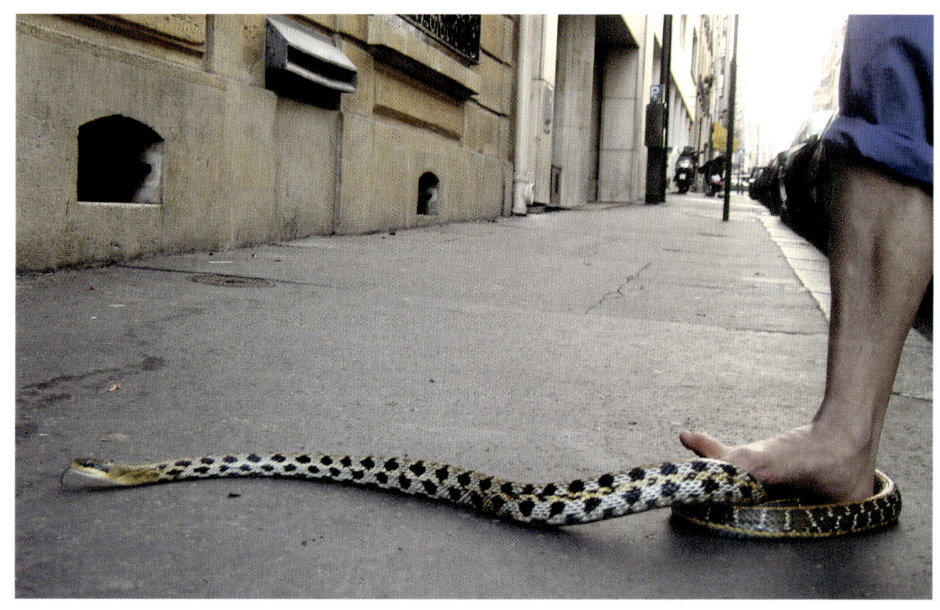

Adel Abdessemed, *Zéro tolérance*, 2006
fotografia a colori
courtesy l'artista

Adel Abdessemed, *Zéro tolérance*, 2006
color photo
courtesy the artist

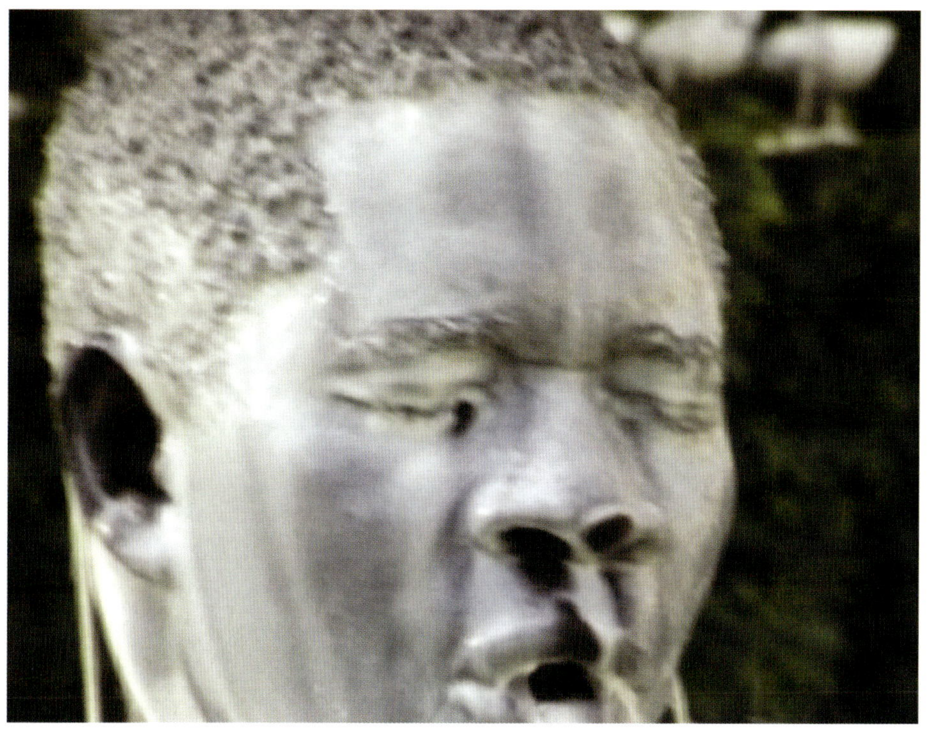

Adel Abdessemed, *Zen*, 2000
video, colore, sonoro, 30 sec, loop
courtesy l'artista

Adel Abdessemed, *Zen*, 2000
video, color, sound, 30 sec, loop
courtesy the artist

NINDITYO ADIPURNOMO

L'Indonesia ha assistito allo sviluppo di una delle più vitali e originali scene artistiche contemporanee che il Sud Est asiatico abbia mai conosciuto negli ultimi vent'anni.
Per un lungo periodo, curiosamente, il centro pulsante dei movimenti artistici non è stata la capitale Giacarta, ma la città Yogyakarta, nel sud dell'isola di Giava. Molte attività di ricerca artistica, dalla pittura alla scultura, dall'installazione alla performance, finanche all'architettura, sono state realizzate presso la modesta ma sorprendentemente attiva Cemeti Art House.
Gli organizzatori di questo spazio sono Nindityo Adipurnomo e Mella Jaarsma, una coppia di artisti olandesi-indonesiani che si sono stabiliti presso la città natale di Adipurnomo, dopo aver studiato nei Paesi Bassi.
Le esperienze coloniali e postcoloniali dell'Indonesia hanno lasciato una traccia indelebile nella memoria collettiva della nazione, mentre la lotta per la libertà sotto la dittatura di Suharto è stata una forza unificatrice in grado di mobilitare la comunità intellettuale e artistica alla creazione di lavori straordinari e progetti autogestiti.
Questi riguardavano innanzi tutto una seria riflessione e riesame della questione dell'identità, sia nazionale che individuale, ma anche le problematiche relazioni fra tradizione e modernità, fra sviluppo economico e democrazia. Adipurnomo, assieme ad altri artisti come Mella Jaarsma, Heri Dono, Yani Ahramaiani e altri ancora, è stata una delle figure principali di questo movimento.
Nei suoi lavori è solito impiegare materie e tecniche locali, quindi dei tropici, che danno forma a installazioni dallo stile assolutamente personale.
Esse sono sistematicamente rappresentazioni ed esplorazioni critiche della questione dell'identità, nel suo continuo ridefinirsi ed evolversi nella contrattazione con tradizione e modernità, passato coloniale e indipendenza attuale, influenze globali ed eredità locali.
I suoi lavori sono organici e in evoluzione e utilizzano diversi materiali che personificano l'ambiente tropicale e le implicazioni culturali secondo i valori tradizionali giavanesi. Sono emozionali e spettacolari, e allo stesso tempo inevitabilmente provocatori, come l'autocritico *A Paternalistic Story from Java* (2006) presentato in *Wherever We Go – Ovunque andiamo*. HH

Indonesia has witnessed the rise of one of the most energetic and original contemporary art scenes in the Asian-Pacific region over the past two decades. Interestingly, for a long time, the most vibrant center of artistic activity was not the capital, Jakarta. It was mainly in the southern Javanese city of Yogyakarta. Many experimental happenings, including painting, sculpture, installation, performance exhibitions, architecture projects, etc., were realized in a modest, but wonderfully active, locality: Cemeti Art House.
The curators of the space are Nindityo Adipurnomo and Mella Jaarsma, an Indonesian-Dutch artist couple who resettled in Adipurnomo's hometown after studying in the Netherlands.
The colonial and post-colonial experiences of Indonesia have deeply marked the collective memory of the nation, while struggle for freedom under the Suharto dictatorship has been a unifying force in mobilizing the artistic and cultural community into creating extraordinary works and self-organization projects. It clearly includes serious reflection and re-examination of the question of identity, both national and personal, the contradictory relationship between tradition and modernity, between economic development and democracy. Adipurnomo, along with other artists like Mella Jaarsma, Heri Dono, Yani Ahramaiani, has been a major figure in this movement.
His work systematically utilizes local (tropical) materials and techniques to create a highly personal installation style.
His pieces are also a systematic critical presentation and exploration of the issue of identity—how it's being continuously reformulated and transformed in relation to tradition and modernity, with a colonial past and an independent present, with global influences and local heritage.
His works are organic and evolutional, incorporating different materials that embody the tropical condition and its cultural implication concerning Javanese values. His installations are often emotional and spectacular as well as inevitably provocative, like the self-critical project *A Paternalistic Story from Java* (2006) to be presented in *Wherever We Go*. HH

A PATERNALISTIC STORY FROM JAVA

L'intento della mia opera è quello di esplorare e fare luce su ciò che si nasconde dietro il mito (o più precisamente gli stereotipi) nella cultura giavanese.

L'opera *A Paternalistic Story from Java* indaga la dominanza della figura maschile comune alla maggior parte delle strutture familiari nel mondo. Nell'isola di Giava, la sedia a dondolo è un simbolo della cultura coloniale machista e non emancipata.

La mia identità come giavanese è essa stessa celata e mostra il paternalismo come un'inevitabile esperienza individuale e intima, ricevuta come retaggio dalla generazione precedente.

Nindityo Adipurnomo

A PATERNALISTIC STORY FROM JAVA

My preoccupation with unraveling that which lies behind the myth (or more specifically the stereotype) of Javanese culture has demonstrated both consistency and exploration.

The work *A Paternalistic Story from Java* questions male dominance in most ordinary families in the world. In Java, the rocking chair represents the colonial Javanese macho and un-emancipated culture.

My identity as a Javanese male is itself obscured and shows paternalism as an inescapable individual and intimate experience that I received as a heritage from his former generation.

Nindityo Adipurnomo

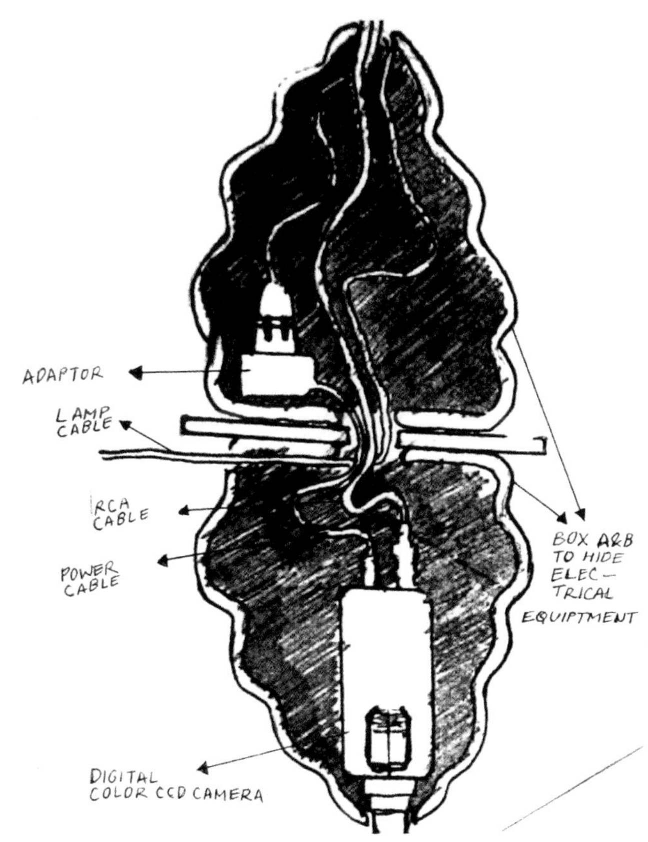

66

Nindityo Adipurnomo, *A Paternalistic Story from Java*, 2006
progetto per *Wherever We Go – Ovunque andiamo*, inchiostro su carta, 30 x 21 cm
courtesy l'artista

Nindityo Adipurnomo, *A Paternalistic Story from Java*, 2006
project for *Wherever We Go*, ink on paper, 30 x 21 cm
courtesy the artist

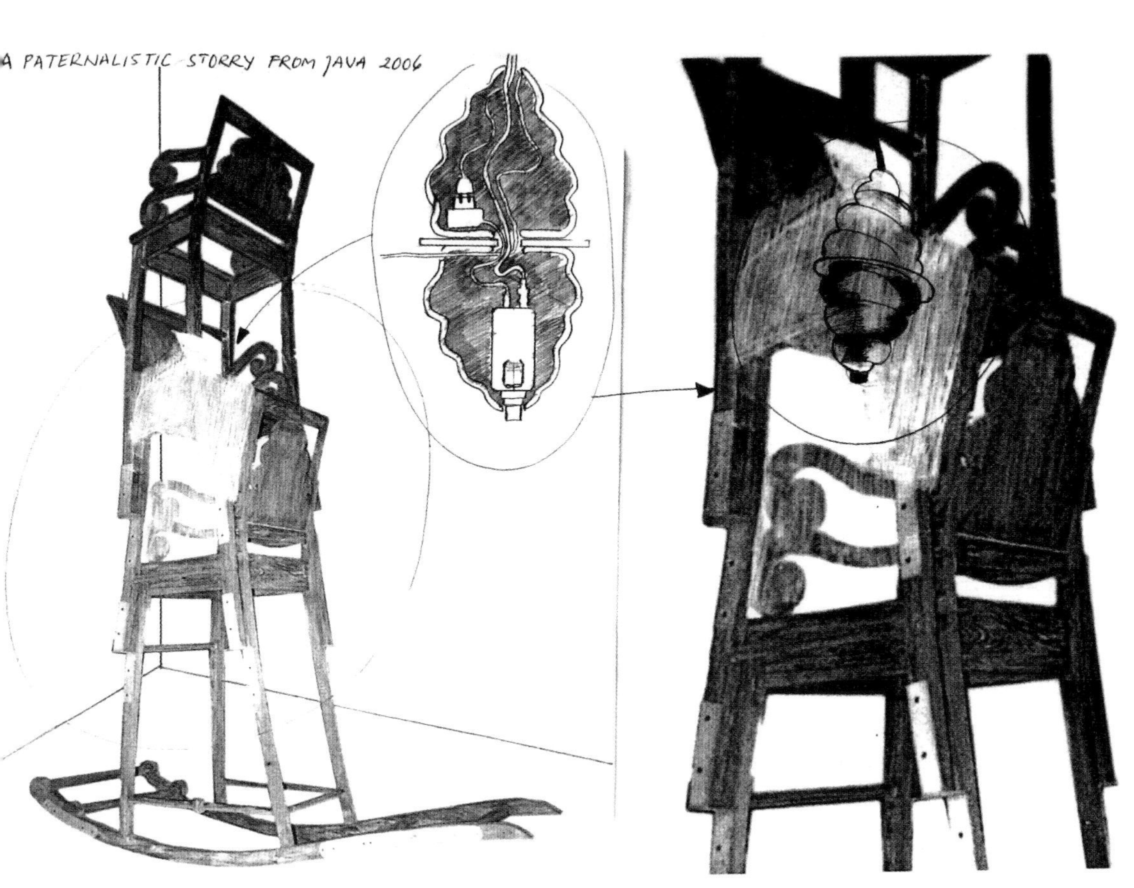

A PATERNALISTIC STORRY FROM JAVA 2006

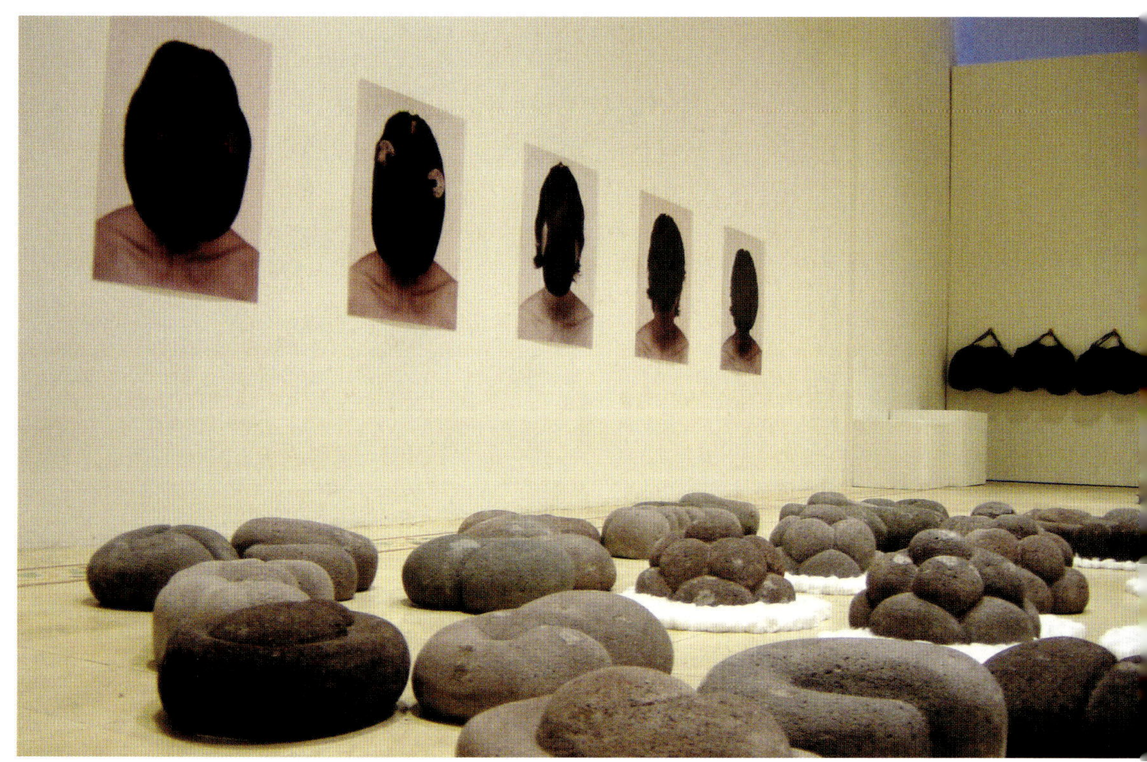

Nindityo Adipurnomo, *Beyond the Modesty*, 2002
pietra lavica, legno, ferro
courtesy l'artista

Nindityo Adipurnomo, *Beyond the Modesty*, 2002
lava stone, wood, iron
courtesy the artist

Nindityo Adipurnomo, *Portrait of Javanese Man*, 2005
stampa digitale a colori, 50 x 65 cm
courtesy l'artista

Nindityo Adipurnomo, *Portrait of Javanese Man*, 2005
color digital print, 50 x 65 cm
courtesy the artist

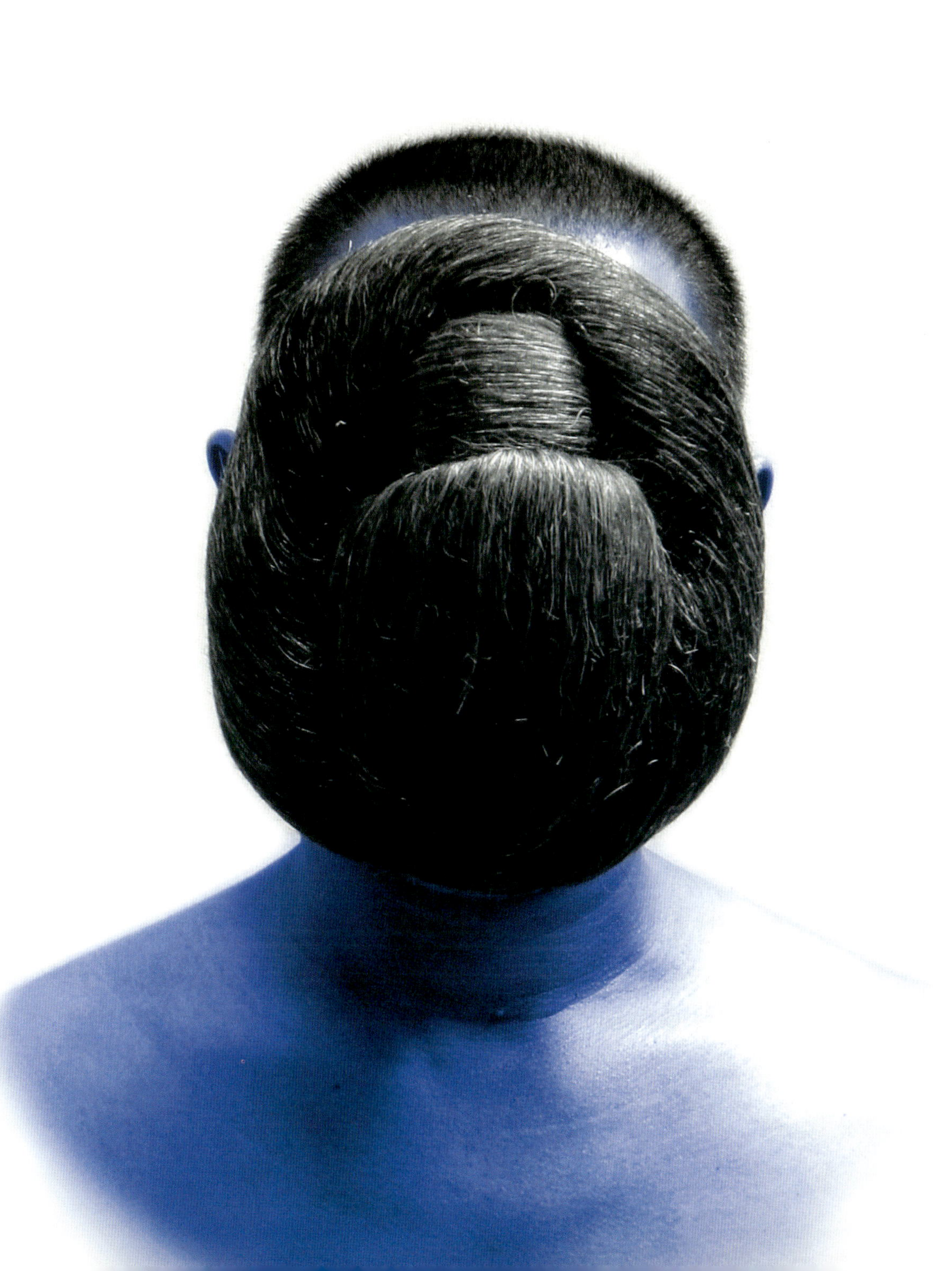

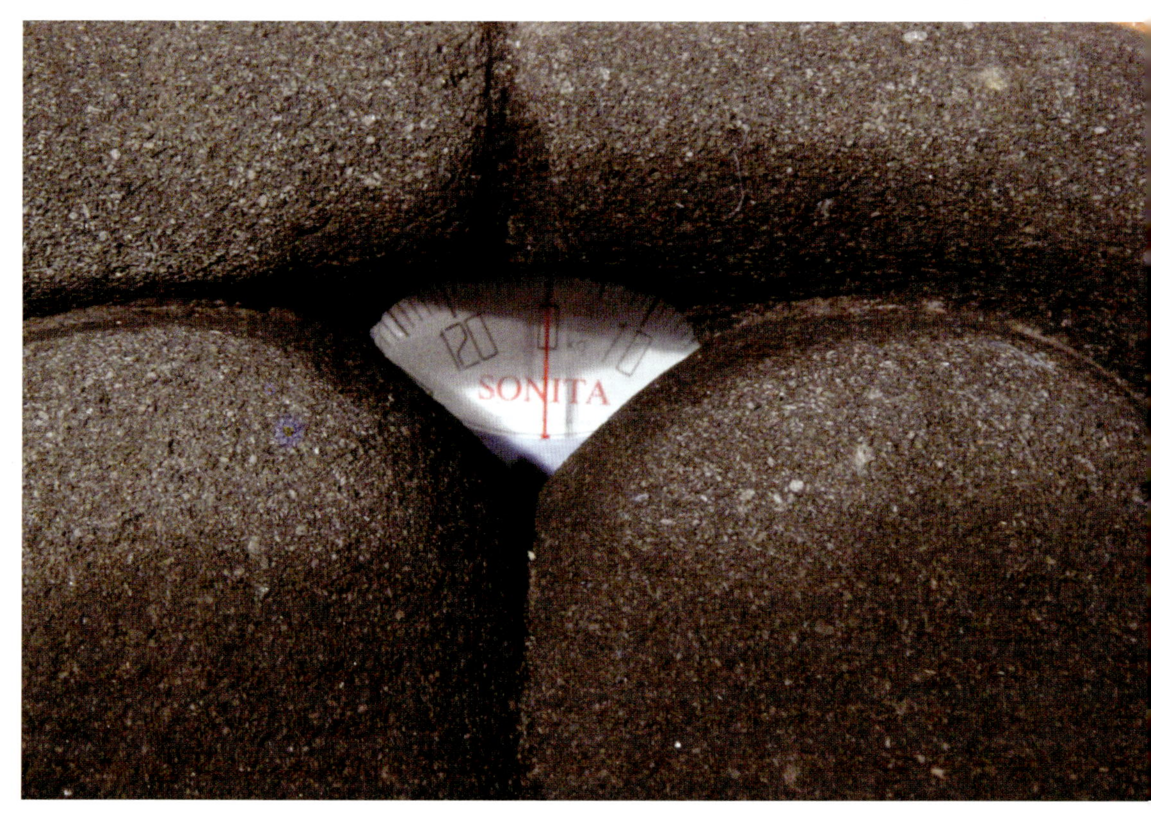

Nindityo Adipurnomo, *Body Scale* (dettaglio), 2005
pietra lavica, bilancia
courtesy l'artista

Nindityo Adipurnomo, *Body Scale* (detail), 2005
lava stone, scale
courtesy the artist

Nindityo Adipurnomo, *Sock in Me Baby*, 2003
calzini usati, ferro
courtesy l'artista

Nindityo Adipurnomo, *Sock in Me Baby*, 2003
worn socks, iron
courtesy the artist

Nindityo Adipurnomo durante la realizzazione
di *Sock in Me Baby*, 2003

Nindityo Adipurnomo during the creation
of *Sock in Me Baby*, 2003

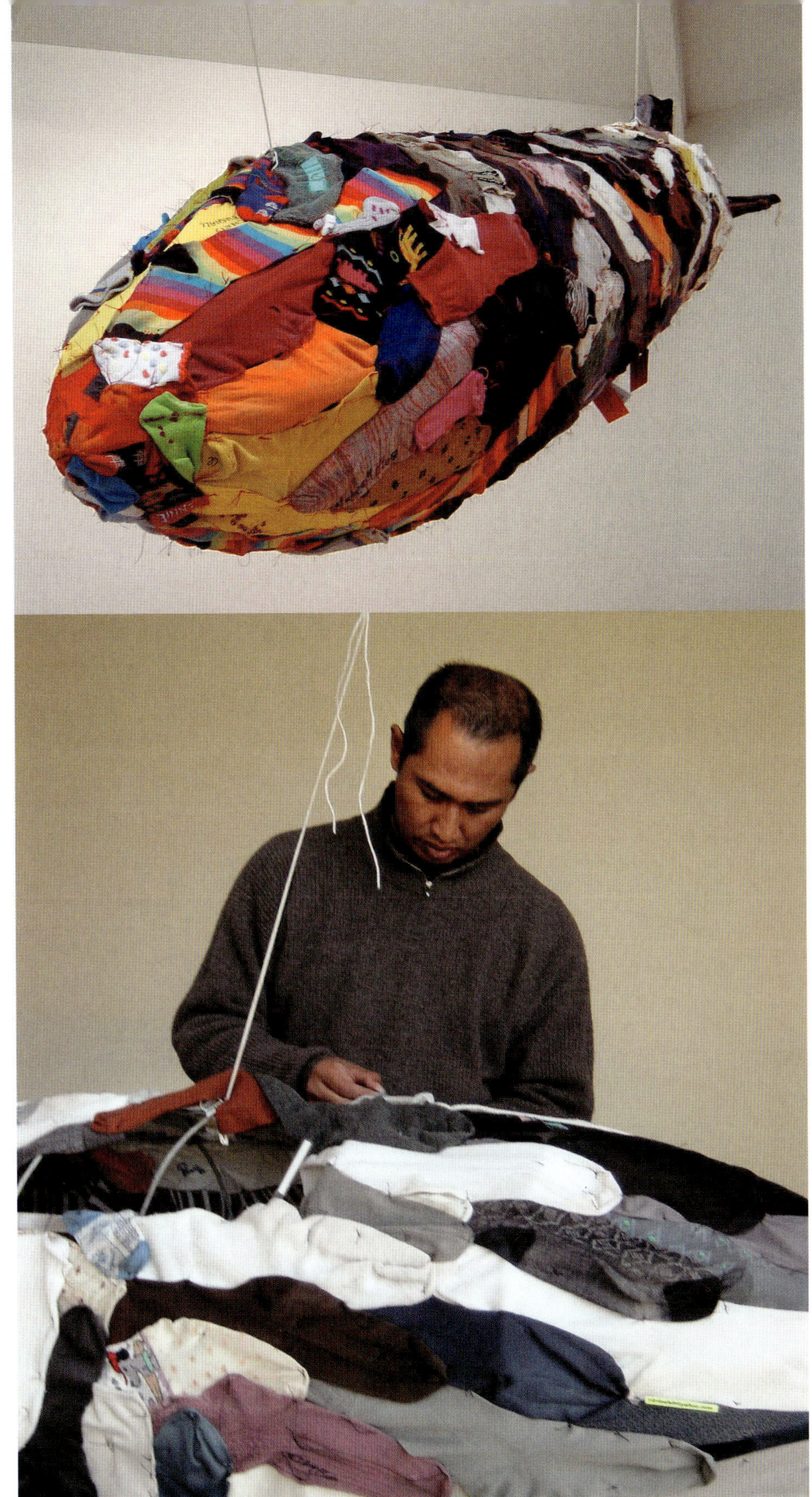

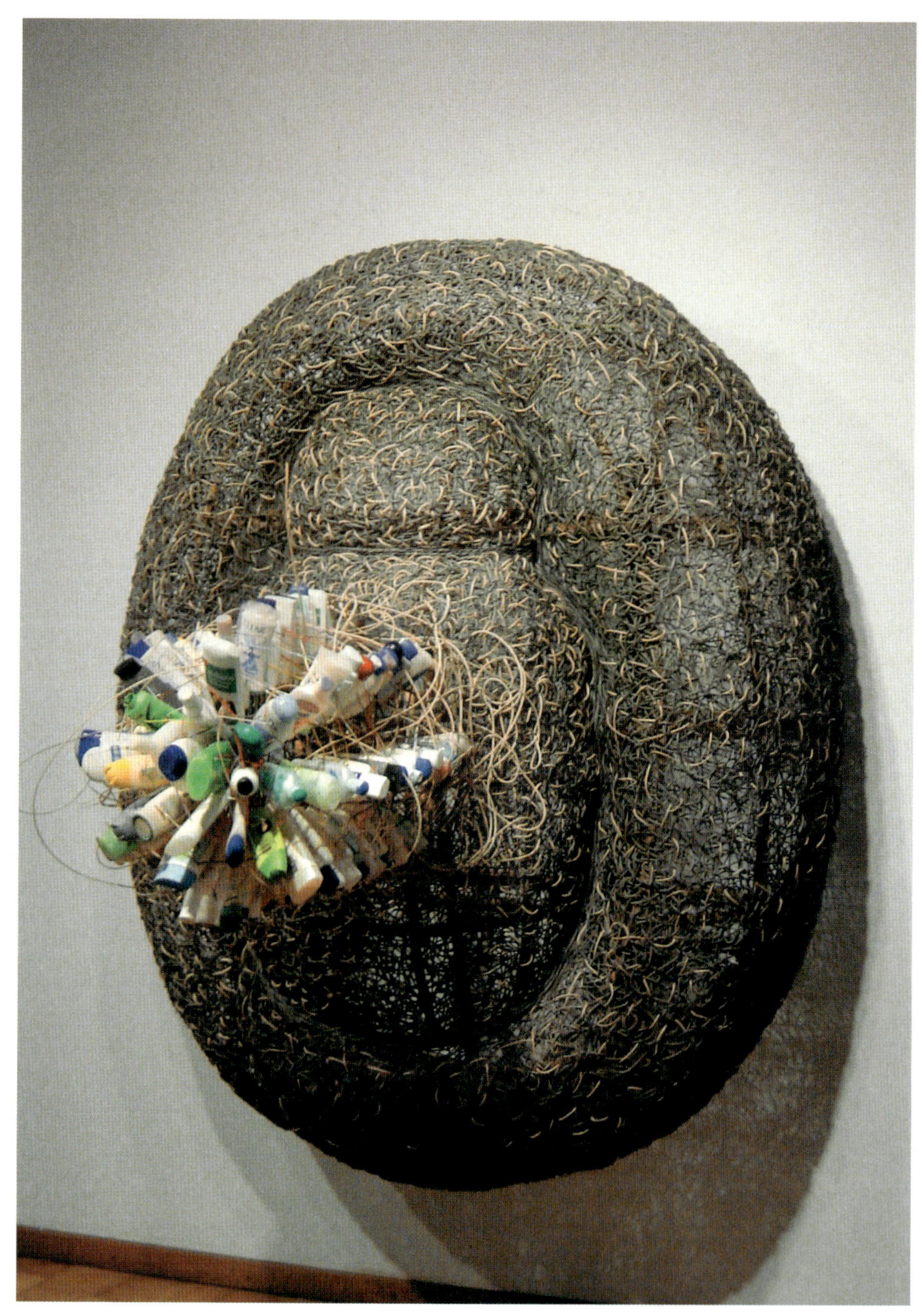

72   Nindityo Adipurnomo, *Tradition and Tension*, 2005
      rattan, ferro, bottiglie di shampoo
      courtesy l'artista

Nindityo Adipurnomo, *Tradition and Tension*, 2005
rattan, iron, shampoo bottles
courtesy the artist

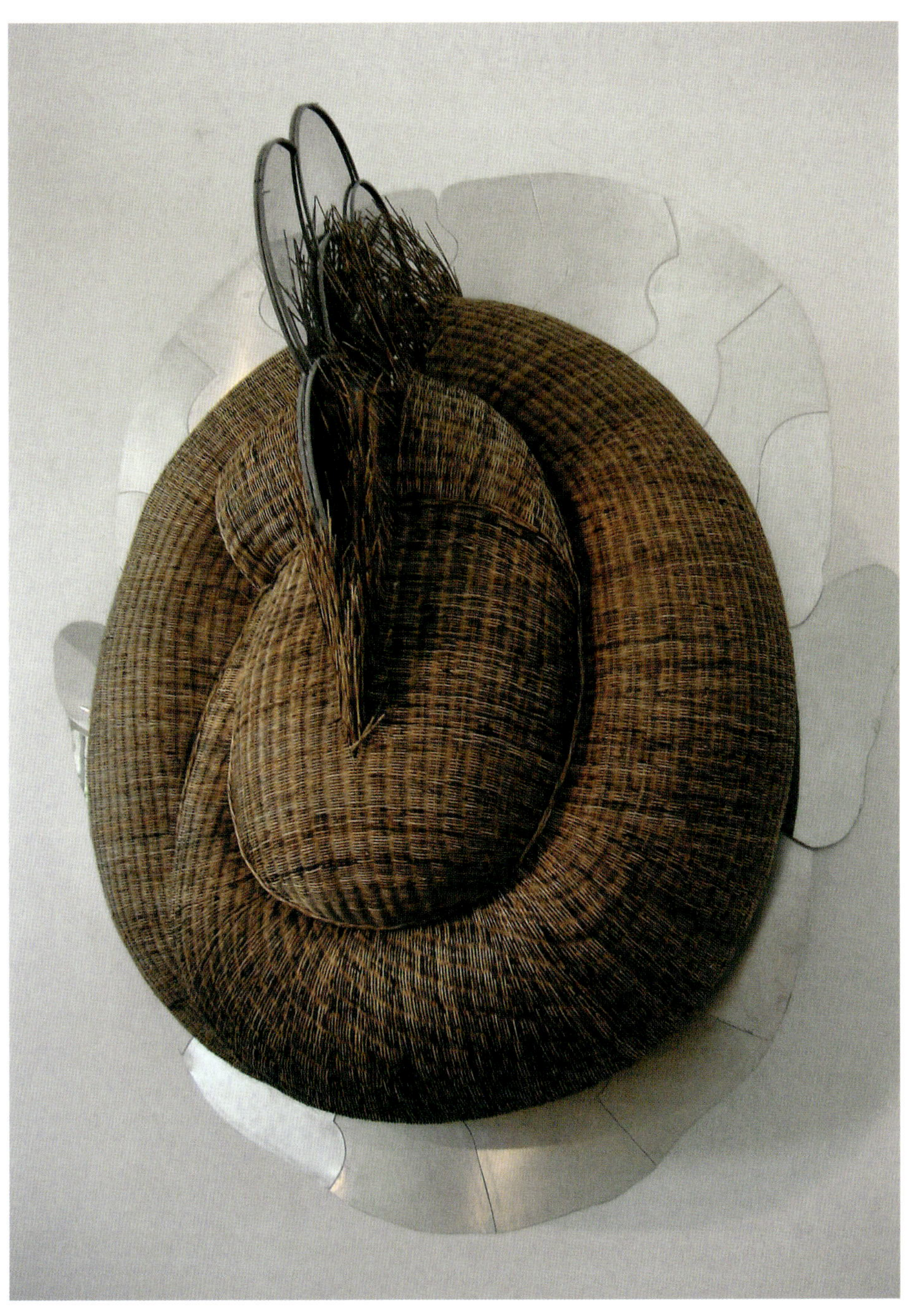

Nindityo Adipurnomo, *Producing and Reproducing Identity*, 2004
rattan, acciaio inossidabile, ferro
courtesy l'artista

Nindityo Adipurnomo, *Producing and Reproducing Identity*, 2004
rattan, stainless steel, iron
courtesy the artist

KRISTINE ALKSNE

Leggero, minimale, mimetico a volte fino ai limiti della leggibilità, il lavoro di Kristine Alksne ha origine in una serie d'informazioni visive che l'artista coglie intorno a sé, nella realtà vissuta ogni giorno: una realtà fatta di fenomeni naturali osservati nella loro organica transitorietà e sin nei più minuti dettagli; e fatta di spostamenti: viaggi lunghi o minime dislocazioni, nulla cambia. Superfici diverse su cui un occhio distratto tenderebbe a passare veloce, il terreno che calpestiamo ogni giorno, i paesaggi aerei che vediamo scorrere dall'oblò mentre voliamo da un continente all'altro, Alksne ne coglie dettagli, sezioni che ricompone poi con sensibilità creando mappe vibranti di paesaggi immaginari. Nascono così opere come *Transitory Reality* (2006), emozionato paesaggio fatto di ombre soltanto, e come *Vagabondage* (2005), ambedue presenti in mostra, in cui frammenti di terreno fotografati in giro per il mondo, accostati a formare un mobile reticolo, si trasformano in una sorta di mappa individuale, in una fragile ed effimera geografia esperita.

Il processo creativo di Kristine Alksne è tale da accomunare in qualche modo le opere agli elementi della natura, con la loro crescita impercettibile, con il loro sviluppo basato sul tempo e sulla durata.

Le sue opere tendono a occupare spazi interstiziali: diventano arabeschi visibili dall'alto sul tetto di un modesto garage collocato ai piedi di grandi condomini; emergono da un muro già leggermente scrostato sotto forma di crepe dipinte a *trompe-l'œil*, o consistono nella semplice sottolineatura di un elemento decorativo preesistente sulla parete. Sono il pulviscolo di fiori caduto da un albero e distribuito a formare la sagoma di un'automobile che potrebbe essere stata parcheggiata lì fino a pochi minuti prima. Nato da itinerari interiori assolutamente individuali, questo lavoro scardina ciò che è stabile e convenzionale trasformandolo in situazione mobile e sensibile.

Fatta di echi e di contrappunti, l'opera di Kristine Alksne parla con una grazia naturale, con un nitore, con una leggerezza desueti; eppure, sospeso tra sogno e realtà, risulta vivo come se respirasse. GS

Light, minimal, at times mimetic to the point of being scarcely legible, the work of Kristine Alksne has its origin in a series of snippets of visual information the artist gathers around herself, in the reality of her daily life: a reality made up of natural phenomena observed in their organic impermanence and down to the tiniest details. And made up of movements: long journeys or small displacements—it makes no difference. The different surfaces over which an inattentive eye would tend to pass swiftly, the ground that we walk on every day, the distant landscapes we glimpse from the window as we fly from one continent to another: Alksne picks out their details, cutting them into sections that she then puts back together with sensitivity to create vibrant maps of imaginary landscapes. Out of this come works like *Transitory Reality* (2006), stirring scenery consisting solely of shadows, and *Vagabondage* (2005), both in this exhibition, in which fragments of terrain photographed in different parts of the world and assembled to form a mobile grid are transformed into a sort of individual map, into a fragile and ephemeral geography of experience.

Kristine Alksne's process of creation is such as to equate her works to some extent with elements of nature, with their imperceptible growth, with their development based on time and on duration.

Her pieces tend to occupy interstitial spaces. They become patterns visible from above on the roof of a plain garage set at the foot of tall blocks of apartments. They emerge from an already slightly peeling wall in the form of cracks painted in trompe-l'oeil, or consist simply in the underlining of an existing decorative element on the wall. They are a scattering of flowers fallen from a tree and distributed to form the outline of a car that might have been parked there until just a few minutes earlier. Stemming from absolutely individual inner journeys, her work undermines what is stable and conventional, transforming it into a mutable and sensitive situation.

Made up of echoes and counterpoints, Kristine Alksne's work speaks with a natural grace, a clarity, a lightness to which we are no longer accustomed. And yet, suspended between dream and reality, they look alive enough to breathe. GS

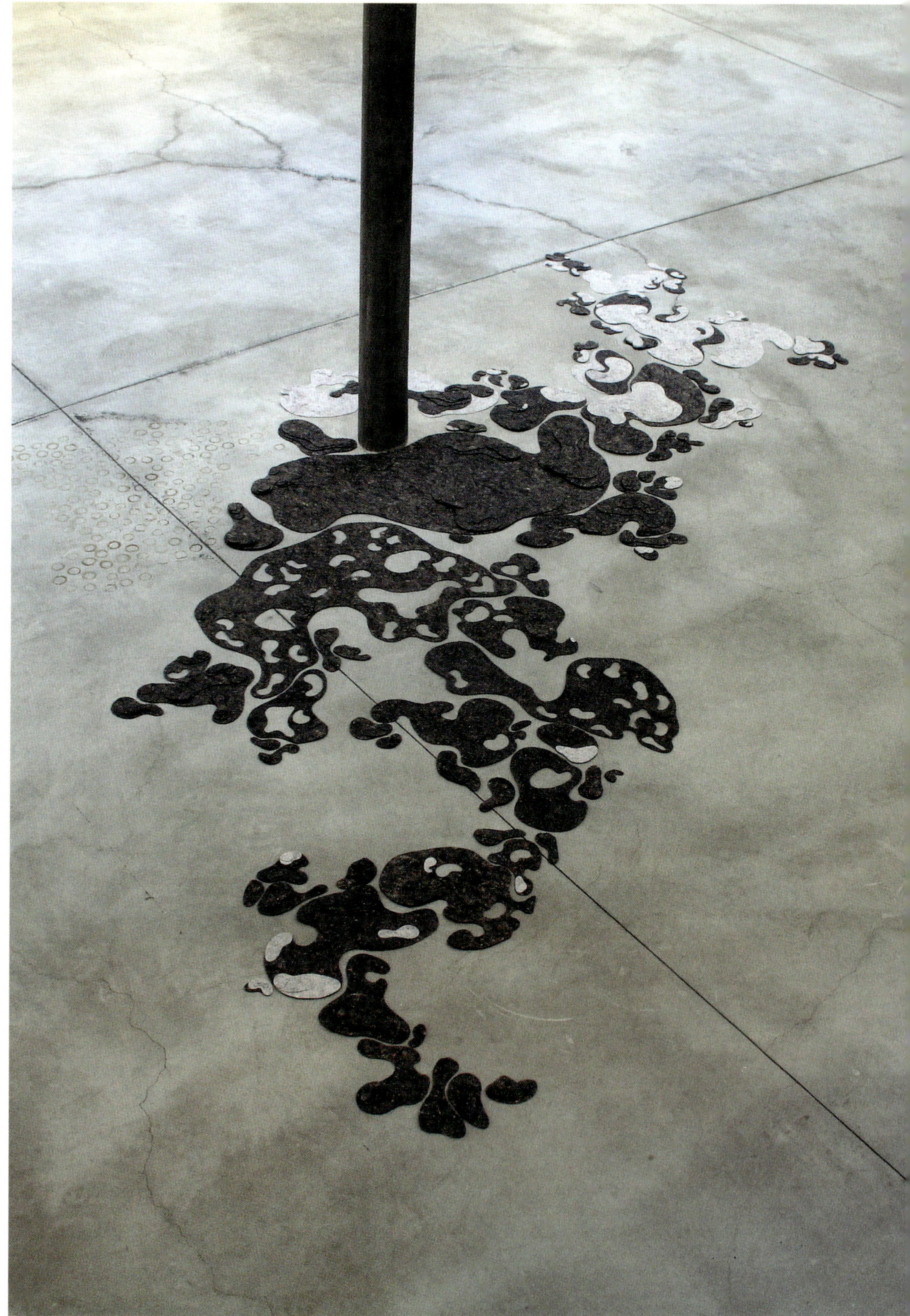

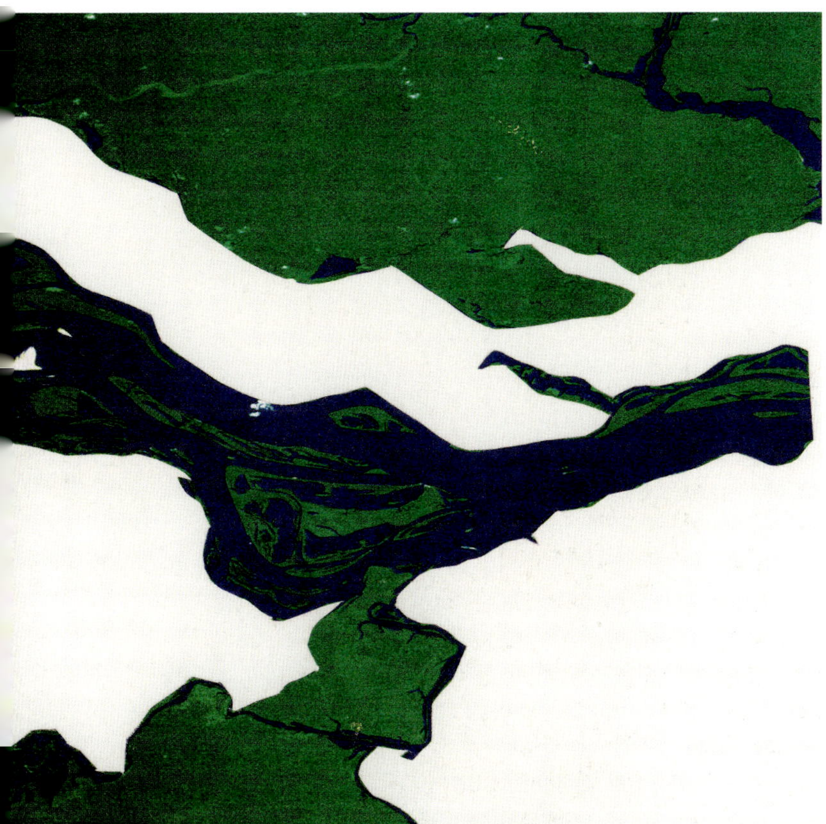

Kristine Alksne, *Senza titolo*, 2005
collage, 20 x 20 cm
courtesy l'artista

Kristine Alksne, *Untitled*, 2005
collage, 20 x 20 cm
courtesy the artist

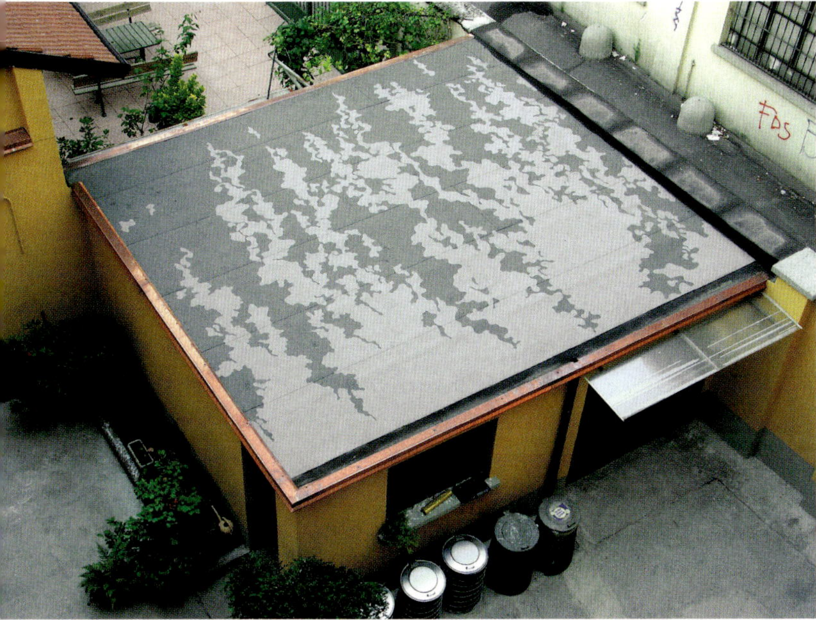

Kristine Alksne, *Jurmala*, 2004
installazione, 600 x 550 cm
via Piero Della Francesca, Milano
collezione privata

Kristine Alksne, *Jurmala*, 2004
installation, 600 x 550 cm
Via Piero Della Francesca, Milan
private collection

Kristine Alksne, *Transitory Reality*, 2006
installazione, feltro grigio, 300 x 100 cm ca.
courtesy l'artista

Kristine Alksne, *Transitory Reality*, 2006
installation, gray felt, 300 x 100 cm ca.
courtesy the artist

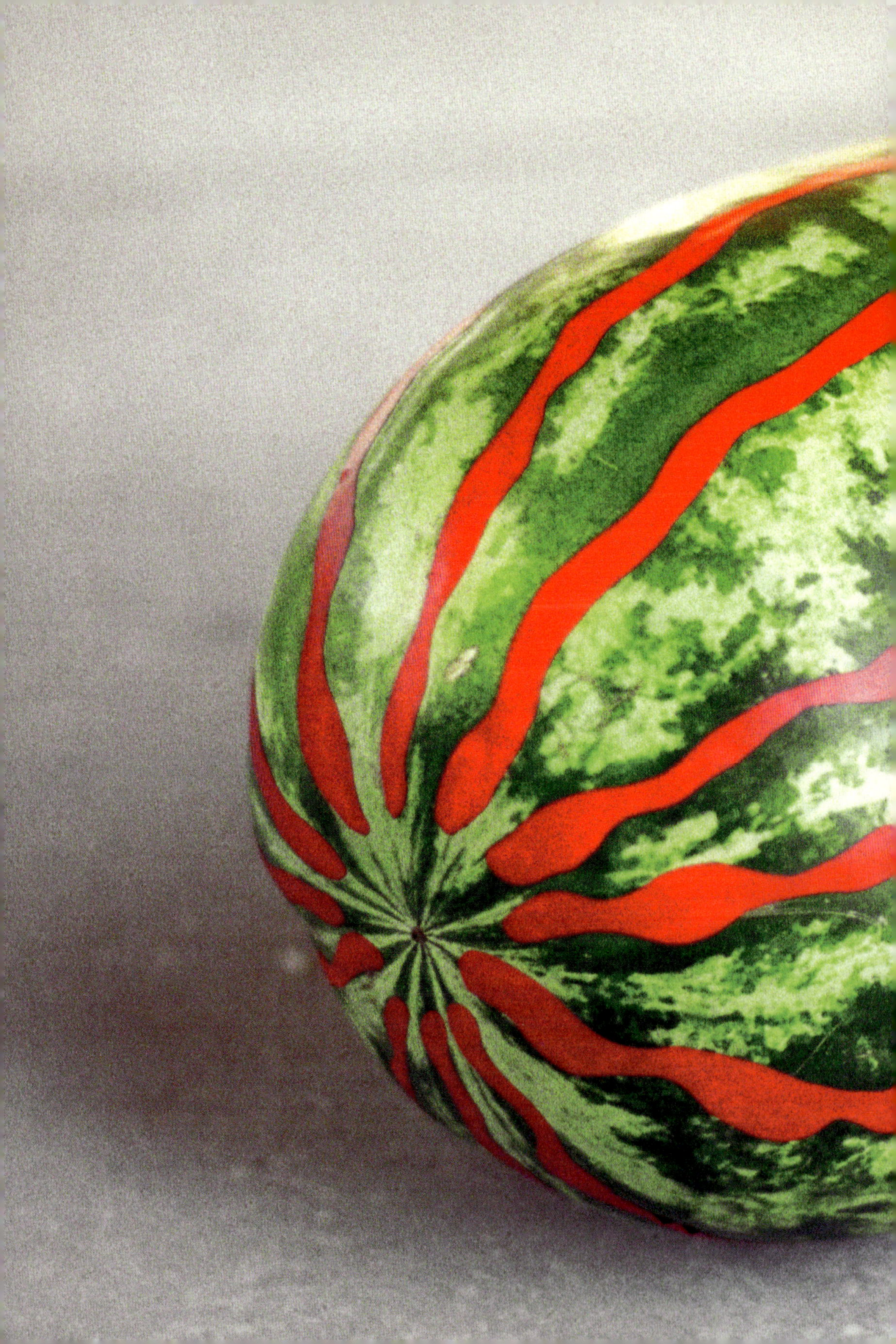

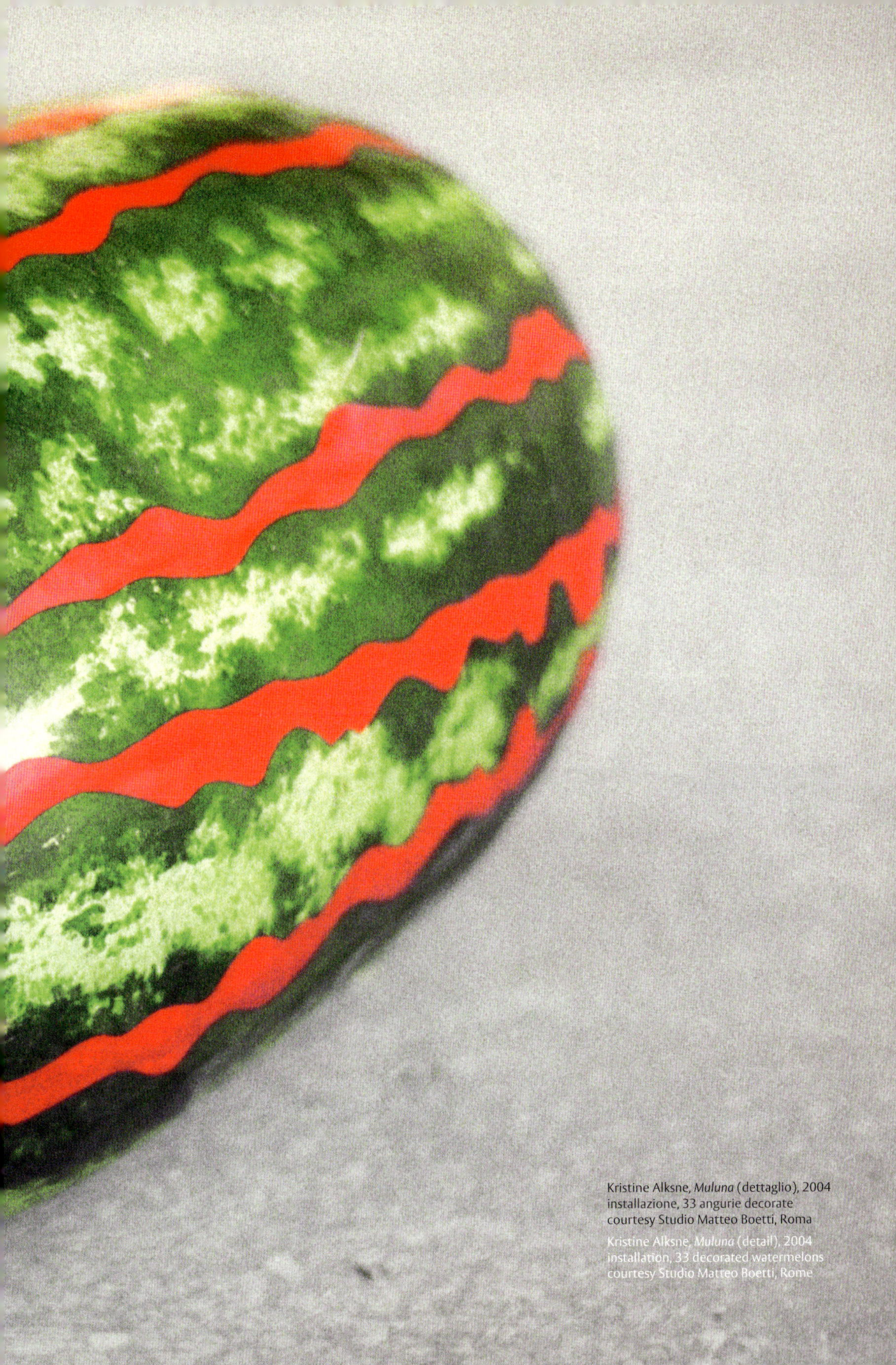

Kristine Alksne, *Muluna* (dettaglio), 2004
installazione, 33 angurie decorate
courtesy Studio Matteo Boetti, Roma

Kristine Alksne, *Muluna* (detail), 2004
installation, 33 decorated watermelons
courtesy Studio Matteo Boetti, Rome

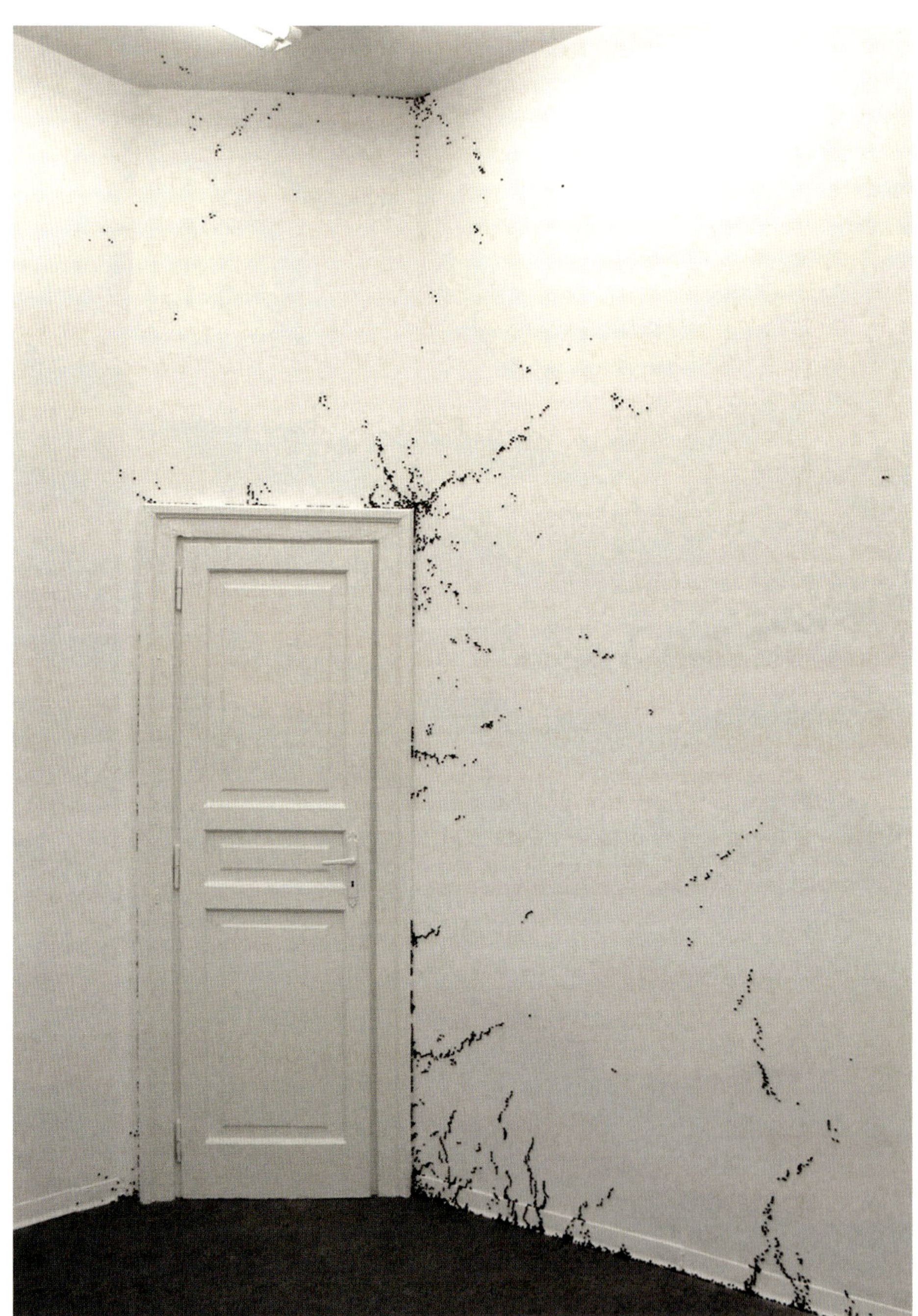

80 Kristine Alksne, *Senza titolo*, 2003
installazione, fagioli Mung
Kristine Alksne, *Untitled*, 2003
installation, Mung beans

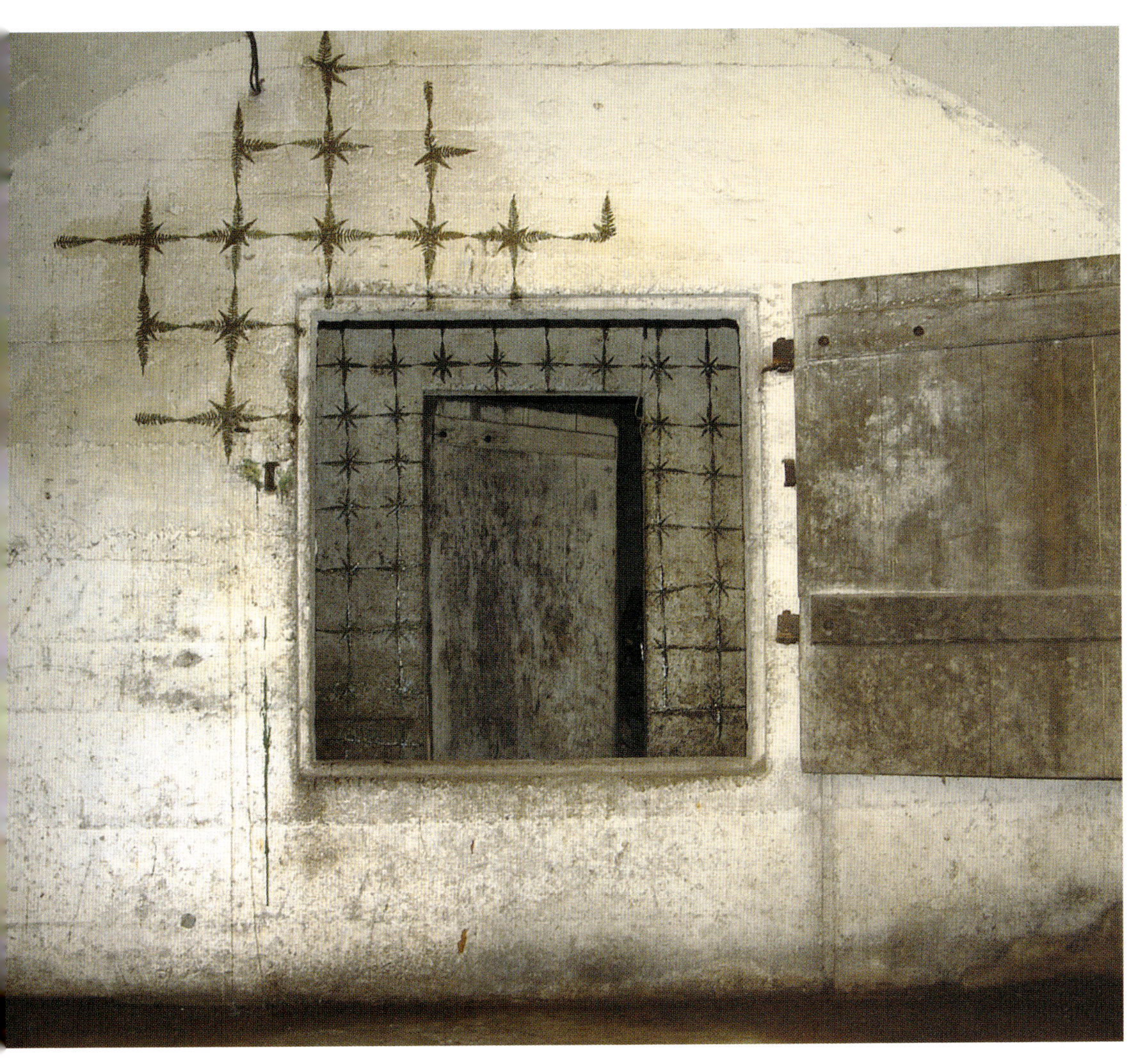

ristine Alksne, *Senza titolo*, 2003
stallazione, felci
paži, Latvia

ristine Alksne, *Untitled*, 2003
stallation, ferns
paži, Latvia

MARIA THEREZA ALVES

**L'artista e il luogo in cui è.
Riflessioni su *What Is the Color
of a German Rose?* e altri video
di Maria Thereza Alves**

… la relazione tra nazionalismo ed esilio è,
come nella dialettica hegeliana
del servo/padrone, tra opposti che
si influenzano e si formano reciprocamente.
Tutti i nazionalismi, in un primo momento,
prendono forma da una condizione
di straniamento.

Edward Said

Mi pare sensato che coloro la cui arte
ha un'impronta di civilizzazione nei confronti
della semi-barbarie, (civilizzazione che ha creato
così tanti senzatetto, che ha strappato genti
e culture dalle proprie radici), siano essi stessi
poeti senza casa e vagabondi del linguaggio.

George Steiner, 1971

La carota non è esattamente una verdura
europea.

Maria Thereza Alves, 2006

Nel video *What Is the Color of a German
Rose?* (2005), di Maria Thereza Alves, una
bella donna dai misteriosi lineamenti eurasiatici
e/o panamericani sfila sullo schermo
mostrando, in ogni sequenza, diversi tipi
di frutta, verdura e fiori. La musica su cui si
muove è strana, contaminata, una mescolanza
indefinita di suoni e ritmi provenienti da tutto
il mondo. I movimenti della modella sono
scherzosi e intriganti mentre tiene fra le dita
un ravanello dalla radice, gioca con un fico
maturo tagliato fra le mani, rigira un fagiolo
fra i polpastrelli o brandisce un crisantemo alla
maniera di una spada. Sorride con complicità
e seduzione verso lo spettatore. Una voce
maschile con marcato accento statunitense pone
delle domande con genuina curiosità: "Da dove
viene *quello*?" Mentre una voce femminile
risponde dolce e languida in un inglese
dall'accento tedesco: "La carota –
Afghanistan", e così via. Di ogni frutto, fiore
o verdura viene dato il luogo d'origine,
il proprio habitat, la propria *home*, "casa".
What Is the Color of a German Rose? non
è chiaramente un'opera sull'origine di questi
prodotti. I frutti, i fiori e le verdure mostrati
in questo video furono acquistati presso

**The Artist And Where She's At.
Reflections on *What Is the Color
of a German Rose?* and Other Videos
by Maria Thereza Alves**

. . . the interplay between nationalism
and exile is like Hegel's dialectic of servant
and master, opposites informing
and constituting each other. All nationalisms
in their early stages develop from
a condition of estrangement.

Edward Said

It seems proper that those who create art
in a civilization of quasi-barbarism,
which has made so many homeless,
which has torn up tongues and peoples
by the root, should themselves be poets
unhoused and wanderers across language.

George Steiner, 1971

The carrot is definitely not European.

Maria Thereza Alves, 2006

In Maria Thereza Alves' video *What Is the
Color of a German Rose?* (2005), a beautiful
woman of ambiguous Eurasian and/or Pan-
American descent parades across the screen,
displaying a different fruit, vegetable, or
flower in each sequence. The music she
moves to is strangely infectious, an
arrhythmic overlay of barely recognizable
twangs and beats from around the world.
The model's movements are playful and
flirtatious as she twirls a radish by its tail,
cradles a sliced ripe fig between her palms,
dangles a bean from her fingertips, or
brandishes a chrysanthemum like a sword.
She smiles knowingly, seductively, at the
viewer. A male voice with a broad American
accent asks questions with genuine curiosity:
"Where is *that* from?" A woman with
German-accented English responds softly and
languidly: "The carrot—Afghanistan," and
so forth. Each fruit, vegetable, and flower is
given a point of origin or "home."
What Is the Color of a German Rose? is *not*
about produce and where it comes from. The
fruits, vegetables, and flowers pictured in this
video were purchased from an outdoor
market in Berlin where the artist was living

un mercato all'aperto a Berlino, dove l'artista viveva all'epoca della produzione di questo lavoro. Originariamente realizzato per il pubblico tedesco, il video della Alves è un interrogarsi sui nazionalismi e un aperto invito allo spettatore a considerare il "locale" come niente di più che la coincidenza, in un preciso momento, di una vasta gamma di influenze internazionali e interculturali. Certo, le "circostanze storiche" sono comunque implicate nell'arrivo, ad esempio, dell'arancia dalla Cina alla Germania, ma il lavoro di Maria Thereza Alves non è una lezione sulle migrazioni. È piuttosto un interrogarsi sul concetto di "casa" come qualcosa di originale e non costruito, come un luogo con confini da definire e trovare.

Nel suo illuminante saggio, "Reflections on Exile", Edward Said si chiede: "Come ci si sente a essere nati in un posto, starci e viverci, e sapere che ne farai parte, più o meno, per sempre?" La domanda è parzialmente ironica, visto anche che, nel medesimo saggio, l'autore ci mette in guardia dai pericoli di romanticizzazione dei concetti di "casa" ed "esilio". L'esilio, spiega, può diventare un feticcio della propria condizione e così inibire le relazioni, fino a creare personalità ciniche e inclini all'autocommiserazione. Si chiede, ancora, "Come ... superare la solitudine dell'esilio senza cadere nel riduttivo e martellante linguaggio dell'orgoglio nazionale, sentimento collettivo, ardore del gruppo?" La risposta che propone è un propositivo e vigile distacco non solo dalla "casa" ma anche dalla propria lingua. In questo suo responso, Said segue la pista tracciata da Theodor Adorno così come le intuizioni di Hugo di Saint Victor, monaco sassone del XII secolo il quale scrisse: "Colui che trova il proprio paese natale dolce e accogliente è ancora un timido principiante; colui per cui ogni terra è come la propria nativa è già forte; ma la perfezione l'ha chi considera il mondo intero come terra straniera".

Il distacco proposto da Hugo di Saint Victor e da Edward Said assomiglia fortemente all'ammonimento buddista che suggerisce il distacco dalle cose, luoghi e aspettative poiché "la vita è cambiamento". Mentre alcune correnti di buddismo hanno interpretato questo assioma come rimozione di se stessi dal mondo, altri hanno mostrato come il distacco, così come l'amore, possa essere un'azione di tipo politico veramente radicale. Thich Nhat Hanh, un monaco zen, il cui atteggiamento di distacco all'epoca della guerra in Vietnam guidò un incredibile movimento di resistenza non violenta, sottolineò che la dottrina della non permanenza significa che le alternative sono sempre possibili.

Inoltre distacco non vuol dire solamente

at the time of the work's production. Made originally for a German audience, Alves' video questions nationalism and cheekily propositions the viewer to recognize the local as nothing more than a coincidence—the conversion at a particular moment in time of a vast array of international and intercultural influences. Yes, "historical circumstances" were obviously involved in the arrival of the orange from China to Germany, but Alves' work is not a lesson in migration. It is rather a questioning of the very concept of "home" as something originary and unconstructed, as a place with boundaries that can be known and fixed.

In his influential essay "Reflections on Exile," the late Edward Said asks, "What is it like to be born in a place, to stay and live there, to know that you are of it, more or less forever?" His question is partially ironic, as in the same essay he warns of the dangers of romanticizing notions of either home or exile. Exiles, he argues, can make a fetish of their condition, which distances them from all connections and commitments, and creates cynical and "petulant" personalities. Yet he wonders, "How . . . does one surmount the loneliness of exile without falling into the encompassing and thumping language of national pride, collective sentiments, group passions?" The answer he proposes is a willed and vigilant detachment from not only "home," but also language. In this response, he follows Theodor Adorno as well as a twelfth-century Saxon monk, Hugo of St. Victor, who wrote: "The man who finds his homeland sweet is still a tender beginner; he to whom every soil is as his native one is already strong; but he is perfect to whom the entire world is as a foreign land."

The detachment proposed by Hugo of St. Victor and by Edward Said closely resembles the Buddhist admonition that one should remain detached from things, places, and expectations because "life is change." While some schools of Buddhism have used this concept to remove themselves from the world, others have shown how detachment, like love, can be a radical political act. Thich Nhat Hanh, a Zen monk whose detachment during the Vietnam War led to an amazing non-violent resistance movement, points out that the tenet of non-permanence means that alternatives are always possible. Furthermore, detachment is not just about letting go of habits, prejudices, and ideologies. It is also about retaining a mindfulness of where you are and what you are doing in the present moment, rather than distracting yourself from your reality with thoughts about the future, the past, or places where you are not.

abbandono di abitudini, pregiudizi e ideologie, riguarda anche l'avere piena coscienza di dove ci si trovi e cosa si stia facendo nel momento presente, anziché allontanarsi dalla realtà con pensieri sul futuro, sul passato o su luoghi altri. Etichettando il modo in cui gli artisti del circuito internazionale possano essere definiti, incaricati, esposti e interpretati secondo il bio/etno/geografico concetto di origine, Maria Thereza Alves scrive: "Mi è difficile definire il concetto di 'casa', dal momento che (sub)coscientemente vediamo la comunità in cui viviamo come habitat transitorio, il che la trasforma in uno spazio indistinto, a differenza di ciò che solitamente intendiamo come "casa reale". Il processo di globalizzazione dell'arte sta in parte appiattendo la complessità delle singole comunità in cui viviamo e lavoriamo e che sono *la nostra comunità*, e in qualche modo è stabilito che questo appiattimento e semplificazione vada bene poiché la relazione con tale realtà è sicuramente meno impegnativa del relazionarsi con un luogo specifico, con caratteristiche ben definite."

In altri due video, che condividono con *What Is the Color of a German Rose?* un sobrio stile verbale e visuale, Maria Thereza Alves esplora il forte/radicale potenziale di trovarsi in ambienti "non ambigui". In Senegal, dove il sindaco di Joal-Fadiouth fece cittadini onorari gli artisti in visita, Alves girò *Diotheo Dhep* (2004-2005). Questo video documenta la sua assidua frequentazione, insieme con il conarratore Moussa Gueye, di un cimitero abbandonato per animali un tempo venerati. Esso dimostra come la presenza di Moussa e Maria Thereza – senza aspettative se non il piacere di trovarsi lì – incuriosì gli abitanti e ravvivò la possibilità di tornare ad avere attenzioni particolari per questi animali, riportando il cimitero in uso. Sulle tematiche *locali* è anche il soggetto de *Il sole/The Sun* (2006). Girato nel villaggio alpino di Viganella, in Italia, dove la luce del sole non riesce ad arrivare per tre mesi durante l'inverno, il video rende omaggio all'attitudine dei residenti che riflettono sui limiti delle proprie circostanze geografiche e sociali e le paragonano ad altri luoghi del mondo dove invece queste problematiche non esistono, e decidono così di cambiare ciò che è sempre stato.

Questi due video della Alves non vanno tuttavia considerati come mera definizione del concetto di esilio e "casa". Come già *What Is the Color of a German Rose?* si focalizzano invece sulle incredibili possibilità di una loro rivelazione e reinvenzione, allorché ci si sposta da ciò che a noi pare di conoscere e da chi pensiamo di essere e guardiamo invece a dove e come viviamo in questo preciso momento.

Jen Budney

Addressing the way that contemporary artists in the fast-paced international circuit can be defined, commissioned, exhibited, and interpreted according to bio- or ethno-geographical notions of origin, Alves writes: "I have a problem with the idea of home when (sub)consciously we see the community we are presently living in as a transient home, which then somehow comes to be a blurred space when compared to my 'real home.' The process of the globalization of art is in part flattening the complexity of the specific communities we are working in (and therefore living in) and which is *our community*. And somehow it is decided that that flattening and simplification is OK because who has the time to deal with unambiguous place—I mean, with a more specific place."

In two other video works, both of which share with *What Is the Color of a German Rose?* a succinctness of visual and verbal style, Alves explores the radical potential of being in "unambiguous places." In Senegal, where the mayor of Joal-Fadiouth made the visiting artists honorary citizens, Alves made *Diotheo Dhep* (2004–2005). This video records her extended presence with co-narrator Moussa Gueye in an abandoned, forgotten cemetery for respected animals. It demonstrates how their presence—which carried no expectations save for the pleasure of being there—inspired the curiosity of fellow citizens and revived the possibility of honoring animals, bringing the cemetery back to use. Change on a local level was also the subject of *Il sole/The Sun* (2006). Made in the Alpine village of Viganella, Italy, where sunlight does not fall for three months of each winter, this video honors the attitudes of those residents who question their local geographical and social circumstances in relation to what they know is possible in other places, and decide to change what has always been.

These two videos by Alves deal neither with exile nor with essentialist notions of home. Like *What Is the Color of a German Rose?*, they point instead to the brilliant possibilities for revelation and self-reinvention when we step away from what we think we know and who we think we are and look instead at where and how we actually are at this time.

Jen Budney

COS'È EUROPEO? COS'È TEDESCO?

Sorprendentemente, la verdura della quale siamo sicuri di conoscere la provenienza (non solo patate e pomodori, ma anche fagioli, cavolfiori, carote, cetrioli e altra ancora), è in realtà originaria di altri paesi.
Neppure la frutta come l'uva, le mele e le ciliegie hanno origine europea.
Lo stesso vale per i fiori: le rose gialle provengono dall'Afghanistan, i tulipani dalla Siberia e i girasoli dal Messico.

Maria Thereza Alves

WHAT IS EUROPEAN? WHAT IS GERMAN?

Surprisingly, the vegetables we take for granted, not only potatoes and tomatoes, but also beans, cauliflower, carrots, cucumbers, and most others, all originate somewhere else.
Neither are grapes, apples, and cherries from Europe.
The same is true for flowers: yellow roses are from Afghanistan, tulips from Siberia, and sunflowers from Mexico.

Maria Thereza Alves

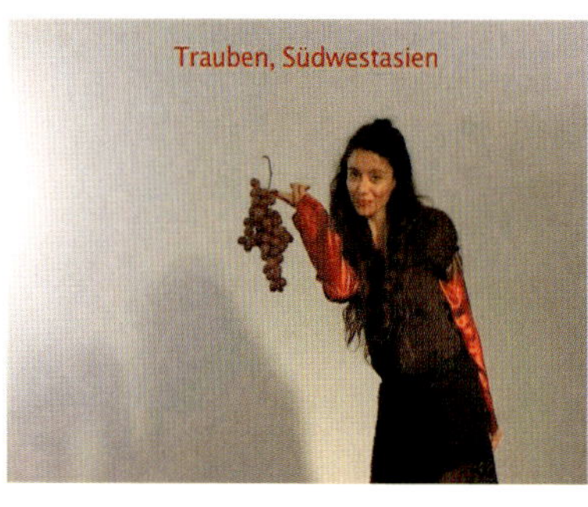

Trauben, Südwestasien

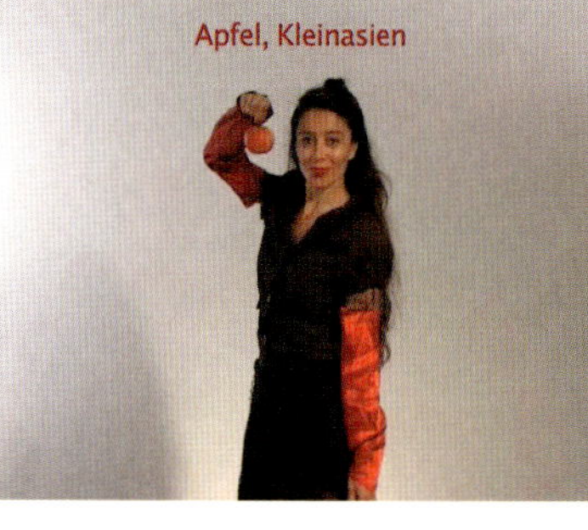

Apfel, Kleinasien

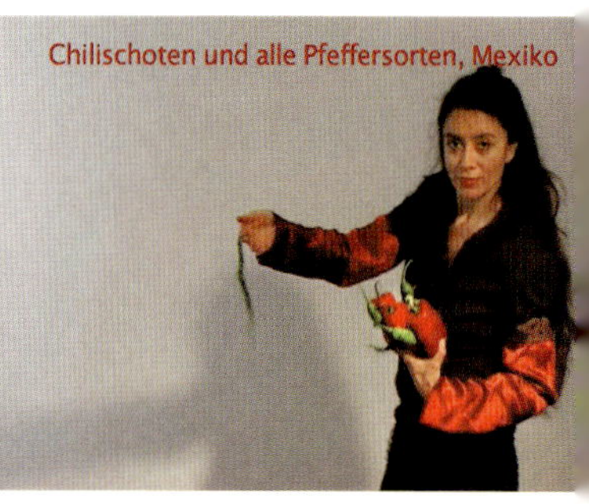

Chilischoten und alle Pfeffersorten, Mexiko

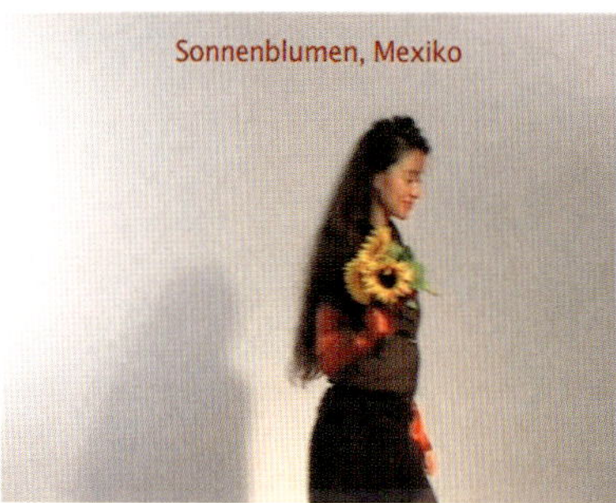

Sonnenblumen, Mexiko

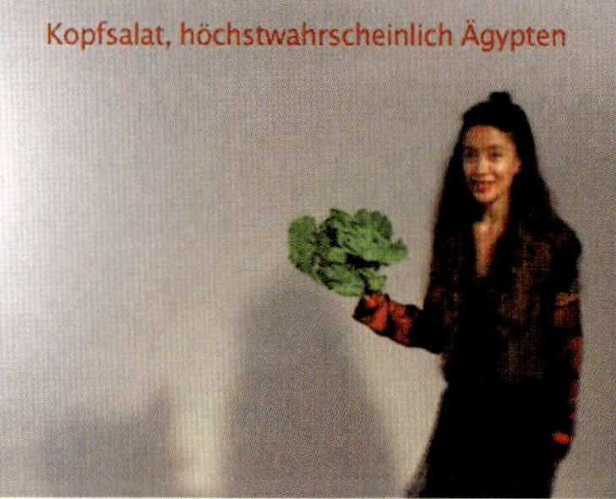

Kopfsalat, höchstwahrscheinlich Ägypten

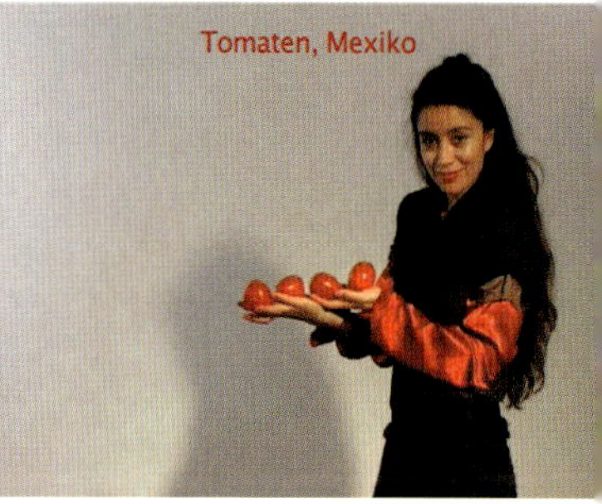

Tomaten, Mexiko

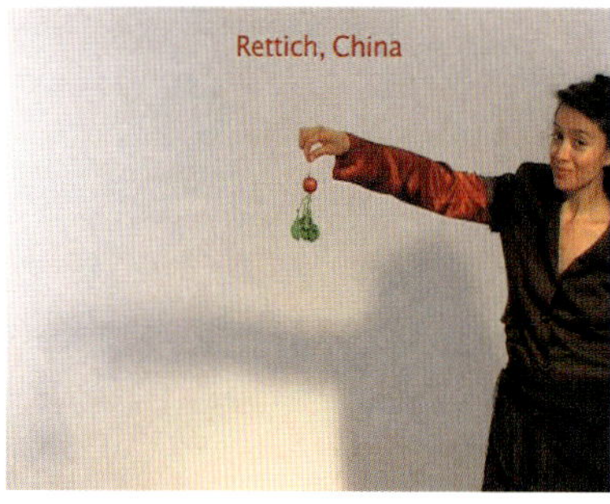

Rettich, China

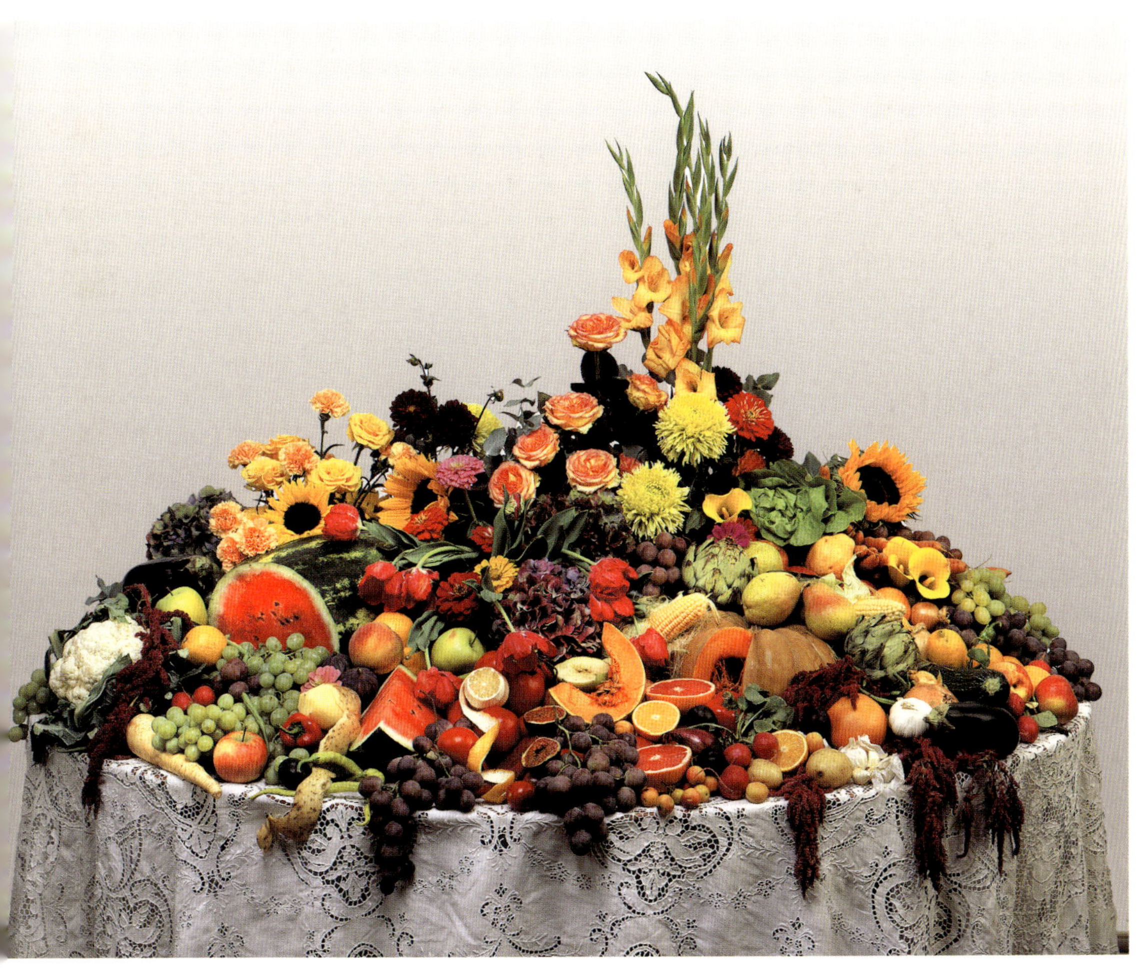

Maria Thereza Alves, *What Is the Color of a German Rose?*, 2005
video, colore, sonoro, 6 min 14 sec
courtesy l'artista

Maria Thereza Alves, *What Is the Color of a German Rose?*, 2005
video, color, sound, 6 min 14 sec
courtesy the artist

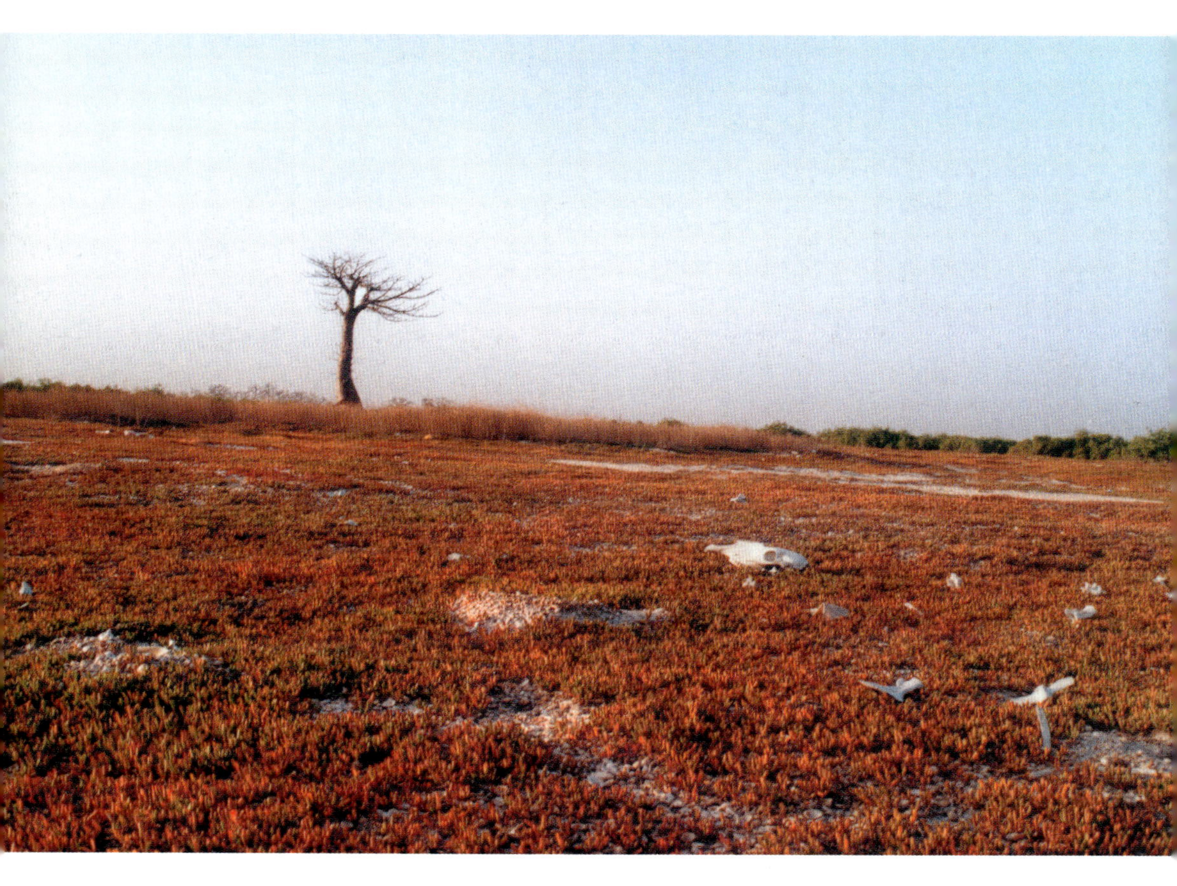

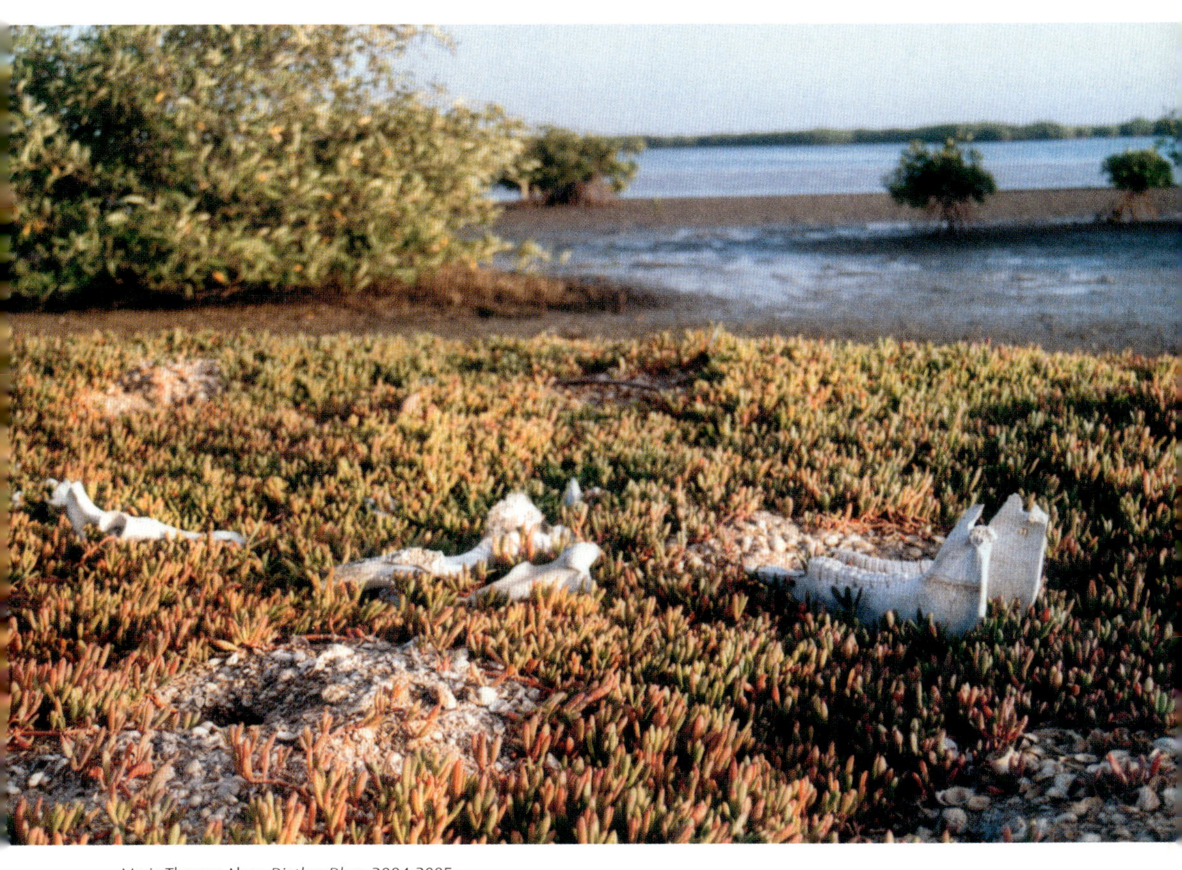

Maria Thereza Alves, *Diotheo Dhep*, 2004-2005
video, colore, sonoro, 3 min
courtesy l'artista

Maria Thereza Alves, *Diotheo Dhep*, 2004–2005
video, color, sound, 3 min
courtesy the artist

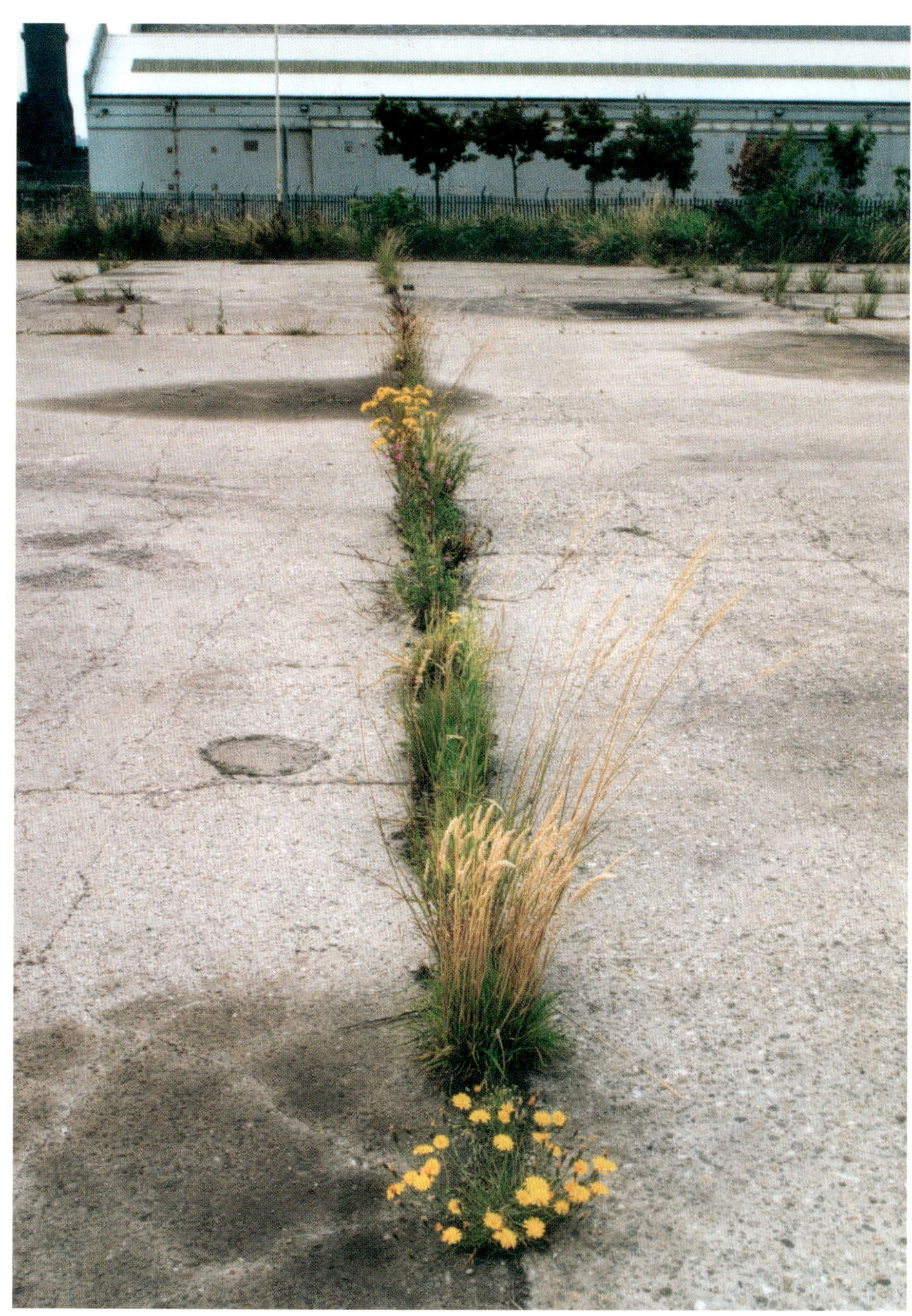

90   Maria Thereza Alves, *(re)-Routed*, 2004
installazione, Liverpool Biennial 2004, Liverpool
courtesy l'artista

Maria Thereza Alves, *(re)-Routed*, 2004
installation, Liverpool Biennial 2004, Liverpool
courtesy the artist

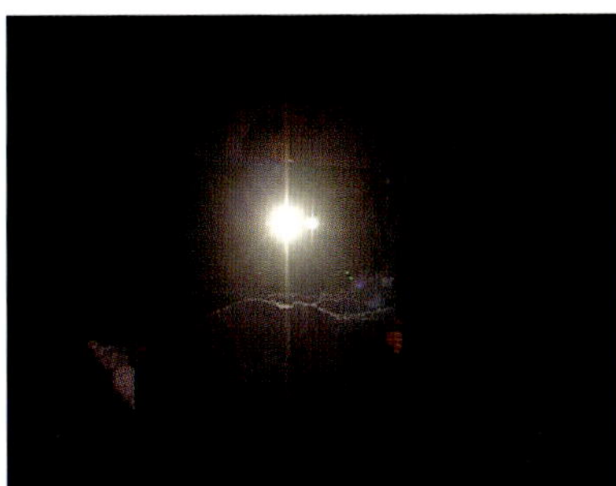

Maria Thereza Alves, *Il sole/The Sun*, 2006
video, colore, sonoro, 5 min 11 sec
courtesy l'artista

Maria Thereza Alves, *Il sole/The Sun*, 2006
video, color, sound, 5 min 11 sec
courtesy the artist

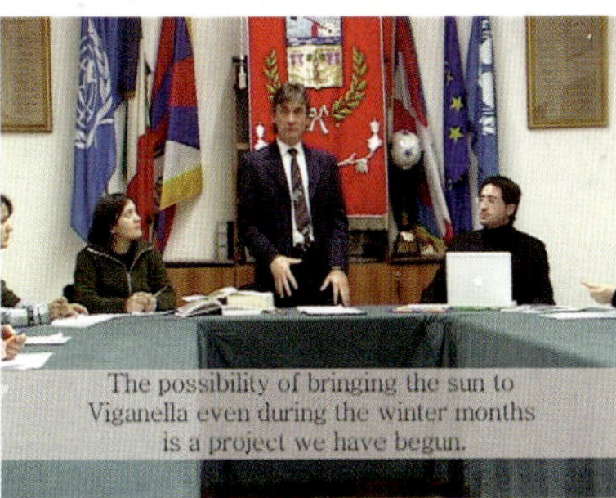

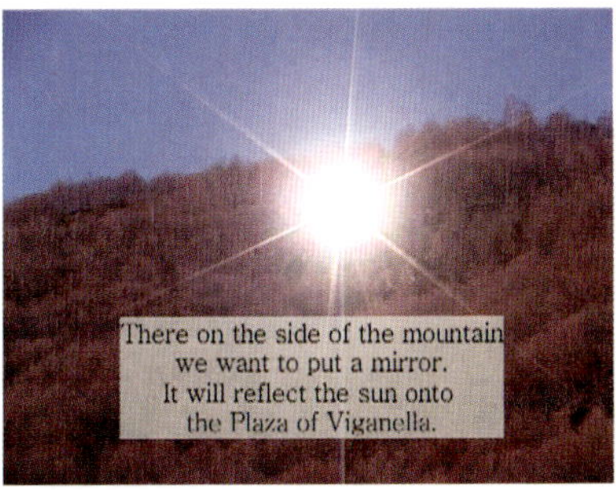

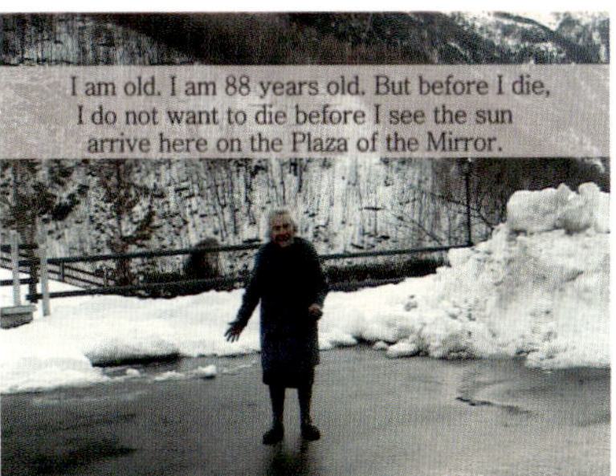

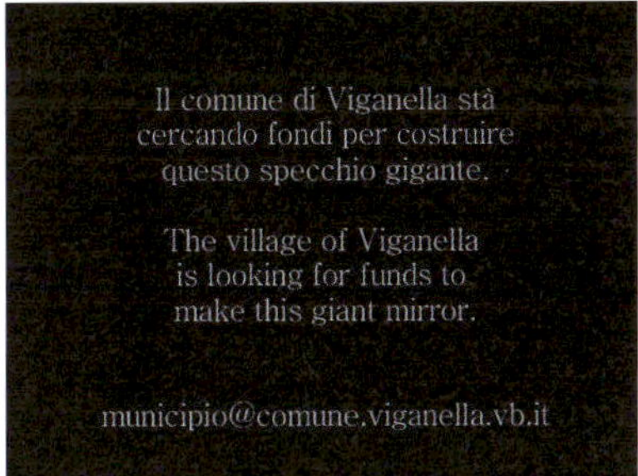

KEREN AMIRAN

Turtely

Turtely

L'arte comincia dove la vita non è
sufficiente.

>Fernando Pessoa

Il sentimento di Pessoa descrive molto bene
la pratica artistica di Keren Amiran; l'arte
non può più essere un prodotto privilegiato
del proprio linguaggio, e neppure
un'attività creativa della costruzione
dell'immagine o dell'oggetto estetico,
ma è invece l'incontro con il mondo basato
su di un progetto di riflessione critica
e immaginativa, una strategia individuale
che va oltre la realtà.
Turtely (2005), il video di Keren Amiran,
è il ritratto di una lavoratrice illegale
filippina che risiede nel sobborgo
di una città israeliana e di una tartaruga.
La migrante filippina ha vissuto e lavorato
in Israele per dieci anni, senza permesso
di soggiorno, in un paese dalle leggi molto
dure, e per questo libera di muoversi
liberamente solo all'interno delle mura
domestiche in cui lavora. Un giorno una
tartaruga entra nel suo giardino e lei decide
di adottarla come animale domestico.
Il film racconta l'intrigante relazione
che si sviluppa tra le due protagoniste.
La tartaruga e la donna condividono
le stesse circostanze quotidiane e, mano
a mano che la narrazione si svolge,
vediamo come esse condividano anche
lo stesso destino.
Rispecchiandosi l'una nell'altra come
in una recita, le due protagoniste mettono
in scena una serie di proiezioni reciproche
e straniamenti, in cui la tartaruga diviene
un'estensione della donna stessa.
"Lo sai che Turtely è spaventata
dall'immigrazione?
Meglio stare a casa, vero Turtely?"
Ciò che emerge è una situazione ambivalente
in cui traspare, contemporaneamente,
un senso di familiarità e di estraneità;
il risultato è di una poeticità fantasiosa e
libera da uno schema rigido di narrazione.

Art begins when life is not enough.

>Fernando Pessoa

Pessoa's sentiment describes the artistic
practice of Keren Amiran very well. Art can
no longer be a privileged product of its own
language, nor a creative activity of
constructing the image or aesthetic object,
but rather an encounter with the world
based upon a project of critical and
imaginative reflection, an individual
strategy that intercedes in and prohibits
reality.
Amiran's video *Turtely* (2005) is a portrait
of an illegal Filipino worker and a tortoise
that reside in an affluent suburb of Israel.
The Filipino migrant has been living and
working in Israel for ten years, without a
residence permit, in a country with very
harsh law enforcement and is only free to
move around the house where she works.
During that time she bumped into a tortoise
in the garden and adopted it as a pet.
The film depicts the intriguing relationship
that develops between the two protagonists.
Both the tortoise and the woman share the
same living circumstances and as the film
progresses we learn that they also share the
same destiny. Mirroring each other like a
play, a series of projections and
displacements take place, where the tortoise
becomes an extension of the woman herself.
"You know Turtely is scared of
immigration?
Better to stay home, not to go out, right
Turtely?"
What emerges is an ambivalent situation
where there is a sense of familiarity and
estrangement, which is both poetic and
uncanny, but without any determinable
narrative.
The film opens with a static wide shot of a
pastoral scene, a suburban villa and its
idyllic garden. A close-up shows an image
of grass and trees, taken from a low camera

BIBBIA, LEVITICO 19

18 "… Ama il tuo prossimo come te stesso …".
33 "E se uno straniero dimora con te sulla tua terra, non molestarlo".
34 "Lo straniero che si stabilirà presso di voi sarà come nato in mezzo a voi. Lo amerete come voi stessi, poiché voi foste al tempo stranieri nella terra d'Egitto: io sono il SIGNORE vostro Dio".

Genesis Rabbah, un midrash amoraico del quinto secolo commenta: "… Siccome io lo sono stato, d'ora in poi non dovete più permettere che il vostro prossimo sia messo in ridicolo, …".

Il midrash mette in guardia da una possibile mala interpretazione di questo comandamento sull'amare il prossimo, qualora si intenda "come te stesso" nel senso di "come siamo stati amati dagli altri, o come noi amiamo noi stessi"

Questa interpretazione potrebbe infatti giustificare l'ostilità e la violenza, allo stesso tempo masochista e sadica, odiando il nostro prossimo come odiamo noi stessi.

Keren Amiran

Il film si apre con una panoramica scena
pastorale, una villa dei sobborghi con il suo
idilliaco giardino, poi un'inquadratura
sul particolare di erba e alberi, ripresa
dal basso da una videocamera posizionata
sul dorso della tartaruga. La videocamera
descrive progressivamente i movimenti
della tartaruga e registra la voce della donna
che chiama "Turtely, Turtely, vieni qua!".
Il movimento dell'immagine suscita nello
spettatore un senso di claustrofobia che
cresce fino a cadere in una trappola dove
è costretto dal limitato punto di vista
della tartaruga. I particolari dell'animale
ricordano le immagini a noi familiari
di documentari naturalistici che spesso
si vedono in televisione.
Nell'ultima scena abbiamo un'altra statica
panoramica della casa, con l'idilliaco canto
degli uccelli che fa da sottofondo. Ma
la lussuosa villa in cui abitano entrambe si
è ora tramutata in un carcere di sicurezza.
Un elemento comune nell'opera di Keren
Amiran, che spesso utilizza il linguaggio
documentaristico, è la possibilità di minare
o deformare le barriere della realtà,
di allargarla attraverso il montaggio
di immagini che a loro volta contengono,
come in una scatola cinese, una dinamica
imprevedibile. Il suo immaginario
si conforma alla realtà allo scopo
di trasformarla in un soggetto che stimola
una nuova percezione che va oltre l'ordine
della realtà visibile.

Stella Santacatterina

angle positioned on the tortoise's back. The
camera progressively traces the movement
of the tortoise and records the woman's
voice, calling "Turtely, Turtely, come here."
The rhythm of the image envelops the
viewer with a sense of claustrophobia,
which increasingly becomes a trap where
the spectator is restrained to the limited
perspective of the tortoise.
Close-up shots of the tortoise recall familiar
images of nature documentaries often seen
on TV.
In the last scene, we see another static wide
shot of the house, with the idyllic sound of
birds in the background. But the luxurious
suburban villa in which they both reside has
become a high security prison.
A common thread in Amiran's work, which
often adopts the strategy of documentary, is
above all the possibility to corrupt or
deform the barrier of reality, to open it
towards the composition of other images
that contain, like a Chinese box, a dynamic
of unpredictability.
Her imagery conforms to reality in order to
transform it into a subject that acquires a
new perception, but that at the same time
doesn't belong to the order of external
reality.

Stella Santacatterina

BIBLE, LEVITICUS 19

18 ". . . You shall love your neighbor as yourself . . ."
33 "And if a stranger dwells with you in your land, you shall not mistreat him."
34 "The stranger who dwells among you shall be to you as one born among you,
and you shall love him as yourself; for you were strangers in the land of Egypt: I
am the LORD your God."

Genesis Rabbah, an Amoraic (fifth century) Midrash comments: ". . . Hence you must
not say, since I have been put to shame, let my neighbor be put to shame . . ."

The Midrash warns from a possible misappropriation of the commandment to
neighbor-love by interpreting "as yourself" to mean "as we have been loved by
others, or as we love ourselves."

Such appropriation could justify hostility and violence, at once masochistic and
sadistic, in which I hate the neighbor as myself.

Keren Amiran

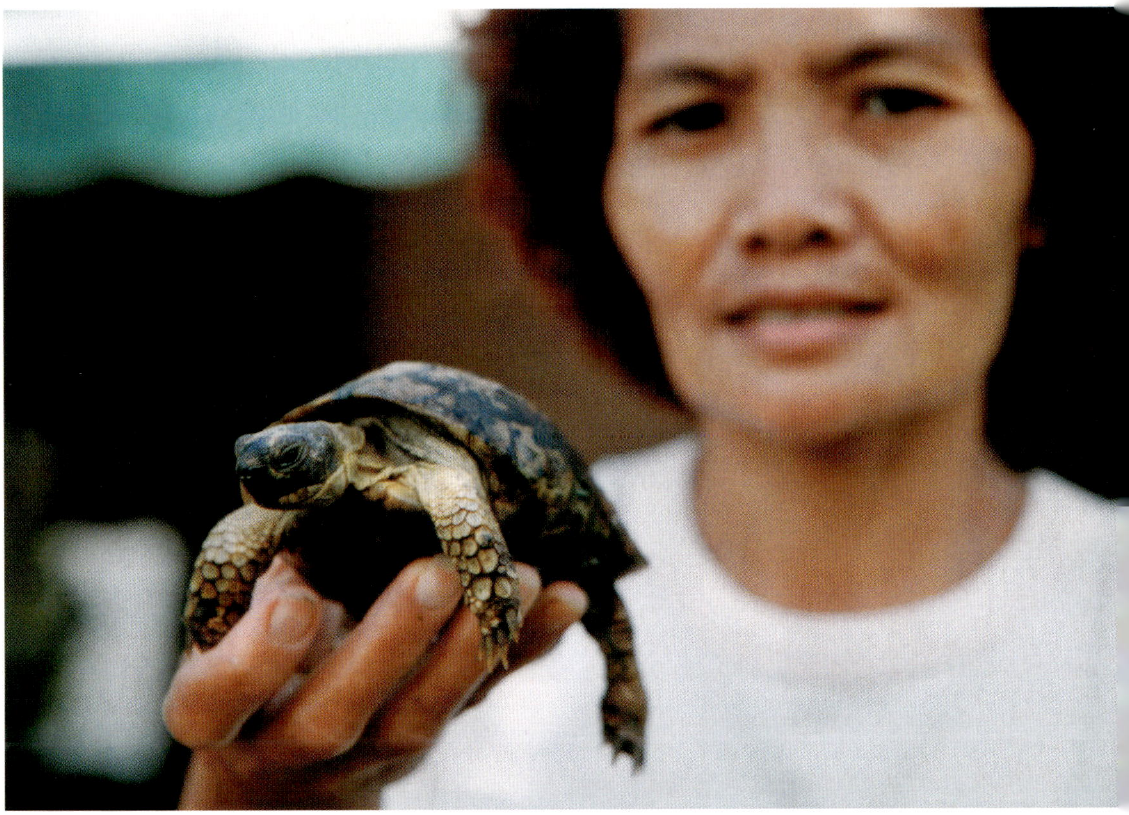

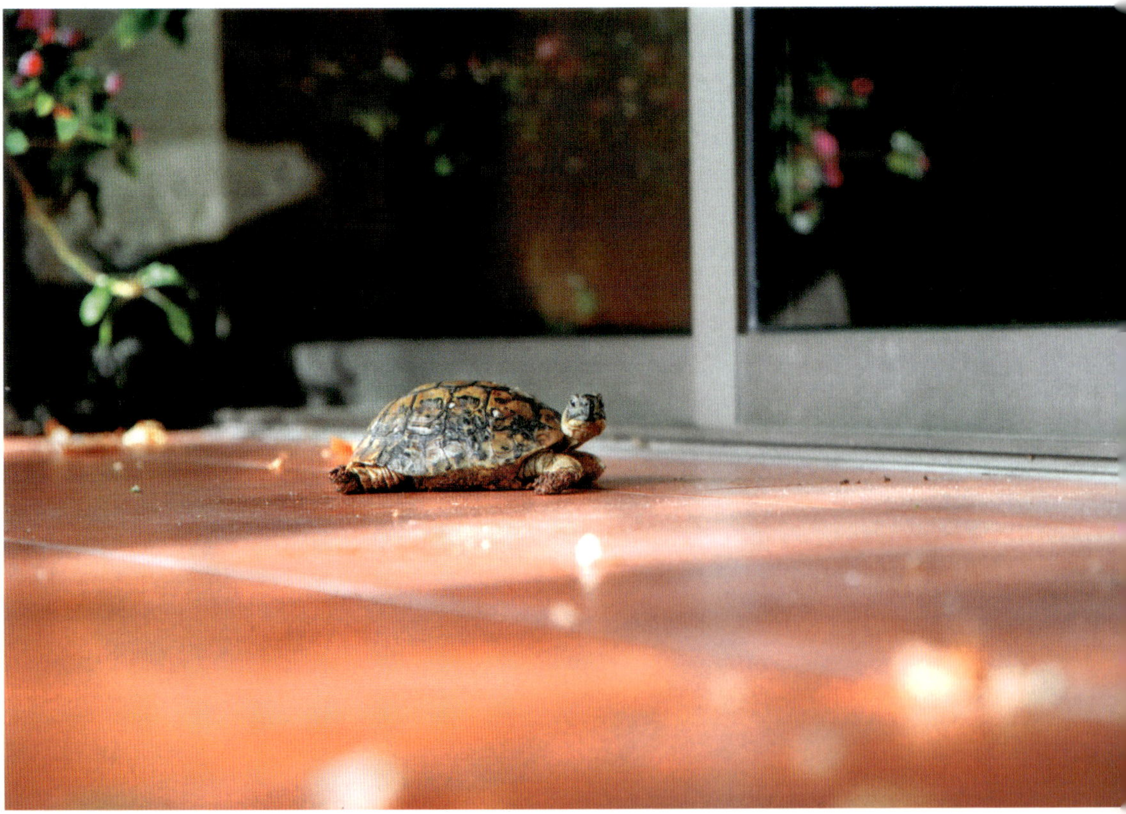

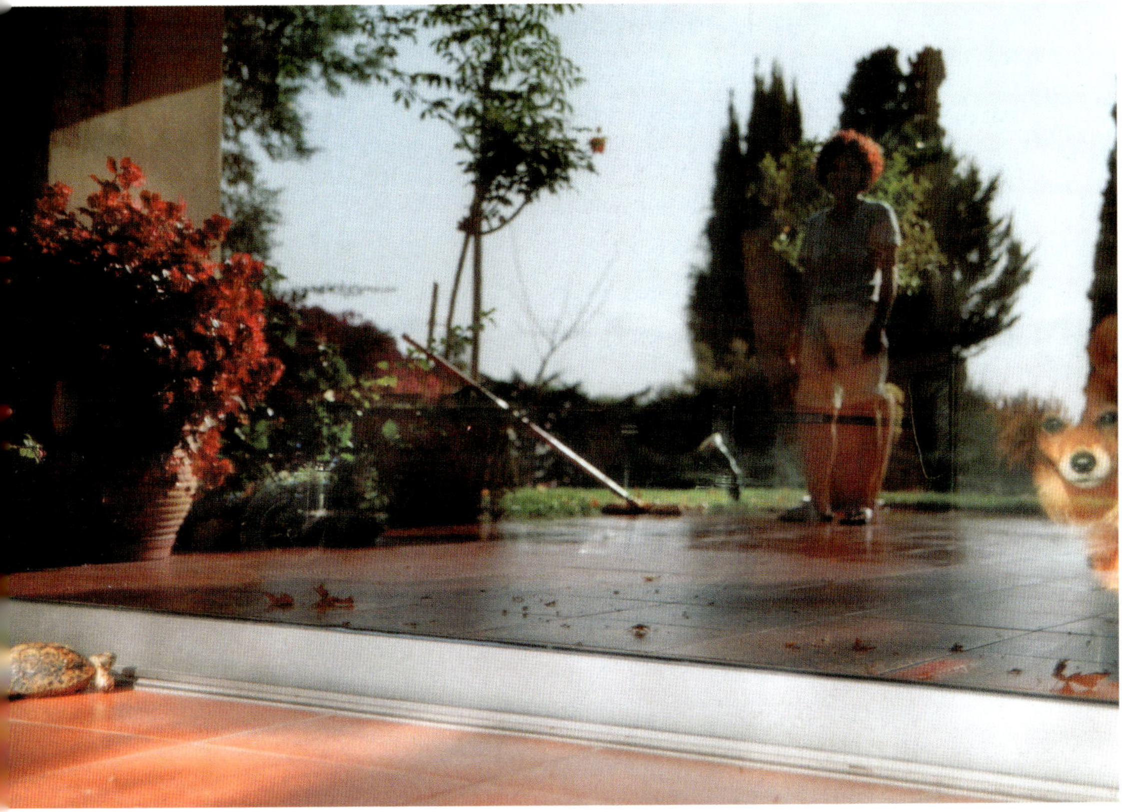

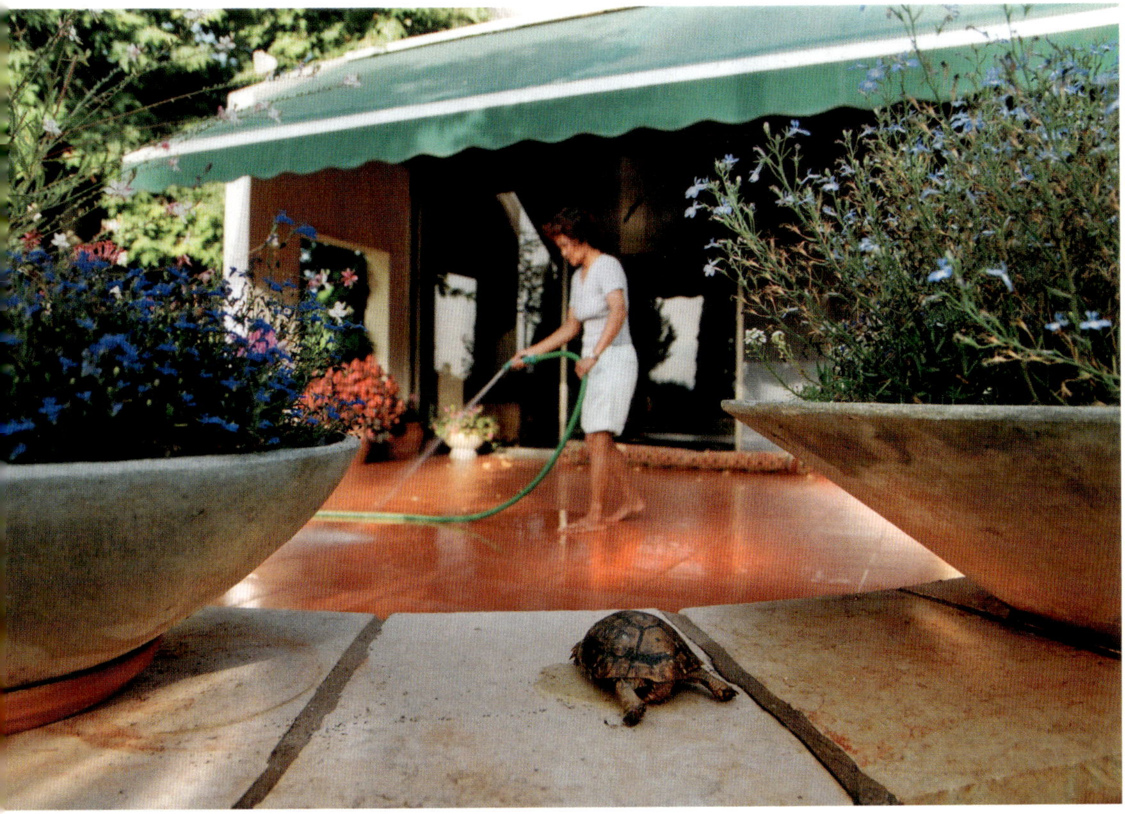

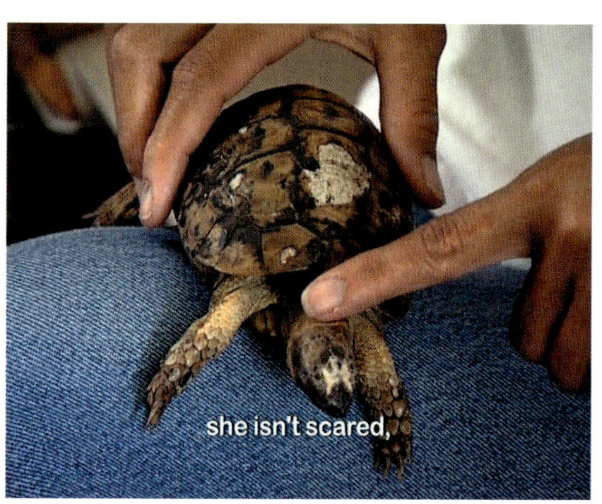
she isn't scared,

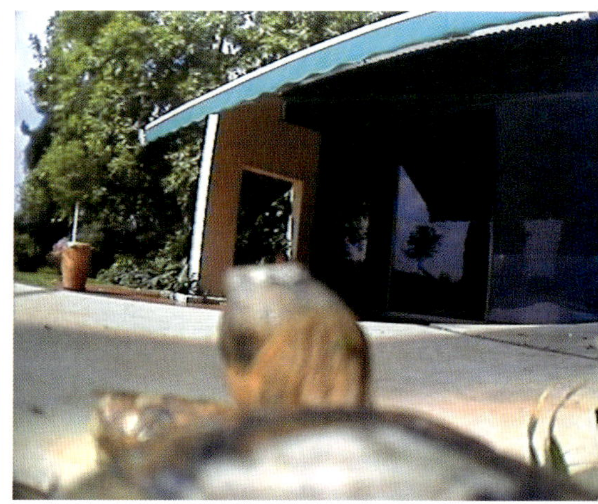

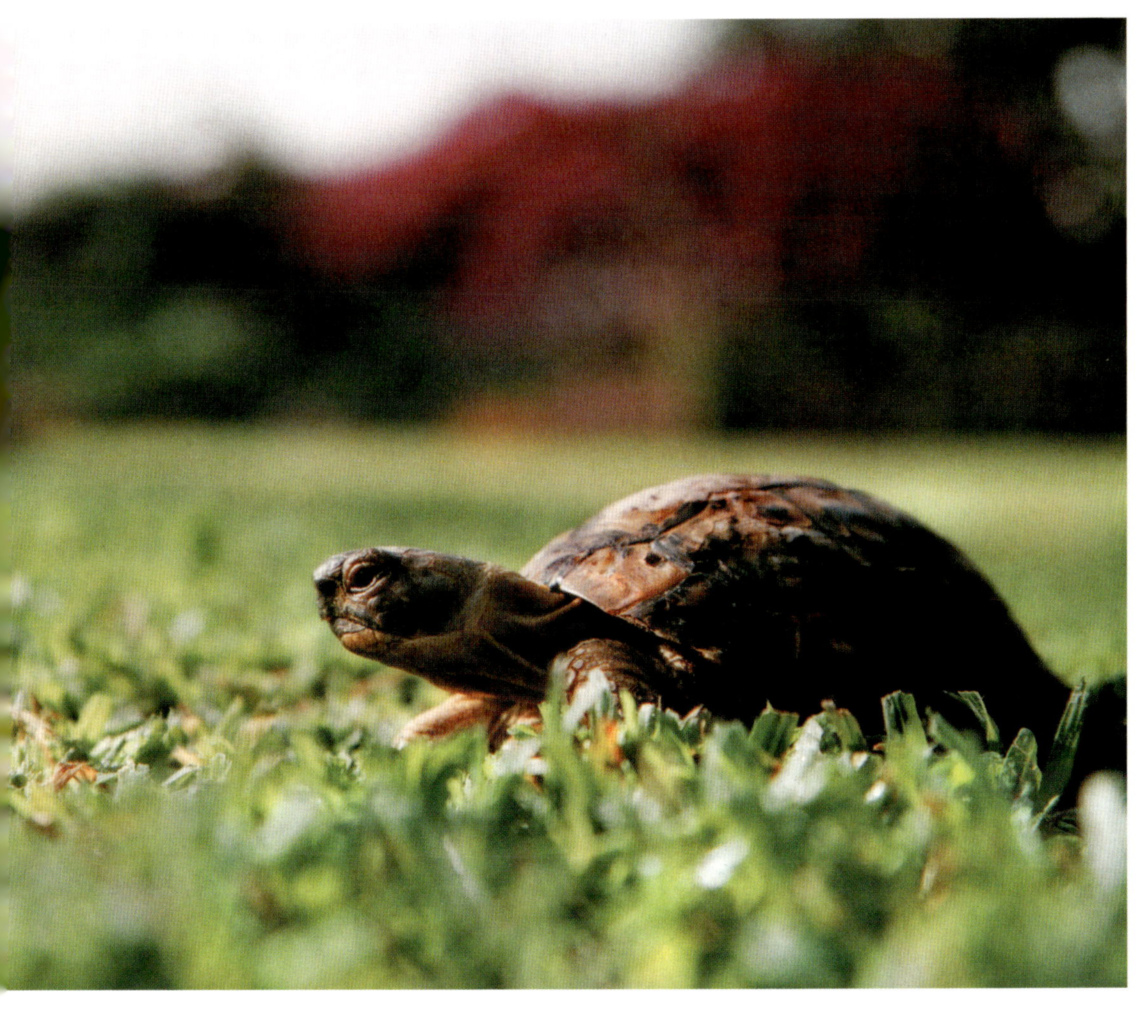

Keren Amiran, *Turtely*, 2005
video, colore, sonoro, edizione di 5, 19 min
courtesy Pescali & Sprovieri Gallery, Londra

Keren Amiran, *Turtely*, 2005
video, color, sound, edition of 5, 19 min
courtesy Pescali & Sprovieri Gallery, London

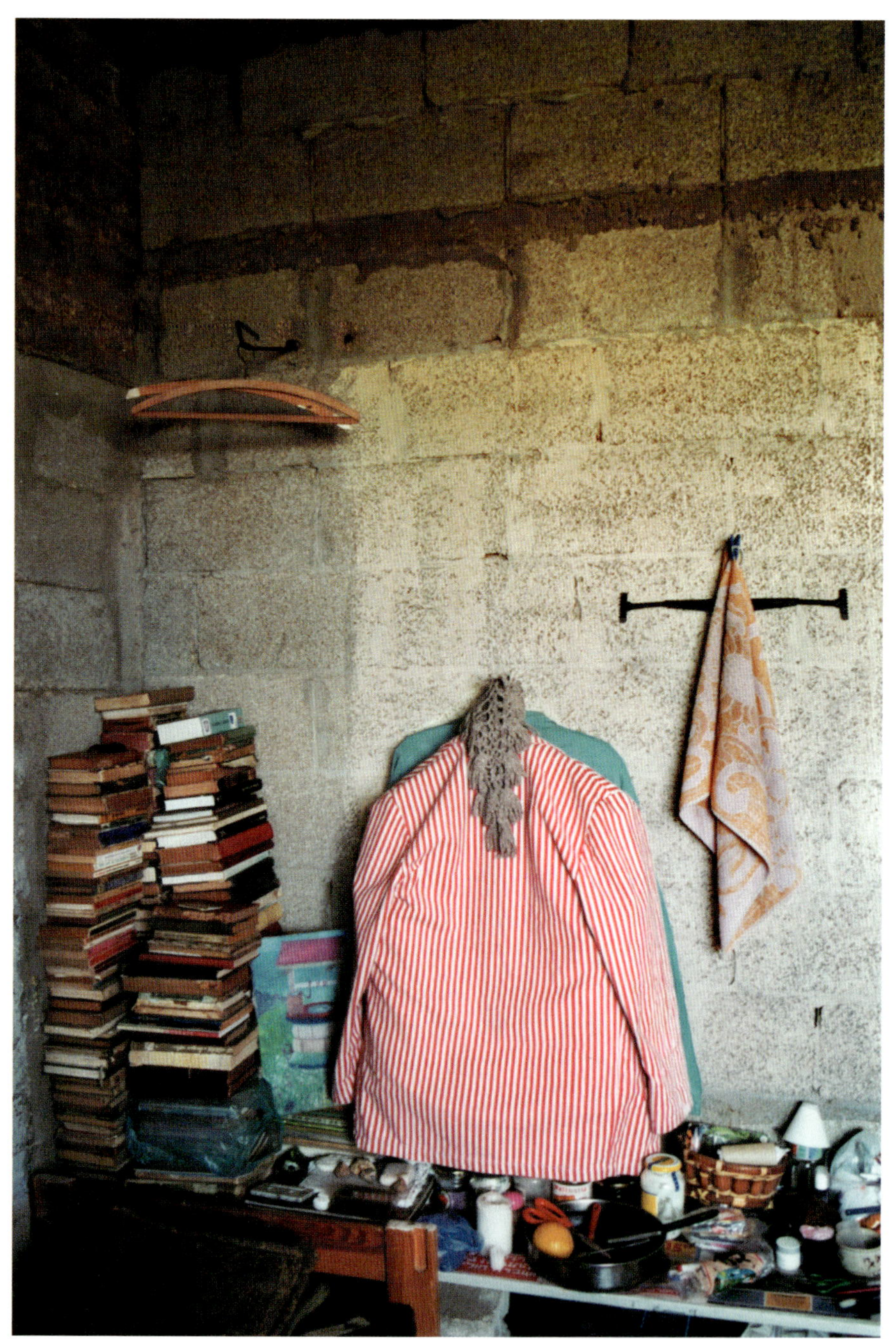

Keren Amiran, *Israel American Medical Centre*, 2001
fotografia a colori, 108 x 70 cm, edizione di 5
courtesy Pescali & Sprovieri Gallery, Londra

Keren Amiran, *Israel American Medical Centre*, 2001
color photo, 108 x 70 cm, edition of 5
courtesy Pescali & Sprovieri Gallery, London

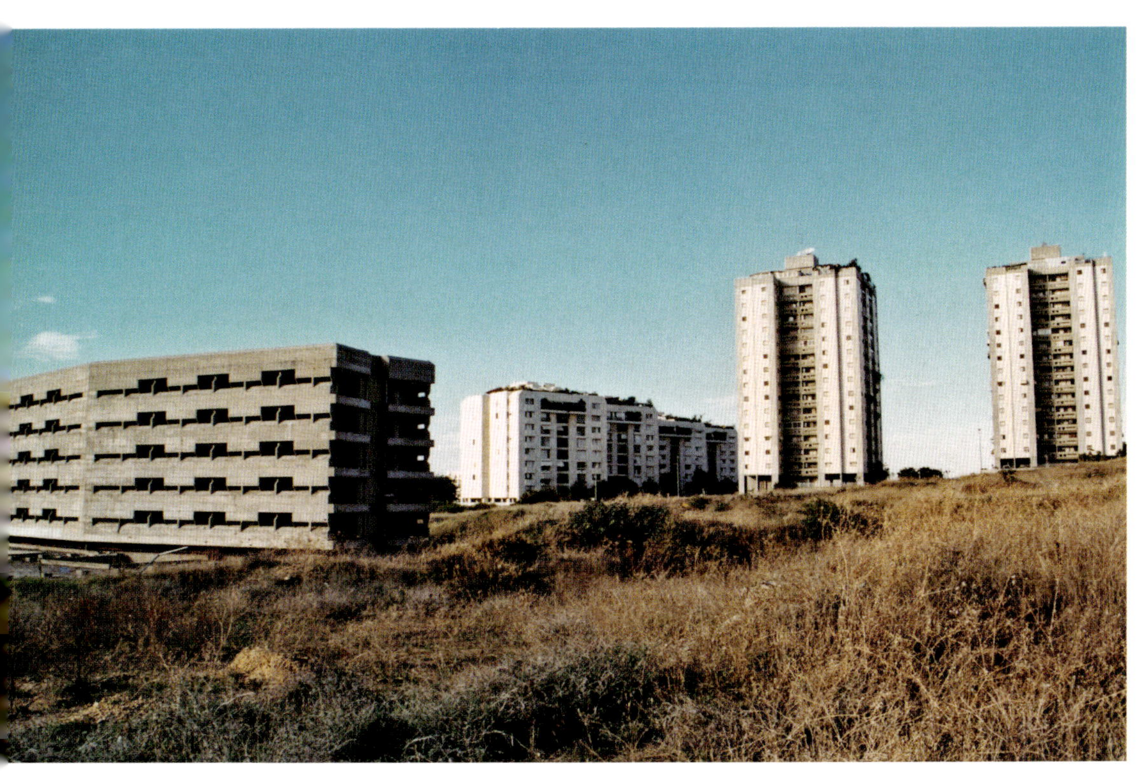

Keren Amiran, *Israel American Medical Centre*, 2001
fotografia a colori, 70 x 108 cm, edizione di 5
courtesy Pescali & Sprovieri Gallery, Londra
Keren Amiran, *Israel American Medical Centre*, 2001
color photo, 70 x 108 cm, edition of 5
courtesy Pescali & Sprovieri Gallery, London

CARLOS AMORALES

Carlos Amorales utilizza ogni mezzo possibile, dalla performance al video, al disegno, alla scultura, all'installazione, agli interventi che coinvolgono il contesto, per raccontare la sensibilità del presente: la stratificazione, l'ibridarsi dei linguaggi ma anche dei contenuti e la ricchezza della diversità. E per dire quanto la cultura sia un concetto complesso, capace, di volta in volta, di accomunare o di dividere. Se le sue performance – eventi musicali in molti casi – sono veri e propri vitalissimi rituali contemporanei, i suoi disegni digitali nascono in molti casi dall'innesto di forme nuove su simboli antichi; ne risultano sagome nere su sfondo bianco, figure archetipiche che parlano del conscio e dell'inconscio, del caso e del fato, dei nostri istinti basilari, dell'ibridismo che ci spaventa e dell'animale che è in noi. Parlano della violenza e dell'aggressività, della paura del nemico, della guerra di ieri, di oggi, di domani. E dicono la fusione, in ognuno di noi, di ciò che è individuale e di ciò che è universale, e di come le nostre percezioni rispetto a quello che ci circonda siano legate alla proiezione della nostra individualità profonda. A partire da questi disegni Amorales crea lugubri, oniriche, poetiche videoanimazioni in cui ogni cosa si trasforma in un'altra e poi in un'altra ancora, e natura, simboli della cultura, tutto si disintegra in mille pezzi per poi ricomporsi, in un flusso inarrestabile capace di destituire la centralità dell'Io. GS

Carlos Amorales uses every medium possible, from performance and video to drawings, sculptures, installations, and interventions that involve the environment, to communicate his feelings about the phenomena of the present: the layering and hybridization of language as well as the contents and the richness of diversity. And to convey the fact that culture is a complex concept, capable sometimes of uniting and sometimes of dividing. If his performances—musical events in most cases—are genuine and vital contemporary rituals, his digital drawings are often born out of the grafting of new forms onto old symbols. The results are black outlines on a white ground, archetypal figures that speak of the conscious and the unconscious, of chance and fate, of our basic instincts, of the hybridism that frightens us, and of the animal that is in us. They speak of violence and aggression, of fear of the enemy, of the wars of yesterday, today, and tomorrow. And they tell us about the fusion, in each of us, of what is individual and what is universal, and of how our perceptions of what surrounds us are linked to the projection of our inner individuality. Out of these drawings Amorales creates mournful, dreamy, poetic video animations in which each thing turns into something else and then into something else again, and nature, symbols of culture, everything disintegrates into a thousand pieces only to be reassembled in an unstoppable flow capable of deposing the self from its central role. GS

MANIMAL

In questo racconto animato, reminescenza di una favola medievale francese, un branco di lupi emigra dalla foresta alla città, conquistandone le strade e sostituendosi alla popolazione umana.

Questo lavoro è stato realizzato combinando le tecniche di animazione in 3D con silhouette bidimensionali, componendo ciò che appare come un teatro delle ombre messo in scena in un ambiente virtuale. La musica, un lento incedere di heavy metal orchestrale, mantiene alta la tensione della narrazione; la fiaba dei lupi si trasforma così in un'epopea dai toni cupi.

Manimal tratta della trasformazione degli istinti animali in umana razionalità, di come, una volta tramontata la luna, i licantropi ritornino alla loro "normalità umana", pur rimanendo, in ogni caso, sempre "stranieri".

Carlos Amorales

MANIMAL

Reminiscent of a medieval French tale, this animation portrays a pack of wolves emigrating from a forest into a city, thereby substituting, as they invade the streets, its human population.

The piece was made by combining 3D animation tools with flat, two-dimensional drawings of silhouettes, in a form that looks like a theater of shadows unfolding in a virtual environment. The music, an orchestral slow-tempo, heavy metal sound, adds to the tension of the story suggested by the drawings, and thus becomes a dark epic tale.

Manimal is about the transformation of animal emotions into human rationality. It is about how, when the moon has disappeared, the werewolf returns to "human normalcy," though always remaining a "stranger."

Carlos Amorales

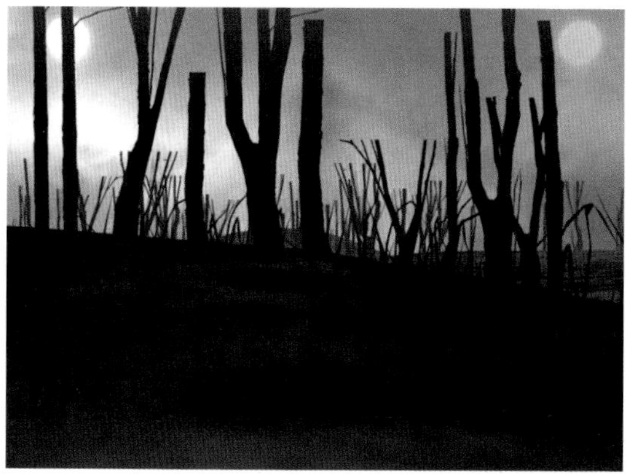
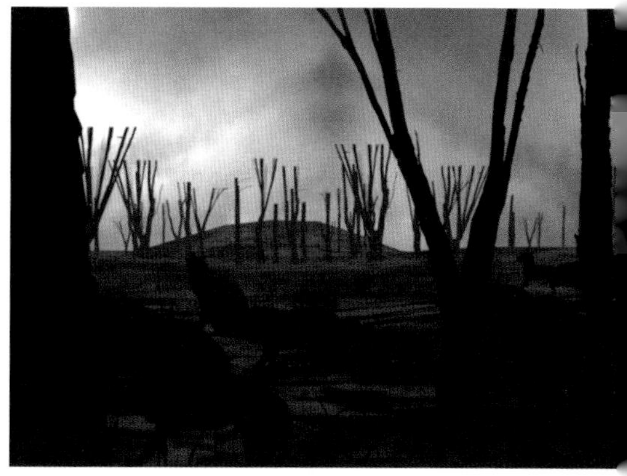
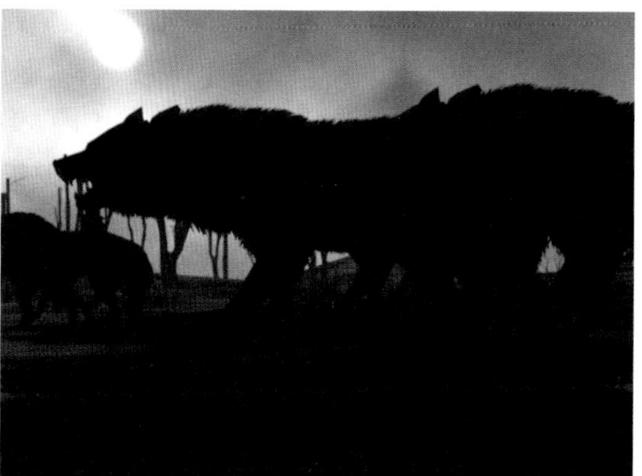
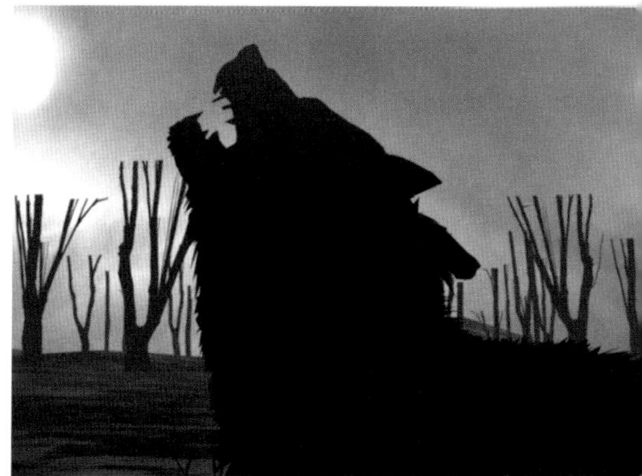
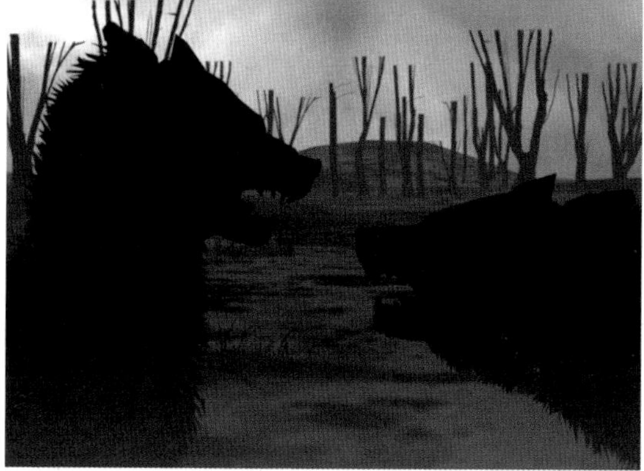
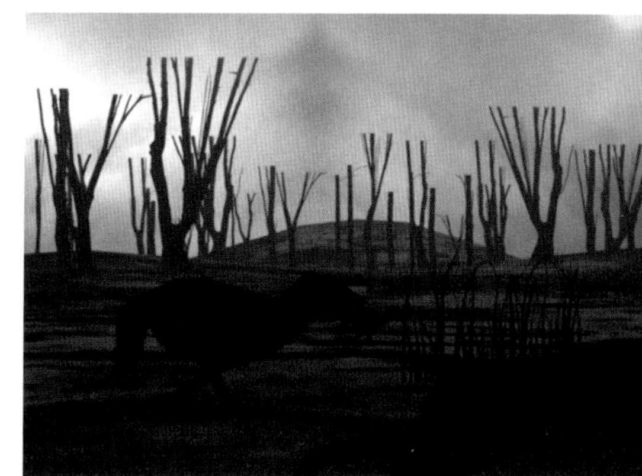

Carlos Amorales, *Manimal*, 2005
animazione, videoproiezione, bianco e nero, sonoro, 5 min 30 sec
musiche originali Julián Lede
courtesy l'artista e kurimanzutto, Città del Messico

Carlos Amorales, *Manimal*, 2005
animation, video projection, black and white, sound, 5 min 30 sec
original music by Julián Lede
courtesy the artist and kurimanzutto, Mexico City

104

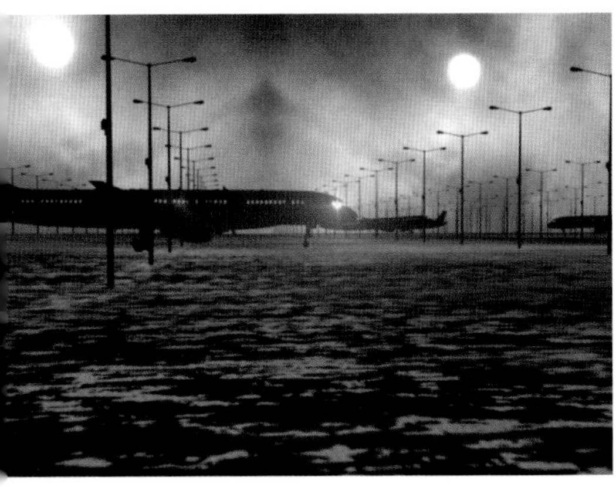
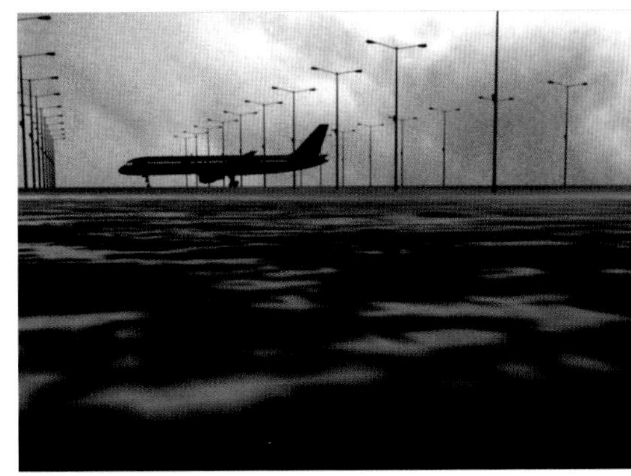
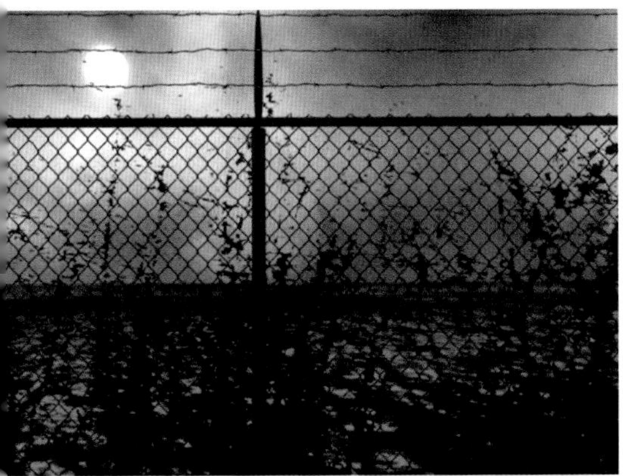
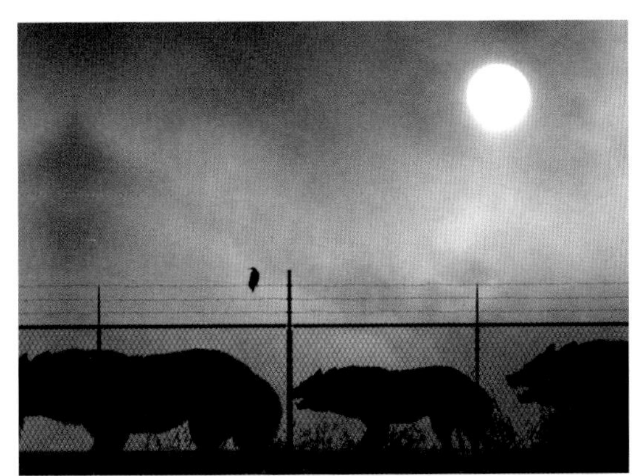
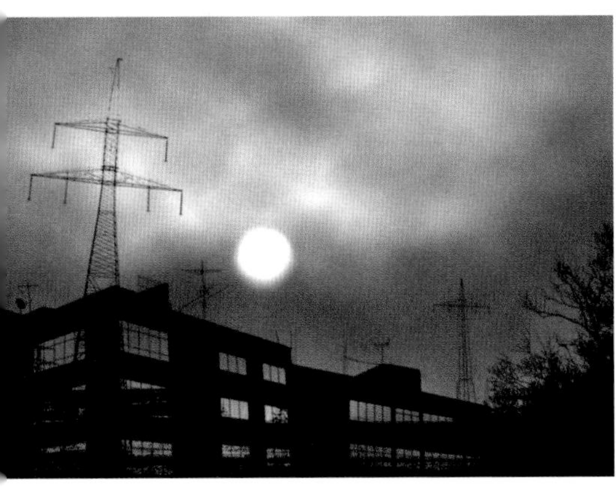
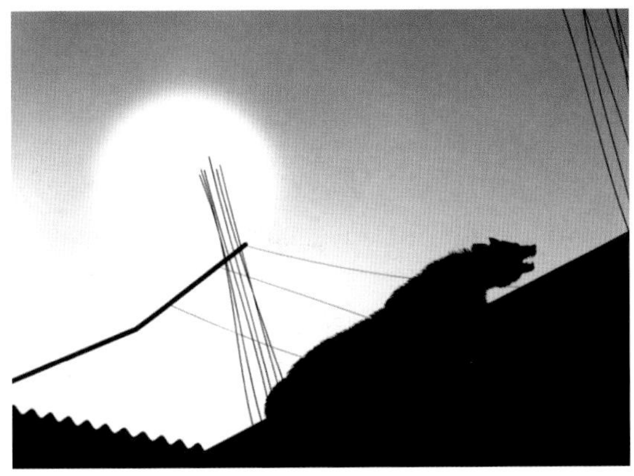

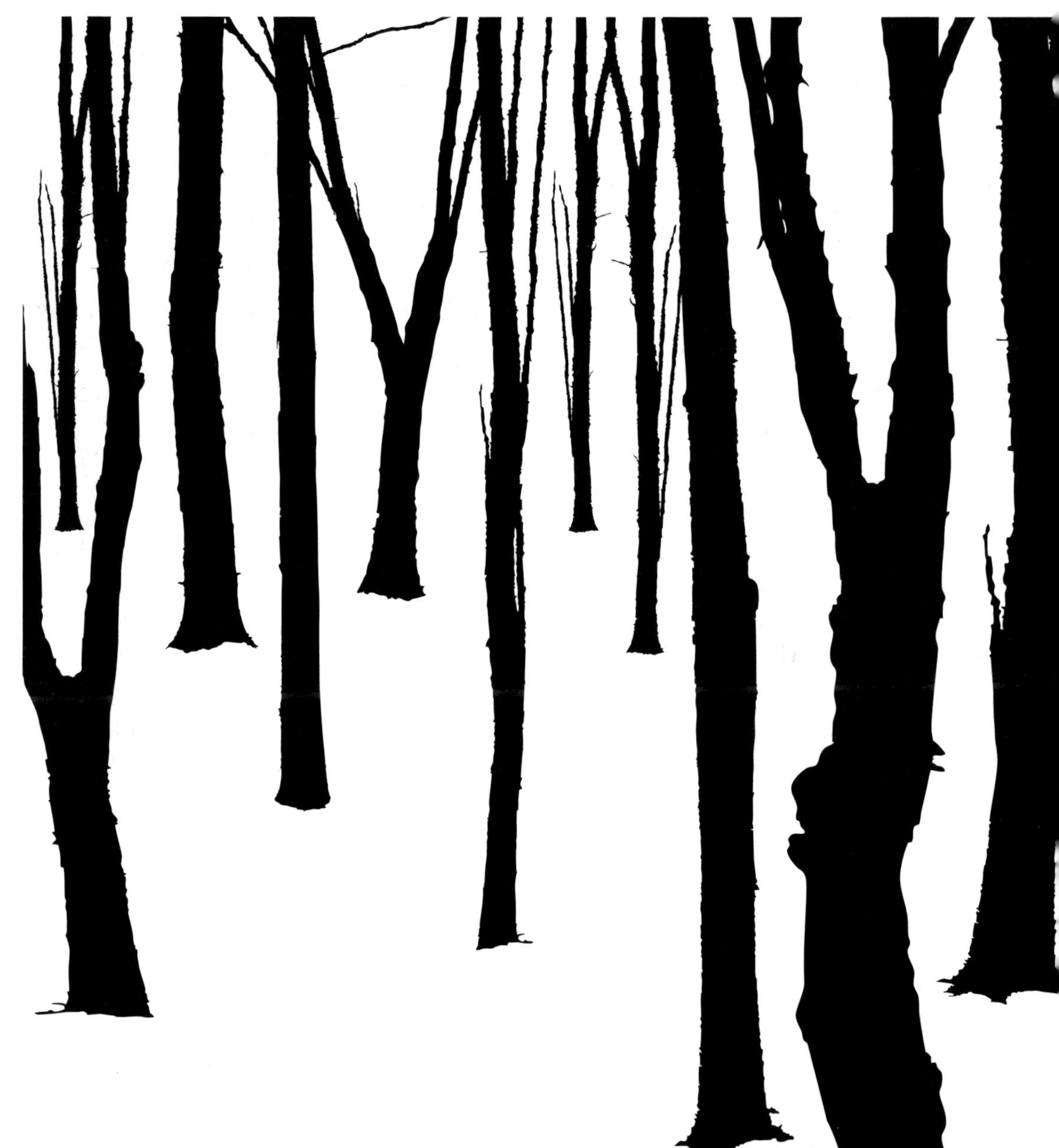

Carlos Amorales
progetto per applicazione in vinile dell'installazione
per *Wherever We Go – Ovunque andiamo*
courtesy l'artista

Carlos Amorales
project for vinyl adhesive
for the *Wherever We Go* installation
courtesy the artist

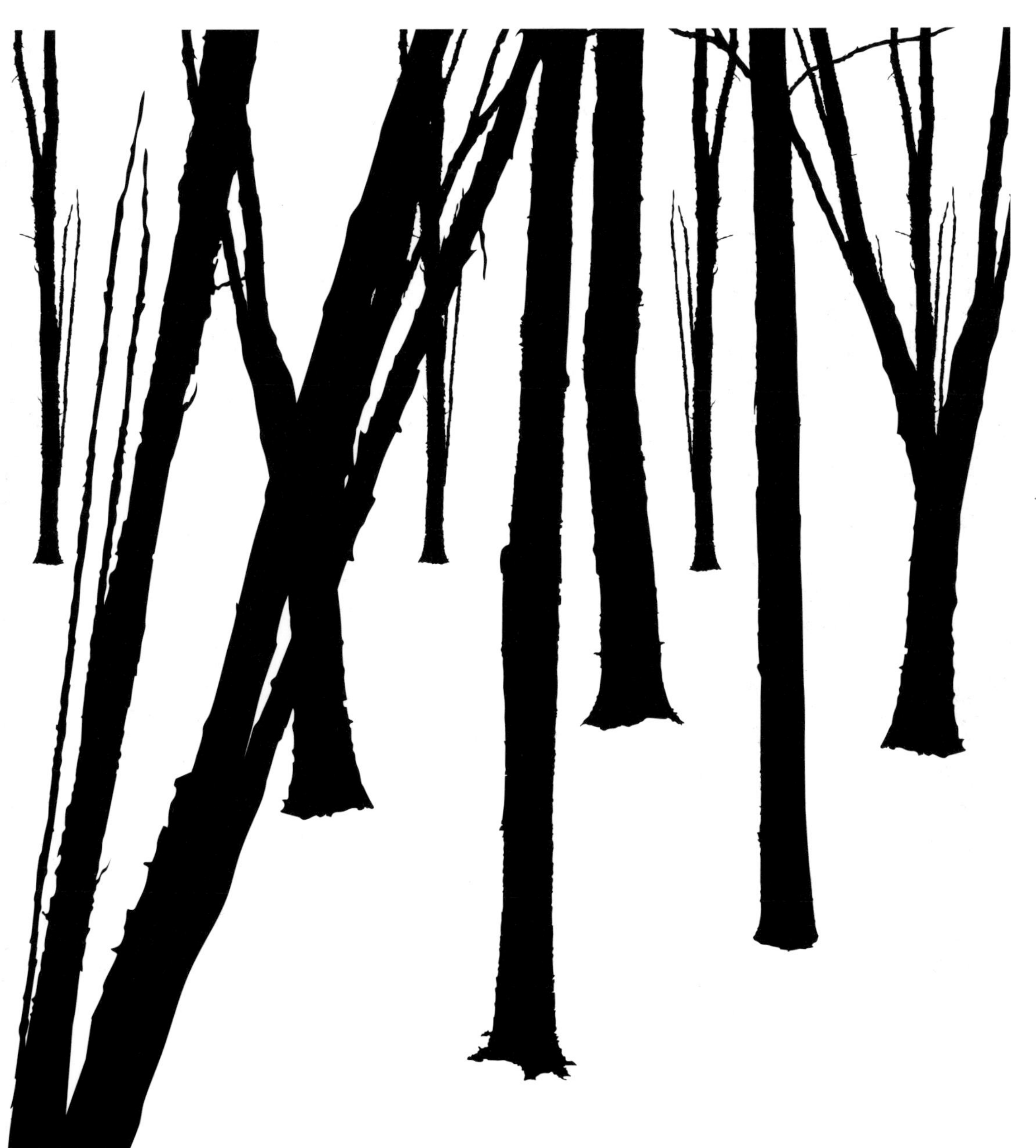

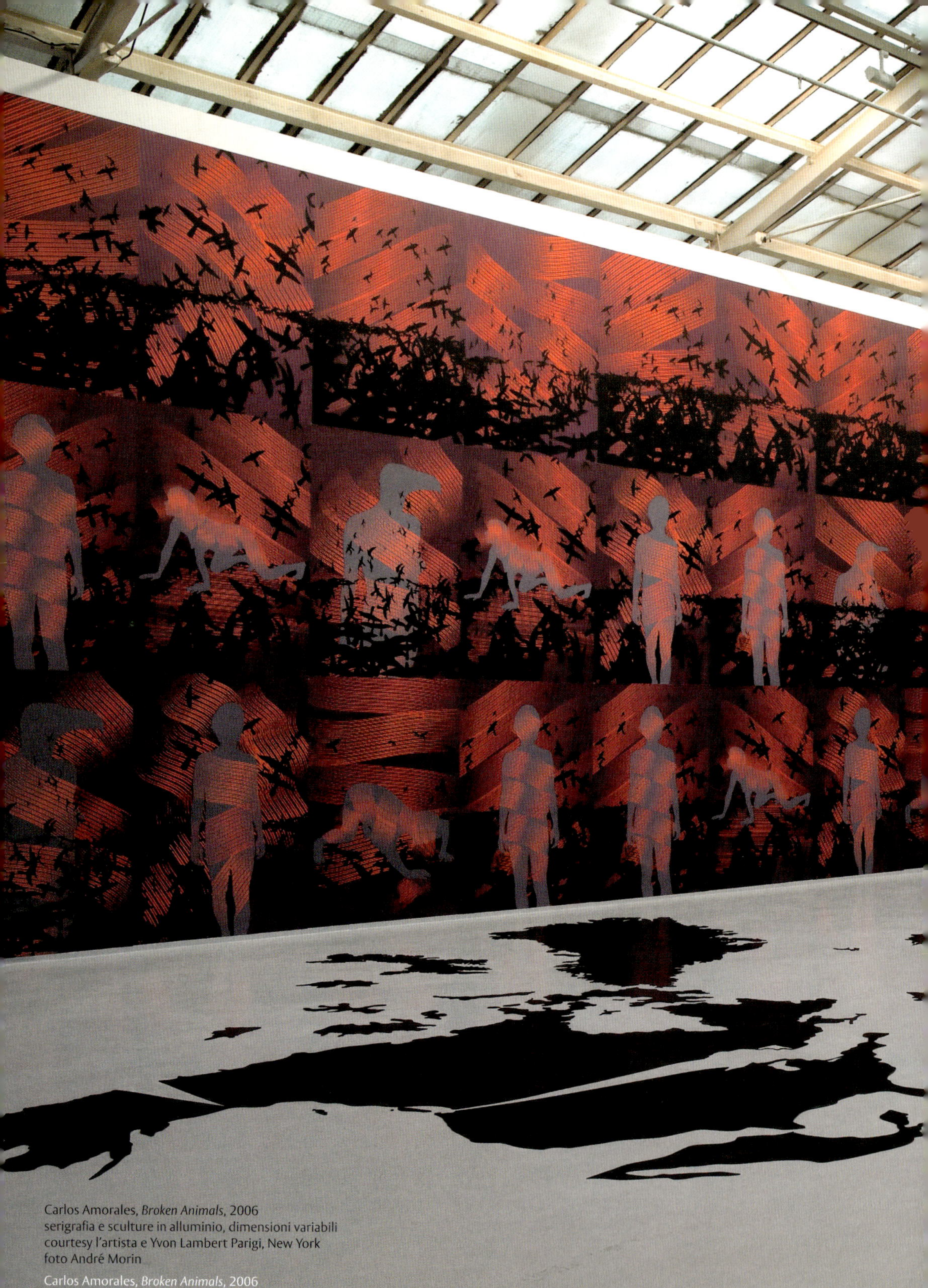

Carlos Amorales, *Broken Animals*, 2006
serigrafia e sculture in alluminio, dimensioni variabili
courtesy l'artista e Yvon Lambert Parigi, New York
foto André Morin

Carlos Amorales, *Broken Animals*, 2006
silkscreen and sculptures in aluminum, variable dimensions
courtesy the artist and Yvon Lambert Paris, New York
photo André Morin

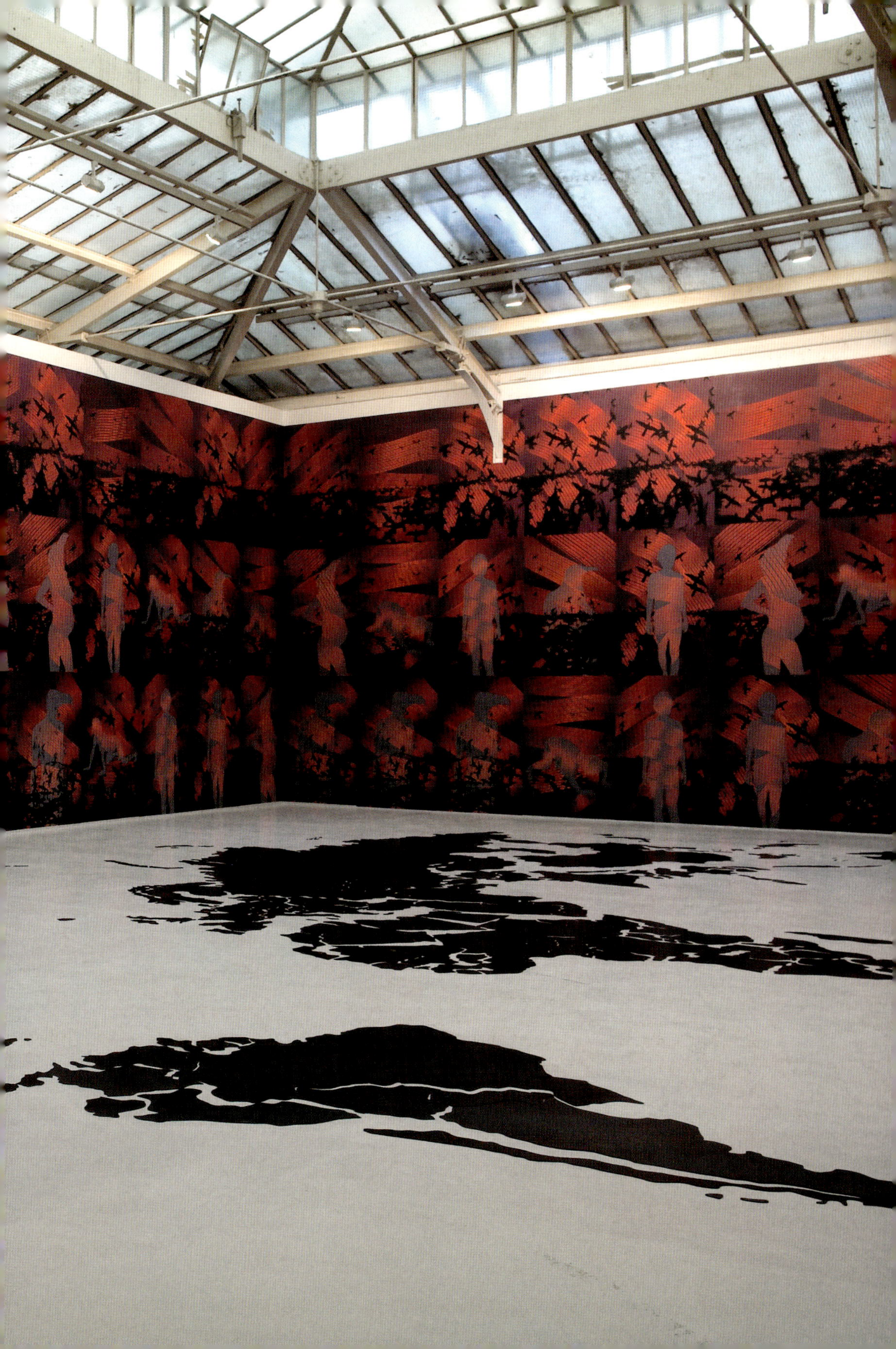

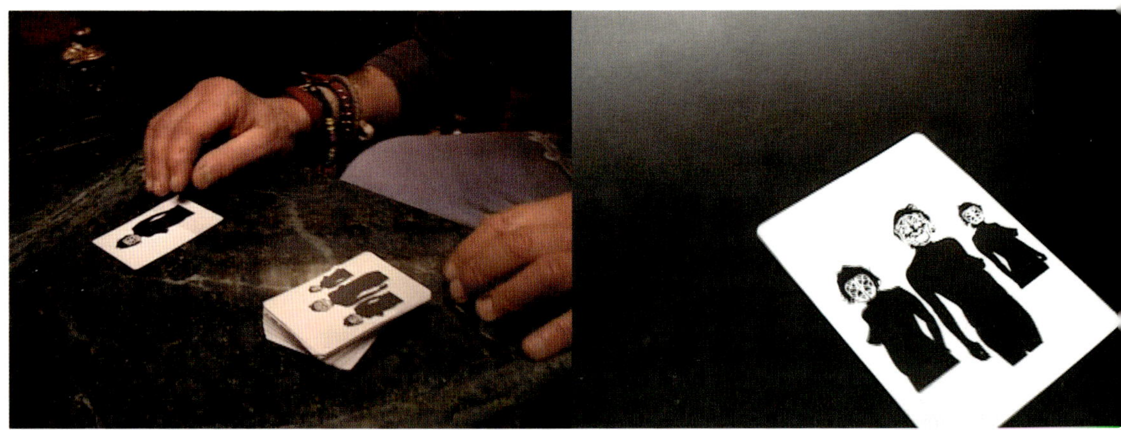
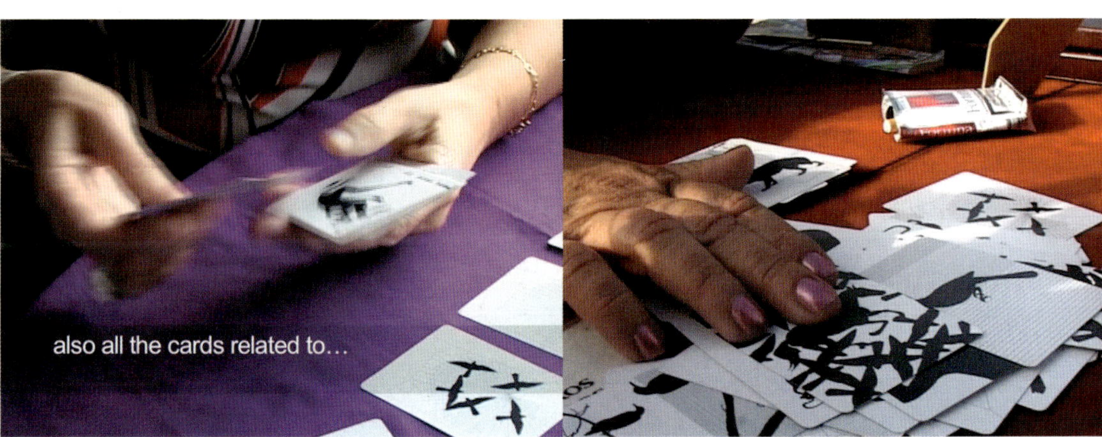

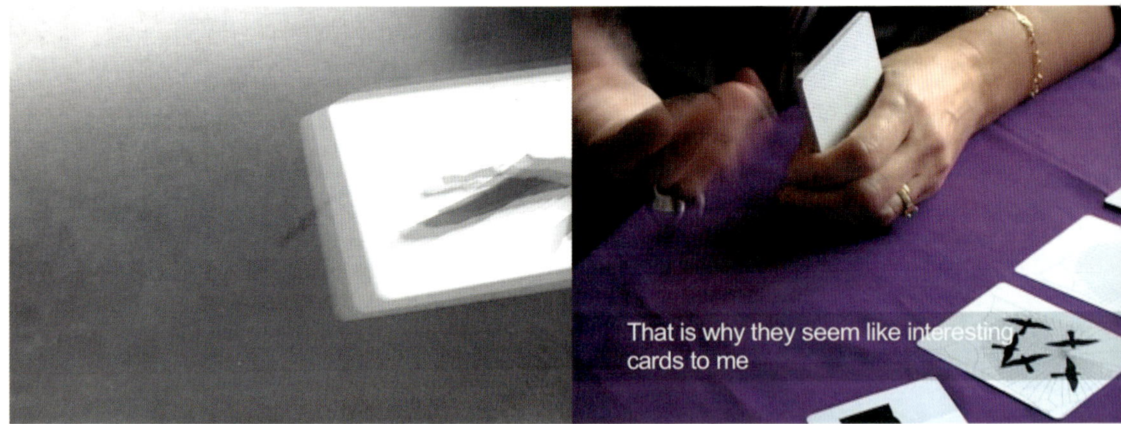

110   Carlos Amorales, *Why Fear the Future? Composite 2*, 2005
proiezione a due canali, colore, sonoro, 57 min 10 sec
courtesy l'artista e kurimanzutto, Città del Messico

Carlos Amorales, *Why Fear the Future? Composite 2*, 2005
two-channel projection, color, sound, 57 min 10 sec
courtesy the artist and kurimanzutto, Mexico City

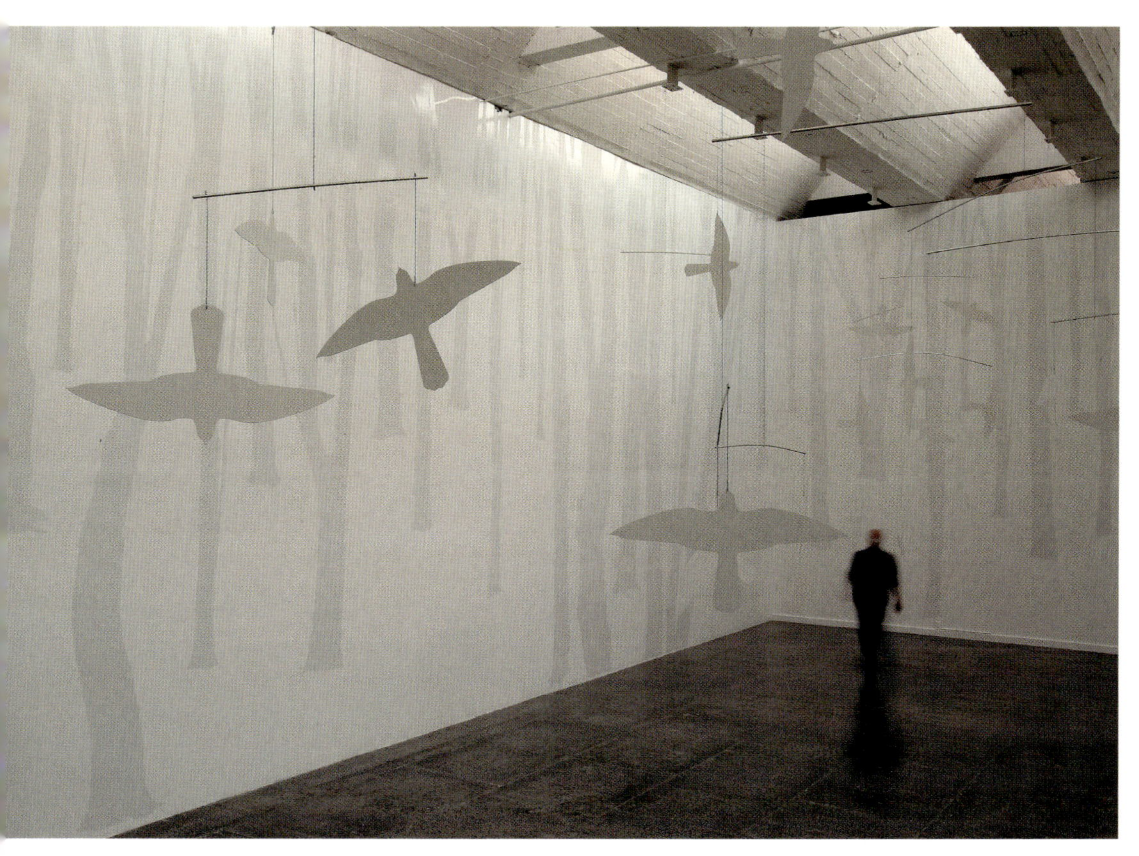

Carlos Amorales, *El parque*, 2006
12 sculture sospese in alluminio bianco, cavi elettrici e vinile Avery
Graphics, White, A5001-0, dimensioni variabili
courtesy l'artista e kurimanzutto, Città del Messico

Carlos Amorales, *El parque,* 2006
12 white lacquer aluminum sculptures, wire cables, and Avery Graphics
vinyl, White, A5001-0, variable dimensions
courtesy the artist and kurimanzutto, Mexico City

MAJA BAJEVIĆ
E/AND DANICA DAKIĆ

Maja Bajević cresce a Sarajevo nei tempi in cui la città rappresenta un esempio di convivenza e di confronto interetnico. La guerra che spacca la ex Jugoslavia sopraggiunge mentre l'artista si trova a Parigi per un soggiorno di studio, e fa di lei un'esule involontaria.

Da quel momento il suo lavoro s'incentra sui meccanismi di appartenenza e di esclusione, di controllo e di coazione, sulla complessa relazione tra memorie, storie e culture diverse e sul fenomeno delle migrazioni e dell'abbandono del proprio paese. Bajević respinge ciò che è avulso dalla prassi della vita, e tende a partire da sé per affrontare, in chiave critica, i temi dell'identità culturale in fase di ridefinizione. Come a dire che è meglio un rapporto da individuo a individuo che fare sfoggio di grandi principi.

Al centro delle sue opere sono, in molti casi, situazioni e gesti quotidiani che si fanno depositari di senso e di storia.

È quanto avviene in *Women at Work 1 (Under Construction)* (1999), il primo di una serie di progetti che vede il coinvolgimento di un gruppo di donne profughe di Srebrenica. Siamo nel 1999 e Maja invita cinque donne a ricamare motivi della tradizione bosniaca sulla rete che copre i ponteggi della facciata della Galleria Nazionale di Sarajevo, allora in fase di restauro. Il ricorso a un'attività consueta e dimessa, tipicamente femminile e legata a una vita familiare che la frattura prodotta dalla guerra ha ormai disintegrato, il fatto che l'intervento si svolga sulla struttura esterna del museo, che evochi con immediatezza l'immagine della tendina ricamata di una casa, ma anche l'idea di una situazione "da ricucire", sono solo alcuni degli elementi che rivelano la stratificazione di significati di quest'opera e ne autorizzano una molteplicità di letture.

Di carattere diverso interventi come *The Speaker* (1998), una falsa campagna politica resa pubblica attraverso le immagini video visibili sul retro di un furgone itinerante per la città; il politico parla e parla, ma la voce

Maja Bajević grew up in Sarajevo at a time when the city was held up as an example of coexistence and good interethnic relations. The war that tore apart the former Yugoslavia broke out while the artist was studying in Paris, and made her an involuntary exile.

From that moment on her work has revolved around mechanisms of belonging and exclusion, of control and coercion, around the complex relationship between different memories, histories, and cultures and around the phenomenon of migration and leaving your own home. Bajević rejects what is remote from the practice of life, and tends to start out from herself to tackle, from a critical perspective, the themes of a cultural identity undergoing redefinition. As if to say that an individual-to-individual relationship is better than making a show of grand principles.

At the center of her works lie, in many cases, everyday situations and actions that are turned into repositories of meaning and history.

This is what happened in *Women at Work 1 (Under Construction)* (1999), the first of a series of projects that saw the involvement of a group of women refugees from Srebrenica. This was in 1999 and Maja invited five women to embroider motifs from the Bosnian tradition on the netting that covered the scaffolding on the façade of the National Gallery in Sarajevo, then undergoing restoration. The recourse to a customary and humble activity, typically female and linked to a family life that the breach produced by the war had now shattered, and the fact that the intervention was made on the external structure of the museum, immediately evoking the image of the embroidered curtain of a house, as well as the idea of a situation that needed "mending," are just two of the elements that reflect the layers of meaning in this work and justify a multiplicity of interpretations.

Of a different character are interventions like *The Speaker* (1998), a mock political campaign made public through video images shown from the back of a van driving around

I LIKE – I DON'T

Quando si lascia il proprio paese, a cambiare non è semplicemente il paesaggio circostante, ma siamo noi stessi. Ciò che in un particolare luogo è stato vero, o ancora lo è, potrebbe essere assolutamente opinabile dal punto di vista del nostro nuovo Io, una volta immersi in un contesto differente. Cadono così molti miti locali o meglio, sono ancora veri nel loro luogo d'origine, ma, considerati a distanza, tendono ad assumere un che di falsato.

Si può tranquillamente dire, ad esempio, che Sarajevo sia una città in cui si mangia molto bene; certo, facendo un paragone con Parigi, tale affermazione potrebbe sembrare discutibile. Tuttavia sono entrambe considerazioni veritiere, a patto che vengano rapportate ai rispettivi contesti.

Essere in grado di fare confronti e porsi delle domande è contemporaneamente un carico e un privilegio. Se da un lato condanna la persona a un eterno vagabondaggio, d'altro canto stimola una più salutare modalità di pensiero, secondo cui nessun posto è intoccabile o mitico, come invece tendono a considerare la propria terra coloro i quali conoscono una sola "realtà". Potrebbe così sembrare che la perdita del senso di appartenenza sia il prezzo da pagare per aprire i propri orizzonti ed evitare la trappola del "noi" contro "loro" (gli altri, gli sconosciuti). Tutto ciò invece non ha nulla a che vedere con il sentimento d'amore per la propria terra che anzi cresce maggiormente quando si impara ad apprezzarne non l'immagine mitizzata ma il rovescio della medaglia, i piccoli misfatti, le debolezze della tanto amata "casa" propria.

Maja Bajević

I LIKE – I DON'T

A Sarajevo Maja Bajević spiega in dieci frasi perché le piace questa città. A Parigi le stesse frasi sono riproposte con accezione negativa. Io faccio lo stesso, ma utilizzando la lingua tedesca e bosniaca. Anche se le affermazioni formulate in madrelingua (bosniaco) e nella seconda lingua (francese e tedesca) sono opposte fra loro, tuttavia non si contraddicono. Semplicemente sono veritiere se relazionate al luogo e al contesto sociale in cui vengono pronunciate.

La videoinstallazione, che ruota attorno a quattro schermi, illustra (anche per quanto riguarda il tipo d'allestimento) l'instabilità di un concetto univoco di luogo e appartenenza, e, per estensione, l'instabilità di ognuno.

Danica Dakić

non si sente. O come *Avanti popolo* (2006), trenta inni o canti di lotta e di esortazione cantati da voci diverse trasmesse contemporaneamente da altrettanti impianti stereo; con il risultato che nell'eccesso di voci e di suono, le canzoni rivelano la propria natura aggressiva, e senso e contenuto finiscono con l'azzerarsi.

L'opera *I Like – I Don't* (1998-2000) realizzata a quattro mani con Danica Dakić e presentata nell'ambito di *Wherever We Go – Ovunque andiamo*, consiste in una videoinstallazione nella quale le due artiste pronunciano in lingue diverse frasi che si contraddicono, senza per questo risultare meno "vere". È possibile – paiono chiedersi Maja Bajević e Danica Dakić – dover continuare a fare ricorso a una logica oppositiva? Non potremmo abbandonare la tendenza a cercare e a imporre una soluzione unica e accettare infine la complessità, l'impossibilità di conciliare gli opposti, l'idea che una domanda possa avere più di una risposta? GS

the city; the politician speaks and speaks, but his voice cannot be heard. Or *Avanti popolo* (2006), thirty anthems or songs of struggle and incitement sung by different voices played simultaneously on the same number of stereos, with the result that, in the excess of voices and sound, the aggressive nature of the songs is revealed and their meaning and content are reduced to nothing.

The work *I Like – I Don't* (1998–2000), realized in collaboration with Danica Dakić and presented in *Wherever We Go*, consists of a video installation in which the two artists make contradictory statements in different languages, without this making them any less "true." Do we really—Maja Bajević and Danica Dakić seem to be asking—have to go on resorting to a logic of opposition? Could we not abandon the tendency to seek and impose a single solution and accept complexity instead, recognizing the impossibility of reconciling opposites and accepting the idea that a question can have more than one answer? GS

Danica Dakić nasce a Sarajevo. Si trova in Germania allo scoppio della guerra che dilanierà la ex Jugoslavia; da quel momento il suo lavoro verterà sui fattori culturali, politici, sociali associabili alla questione dell'identità individuale e collettiva.
Utilizzando ogni tipo di mezzo, dalla pittura al video, all'installazione sonora, Dakić indaga le tensioni legate alla globalizzazione, alla guerra, al nazionalismo, e avendo sperimentato in prima persona una forma di separazione involontaria dalla propria terra manifesta una sensibilità particolare nei confronti di tematiche quali la dislocazione e l'emarginazione.
Ricorrenti nella sua opera sono l'attenzione alla tematica del linguaggio inteso come elemento fondamentale nella formazione e nell'espressione dell'identità, e il riferimento alla relazione tra architettura, corpo e identità. In questo senso, per esempio, è possibile citare la videoinstallazione *Zid/Wall* (1998): sessantaquattro immagini quadrate di bocche che raccontano storie in lingue diverse sono montate le une a fianco delle altre; a significare una moltitudine di individui che, con le loro

Danica Dakić was born in Sarajevo. She was in Germany at the time the war that was to tear Yugoslavia apart broke out. Ever since then her work has focused on the cultural, political, and social factors associated with the question of individual and collective identity.
Utilizing every kind of medium, from painting to video and sound installation, Dakić probes the tensions linked to globalization, war, and nationalism; and, having experienced firsthand a form of involuntary separation from her homeland, she shows a particular sensitivity towards themes like displacement and segregation.
Recurrent in her work are an attention to the question of language understood as a fundamental factor in the shaping and expression of identity, and a reference to the relationship between architecture, the body, and identity. As an example of this we can cite the video installation *Zid/Wall* (1998): sixty-four square images of mouths telling stories in different languages are mounted side by side; a multitude of individuals who, with their stories, constitute a social system in the same way as bricks form a wall.

I LIKE — I DON'T

When leaving home it is not only the surroundings that change, it is also ourselves. What has been truth, or still is, in one place might be totally questionable from the point of view of the other, new self, the one living and being influenced by a new setting. Many local myths fall apart. They are still truth in their place of origin, but from a distance they tend to have a slightly false tone.

From the point of view of Sarajevo, one eats very well there. From the point of view of Paris this "truth" can be disputed. But both are true in their own world.

It is a burden and a privilege being able to compare, to question. It makes one an eternal wonderer, but forms healthier ways of thinking in which no place is untouchable or mythologically perfect like unfortunately the homeland often is for people who have known only one "truth." It seams that the loss of feeling of belonging is the price for opening up horizons and avoiding the trap of "us" against "them"—the others, the unknown. On the contrary, all of this has nothing to do with the feeling of love. It even grows deeper when one learns to love not the mythology, but the downfalls, the tender misfits, the weaknesses of the beloved "homes."

Maja Bajević

I LIKE — I DON'T

In Sarajevo, Maja Bajević explains in ten sentences why she likes the city. In Paris, Bajević responds in French with the same sentences, only this time they are negative. I do the same, with the sole difference that my statements are formulated in Bosnian and German. Although the statements formulated in the mother tongue (Bosnian) and in the second language (French/German) oppose each other, they are not contradictory. They are true according to the place and cultural context in which they are spoken.

The video installation "rotates" through four monitors and (from the media standpoint as well) exposes the instability of a fixed concept of place and belonging, and by extension the instability of who one is.

Danica Dakić

storie, costituiscono una compagine sociale così come tanti mattoni formano un muro. Mentre nel video *Autoportrait* (1999) il viso dell'artista viene rielaborato e animato in modo da ospitare due bocche, ognuna delle quali racconta una fiaba in una lingua diversa: bosniaco, la lingua originaria di Dakić, e tedesco, la sua lingua adottiva. Tra 2004 e 2005 l'artista elabora *Role-Taking, Role-Making*: la discrepanza tra immagine reale e immagine stereotipata degli zingari Rom è il nucleo di questo ampio progetto attraverso il quale emergono questioni legate allo sradicamento e all'integrazione, allo scontro tra stili di vita e codici culturali diversi, alla percezione della realtà che ci circonda e alla tradizione dell'esotico e del pittoresco, ma anche al ruolo del museo come custode di un'immagine del mondo già avvalorata, ma non per questo più attendibile. Nell'ambito di *Wherever We Go – Ovunque andiamo* Danica Dakić presenta la videoinstallazione realizzata a quattro mani con Maja Bajević *I Like – I Don't* (1998-2000). Ognuna delle due artiste parla in due lingue, bosniaco e tedesco, Dakić, bosniaco e francese, Bajević; ognuna delle due ama quando parla in una lingua e non ama più quando parla nell'altra. Capita infatti che il cambiamento di luogo, quindi di punto di vista, comporti un mutamento di opinione. L'installazione consta di quattro video su monitor. Lo spettatore si viene così a trovare, letteralmente, al centro di una situazione instabile e dilemmatica. GS

In the video *Autoportrait* (1999), on the other hand, the artist's face is reworked and animated so that it appears to have two mouths, each of which recounts a fable in a different language: Bosnian, Dakić's original language, and German, her adopted language.
Between 2004 and 2005 the artist worked on *Role-Taking, Role-Making*: the discrepancy between the real image and the stereotyped image of the Rom people is the core of this wide-ranging project, which highlights questions linked to uprooting and integration, to the conflict between different lifestyles and cultural codes, to perception of the reality that surrounds us, and to the tradition of the exotic and the picturesque, as well as to the role of the museum as custodian of an image of the world that has already been accepted, but is not any more reliable as a result.
In *Wherever We Go*, Danica Dakić presents a video installation created in collaboration with Maja Bajević and entitled *I Like – I Don't* (1998–2000). Each of the two artists speaks in two languages, Dakić in Bosnian and German, Bajević in Bosnian and French; each of them likes when she speaks in one language and doesn't when she speaks in the other. In fact, a change of location, and therefore of viewpoint, can bring about a shift in opinion. The installation consists of four videos shown on monitors. Thus viewers find themselves, literally, at the center of an unstable and bewildering situation. GS

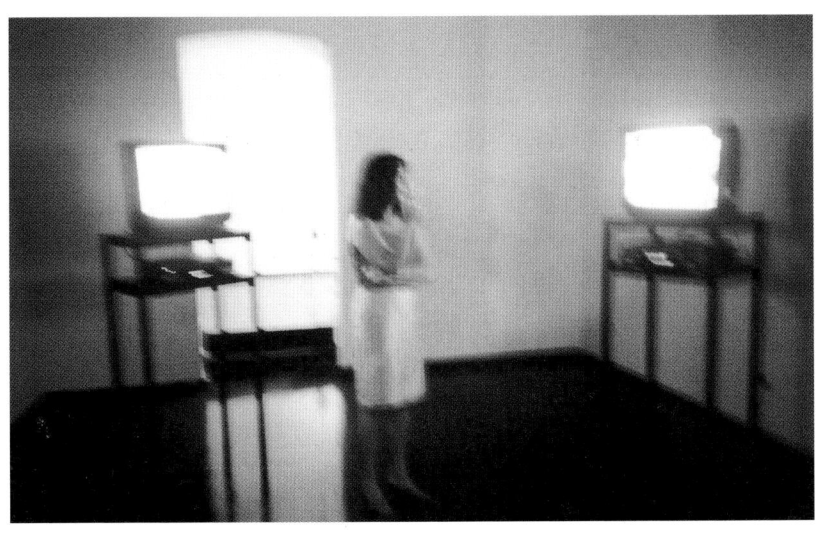

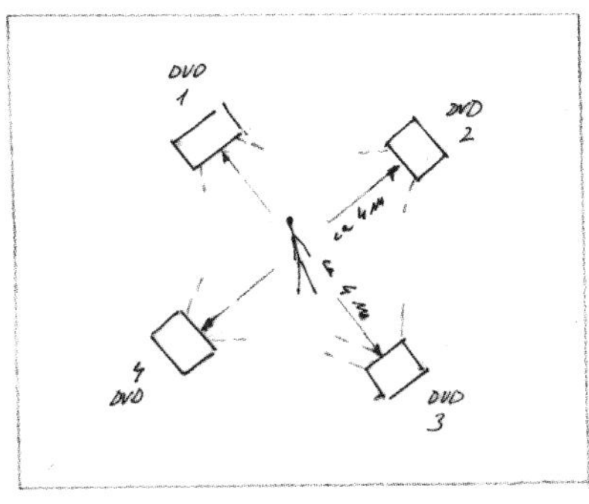

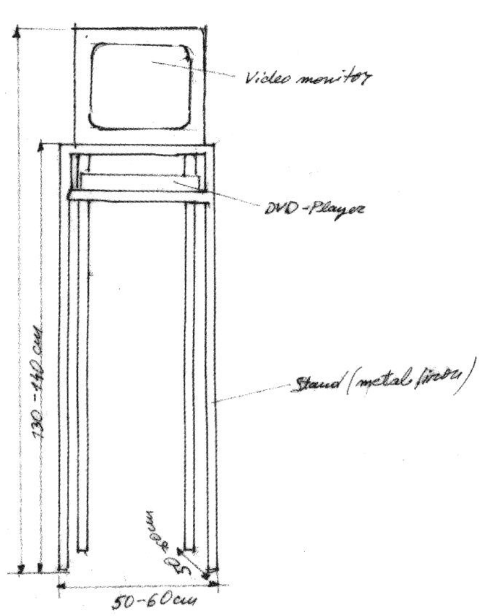

Maja Bajević / Danica Dakić, *I Like – I Don't*, 1998-2000
videoinstallazione a quattro canali, quattro lettori dvd, quattro monitor
veduta dell'installazione e progetto
produzione Maja Bajević, Danica Dakić

Maja Bajević / Danica Dakić, *I Like – I Don't*, 1998–2000
four-channel video installation, four DVD players, four screens
installation view and project
produced by Maja Bajević, Danica Dakić

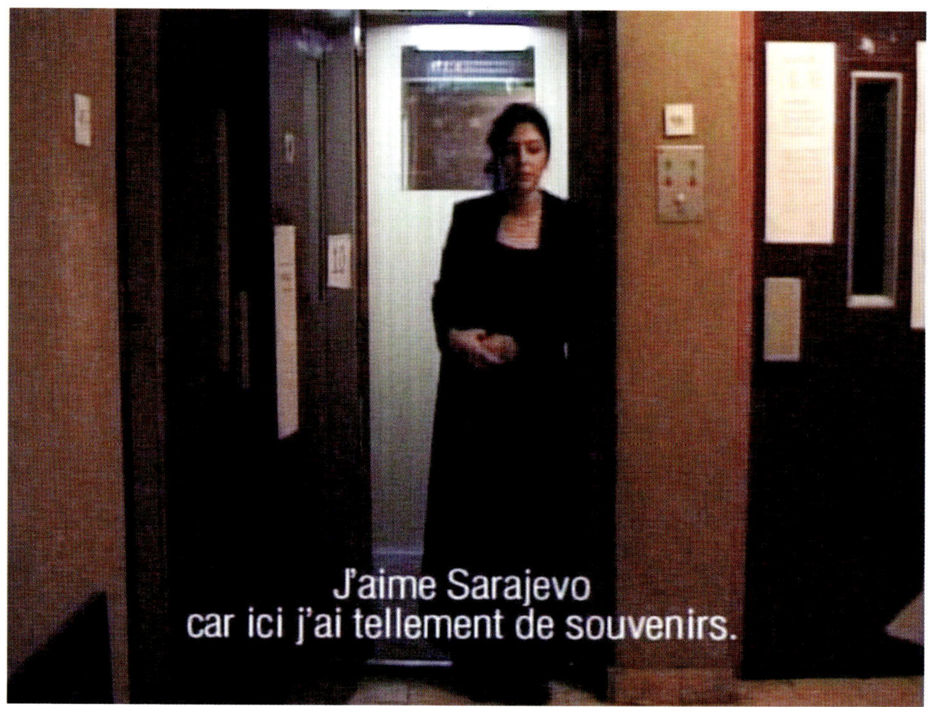

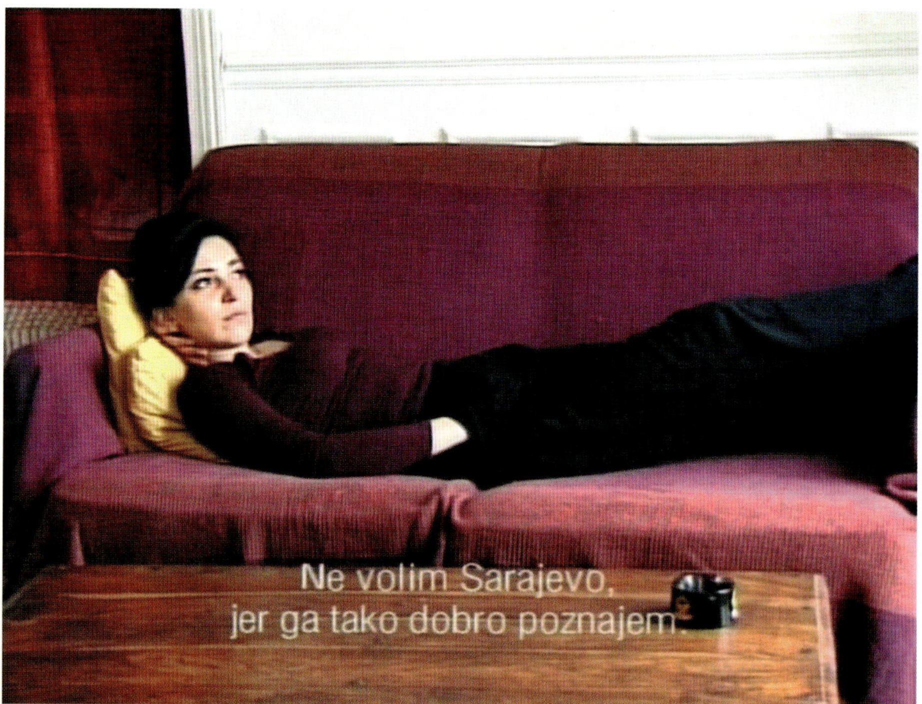

118   Maja Bajević / Danica Dakić, *I Like – I Don't*, 1998-2000
videoinstallazione a quattro canali, quattro lettori dvd, quattro monitor
produzione Maja Bajević, Danica Dakić

Maja Bajević / Danica Dakić, *I Like – I Don't*, 1998–2000
four-channel video installation, four DVD players, four screens
produced by Maja Bajević, Danica Dakić

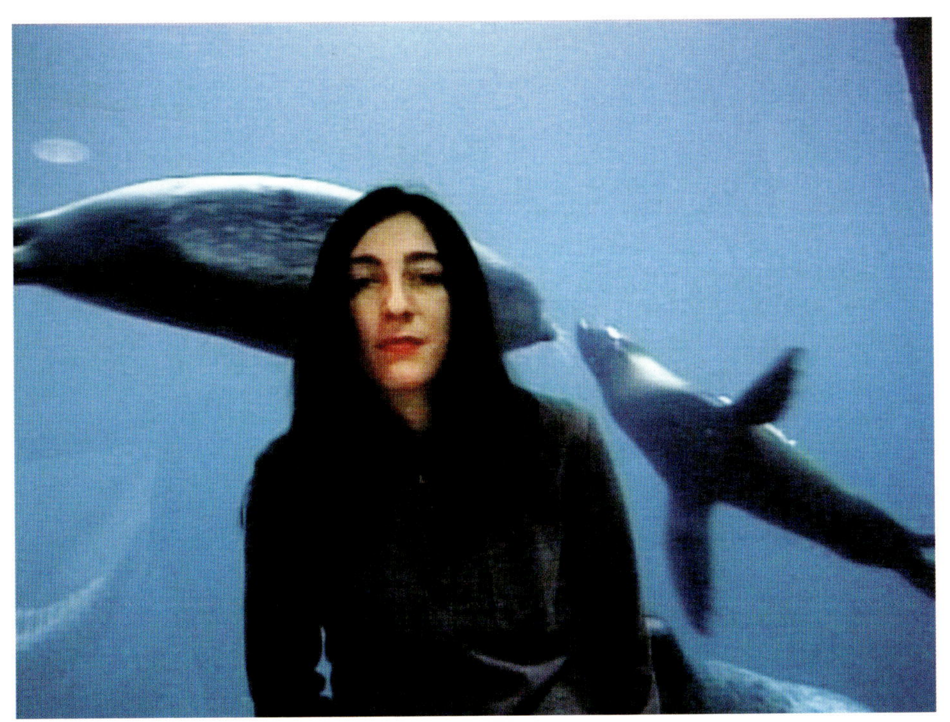

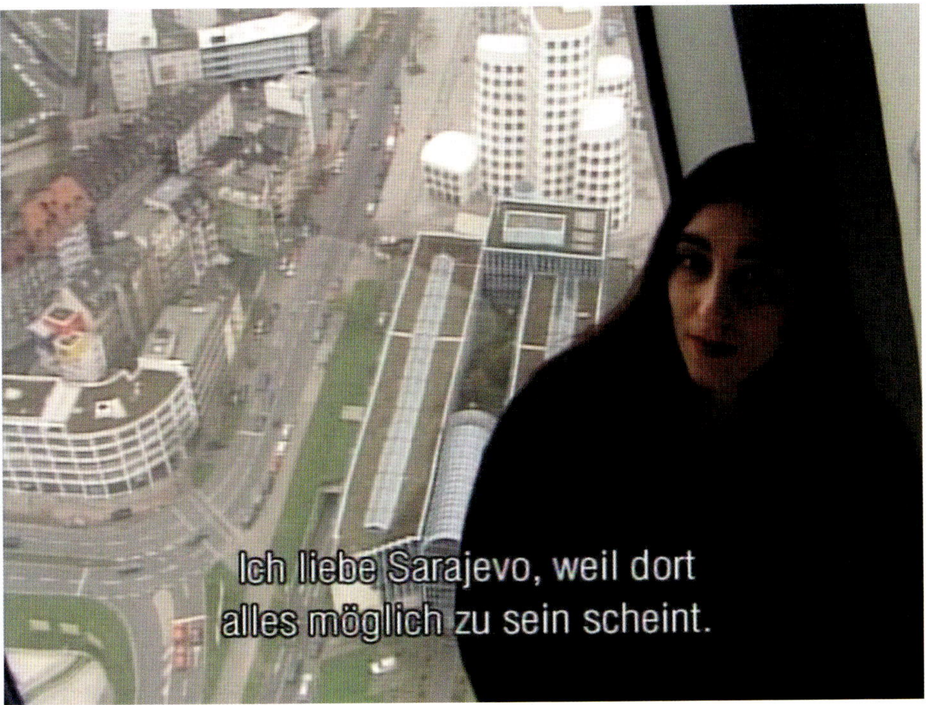
Ich liebe Sarajevo, weil dort
alles möglich zu sein scheint.

Il dopoguerra a Sarajevo è stato un periodo di grande scambio di comunicazioni. Le frontiere cadute, la vita e l'arte da riscoprire e ricollocare, affinché tutte le paure e i valori del preconflitto non fossero scomparse.

L'inizio fu chiaro: c'era da creare qualcosa di nuovo. Le azioni in città divennero non solo necessarie ma possibili.

In questo periodo nacquero diverse collaborazioni:

I Like – I Don't (1998–2000), l'opera esposta in *Wherever We Go – Ovunque andiamo*, fu concepita come una conversazione fra due artiste (Maja Bajević e Danica Dakić) provenienti da esperienze simili, entrambe nate a Sarajevo, residenti e operanti in questa città e non solo.

Street Actions (1998), organizzato dal SCCA Sarajevo Center for Contemporary Art, è una trilogia composta da *The Speaker* (di Maja Bajević), *The Witness* (di Danica Dakić) e (*Long Live April 6th*) girata per le strade della medesima città.

Infine la mostra *Kinema Sarajevo* (2000), sempre organizzata dal SCCA, che mette in relazione artisti che lavorano su Sarajevo utilizzando ognuno a proprio modo il mezzo cinematografico. Fra i partecipanti figuravano Maja Bajević (*Bergman, Bond, Bajevic*), Danica Dakić (*Who Is the Author?*), and Slaven Tolj (*Cinema Adriatic*).

Le opere in questo catalogo costituiscono una sorta di tributo a quel periodo, consumatosi fin troppo rapidamente.

The period after the war in Sarajevo was a very communicative one. All the boundaries collapsed, life and art were to be rediscovered, repositioned, since all the before-the-war values and fears disappeared.

The start was easy—there was new to be done. Actions in the city were not only necessary, but possible.

Out of this period came various collaborative projects:

I Like – I Don't (1998–2000), the piece exhibited in *Wherever We Go*, was conceived through conversations between two artists (Maja Bajević, Danica Dakić) of similar backgrounds—both were born in Sarajevo and have been living and working in Sarajevo and abroad.

Street Actions (1998), organized by SCCA Sarajevo Center for Contemporary Art, a trilogy by Maja Bajević (*The Speaker*), Danica Dakić (*The Witness*), and Bojan Sarcevic (*Long Live April 6ᵗʰ*), took place in the city itself, along its streets.

And finally the exhibition *Kinema Sarajevo* (2000), also organized by SCCA, connected artists working, in very different ways, with cinema, but also with Sarajevo. Participating artists included Maja Bajević (*Bergman, Bond, Bajevic*), Danica Dakić (*Who Is the Author?*), and Slaven Tolj (*Cinema Adriatic*).

Works shown in this catalogue constitute a type of tribute to that time, which has passed too quickly.

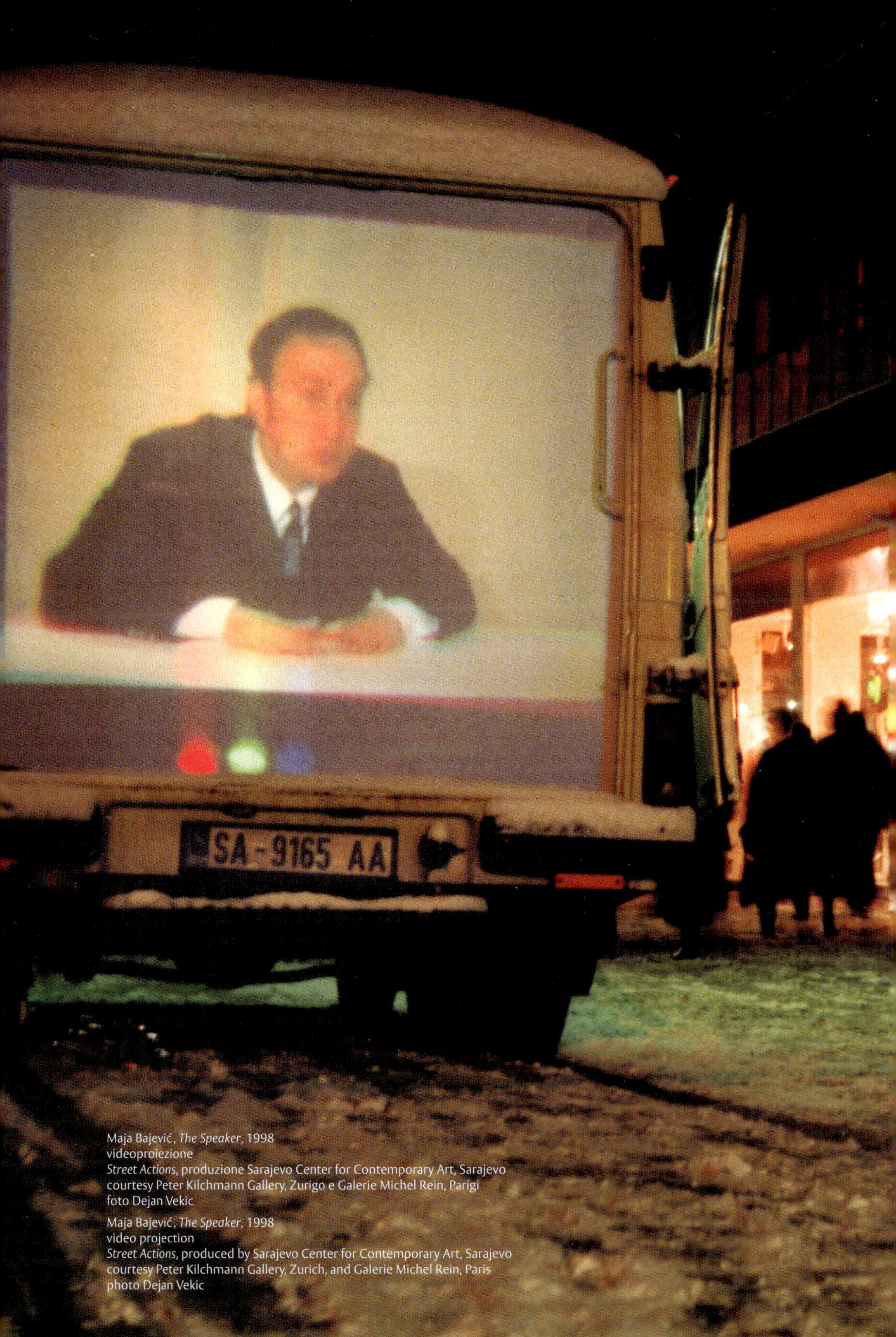

Maja Bajević, *The Speaker*, 1998
videoproiezione
Street Actions, produzione Sarajevo Center for Contemporary Art, Sarajevo
courtesy Peter Kilchmann Gallery, Zurigo e Galerie Michel Rein, Parigi
foto Dejan Vekic

Maja Bajević, *The Speaker*, 1998
video projection
Street Actions, produced by Sarajevo Center for Contemporary Art, Sarajevo
courtesy Peter Kilchmann Gallery, Zurich, and Galerie Michel Rein, Paris
photo Dejan Vekic

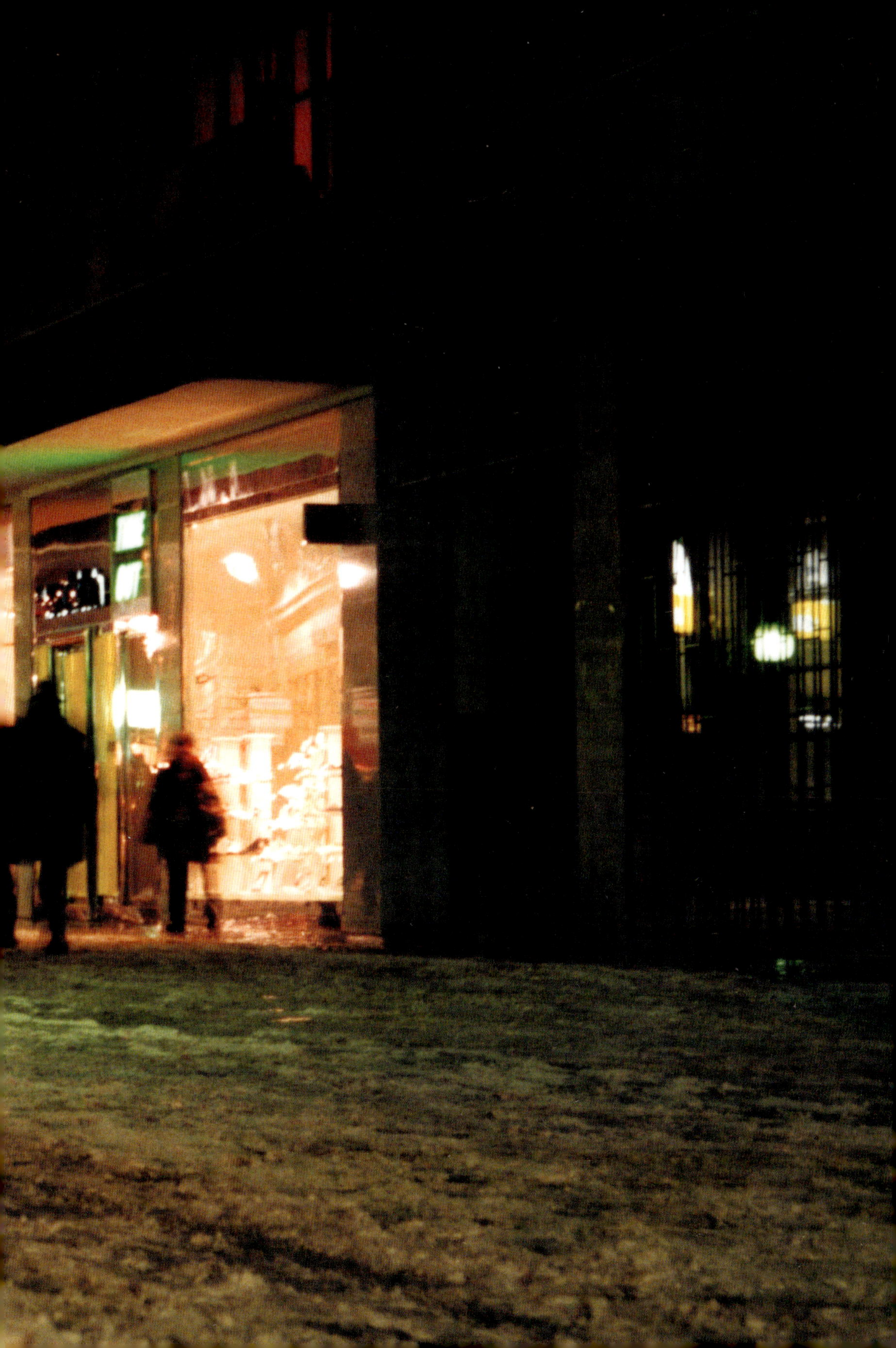

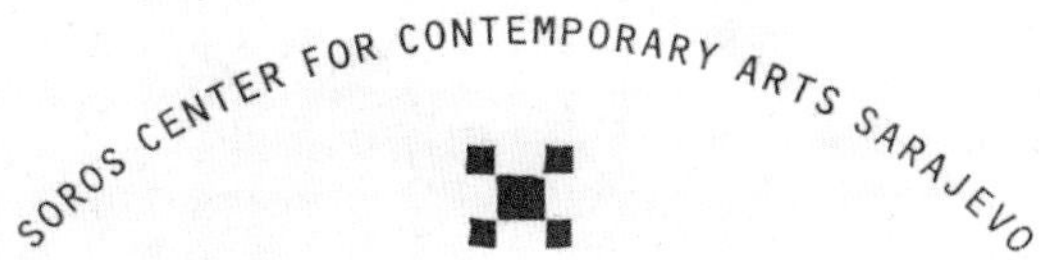

TRUST ME

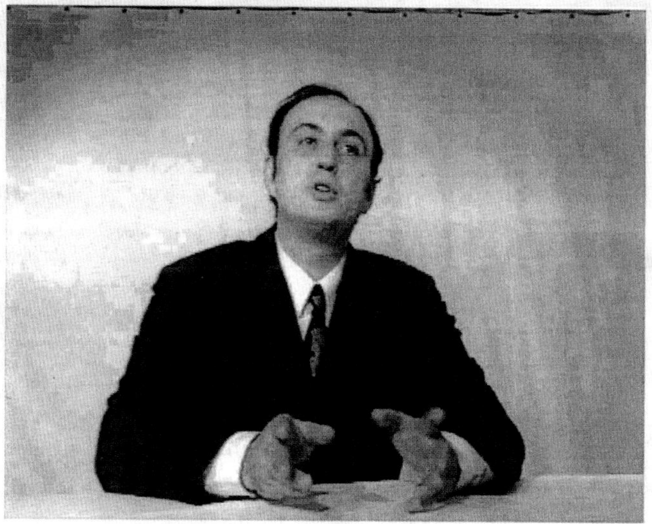

Video instalacija Maje Bajević "DJEČIJA IGRA" se bavi pitanjem koliko možemo vjerovati politici/političarima, odnosno demistifikacijom političara kao takvog.

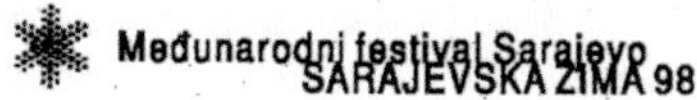

Maja Bajević, *The Speaker*, 1998
videoproiezione
Street Actions, produzione Sarajevo Center for Contemporary Art, Sarajevo
courtesy Peter Kilchmann Gallery, Zurigo e Galerie Michel Rein, Parigi
foto Dejan Vekic

Maja Bajević, *The Speaker*, 1998
video projection
Street Actions, produced by Sarajevo Center for Contemporary Art, Sarajevo
courtesy Peter Kilchmann Gallery, Zurich, and Galerie Michel Rein, Paris
photo Dejan Vekic

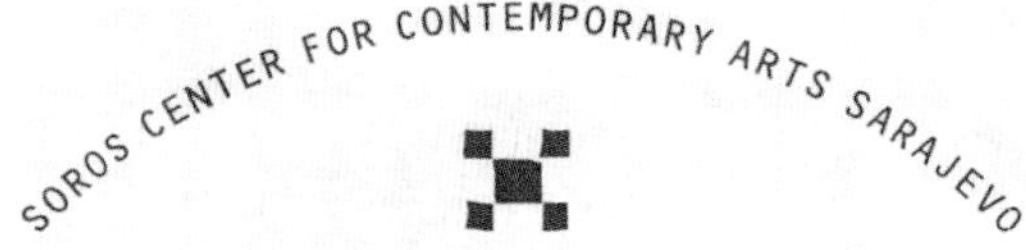

I LOVE YOU

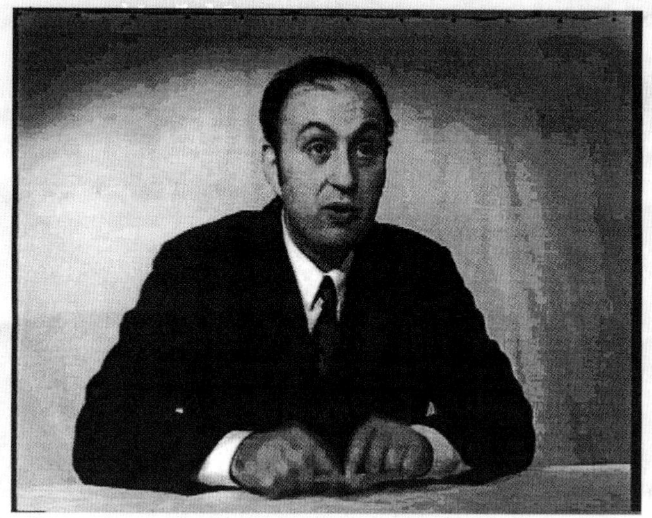

Video instalacija Maje Bajević "DJEČIJA IGRA" se bavi pitanjem koliko možemo vjerovati politici/političarima, odnosno demistifikacijom političara kao takvog.

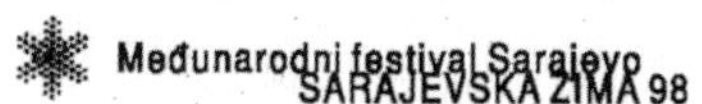

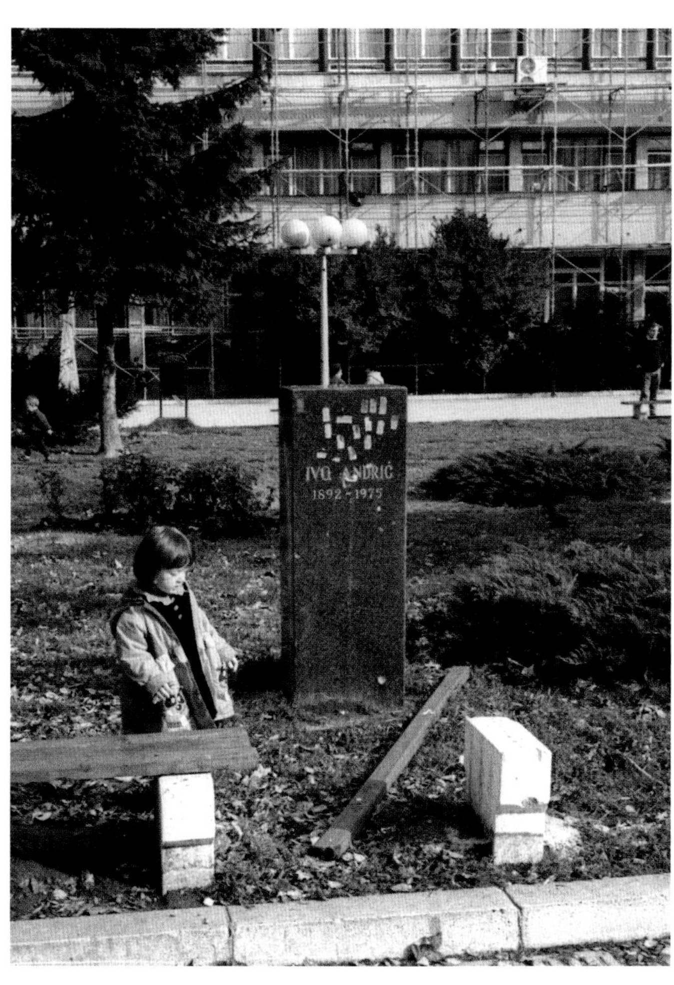

IVO ANDRIĆ
1892 – 1975

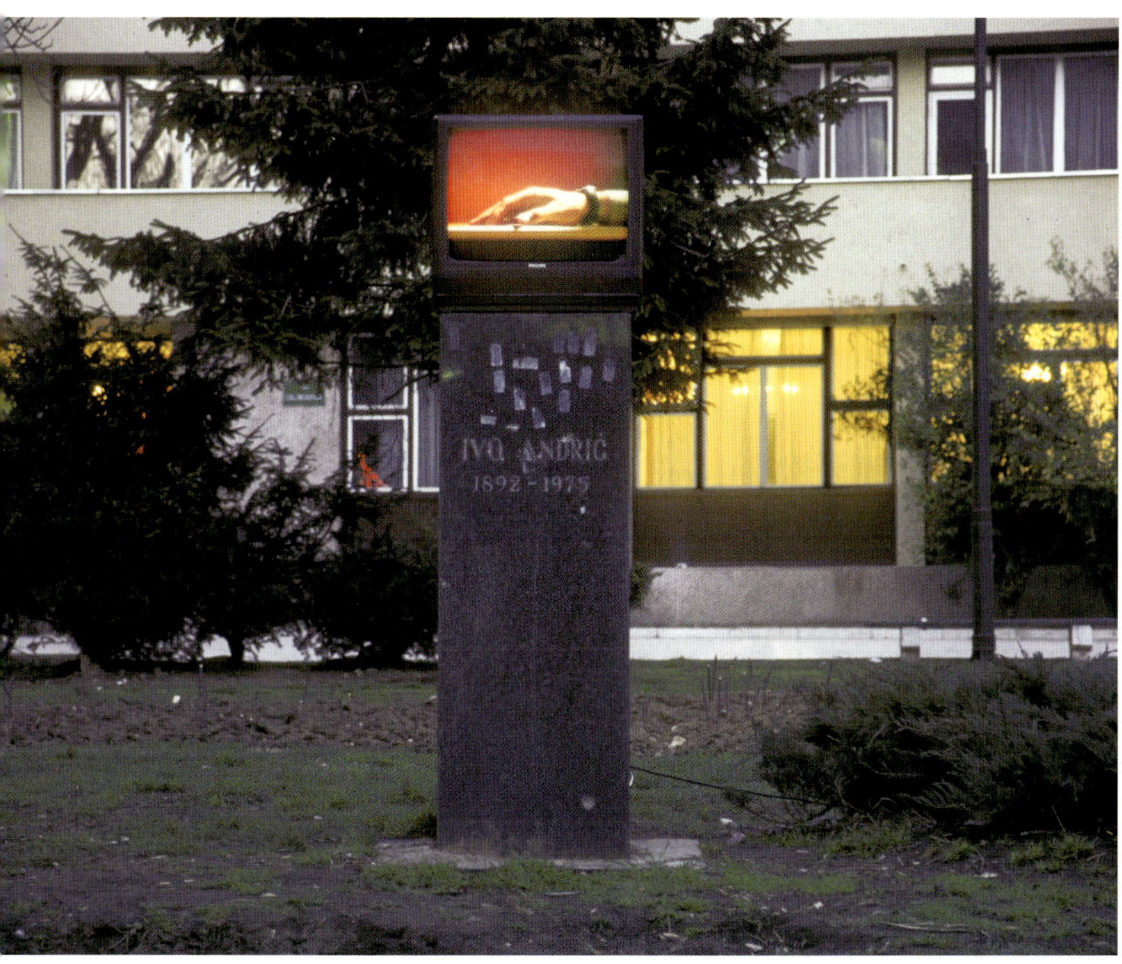

Danica Dakić, *Witness*, 1998
installazione video e sonora sul piedistallo
del monumento a Ivo Andric, Sarajevo
Street Actions, organizzazione Sarajevo Center
for Contemporary Art, Sarajevo
courtesy l'artista
foto Egbert Trogemann

Danica Dakić, *Witness*, 1998
video/sound installation on the pedestal
of the Ivo Andric monument, Sarajevo
Street Actions, organized by the Sarajevo Center
for Contemporary Art, Sarajevo
courtesy the artist
photo Egbert Trogemann

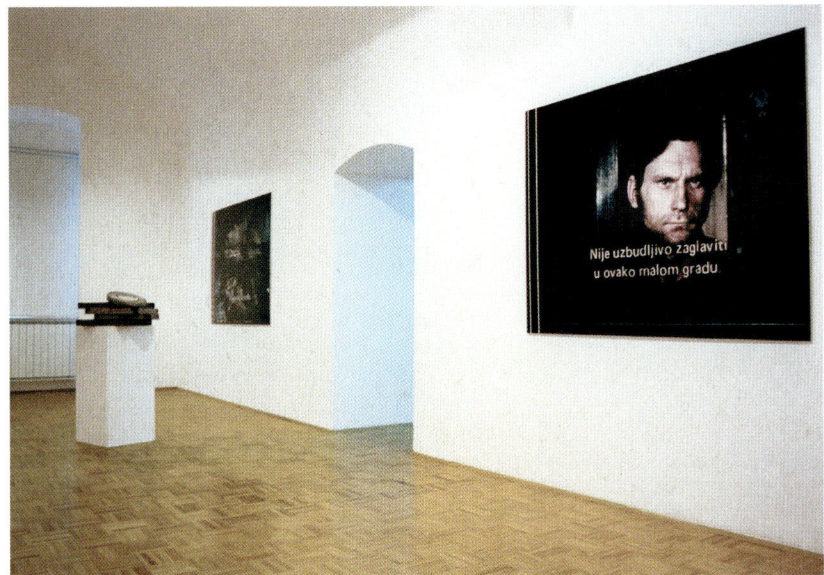

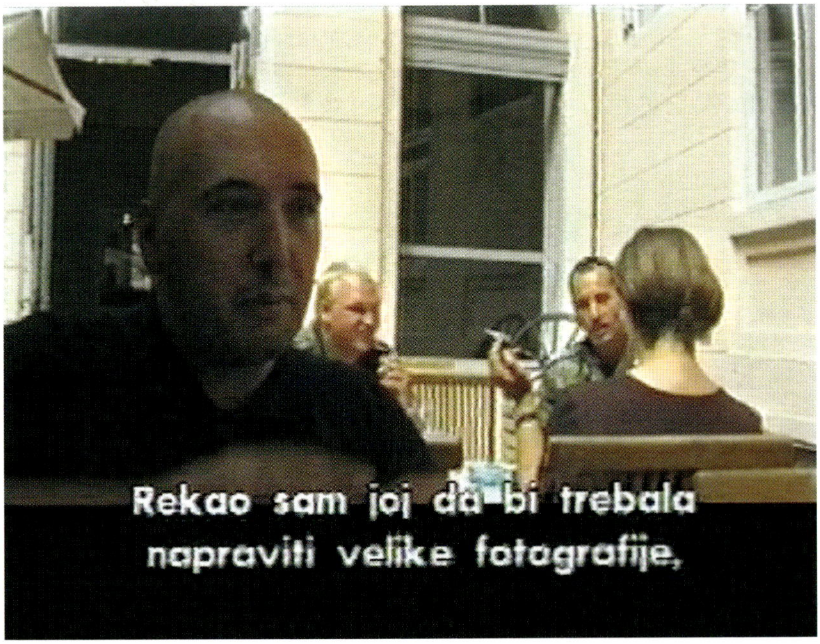

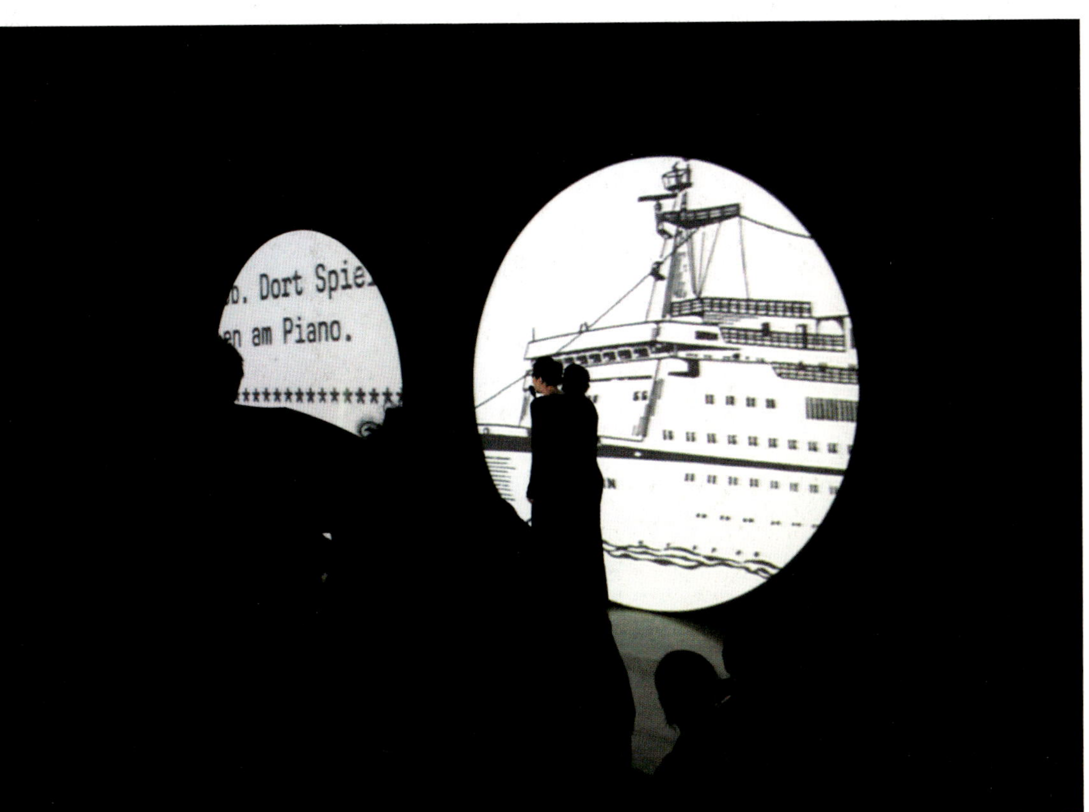

Danica Dakić, *MS Berlin*, 2005
performance, installazione
videoproiezione a due canali, sonoro, 20 min ca.
piano: Marialena Fernandes
veduta dell'installazione, Secession, Vienna
courtesy l'artista
foto Egbert Trogemann

Danica Dakić, *MS Berlin*, 2005
performance, installation
two-channel video projection, sound, 20 min ca.
piano: Marialena Fernandes
installation view, Secession, Vienna
courtesy the artist
photo Egbert Trogemann

Danica Dakić, *Passing By*, 2006
installazione sul muro della prigione, Duisburg
installazione sonora interattiva, proiezione monocanale
courtesy l'artista
foto Egbert Trogemann

Danica Dakić, *Passing By*, 2006
installation on prison wall, Duisburg
interactive sound installation, single-channel projection
courtesy the artist
photo Egbert Trogemann

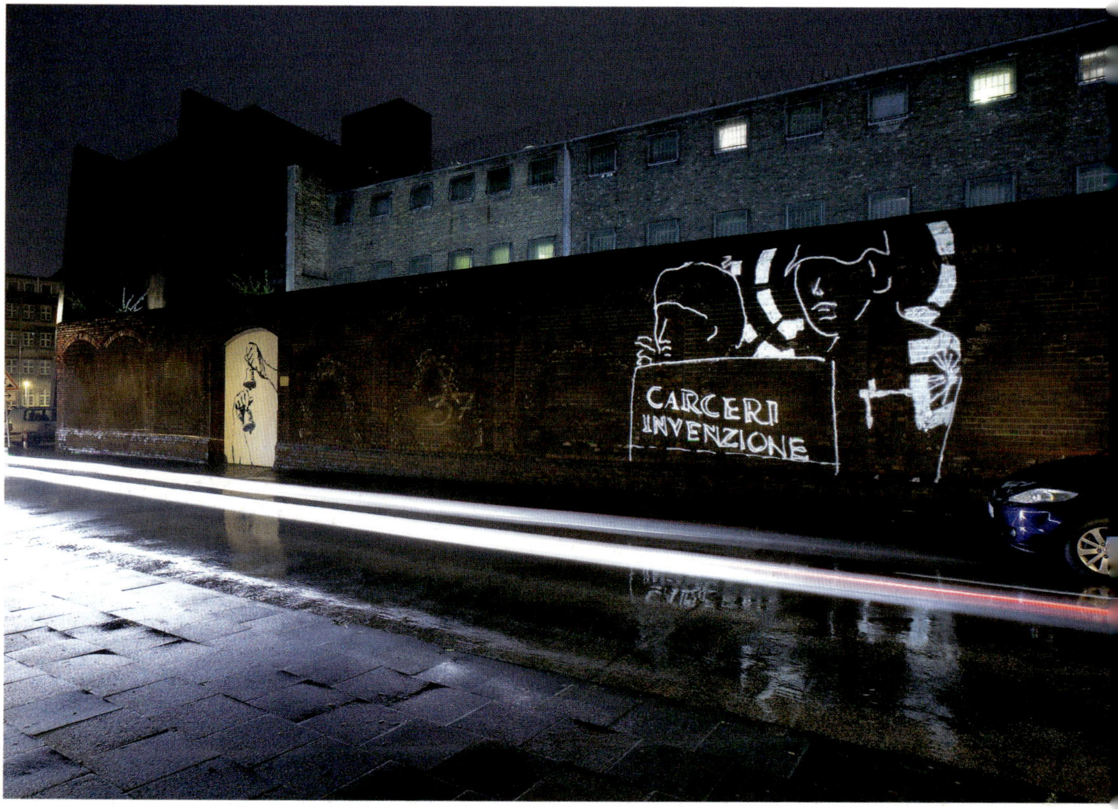

CARCERI
INVENZIONE

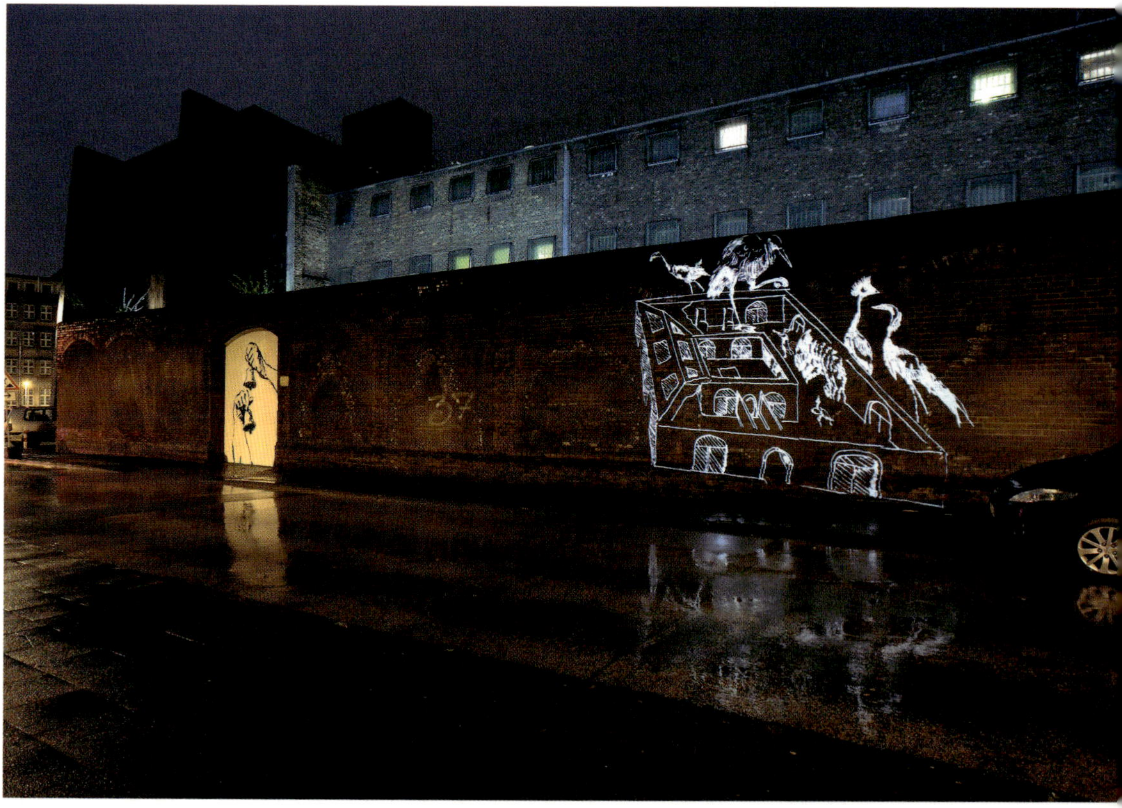

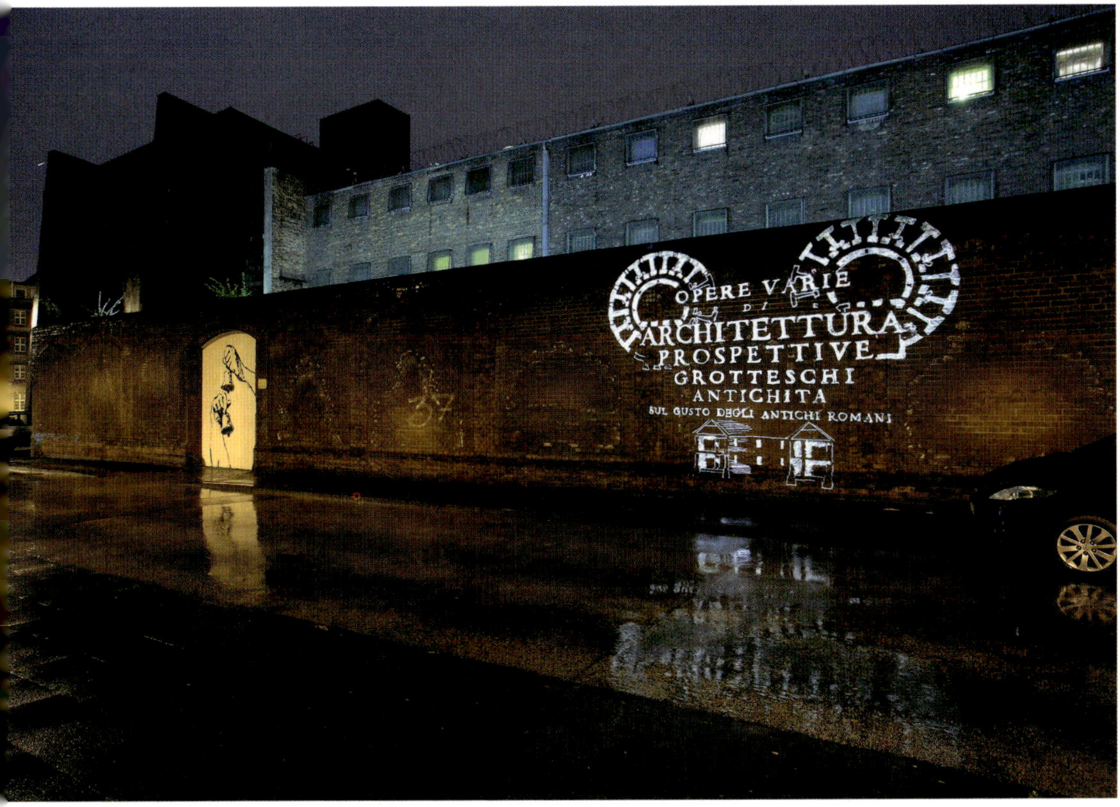

OPERE VARIE
DI
ARCHITETTURA
PROSPETTIVE
GROTTESCHI
ANTICHITA
SUL GUSTO DEGLI ANTICHI ROMANI

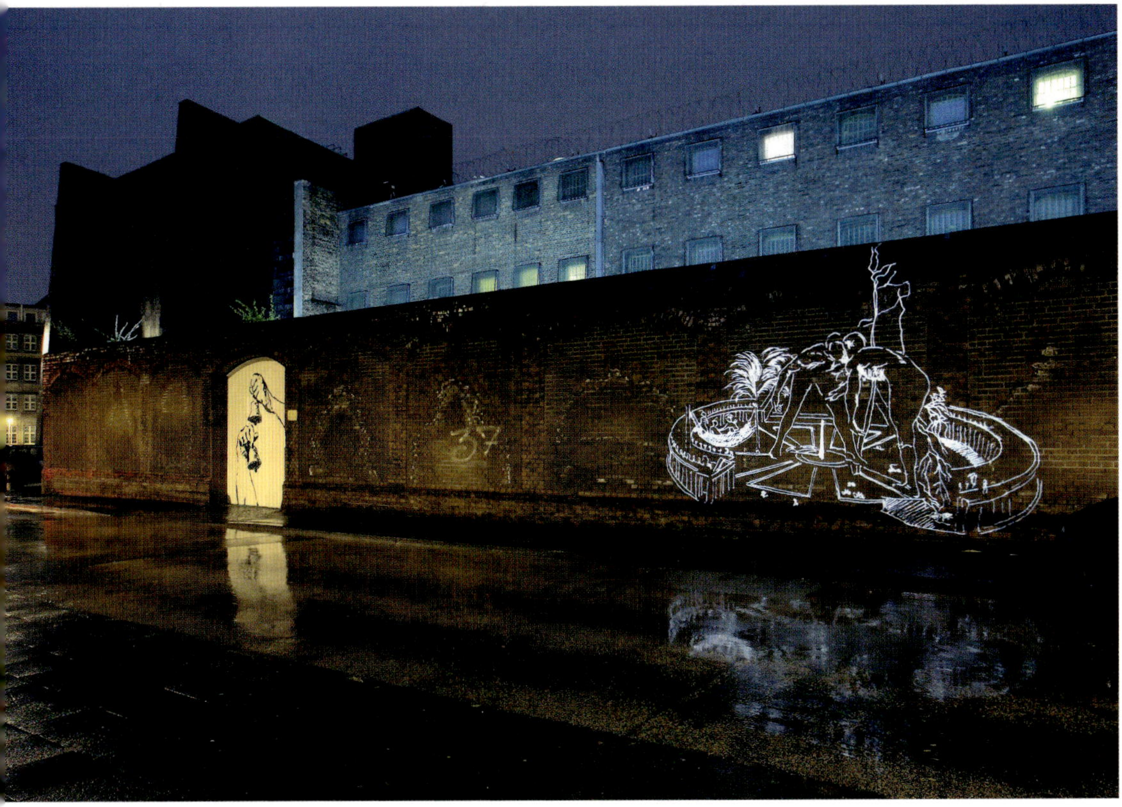

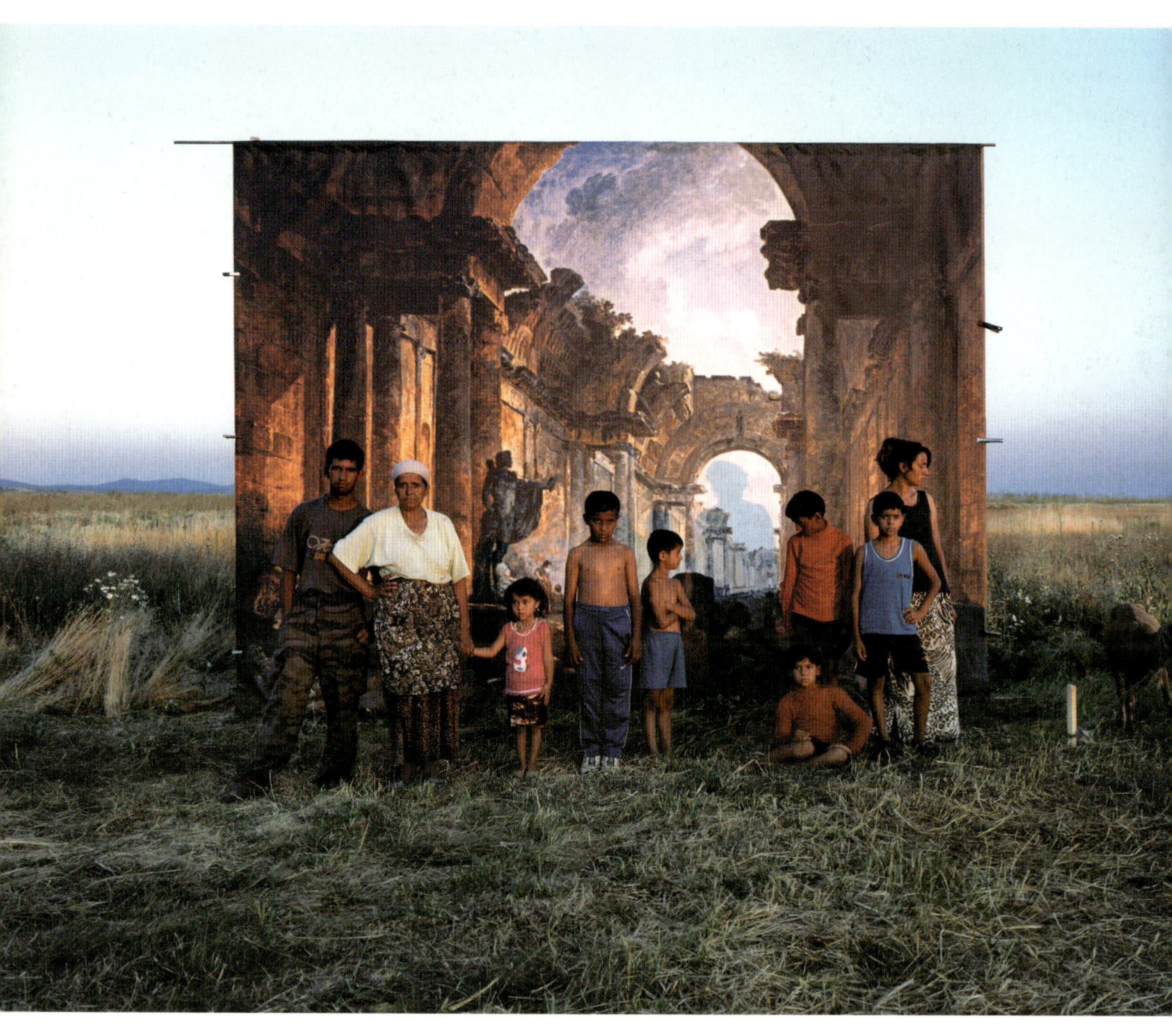

Danica Dakić, *La Grande Galerie*, 2004
fotografia a colori su alluminio, 100 x 129 cm
courtesy l'artista e gandy gallery, Bratislava

Danica Dakić, *La Grande Galerie*, 2004
color photo on aluminum, 100 x 129 cm
courtesy the artist and gandy gallery, Bratislava

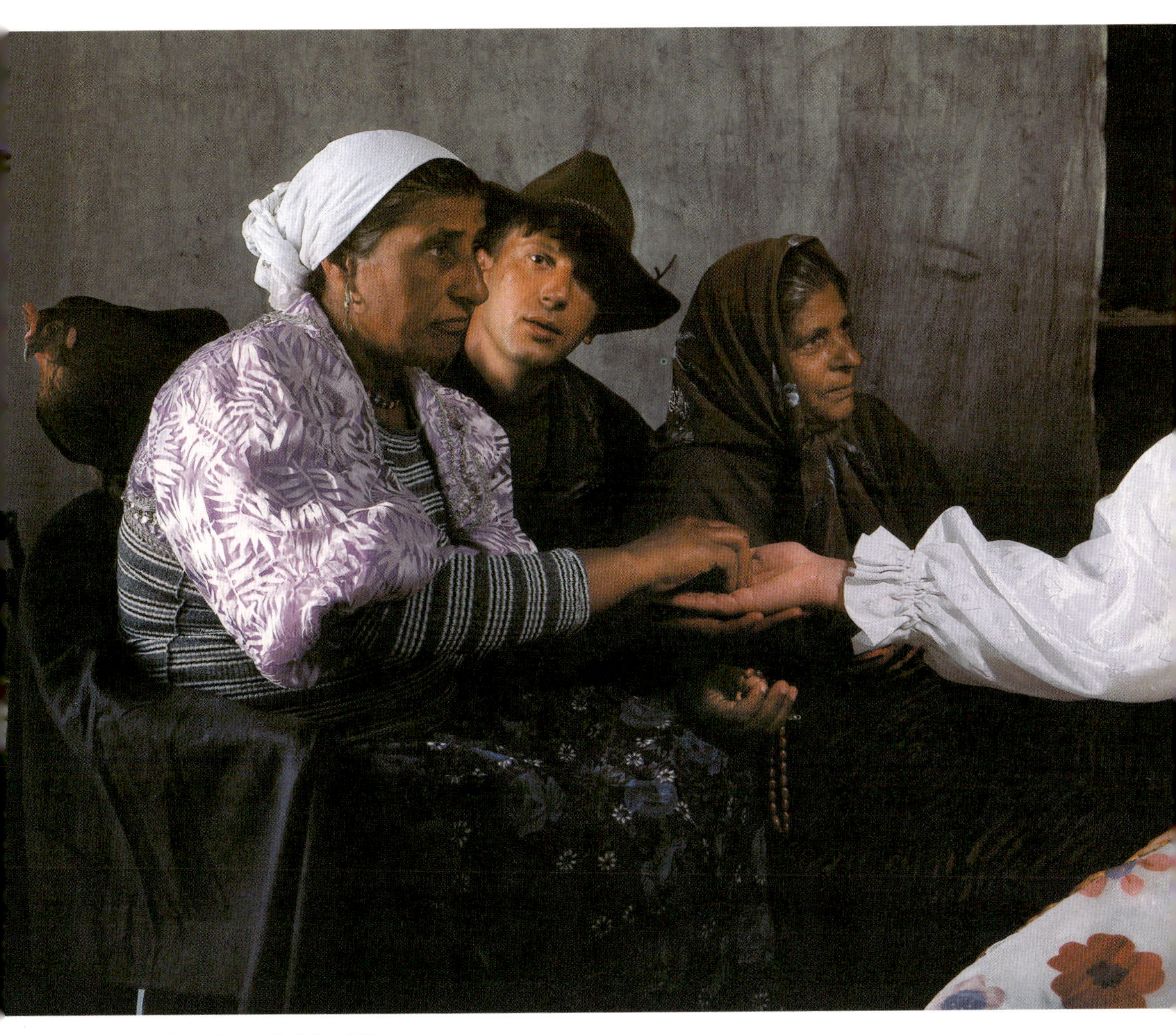

Danica Dakić, *La Grande Galerie*, 2004
fotografia a colori su alluminio, 60 x 75 cm
courtesy l'artista e gandy gallery, Bratislava

Danica Dakić, *La Grande Galerie*, 2004
color photo on aluminum, 60 x 75 cm
courtesy the artist and gandy gallery, Bratislava

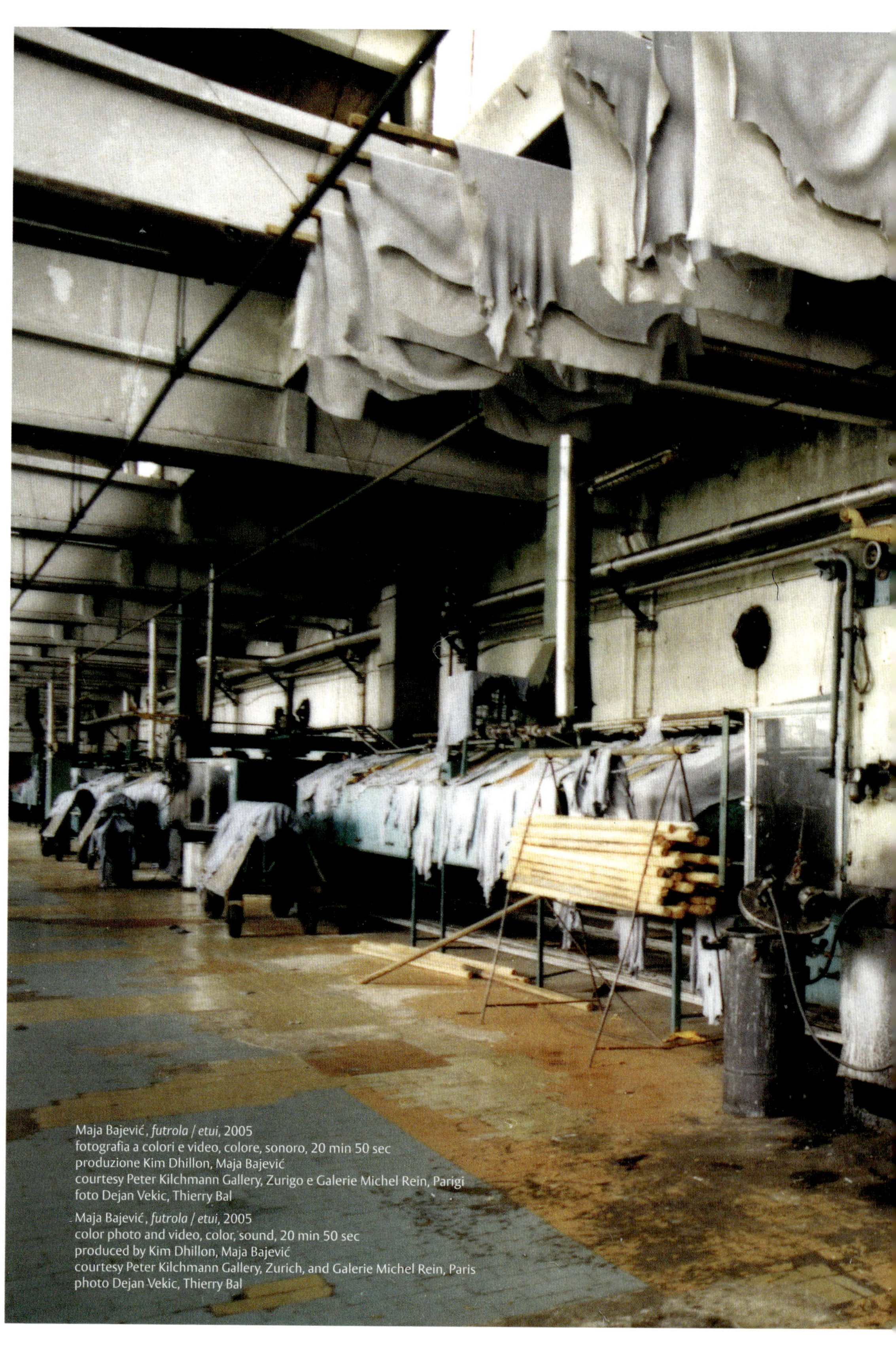

Maja Bajević, *futrola / etui*, 2005
fotografia a colori e video, colore, sonoro, 20 min 50 sec
produzione Kim Dhillon, Maja Bajević
courtesy Peter Kilchmann Gallery, Zurigo e Galerie Michel Rein, Parigi
foto Dejan Vekic, Thierry Bal

Maja Bajević, *futrola / etui*, 2005
color photo and video, color, sound, 20 min 50 sec
produced by Kim Dhillon, Maja Bajević
courtesy Peter Kilchmann Gallery, Zurich, and Galerie Michel Rein, Paris
photo Dejan Vekic, Thierry Bal

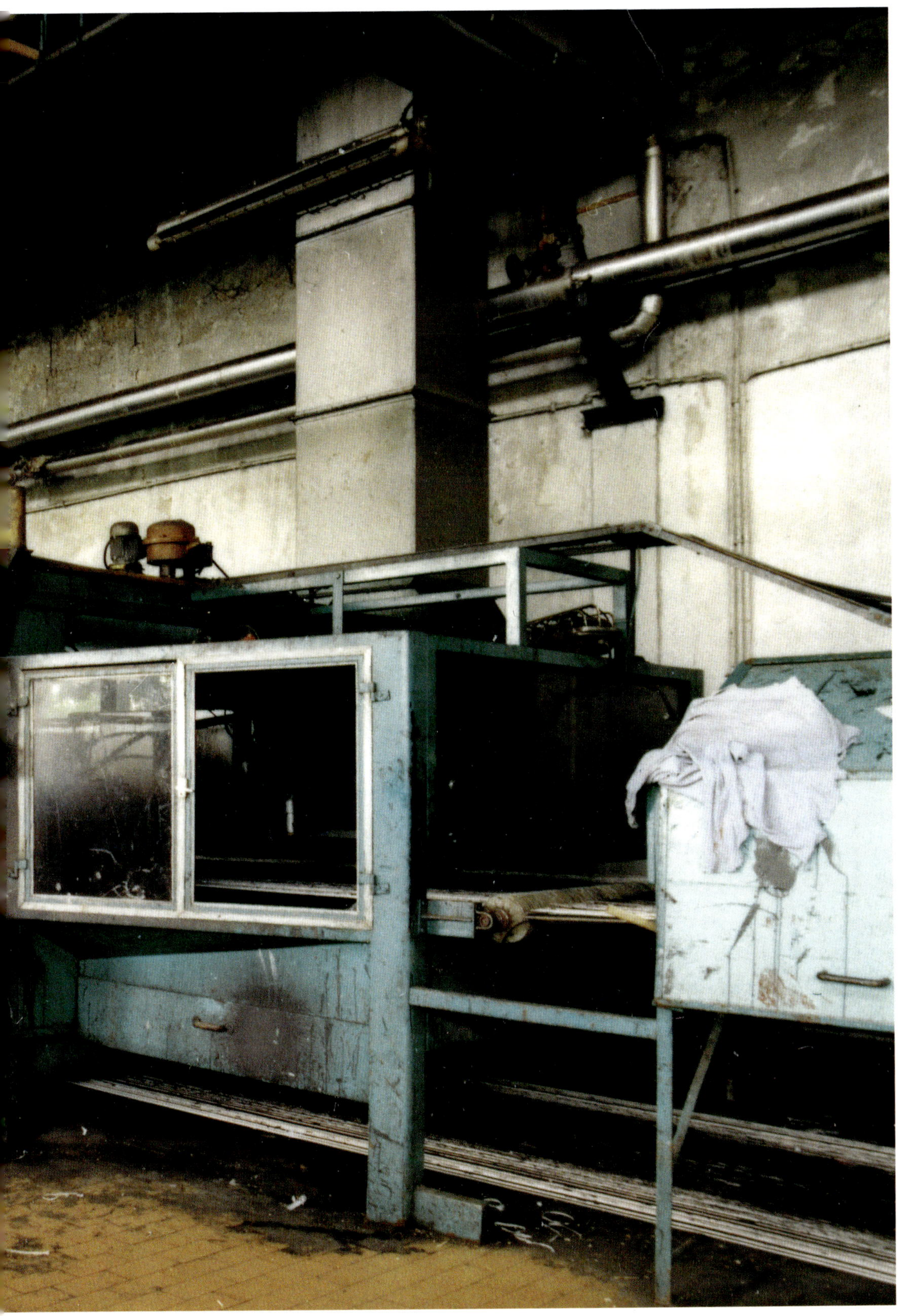

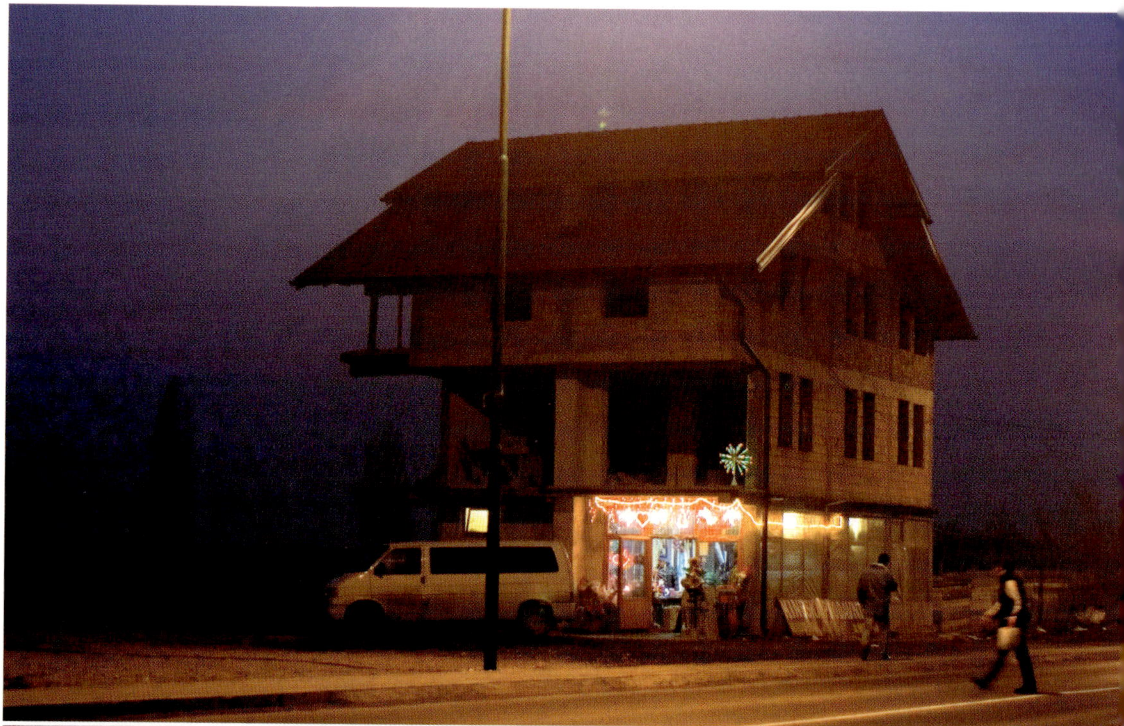

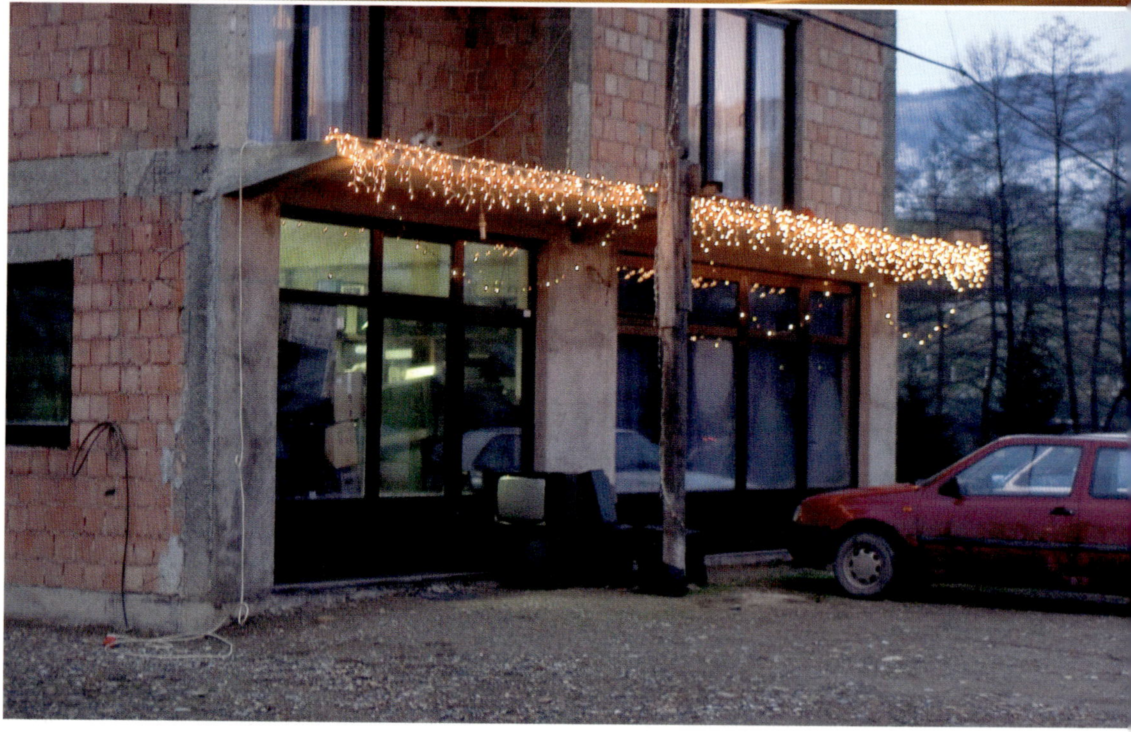

Maja Bajević, *Merry Christmas and a Happy New Year*, 2005
fotografie a colori
produzione Maja Bajević
courtesy Peter Kilchmann Gallery, Zurigo
e galerie Michel Rein, Parigi
foto Dejan Vekic

Maja Bajević, *Merry Christmas and a Happy New Year*, 2005
color photos
produced by Maja Bajević
courtesy Peter Kilchmann Gallery, Zurich,
and galerie Michel Rein, Paris
photo Dejan Vekic

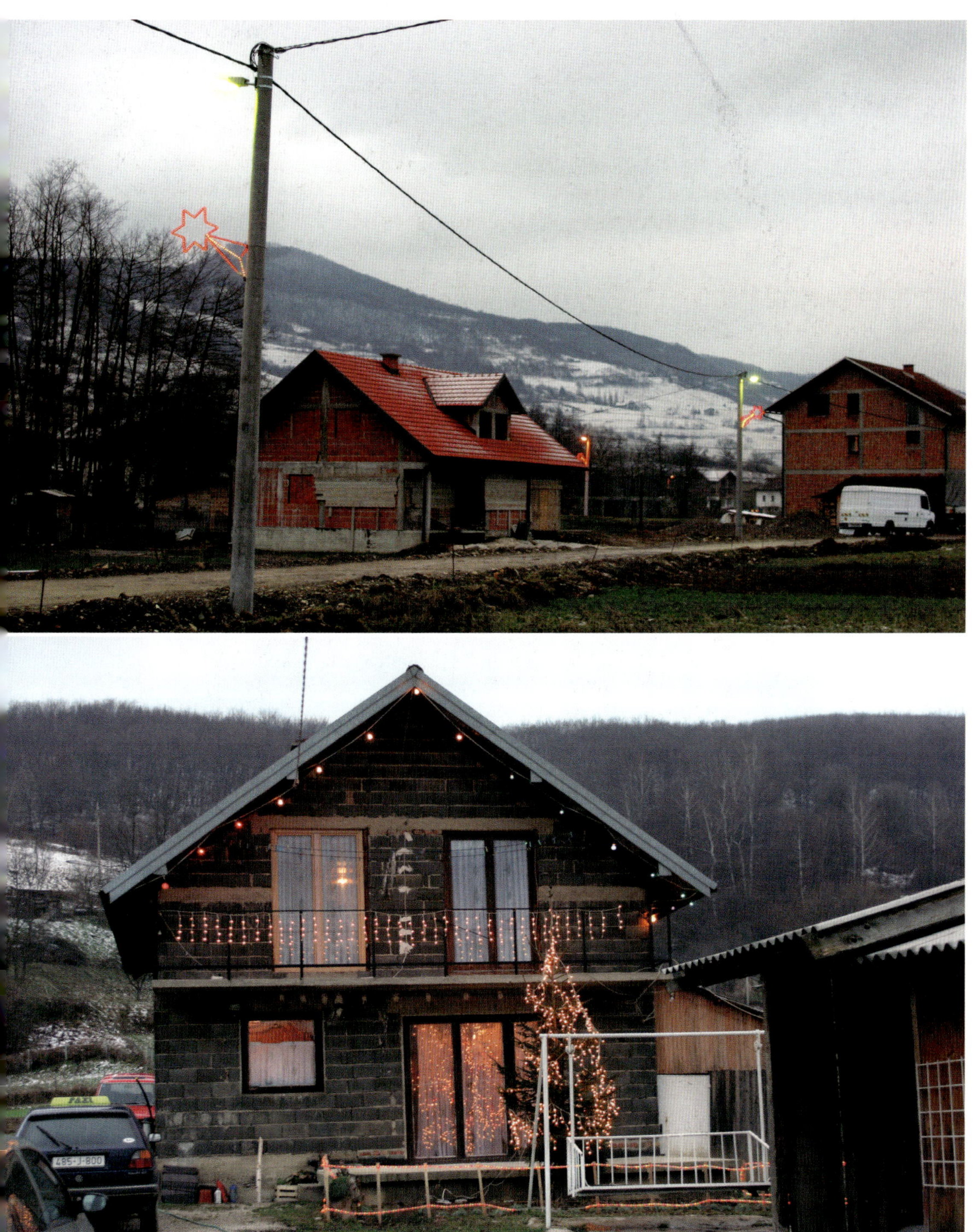

YAEL BARTANA

Yael Bartana nasce e cresce in Israele, studia a New York, poi si trasferisce ad Amsterdam. Oggi vive tra l'Olanda e Israele.

Il suo lavoro è centrato sulla relazione tra le esperienze collettive e i comportamenti relazionali legati a questioni etniche, sociali e di genere, e la formazione di un'identità culturale e nazionale. Molte delle sue opere hanno origine in videodocumentazioni di situazioni pubbliche o semi-pubbliche realizzate durante feste, eventi o cerimonie in Israele o in altri paesi: Bartana osserva il pubblico del mondanissimo Grand National – il maggiore concorso ippico inglese – o gli appassionati di fuoristrada che si radunano ogni sabato per sfidare le dune in riva al mare in Israele, i religiosi che si travestono per festeggiare secondo i precetti il Carnevale e il traffico che, sempre in Israele, si paralizza improvvisamente per un lungo minuto persino in piena autostrada quando, nel Giorno della Memoria, le sirene suonano in ricordo della Shoah. Invariabilmente tuttavia nelle sue opere i rituali, dalla cui registrazione il lavoro prende avvio, subiscono una sorta di dilatazione: le immagini si svolgono lentamente e si concatenano le une nelle altre, le situazioni si alterano trasformandosi in stranianti performance.

Avviene questo anche nel video *Wild Seeds* (2005), presentato nell'ambito di *Wherever We Go – Ovunque andiamo*: sullo sfondo di un paesaggio semidesertico Bartana riprende un groviglio inestricabile di corpi avvinghiati in una lotta che è gioco e violenza, attrazione e tensione. La mobilità e il radicamento nel territorio, i rapporti di forza, l'esplosione che può portare alla disintegrazione, il tragico rapporto tra popoli simili ma diversi, comunque vicini per origine e per destino, tutto questo è espresso in *Wild Seeds*, che assurge così a grande, drammatica metafora universale. GS

Yael Bartana was born and raised in Israel, studied in New York, and then moved to Amsterdam. Today she divides her time between the Netherlands and Israel.

Her work centers on the relationship between collective experiences and the relational behavior linked to ethnic, social, and gender questions, and the formation of a cultural and national identity. Many of her works have their origin in video recordings of public or semi-public occasions made during festivals, events or ceremonies in Israel or other countries: Bartana observes the public at the extremely popular Grand National—the most important horserace in England—or the off-the-road enthusiasts who meet every Saturday to challenge the dunes at the seaside in Israel, religious people dressing up to celebrate Carnival in the traditional manner, and the traffic that, back in Israel again, is suddenly paralyzed for a long minute even in the middle of the expressway when the sirens sound to mark the Shoah on the Day of Memory. Invariably, however, the rituals from whose recordings her works start out undergo a sort of dilatation: the images unfold slowly and are linked together, the situations are altered, turning into alienating performances.

This is just what happens in the video *Wild Seeds* (2005), presented at *Wherever We Go*: in the background of a semi-desert landscape, Bartana films an inextricable tangle of bodies locked in a struggle that is both game and violence, attraction and tension. Mobility and rootedness in the territory, trials of strength, the explosion that can lead to disintegration, the tragic relationship between peoples who are similar but different, and in any case linked in origin and destiny: all this is expressed in *Wild Seeds*, which is thereby raised to the level of a great, dramatic, and universal metaphor. GS

Dimora in questo paese e io sarò con te e ti benedirò, perché a te e alla tua discendenza io darò tutti questi paesi e farò così sussistere il giuramento che ho fatto ad Abramo tuo padre. Moltiplicherò la tua discendenza come le stelle del cielo e darò ad essa tutti questi paesi. E tutte le nazioni della terra si diranno benedette per la tua discendenza.

Genesi 26: 3,4

Yael Bartana presenta *Wild Seeds*, una videoproiezione su due schermi di un gruppo di 18enni che partecipano a un gioco da loro inventato, "L'evacuazione della Colonia di Gilard". All'inizio della partita vengono scelti due ragazzi che rappresentano le autorità e la cui missione è sbaragliare il resto del gruppo. Gli altri invece si uniscono in cerchio serrandosi compatti con gambe, braccia e quant'altro riescano ad afferrarsi. Lo schermo più grande mostra l'azione del gioco, con la telecamera che gira attorno al cerchio di contestatori che si rifiutano di abbandonare la Colonia. Sullo schermo più piccolo lo spettatore può leggere i sottotitoli tradotti delle loro urla e illazioni. Queste scritte, isolate dall'immagine, creano un'altra narrazione meno legata al gioco e più manifestamente aggressiva e politica.

Il video fu girato nei Territori Occupati, nello scenario paradossalmente incantevole dell'insediamento di Prat. Le colline sullo sfondo creano uno strano contrappunto rurale alla simbolica, emotiva e violenta dimensione del gioco. I ragazzi sono sionisti di terza generazione ma non coloni, e di fatto contrari all'occupazione israeliana dei Territori. In molti dei video girati in precedenza, Bartana focalizza la propria attenzione alla peculiarità dei rituali che costituiscono le nostre identità culturali e nazionali, spesso riguardanti la situazione israeliana ma riferibili anche ad altri contesti. Questo lavoro evidenzia il modo in cui i bambini vengono influenzati dall'ambiente circostante e come questo venga elaborato in maniera creativa, probabilmente per dare sfogo alle proprie paure o al fine di apprendere i comportamenti da attuare una volta adulti nel mondo.

Charles Esche

da *Istanbul*, catalogo della mostra, 9th International Istanbul Biennial, 2005. Istanbul, Istanbul Foundation for Culture and Arts, 2005

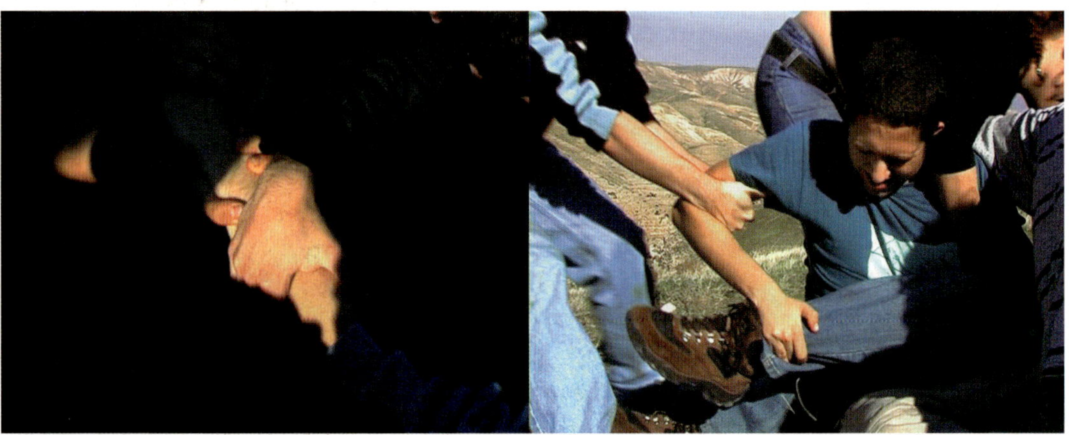

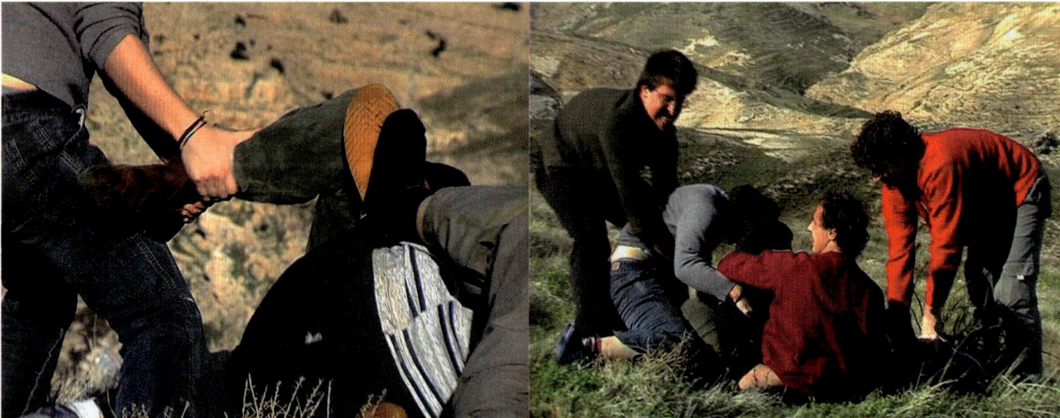

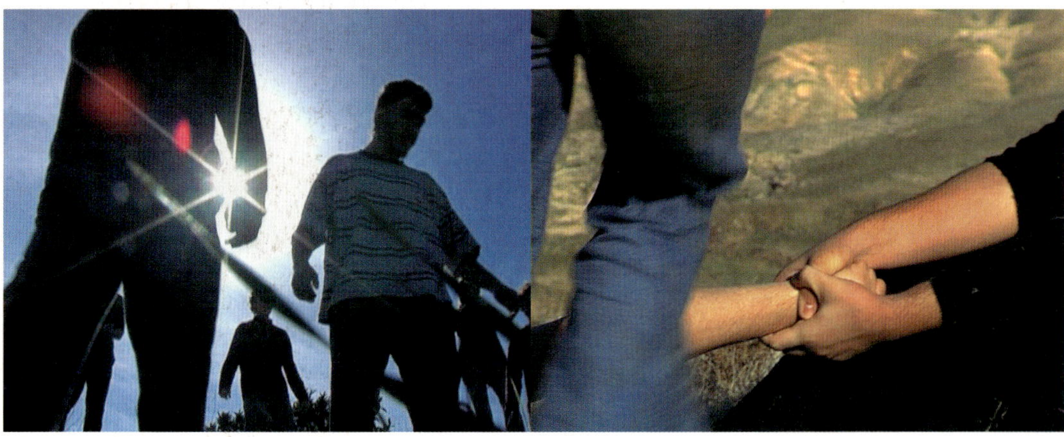

Yael Bartana, *Wild Seeds*, 2005
video a due canali e installazione sonora
videoproiezione, colore, colonna sonora Daniel Meir, 4 min
courtesy Annet Gelink Gallery, Amsterdam

Yael Bartana, *Wild Seeds*, 2005
two-channel video and sound installation
video projection, color, soundtrack by Daniel Meir, 4 min
courtesy Annet Gelink Gallery, Amsterdam

Sojourn in this land, and I will be with you, and will bless you. For to you, and to your seed, I will give all these lands, and I will establish the oath which I swore to Abraham your father. I will multiply your seed as the stars of the sky, and will give to your seed all these lands. In your seed will all the nations of the earth be blessed.

Genesis 26: 3–4

Yael Bartana presents *Wild Seeds*, a two-screen video projection of a group of 18-year-olds playing a game they invented themselves: "The Evacuation of Gilard's Colony." At the beginning of the game two teenagers are chosen to represent the authorities, and they try to win the game by breaking up the rest of the group. The others link themselves in a circle and cling on tightly to each other's arms, legs, or whatever else they can grab. The larger image shows the teenagers playing the game, the camera circling around and among these pretend protestors refusing to leave their settlements. On another, smaller screen the viewer can read the subtitled translations of their screams and banter. This latter, isolated from the image, creates another narrative that is less about play and more overtly political and aggressive.

The video was filmed in the Occupied Territories amid the *paradoxically* beautiful landscape of Prat's Settlement. The hills in the background create a strange rural backdrop to the symbolic, emotional, and violent dimensions of the game. The teenagers themselves are third-generation Zionists, not settlers, and are in fact against the Israeli occupation of these territories. In many of her previous video works, Bartana has focused on the peculiarity of the rituals that form our national and cultural identities, often relating to the Israeli context, but interpretable in many situations. This work hints at how children are formed by their environment and use it creatively, perhaps as an outlet for their fears or as a way of learning how to behave later as adults in the world.

Charles Esche

from *Istanbul*, exhibition catalogue, 9th International Istanbul Biennial, 2005. Istanbul: Istanbul Foundation for Culture and Arts, 2005

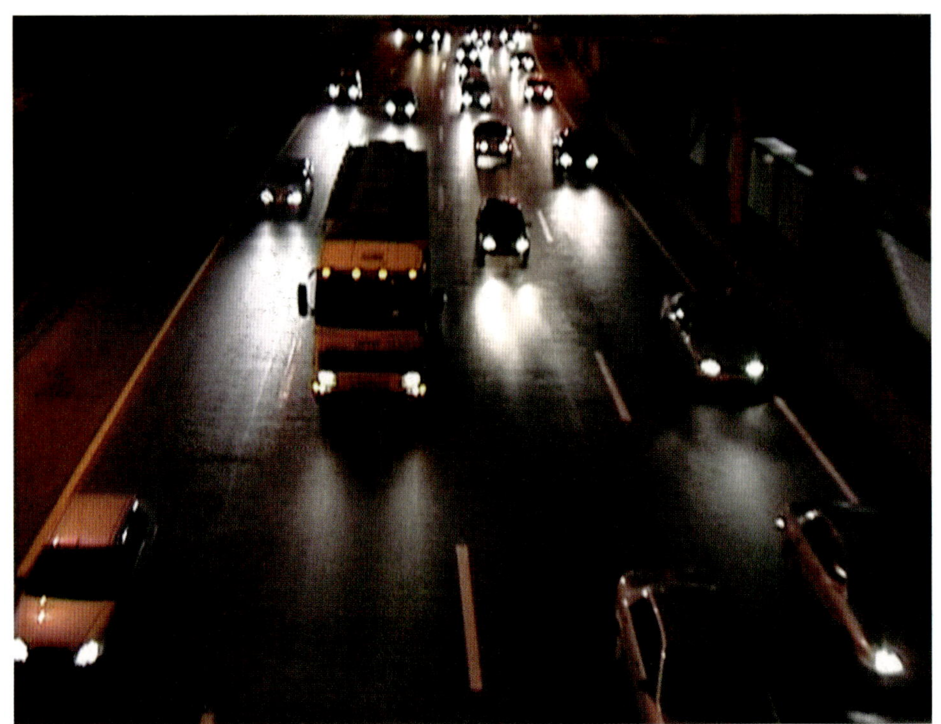

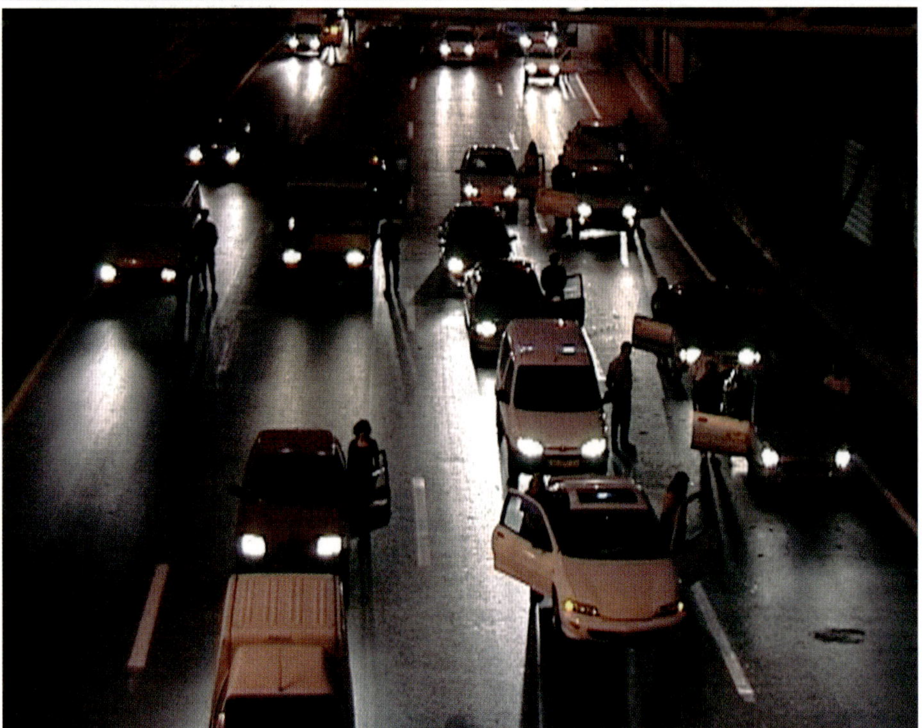

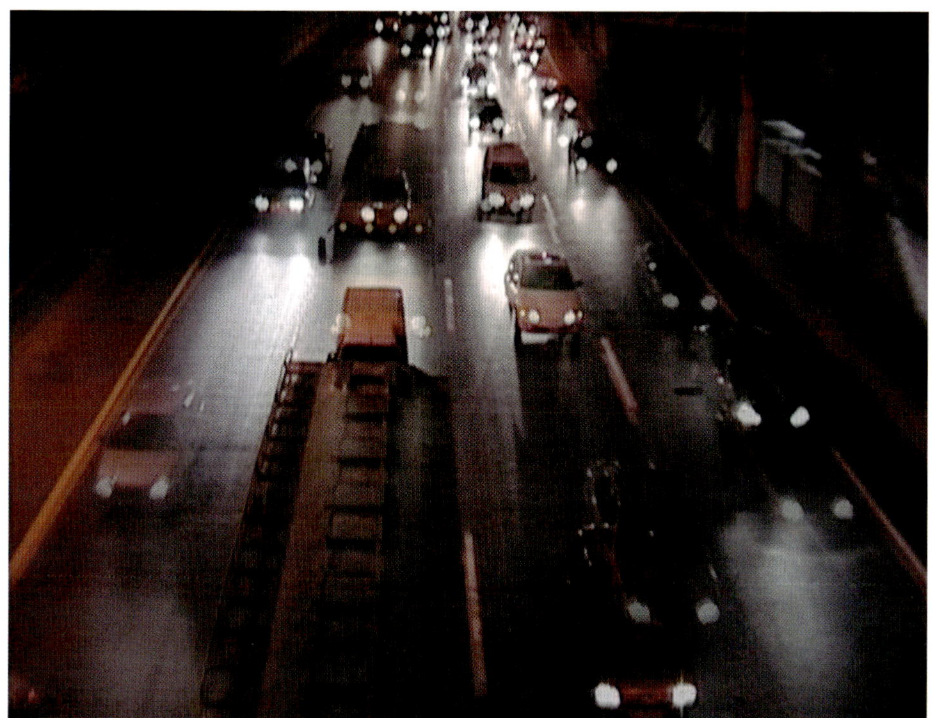

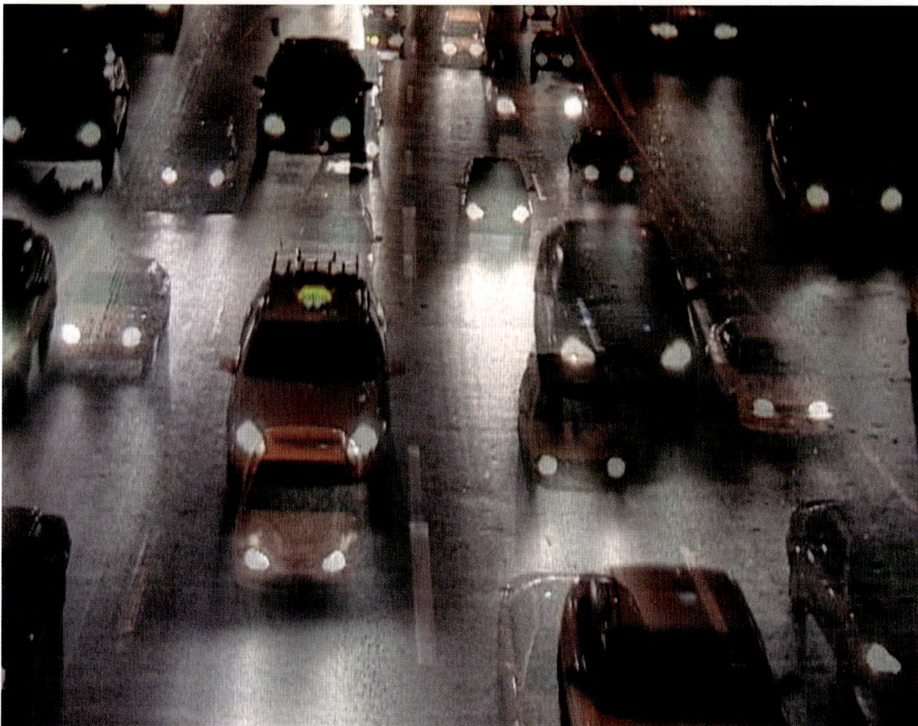

Yael Bartana, *Trembling Time*, 2001
video monocanale e installazione sonora
videoproiezione, colore, colonna sonora Tao G. Vrhovec Sambolec, 6 min 20 sec
courtesy Annet Gelink Gallery, Amsterdam

Yael Bartana, *Trembling Time*, 2001
single-channel video and sound installation
video projection, color, soundtrack by Tao G. Vrhovec Sambolec, 6 min 20 sec
courtesy Annet Gelink Gallery, Amsterdam

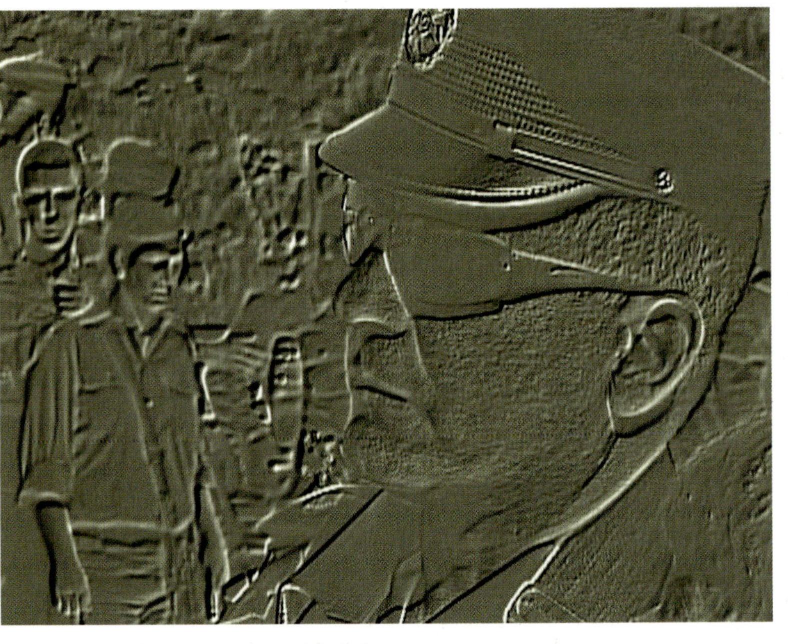
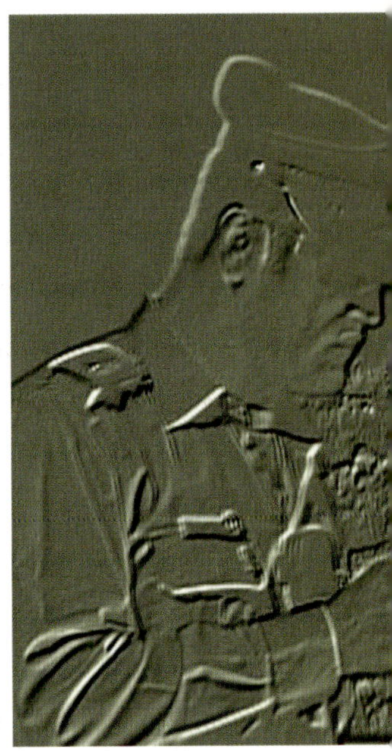
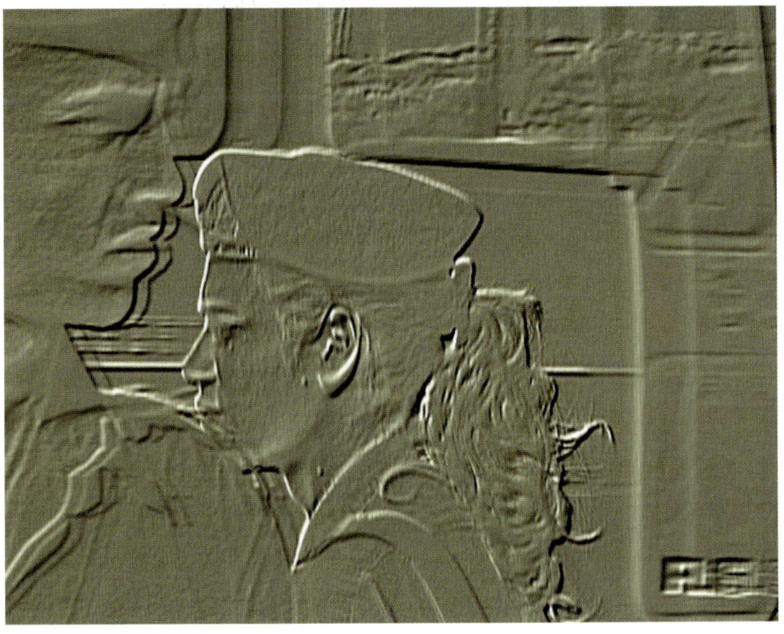
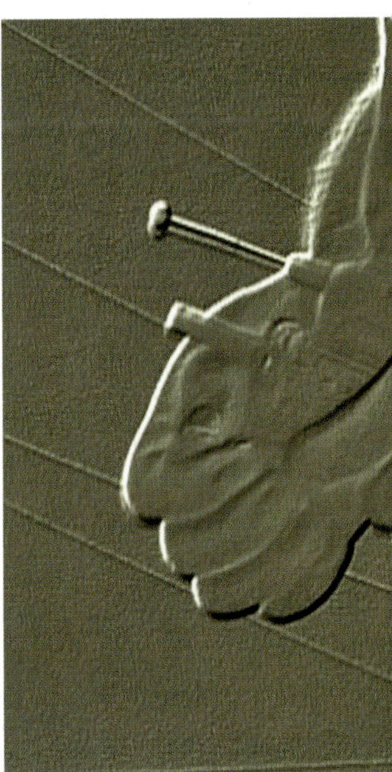

144   Yael Bartana, *Low Relief II*, 2004
video a quattro canali e installazione sonora
videoproiezione, colore, colonna sonora Daniel Meir, 12 min
courtesy Annet Gelink Gallery Amsterdam

Yael Bartana, *Low Relief II*, 2004
four-channel video and sound installation
video projection, color, soundtrack by Daniel Meir, 12 min
courtesy Annet Gelink Gallery, Amsterdam

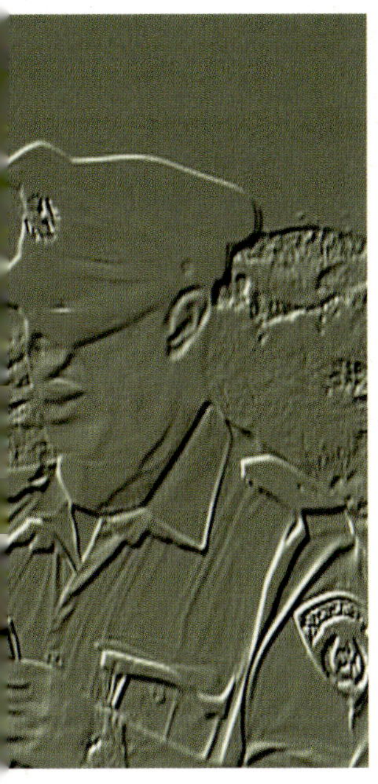
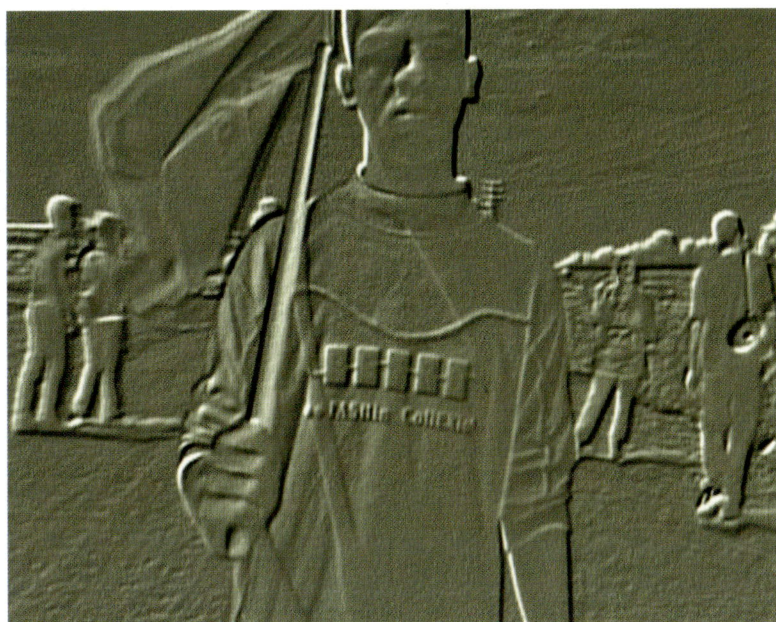
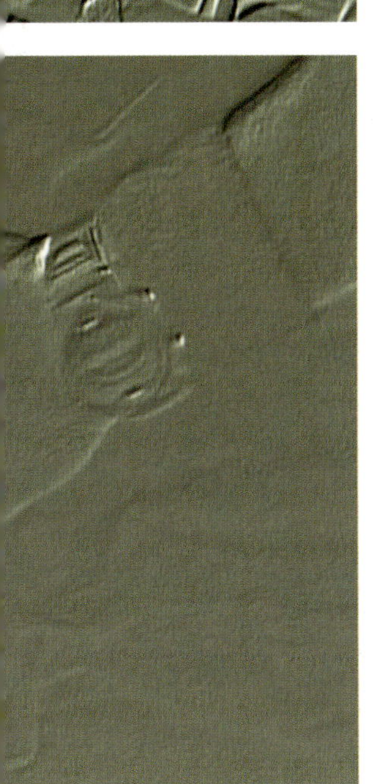
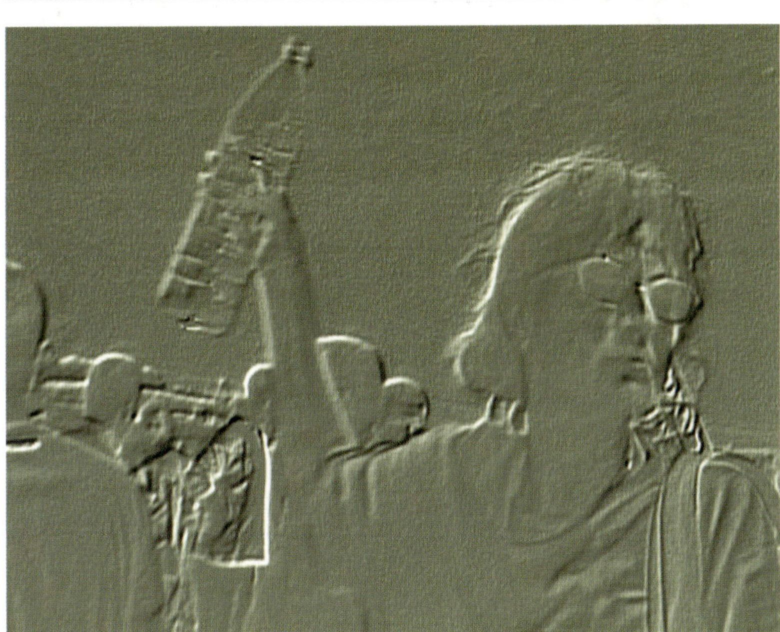

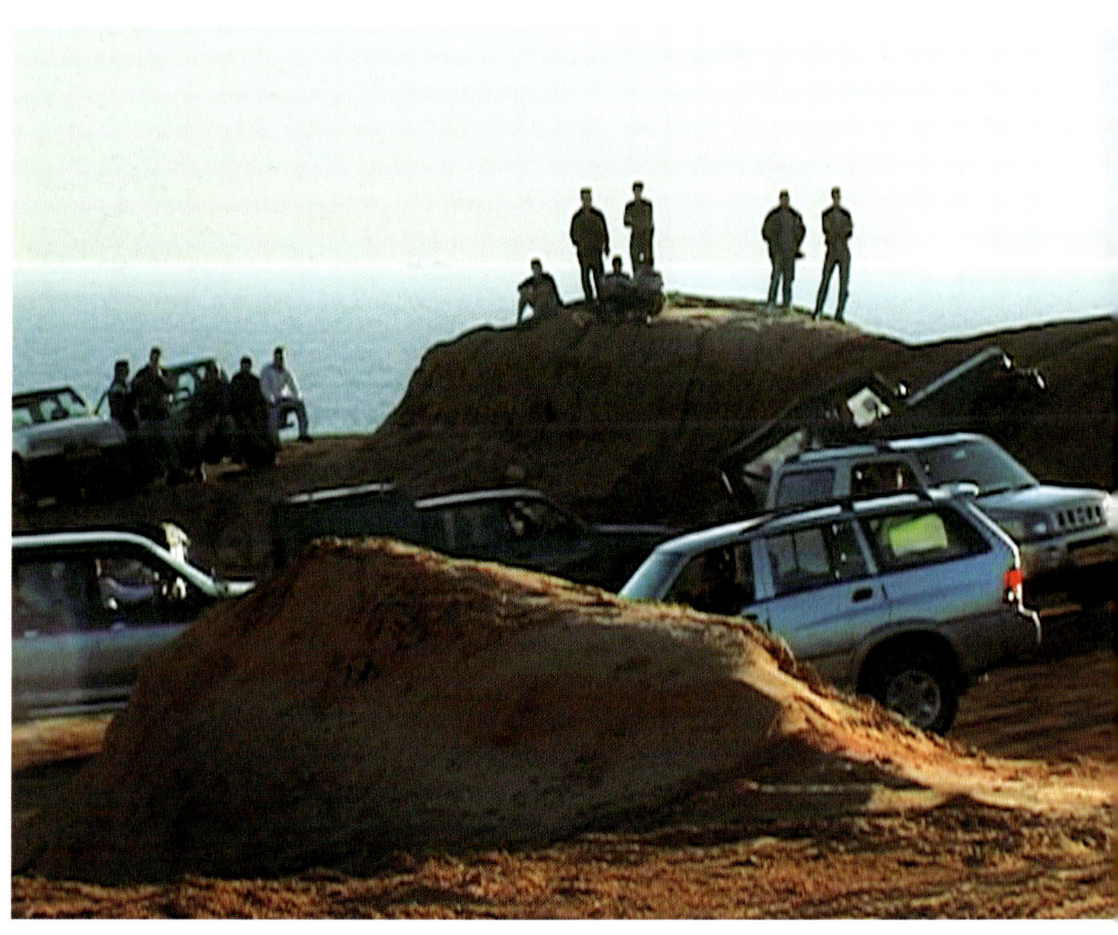

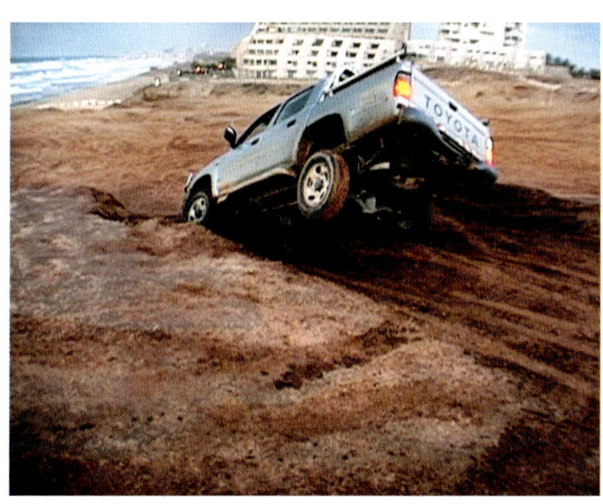

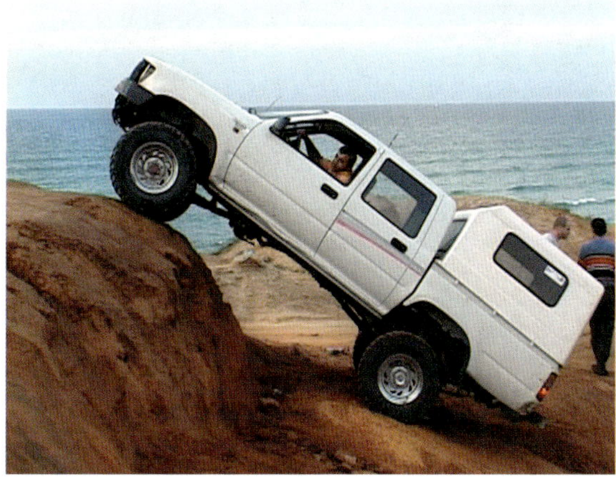

el Bartana, *Kings of the Hill*, 2003
deoinstallazione monocanale, colore, 7 min 30 sec
ourtesy Annet Gelink Gallery Amsterdam

el Bartana, *Kings of the Hill*, 2003
ngle-channel video installation, color, 7 min 30 sec
ourtesy Annet Gelink Gallery, Amsterdam

BANU CENNETOGLU

Terra Vague
Determined Barbara

19 settembre 2002
Arrivo a Banja Luka

Quali possono essere i parametri della mappatura di uno spazio o di un territorio in continua deterritorializzazione? Come interpretarlo visivamente? *Determined Barbara* (2004) di Banu Cennetoglu ci propone una chiave di lettura: non sono solo le caratteristiche di un luogo ma anche l'insieme delle nostre sensazioni che influenzano la percezione di uno spazio definito politicamente.
"Barbara" è un luogo che è stato trasformato dopo gli anni Novanta in un campo temporaneo di addestramento militare, edificato a Glamoc dai reparti della SFOR, l'esercito internazionale di stabilizzazione, di stanza nella ex Jugoslavia. Si tratta di agglomerati in cui sia gli abitanti originari del luogo che i nuovi "ospiti" condividono la condizione di rifugiati e alloggiati temporanei. La tensione fra la realtà dei confini politici e l'astrazione di uno "stato d'eccezione" genera una situazione paradigmatica del dopoguerra.
Credo ci siano due caratteristiche fondamentali in questa realtà che Cennetoglu ci invita a osservare: la natura insita di questo spazio che, data la condizione particolare, influenza la realtà, e la questione della finzione nella documentazione dei luoghi, affrontata nella serie fotografica.

12 marzo 2004
Arrivo a Sarajevo

Il divario tra le due cognizioni (la realtà del dopoguerra a Barbara e la sua interpretazione visiva), genera in ogni spettatore una lettura spaziale differente.

Terra Vague
Determined Barbara

September 19th, 2002
I come to Banja Luka

What are the rules in recognizing a space or land if it is in a condition of continuous deterritorialization? How can it be interpreted visually? The work by Banu Cennetoglu, *Determined Barbara* (2004), offers us two clues to understanding that this is not only about the conditions of a space, but also the confusion of our senses that are related to our understanding of established "space politics."
"Barbara" is a space that was transformed after the nineties into a temporary military training ground for SFOR units in Glamoc—a settlement in former Yugoslavia whose present and previous inhabitants become refugees and temporary dwellers. The tension between the reality of "border politics" and the abstraction of "the state of exception" creates an assemblage of a post-war paradigm.
I think there are two points in this condition that Cennetoglu invites us to search for: the potentiality of this space that is attached to its reality in a specific situation and the fictional aspect of a documentary site in the photograph series.

March 12th, 2004
I come to Sarajevo

The interval between two knowledges: the post-war reality of Barbara and its visual interpretation create a spatial understanding for each viewer.
By investigating transitory and unstable spaces the artist searches for the power of their uncertain conditions through the paradoxical nature of photography, whose ontological aspect provides information, but also subjective fiction that plays with

19 settembre 2002
Arrivo a Banja Luka
Arrivo con un pullman da Belgrado
La distanza tra Banja Luka e Belgrado è di 331 km

A Banja Luka incontro Goca
Mi parla di Determined Barbara
Un campo di esercitazioni militari costruito a Glamoc dai reparti della SFOR
I reparti della SFOR sono l'esercito internazionale di stabilizzazione
Il loro compito è di garantire la pace e la stabilità
Goca mi parla dell'asilo dove "alloggiano" i serbi rifugiati da Glamoc
L'asilo è a Banja Luka
La distanza fra Banja Luka e Glamoc è di 131 km

12 marzo 2004
Arrivo a Sarajevo
Arrivo con un aeroplano da Amsterdam
La distanza tra Amsterdam e Sarajevo è di 1370 km
Latif viene a prendermi all'aeroporto
Ce ne andiamo via in automobile

Domenica 14
Siamo in automobile
Siamo a Glamoc
Vediamo Barbara
Barbara occupa un territorio che prima della guerra apparteneva a 704 abitanti di Glamoc
Nel 1998 la loro terra fu espropriata per la sua costruzione
La distanza tra Glamoc e Sarajevo è di 221 km
La distanza tra Glamoc e Milano è di 1591 km

Banu Cennetoglu

Interrogando queste aree transitorie
e in continua mutazione, l'artista sottolinea
la natura delle loro condizioni incerte
attraverso lo specifico paradossale della
fotografia, il cui aspetto ontologico fornisce
informazioni ma allo stesso tempo contiene
una interpretazione soggettiva di lettura
delle immagini. Siamo portati a riconoscere
in *Determined Barbara* la struttura fisica
della città, basata sul suo schema
urbanistico e sugli stilemi dell'architettura
dell'Est europeo, ovvero sulle sue
condizioni fisiche e ambientali; la serie
fotografica è tuttavia un lavoro che intende
andare oltre, indagando nella stratificazione
delle diverse identità presenti in questo
luogo. Le questioni su verità e finzione
nella parte documentaria della fotografia
vengono problematizzate nell'installazione
fotografica di Cennetoglu, come ricreazione
della realtà, come un insieme di
informazioni ambiguamente soggettive e
una ricerca di una possibile "potenzialità"
di questa zona indefinita.

Domenica 14
Siamo in automobile
Siamo a Glamoc
Vediamo Barbara

Lo "stato d'eccezione" rimane come un
luogo incerto entro cui le regole comuni
sono sospese, dove lo spazio diventa
eccezionale. Come fa notare Agamben,
la ridefinizione degli spazi secondo regole
arbitrarie è il momento in cui prende forma
l'ambigua separazione tra semplice vita e il
sistema delle regole e delle leggi. Nel caso
di *Determined Barbara* la domanda è: come
possiamo decifrare la stratificazione
di identità e memorie storiche di un luogo
e definire per esso delle regole? Quali sono
i parametri di mappatura di uno spazio
o di un territorio in continua
deterritorializzazione?

Pelin Tan

the images. Generally, we recognize the
physical quality of the city in *Determined
Barbara* that focuses on urban texture and
east-European architecture, or rather, its
physical surroundings. However, the whole
series is a construction that investigates
overlapping identities of the space. The
issue of reality and the fictional aspect of
the site through the photographs are
"problematized" by Cennetoglu's
installation as a re-creation of reality, a
structure of subjective and ambiguous
information and a search for the possibility
of "potentiality" of the uncertain zone.

Sunday the 14th
We are in the car
We are in Glamoc
We see Barbara

"The state of exception" remains an
uncertain space in which the normal law
is suspended, where the space becomes
exceptional. Re-defining space with
arbitrary rules is where the ambiguous
separation between "bare life" and
law/rules begins, as Agamben points out.
In the case of *Determined Barbara*, the
question is: how can we approach the
overlapping identities and memories of the
space and define the rules for it? What are
the rules in recognizing a space or land
if it is in a condition of continuous
de-territorialization?

Pelin Tan

September 19ᵗʰ, 2002
I come to Banja Luka
I come with a bus from Belgrade
The distance between Banja Luka and Belgrade is 331 km

In Banja Luka I meet Goca
She tells me about
Determined Barbara
A military training ground Constructed in Glamoc for SFOR units
SFOR units are the International stabilization Forces
Their mission is to keep Peace and stability
Goca tells me about the Kindergarten where Serbian Refugees from Glamoc "stay"
The kindergarten is in Banja Luka
The distance between Banja Luka and Glamoc is 131 km

March 12ᵗʰ, 2004
I come to Sarajevo
I come with a plane from Amsterdam
The distance between Amsterdam and Sarajevo is 1,370 km
Latif picks me up from the Airport
We drive

Sunday the 14ᵗʰ
We are in the car
We are in Glamoc
We see Barbara
Barbara is occupying the land of 704 pre-war inhabitants of Glamoc
In 1998, their land was Expropriated for its Construction
The distance between Glamoc and Sarajevo is 221 km
The distance between Glamoc and Milan is 1,591 km

Banu Cennetoglu

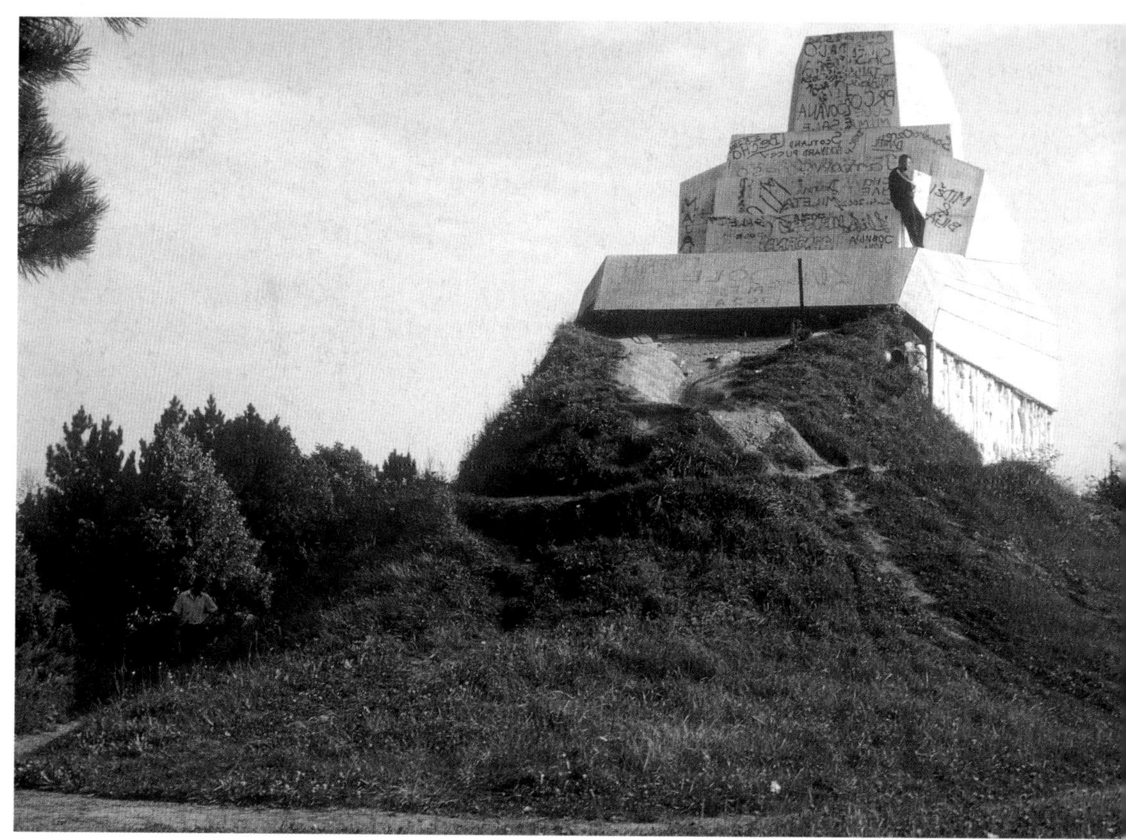

Banu Cennetoglu, *Determined Barbara*, 2004
installazione, 32 fotografie bianco e nero, 27 x 37,5 cm cadauna
courtesy l'artista

Banu Cennetoglu, *Determined Barbara*, 2004
installation, 32 black and white photos, 27 x 37.5 cm each
courtesy the artist

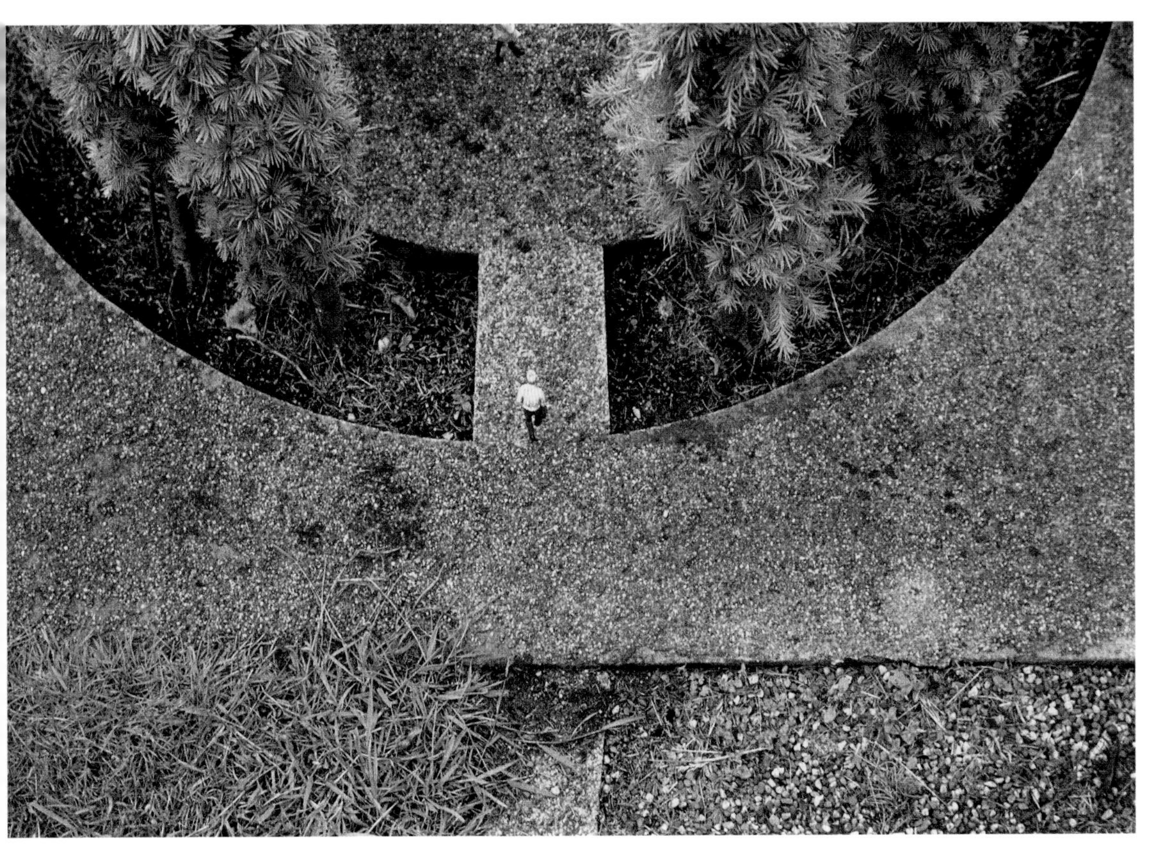

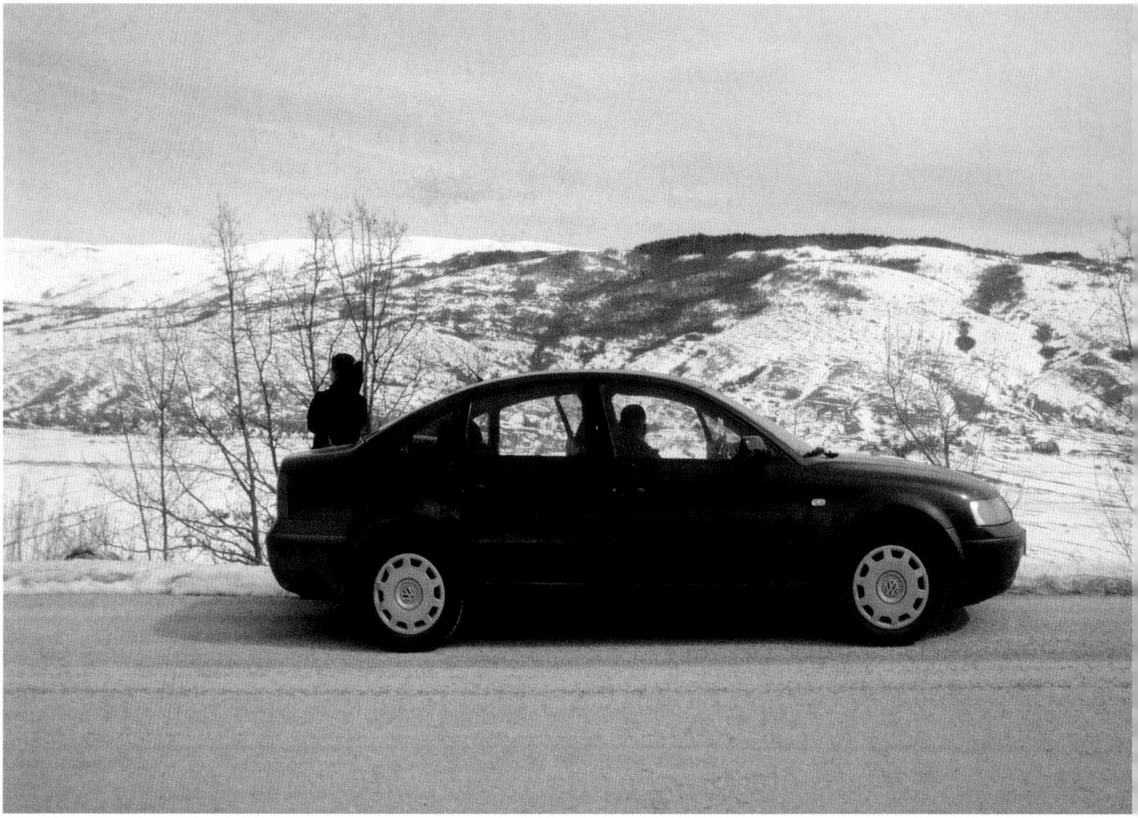

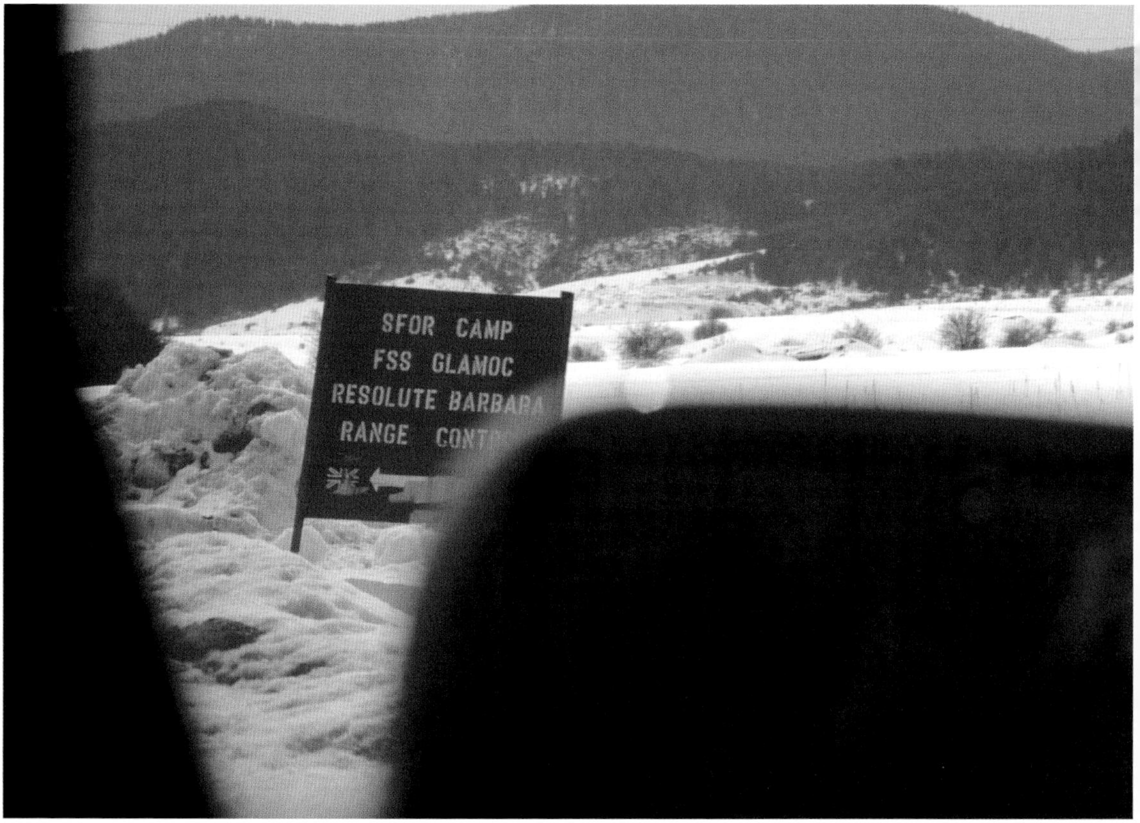

SFOR CAMP
FSS GLAMOC
RESOLUTE BARBARA
RANGE CONTROL

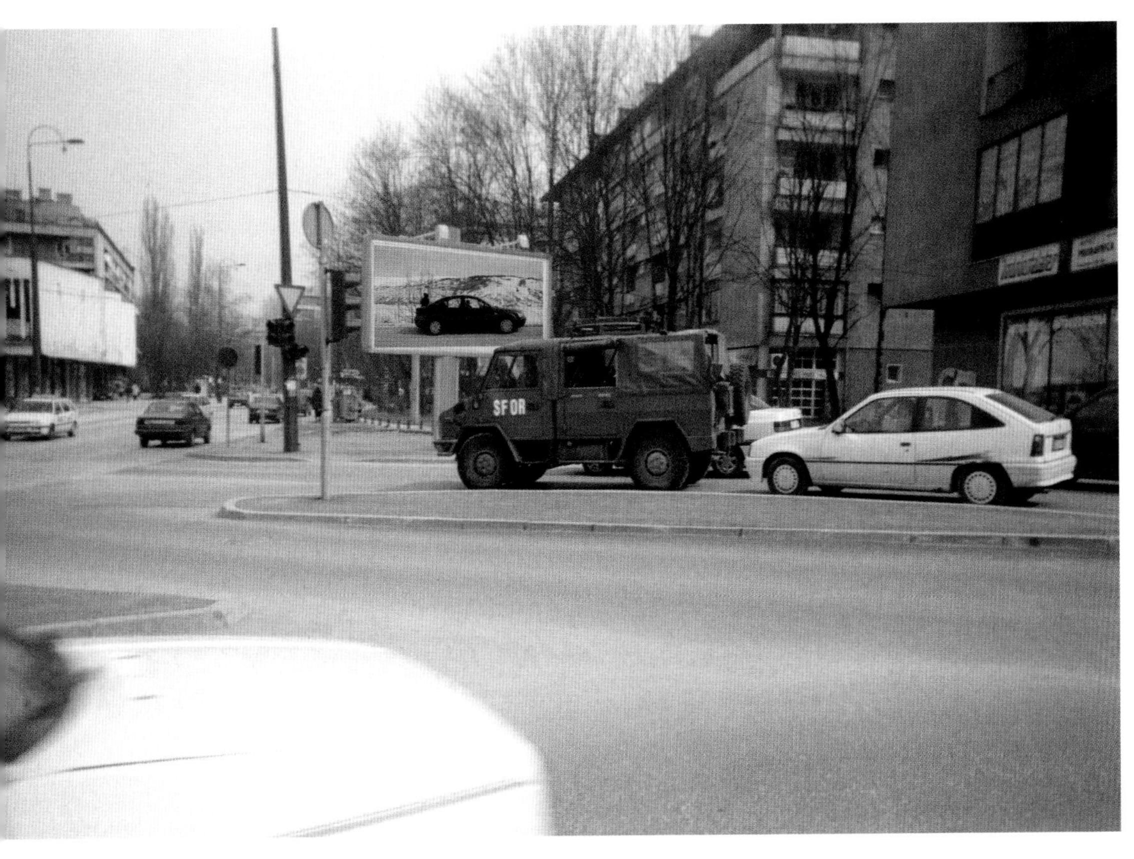

SFOR

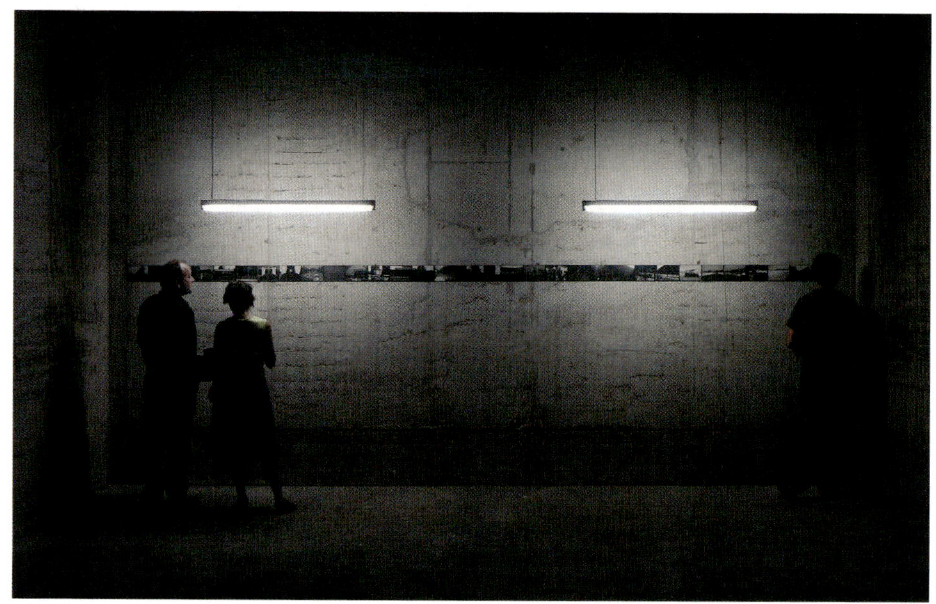

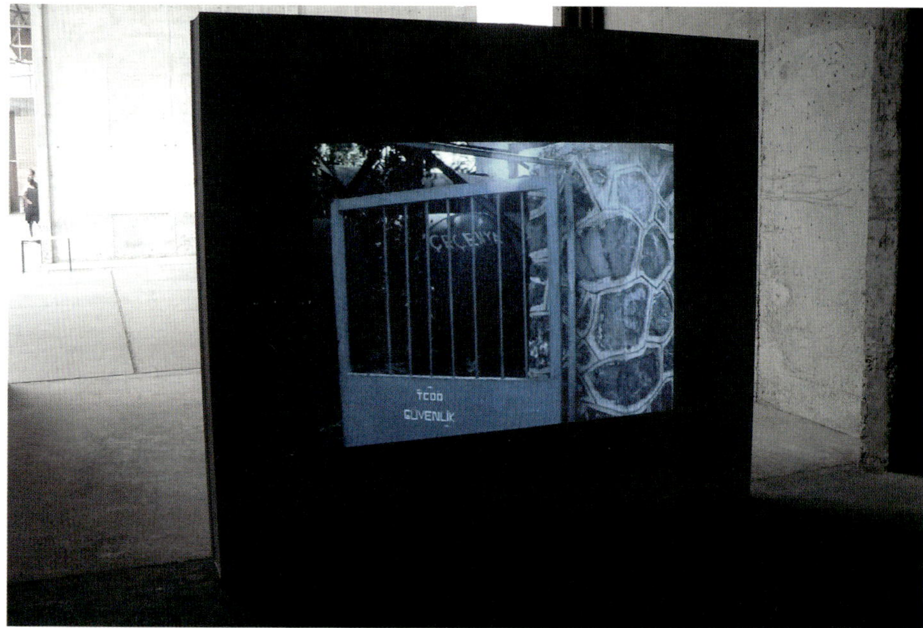

156   Banu Cennetoglu, *Are There Any Palm Trees in Grozny*, 2005
slide show di 35 fotografie in formato video, 1 min 57 sec
veduta dell'installazione, Extra City Center for Contemporary Art, Anversa
courtesy l'artista

Banu Cennetoglu, *Are There Any Palm Trees in Grozny*, 2005
slide show of 35 video-format photos, 1 min 57 sec
installation view, Extra City Center for Contemporary Art, Antwerp
courtesy the artist

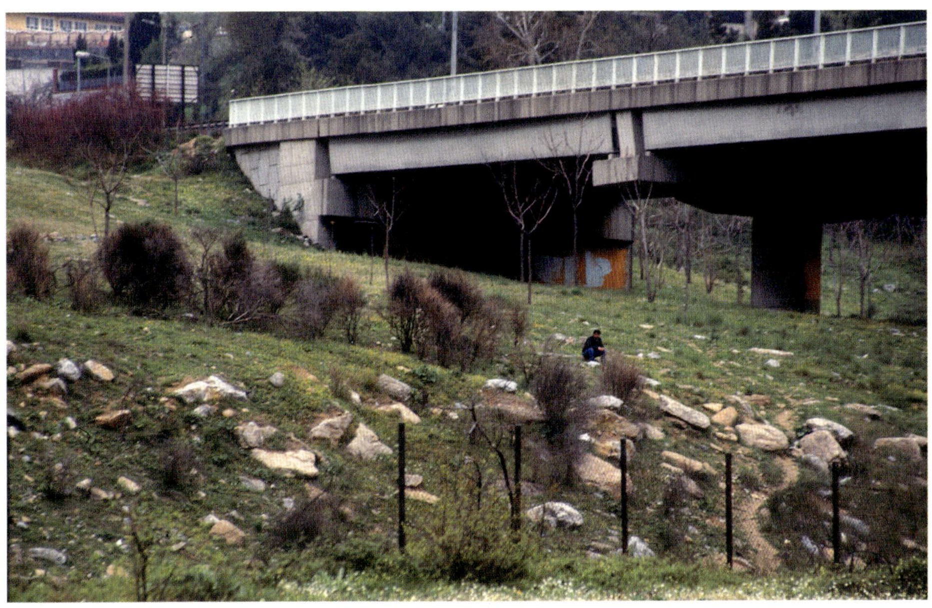

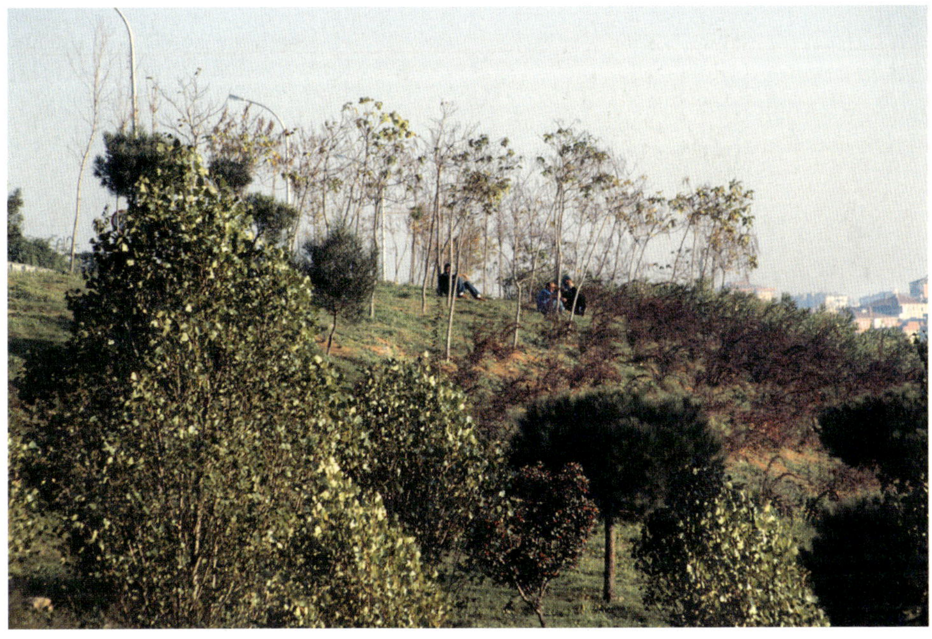

Banu Cennetoglu, *15 Scary Asian Men*, 2005
libro d'artista, edizione di 15, 19 x 14 cm
courtesy l'artista

Banu Cennetoglu, *15 Scary Asian Men*, 2005
artist's book, edition of 15, 19 x 14 cm
courtesy the artist

MAGALI CLAUDE

L'ibridazione culturale vanta una lunga tradizione nella storia moderna. È una parte integrante nel processo di costruzione della modernità (intendendo questo termine in senso lato). È uno degli elementi principali che contribuiscono a rendere stimolante e ricca la realtà odierna. La coesistenza e lo scambio fra culture differenti possono creare una visione del mondo davvero affascinante, tuttavia non è sempre una storia senza problemi; comprende anche avvenimenti amari e dolorosi quali, ad esempio, la colonizzazione e il razzismo, peraltro non ancora totalmente scomparsi dall'orizzonte del mondo d'oggi.

Le lotte per il riconoscimento delle identità culturali e per l'uguaglianza fra diverse comunità sono state finora una grande forza critica che ha fatto da traino alla storia moderna e contemporanea, vere e proprie colonne portanti del cambiamento culturale. Magali Claude, artista che arriva dalla Francia, ha una storia molto personale da raccontarci in merito.

Originaria dell'ex colonia francese della Martinica, ha acquisito una sempre maggiore consapevolezza circa la necessità di identificarsi con la comunità nera e farsene in seguito portavoce.

In lavori come *The Wild Side* (2006), rivendica la sua appartenenza a questa "parte selvaggia", quella degli oppressi, manifestando la propria ammirazione per quanti (il popolo nero) hanno portato avanti il movimento di liberazione.

Decide quindi di entrare a far parte di questa grande famiglia e riscoprire la propria identità attraverso l'integrazione e l'unione con la comunità. Questo segna un nuovo inizio per la vita di Magali Claude e per quella di molti altri. La sua carriera artistica si è da qui arricchita di elementi assolutamente nuovi e pregni di significato. Anche se l'opera presentata fu inizialmente concepita come progetto per la Biennale di Tirana del 2005, essa continua a svilupparsi in un lavoro sempre più convincente nel contesto della mostra *Wherever We Go – Ovunque andiamo*; l'intera opera recente di Magali Claude è poi una conferma di tale coerenza. HH

Cultural hybridity has a long history in the modern world. It's an integral part of the making of modernity (if this term can be applied in a loose sense). It's one major element that makes today's reality so interesting and rich. Coexistence and exchange between different cultures can make up the most beautiful vision of the world. But it's not always a pleasing story. It also implies bitter and painful experiences such as colonization and racism. And this has not disappeared from the horizon of the contemporary world. Struggles for recognition of cultural differences and equality between different communities have been a critical driving force throughout modern and contemporary history. They are the very monuments of historical change.

Magali Claude, a female artist from France, has an intimate story to tell. Originally from Martinique, a French colony, she has become more and more aware of the necessity to identify herself with the Black community and speaks out for them.

In works like *The Wild Side* (2006), she claims to be on the "wild side," the side of the oppressed, and she manifests her admiration for those who began the liberation movement of the downtrodden, namely the Black people. She decides to become a member of such a great family and rediscover her own identity through this integration, alliance with others. And this marks a beginning in her own life, and in that of many others. Her artistic career has hence been endowed with totally new and relevant meanings. Although this work was at first conceived for a project in the Tirana Biennale in 2005, it continues to evolve into an even more convincing piece in the context of the exhibition *Wherever We Go*. HH

THE WILD SIDE

Come a casa: i ritratti di famiglia che abitano lo spazio intimo. Questi uomini e queste donne, non li ho mai incontrati, eppure compaio accanto a ognuno di loro e così rivisito un grande periodo storico. Mi muovo nel tempo, sempre attratta, sempre felice di essere là dove il combattimento e, a volte, la vittoria sono presenti. È finito il tempo in cui dovevo fare il muso per sottolineare la mia ostilità e affermare la mia dignità. Mi libero di questo giogo per gioire del piacere di accompagnare i lottatori. Mi muovo tra i gruppi. Sono un'idea che arriva da lontano e si propaga. Non ho frontiere e non ho una nazione, soprattutto non ho una religione. Mi trovo nel luogo della deterritorializzazione, il che ha i suoi vantaggi: nessun dovere se non c'è nessun ancoraggio. Da due o tre mondi, mi sposto attraverso *dei tempi e dei mondi.* Le origini multiple ci allontanano da un punto specifico per abbracciare tutte le possibilità. Supero il grido di gioia avvicinando una dimensione più vasta, il libero movimento che rasserena i visi distendendo tutti i muscoli del corpo. Quando atterro, il mio peso e la mia forza si spiegano completamente, mirano giusto e ricompongono il bersaglio… sempre con il buon umore, e infine rimbalzo più lontano…

Magali Claude, Parigi, 25 giugno 2006

THE WILD SIDE

Just like at home: family portraits that inhabit private space. I have never met these men and women, and yet I appear next to each of them, and in doing so I cover a long period of history. I travel in time, always welcoming, always delighted to be there where the battle and sometimes the victory take place. The time has passed when I had to offer a poor welcome in order to show my hostility and assert my dignity. I have freed myself of this yoke to enjoy the pleasure of accompanying the people who fight.

I move around in the groups. I am an idea that comes from faraway and that spreads. I have no borders and no nation, above all no religion. I place myself in a state of deterritorialization, which has its advantages: no duties, even if no anchorage. From being between two or three worlds, I pass to being between *times and worlds.* Multiple origins distance us from a specific point in order to embrace all possibilities. I go beyond the cry of joy and approach a vaster dimension, the free movement that smoothes faces by loosening all the muscles of the body. When I land, my weight and my force are deployed in full; they aim well and reconstruct the target … Always in a good mood, and then I bounce further away …

Magali Claude, Paris, June 25, 2006

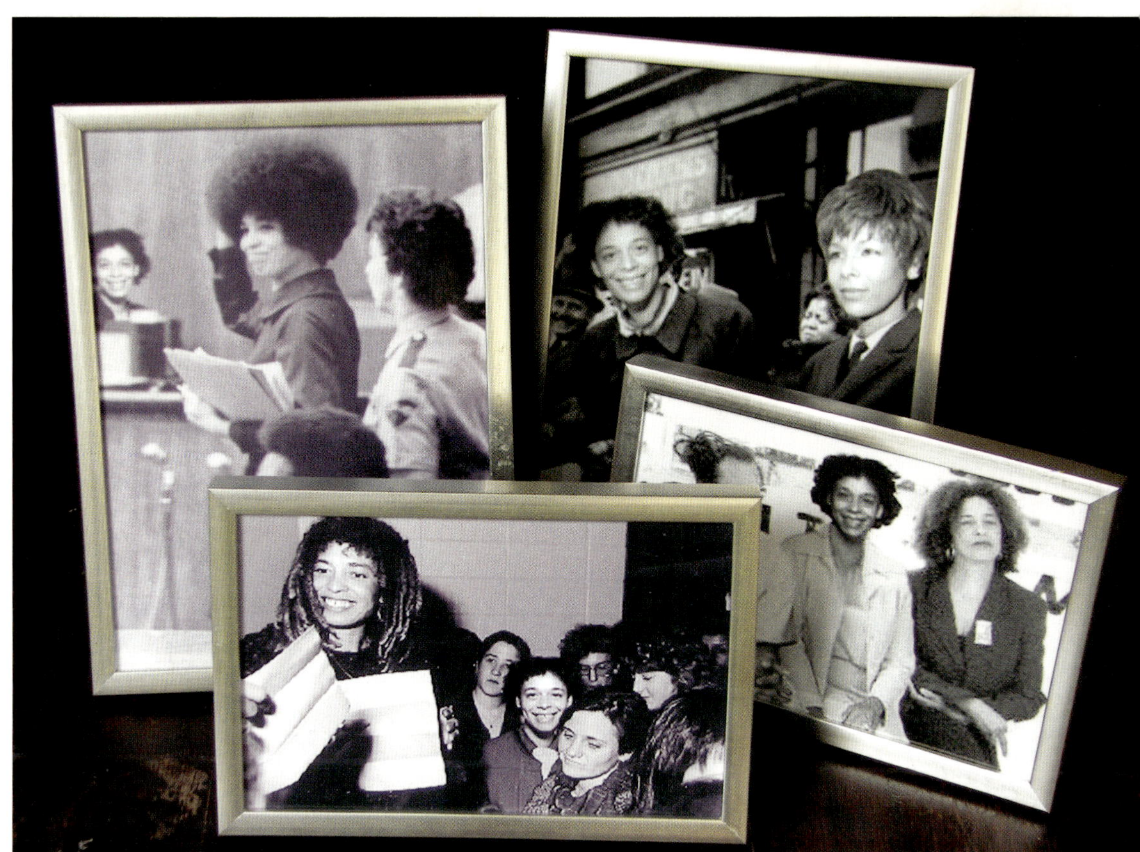

Magali Claude, *The Wild Side* (dettaglio), 2006
39 fotografie incorniciate bianco e nero e colore
courtesy l'artista

Magali Claude, *The Wild Side* (detail), 2006
39 black and white and color framed photos
courtesy the artist

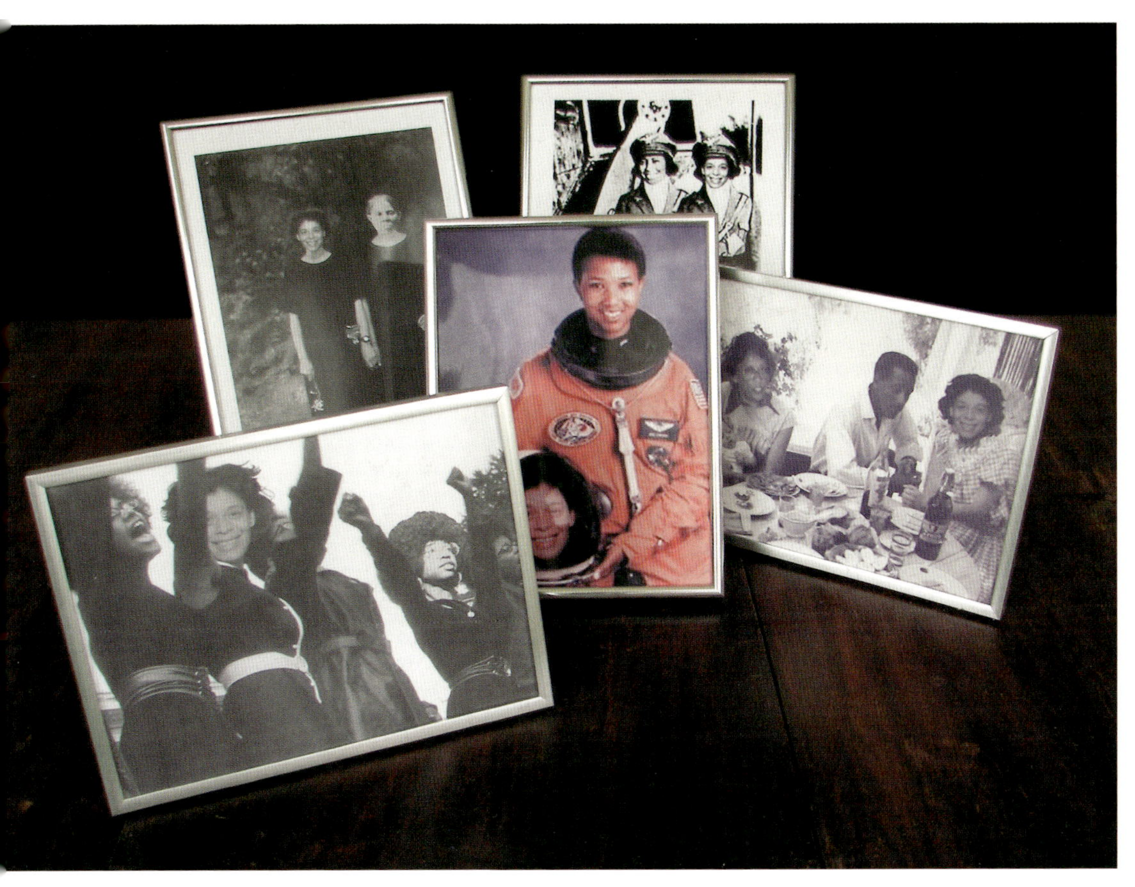

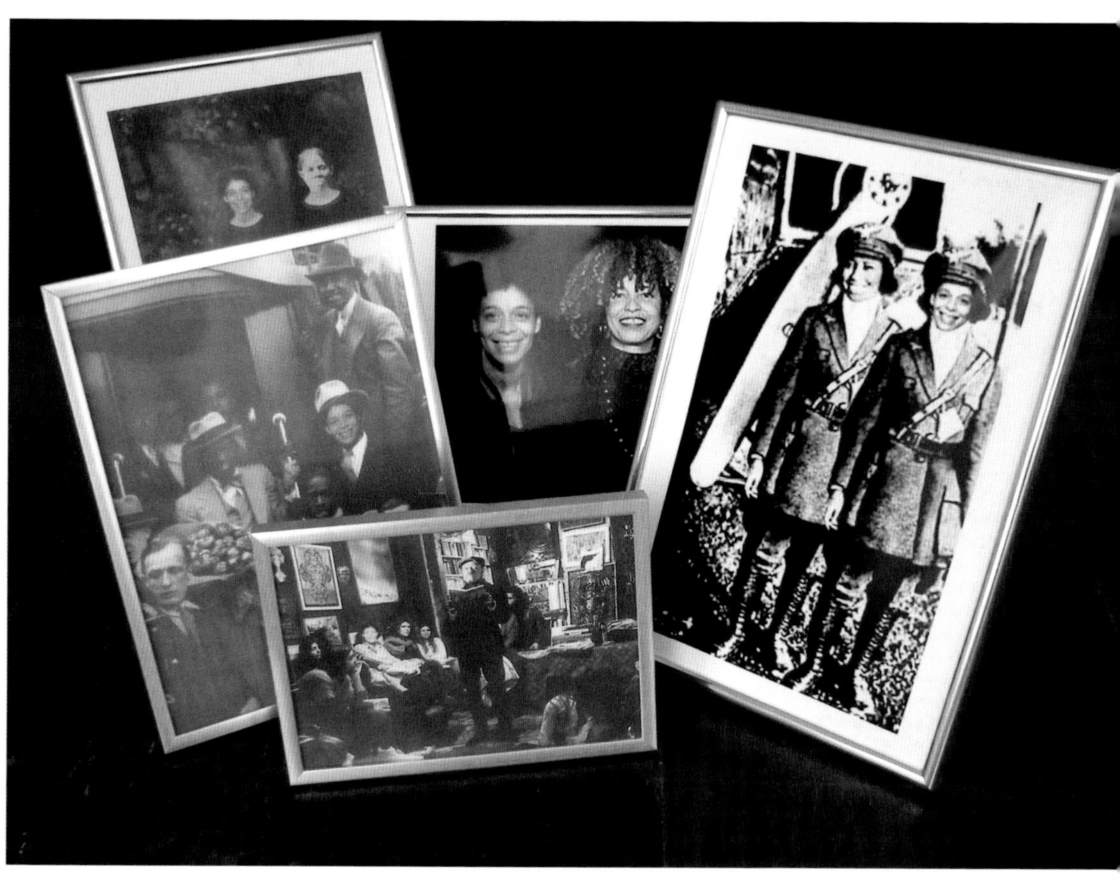

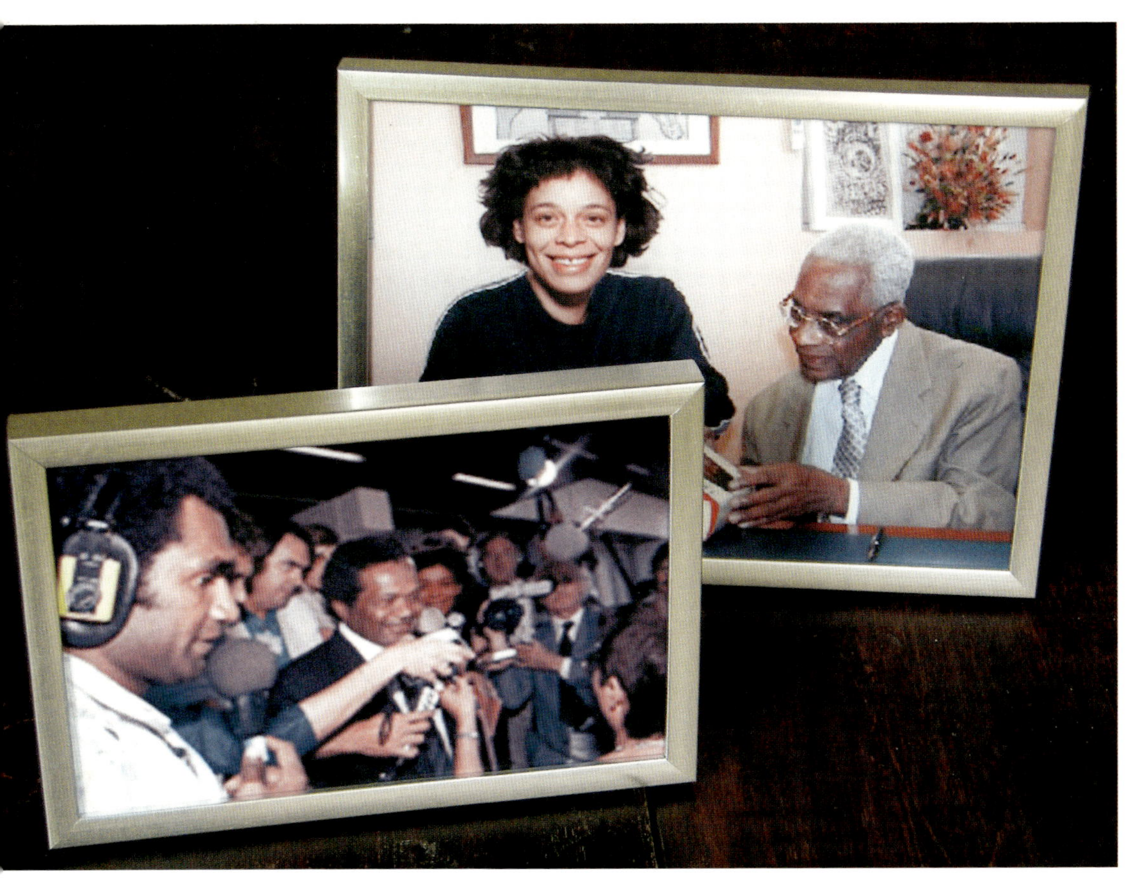

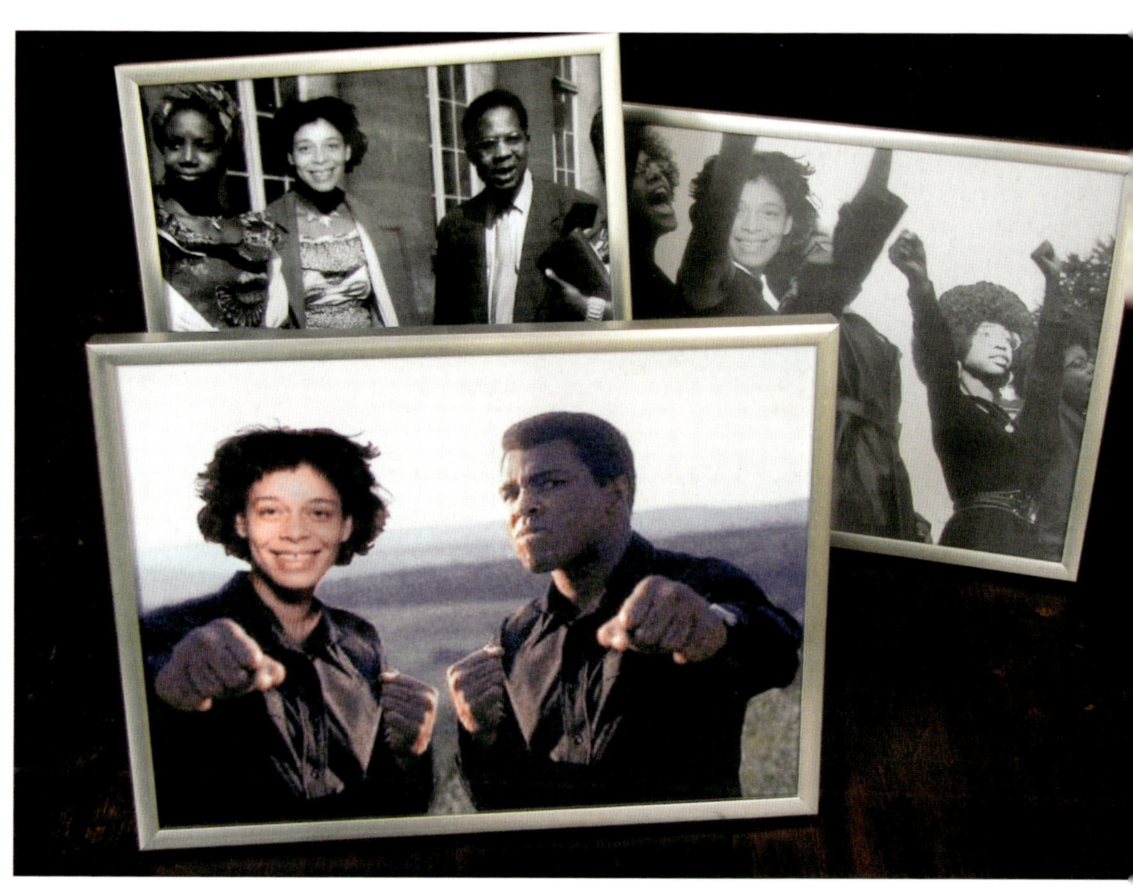

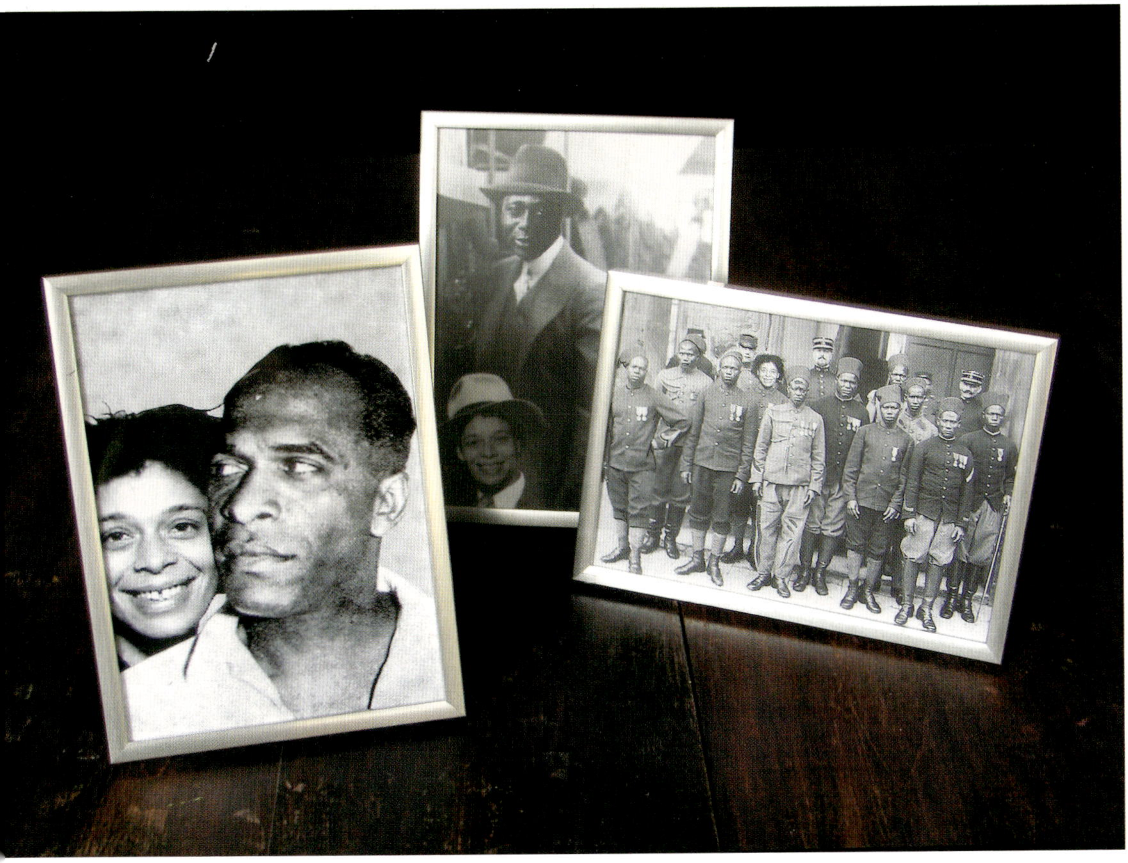

Magali Claude, *The Wild Side* (dettaglio), 2006
39 fotografie incorniciate bianco e nero e colore
veduta dell'installazione
courtesy l'artista

Magali Claude, *The Wild Side* (detail), 2006
39 black and white and color framed photos
installation view
courtesy the artist

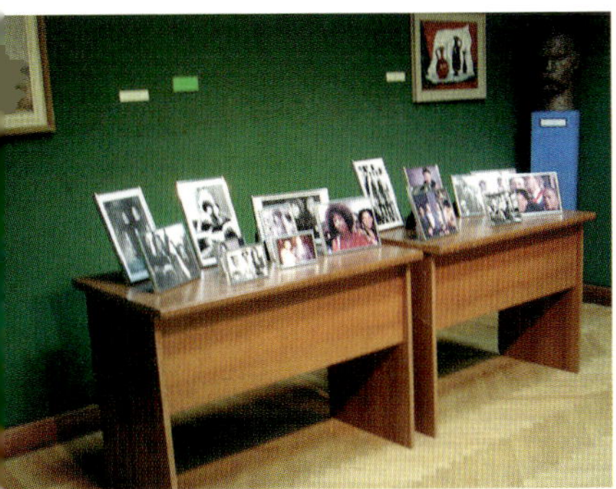

LATIFA ECHAKHCH

Vi immaginate una nevicata alla Mecca, nel profondo dell'Arabia Saudita, nel cuore dell'Islam? Sarebbe uno scherzo divertente o un'affascinante fiaba. Tuttavia, mostrare un'immagine della Mecca sotto la neve potrebbe anche scatenare serie polemiche, nell'era della "guerra globale al terrorismo" e della totale identificazione tra Islam e violenza. Una tale visione potrebbe essere considerata molto disturbante e fors'anche provocatrice. Latifa Echakhch, una giovane artista originaria del Marocco e residente a Parigi, osa esplorare tale fantasia e ce la presenta in un'installazione estremamente semplice quanto interessante: un vecchio televisore in bianco e nero sintonizzato fuori frequenza che riproduce una sorta di "neve elettronica"; quest'immagine brulica a sua volta dietro una silhouette in nastro isolante nero che riproduce la forma della Kaaba, il grande cubo nero simbolo del legame fra le comunità islamiche nel mondo. Secondo l'artista "nel contrasto tra la facilmente riconoscibile iconografia dell'Islam e l'incongruo ed effimero materiale qui impiegato per la sua rappresentazione, *Snow in Arabia* (2003) si interroga sulla definizione ed identificazione di una comunità nell'era dei massmedia."

Con ingegnosa e accurata sensibilità, Latifa Echakhch sviluppa i propri progetti intellettuali e artistici che denotano un forte interesse per la realtà postcoloniale e globalizzata. Il suo lavoro esplora gli eventi sociali e politici e il clima geopolitico in generale, secondo un punto di vista strettamente personale e dunque unico. Opera una trasformazione degli oggetti, delle immagini e delle situazioni più comuni affinché diventino soggetti principali chiamati in causa nel dibattito socio-culturale. L'approccio di Latifa Echakhch ai fattori cruciali della società è solitamente discreto e accurato, pur mantenendo una distanza indispensabile a una visione critica. Il suo gioco fra il visibile e l'invisibile, fra il pieno e il vuoto, è solito generare una forte interazione tra arte e realtà. L'impegno posto in questo suo operare la rende una delle artiste più promettenti della nuova generazione attiva oggi in Francia ed Europa. HH

Can one imagine snow in Mecca, the very heart of Arabia and Islam? It would be a nice joke or a fascinating fairytale. However, presenting an image of Mecca under the snow may create problems in our era of "global war against terrorism," in the age of total confusion between Islam and violence. Such a vision can be quite disturbing and even considered provocative. Latifa Echakhch, a young woman artist originally from Morocco and living in Paris, dares to explore such a fantasy, presenting it in an extremely simple, but beautiful, installation: an old black and white television set with electronic snow floating behind a piece of black tape cut in the form of the Ka'ba, a large black cube that symbolizes "and binds the Islamic community throughout the world." According to the artist, "in the gap between the easily recognizable iconography of Islam and the incongruous and ephemeral elements that are here used to symbolize it, *Snow in Arabia* (2003) questions the way in which a community is identified and defined in the age of mass media."

It's with such a subtle and tranquil sensibility that Latifa Echakhch develops her artistic and intellectual projects that evoke real engagement with the reality of post-colonialism and globalization. She explores social and political events and geopolitical climates from some radically personal and unique angles, managing to turn the most banal objects, images, and situations into veritable subjects of social and cultural debate. Her approach to the crucial social issues is often discrete and accurate, maintaining a necessary distance and space for critical examination. In the game between the visible and invisible, the full and the empty, she weaves an inseparable bond between art and reality. The relevance of this effort makes her one of the most promising figures among the new generation of artists in France and Europe today. HH

SNOW IN ARABIA

Sullo schermo di un monitor, che non mostra altro che "neve elettronica", è stato applicato del nastro isolante nero. Questi due elementi visivi – la "neve" e il nastro isolante – evocano la ben nota immagine della Mecca in Arabia Saudita riprodotta nel mondo intero su fotografie e raffigurazioni varie. L'agitato e caotico movimento della "neve" richiama l'immagine degli innumerevoli pellegrini che ruotano pregando attorno alla Kaaba, l'edifico centrale della grande moschea di al-Masjid al-Haraam.

Questo enorme cubo nero (rappresentato in questo caso utilizzando il nastro isolante) è uno fra i maggiori simboli che uniscono le comunità islamiche nel mondo. Nel contrasto tra la facilmente riconoscibile iconografia dell'Islam e l'incongruo ed effimero materiale qui impiegato per la sua rappresentazione, *Snow in Arabia* si interroga sulla definizione e identificazione di una comunità nell'era dei mass media.

Latifa Echakhch

SNOW IN ARABIA

A piece of black scotch tape is glued to the screen of a video monitor that shows nothing other than electronic snow. These two visual elements—the snow and the tape—evoke the well-known iconography of Mecca in South Arabia that is disseminated throughout the world in photographs and reproductive forms. The agitated and chaotic movement of the snow is a reminder of the interior of the great mosque al-Masjid al-Haraam where innumerous pilgrims turn around the central edifice, the Ka'ba, while they pray.

This large black cube (here represented by the black tape) is one of the major symbols that binds the Islamic community throughout the world. In the gap between the easily recognizable iconography of Islam and the incongruous and ephemeral elements that are here used to symbolize it, *Snow in Arabia* questions the way in which a community is identified and defined in the age of mass media.

Latifa Echakhch

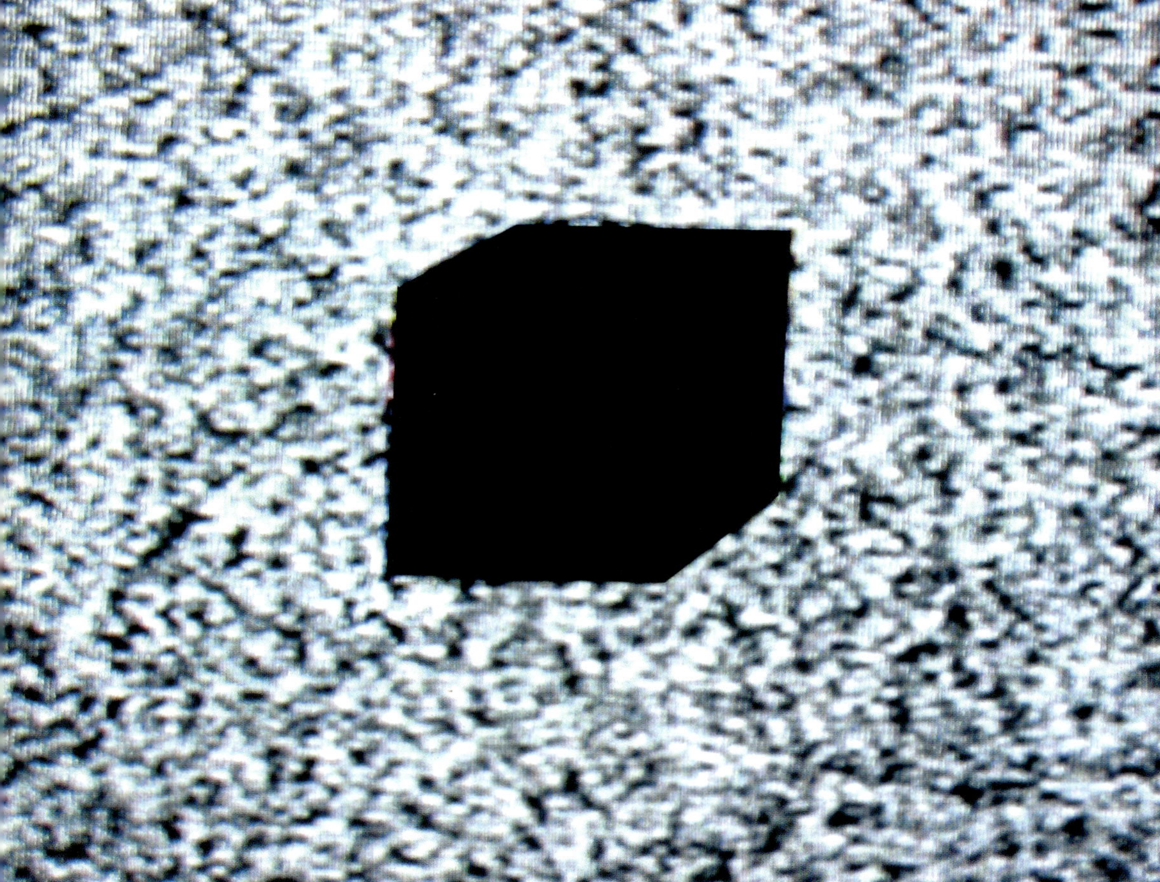

Latifa Echakhch, *Snow in Arabia*, 2003
installazione, nastro isolante nero su monitor senza segnale, dimensioni variabili
courtesy l'artista

Latifa Echakhch, *Snow in Arabia*, 2003
installation, black insulating tape on screen, variable dimensions
courtesy the artist

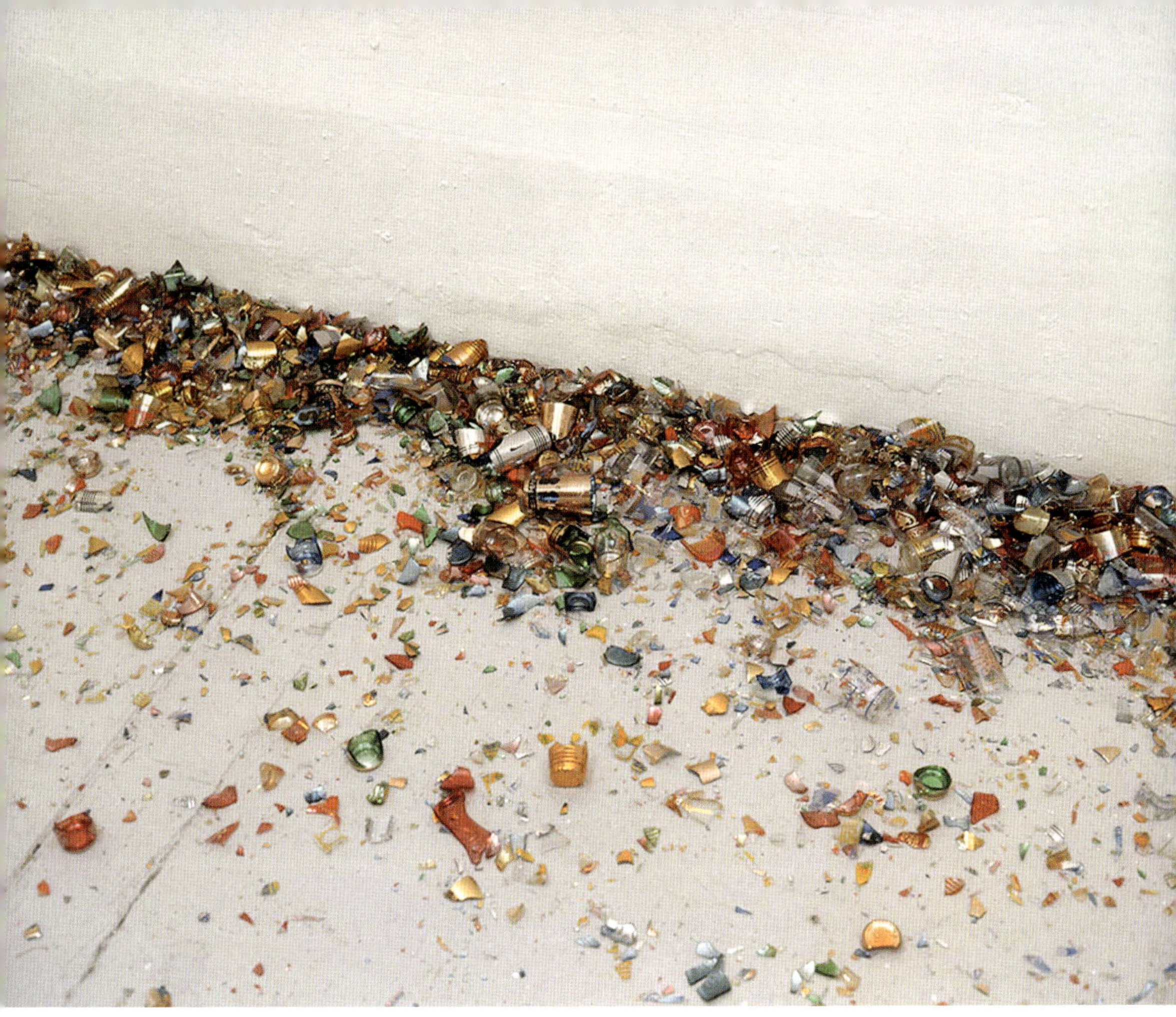

Latifa Echakhch, *Erratum*, 2006
installazione, frammenti di bottiglia, dimensioni variabili
courtesy l'artista

Latifa Echakhch, *Erratum*, 2006
installation, bottle fragments, variable dimensions
courtesy the artist

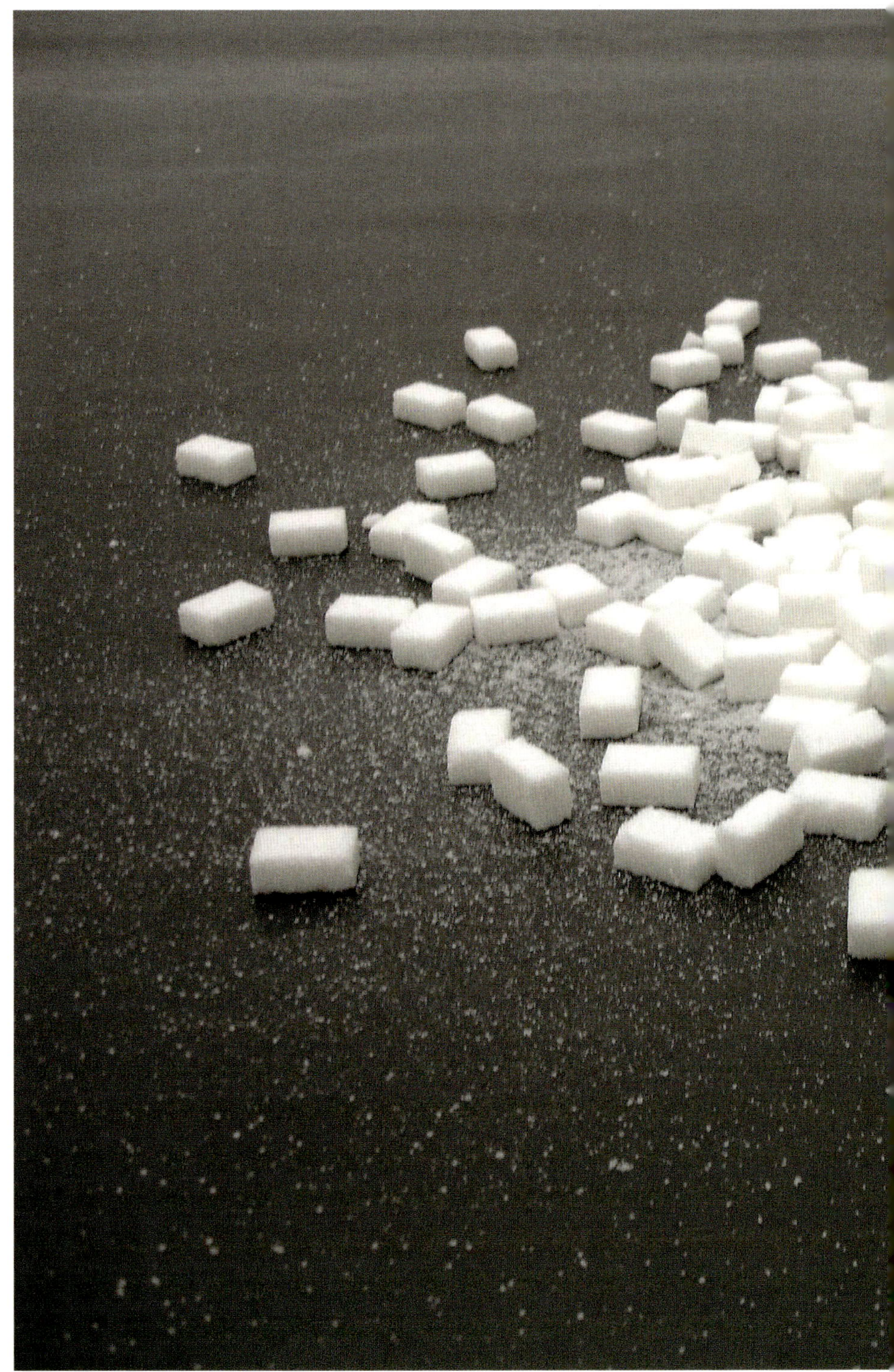

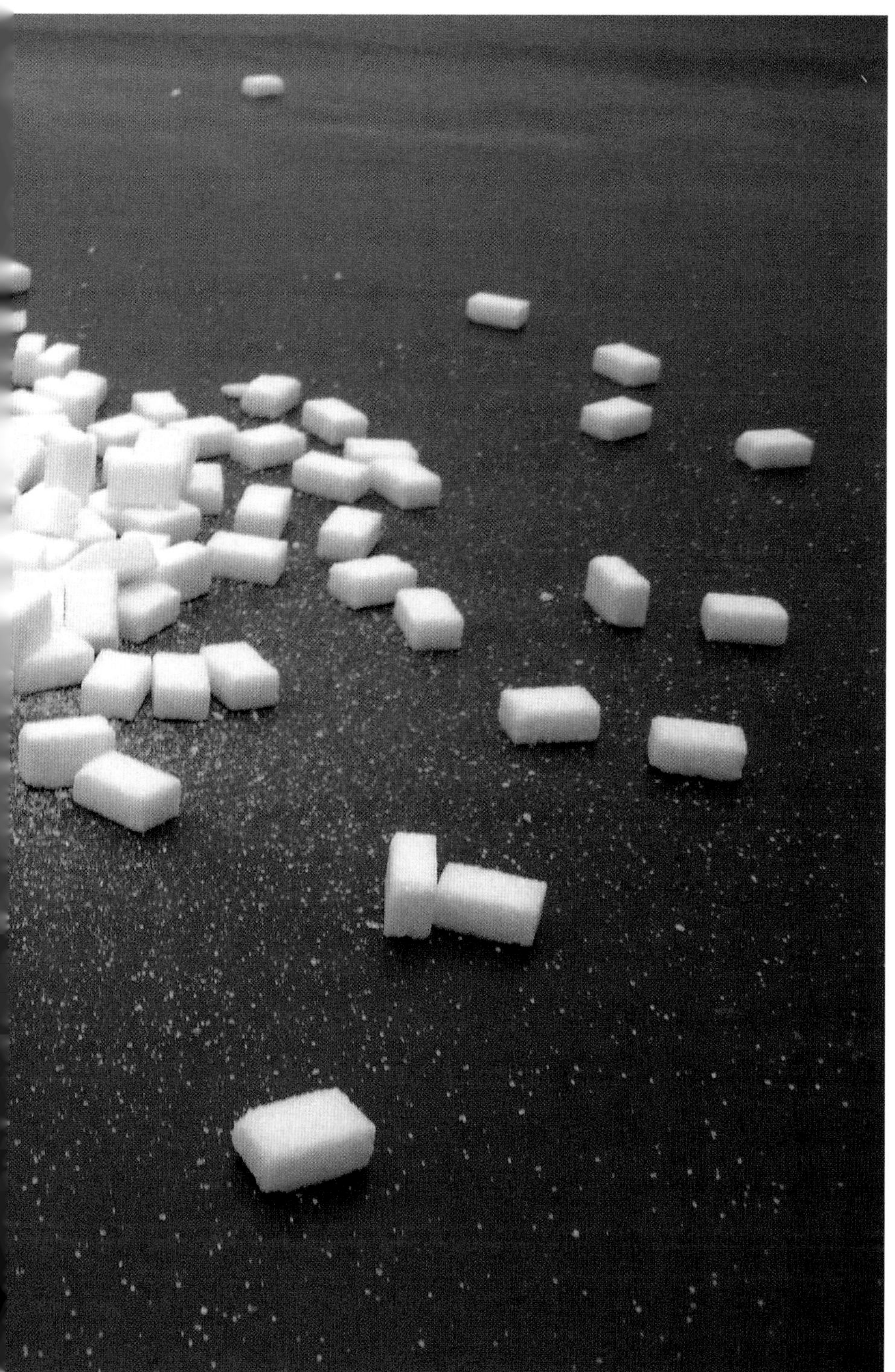

Latifa Echakhch, *Principe d'economie I*, 2005
installazione, un kg di zollette di zucchero
courtesy l'artista

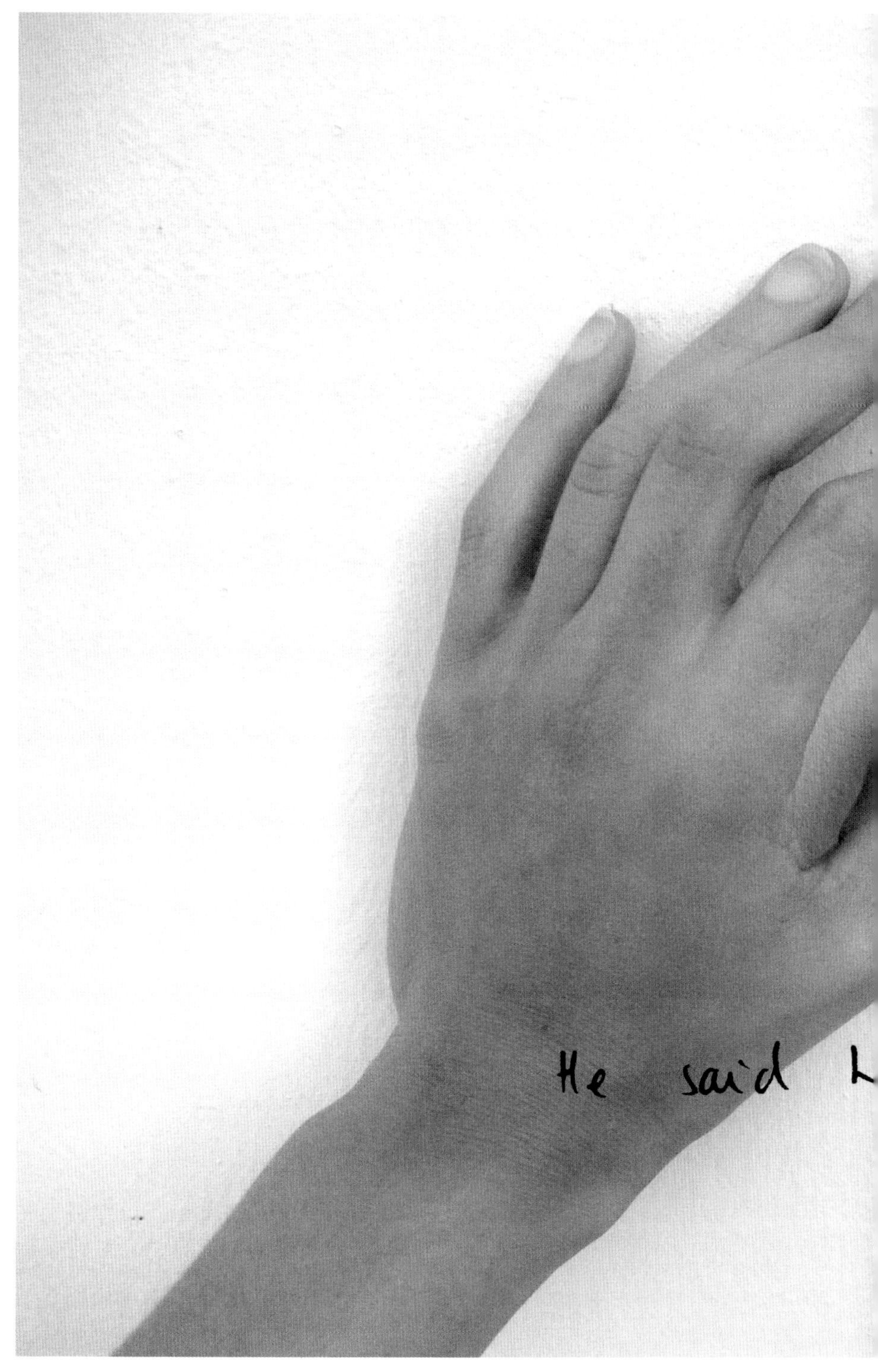
He said L

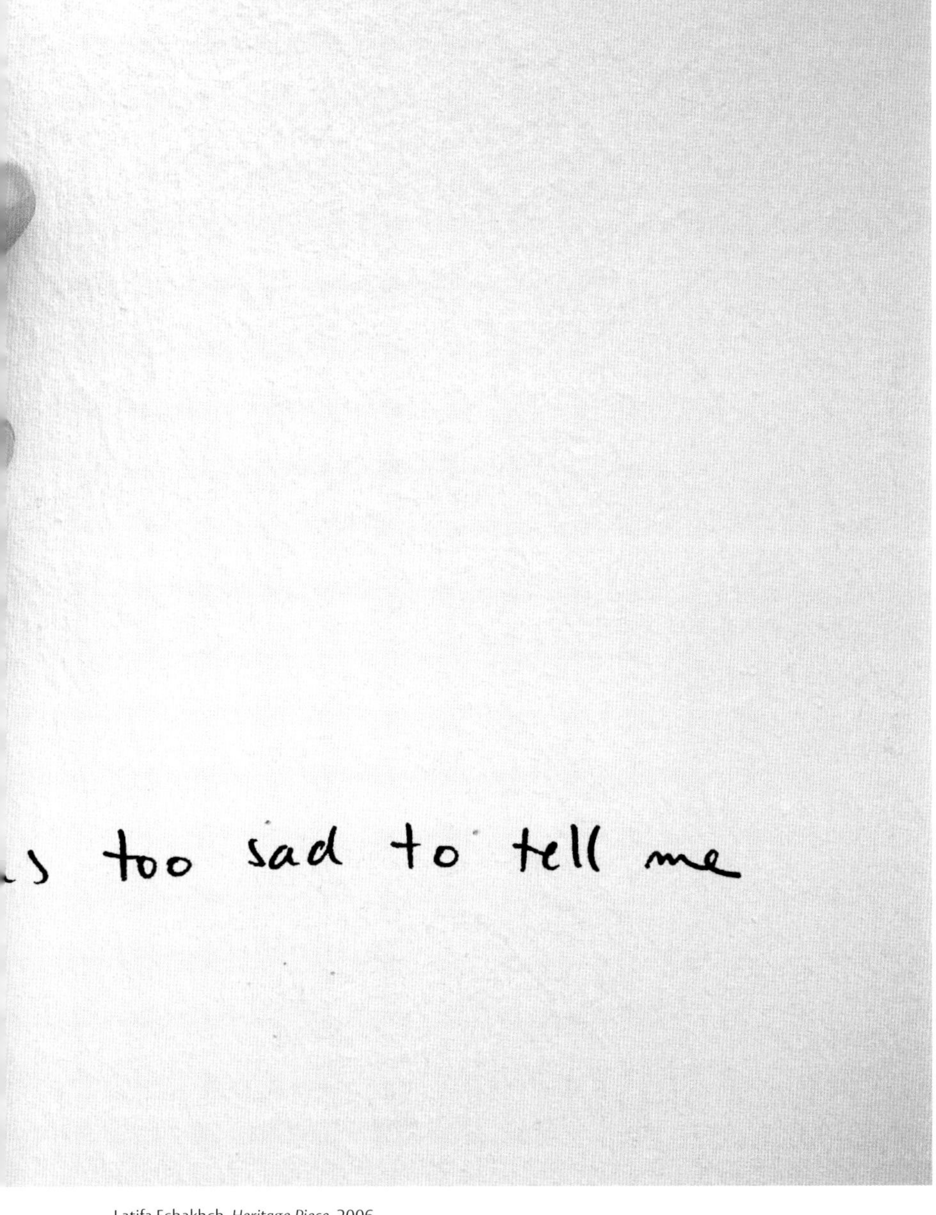

Latifa Echakhch, *Heritage Piece*, 2006
studio per fotografia in bianco e nero, 20 x 30 cm
courtesy l'artista

Latifa Echakhch, *Heritage Piece*, 2006
study for a black and white photo, 20 x 30 cm
courtesy the artist

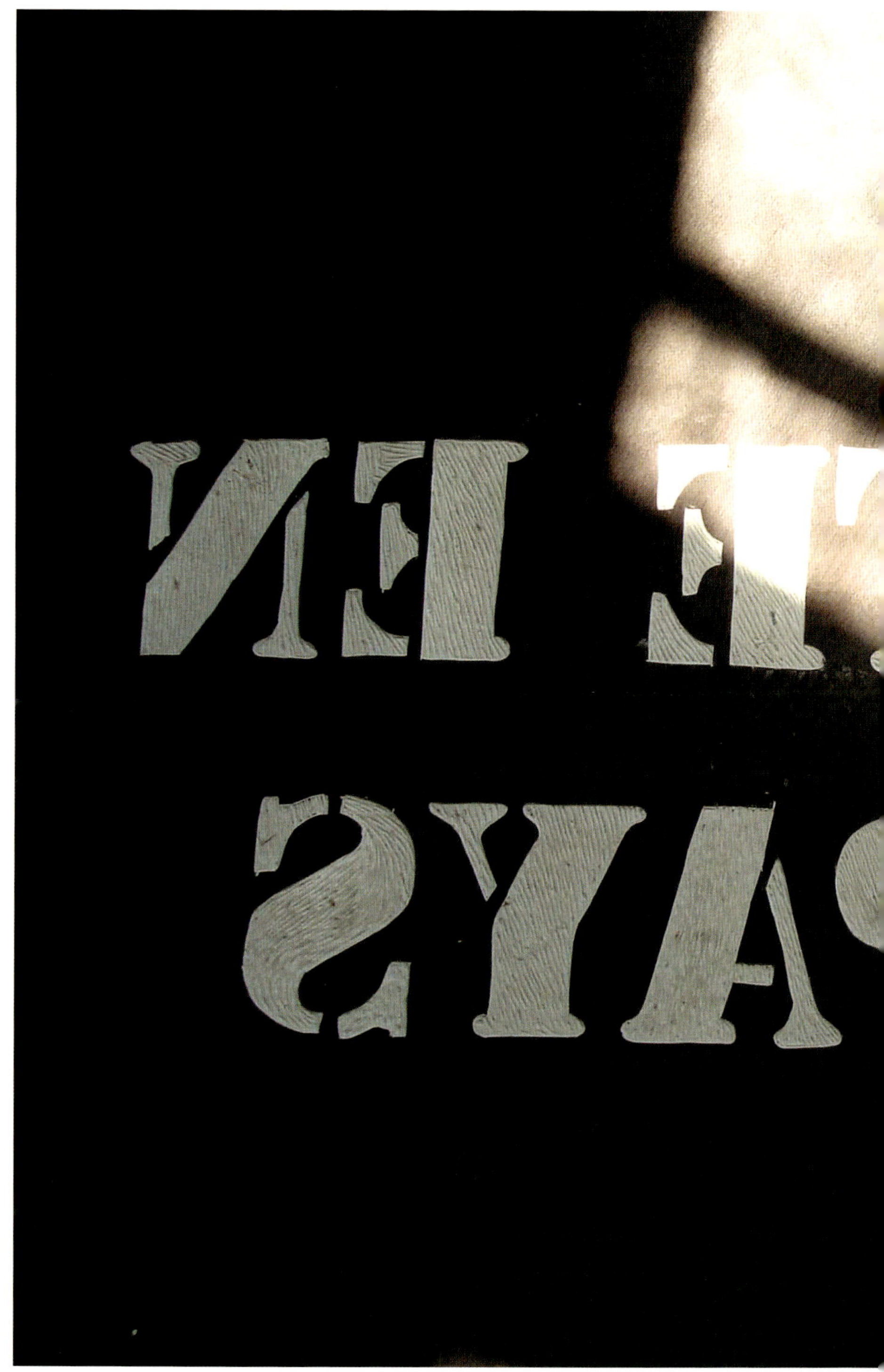

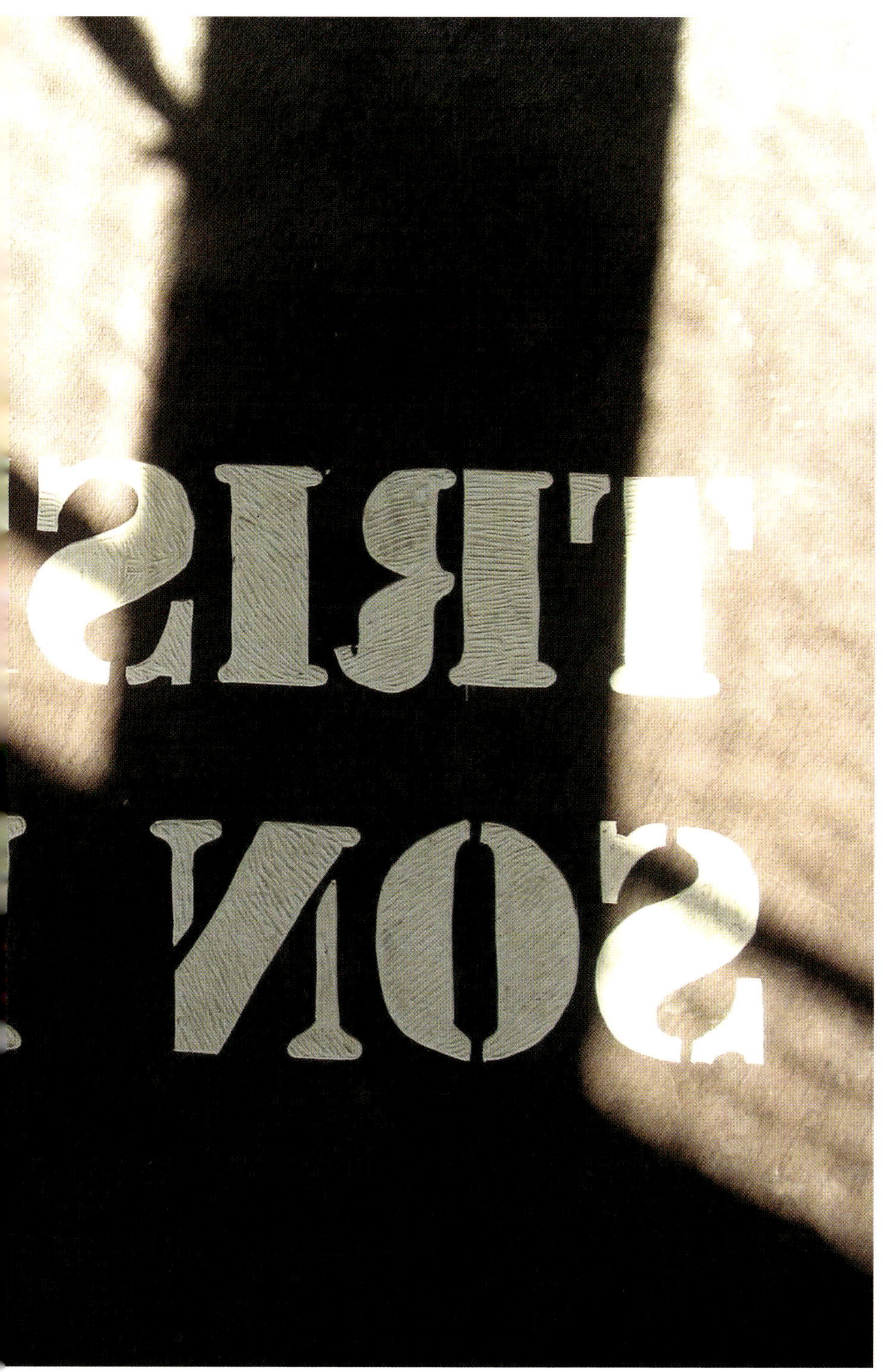

Latifa Echakhch, *Sans titre (les etrangers)* (dettaglio), 2006
installazione, incisione su Linoleum, 6 x 8 m
courtesy l'artista

Latifa Echakhch, *Sans titre (les etrangers)* (detail), 2006
installation, engraving on Linoleum, 6 x 8 m
courtesy the artist

HUANG YONG-PING

Il pensiero e il lavoro di Huang Yong-Ping hanno come punto centrale di interesse il paradosso ontologico in quanto natura sostanziale, o destino, del linguaggio e della pratica culturale. Una delle figure più importanti dell'avanguardia cinese sin dagli anni Ottanta, e uno dei più originali artisti della scena mondiale di oggi, Huang Yong-Ping può vantare una consistente produzione che va da progetti più concettuali agli *happenings*, dalla pittura all'installazione, a opere che utilizzano la scrittura o la voce e altro ancora. La sua opera è la potente espressione di un profondo e unico pensatore che resiste e anzi si ribella all'ordine costituito, materiale o immateriale, politico, culturale, artistico o spirituale. La sua arte è stata fonte di ispirazione estremamente importante per diverse generazioni di artisti cinesi, asiatici e globali degli ultimi due decenni, mentre continua tuttora la sua infinita avventura artistica, rilanciando costantemente la sua sfida di decostruzione a una realtà sempre più minacciata dall'instabilità geopolitica. Ispirato da elementi della cultura tradizionale cinese, come Yi Jing (il Libro dei cambiamenti), lo Zen, dai giochi duchampiani sul caso, dalla sovversione di Beuys e dal pensiero filosofico di Foucault e Wittgenstein, l'approccio di Huan Yong-Ping al concetto di tradizione e modernità, critica della realtà e prospettiva del futuro, materialità e spiritualità, lingua e ontologia, è unico e rivoluzionario. Vivendo in Francia ma avendo lavorato in tutto il mondo nel corso degli ultimi vent'anni, ha sviluppato una modalità strettamente personale ed efficiente di reazione critica nei confronti dei conflitti geopolitici e sociali, proponendo punti di vista e progetti alternativi che possano rimediare alle "mancanze" della realtà.
I suoi lavori sono sapientemente spettacolari e ricchi di pungente ironia. Per la mostra *Wherever We Go – Ovunque andiamo* ha appositamente scelto il lavoro *Amerigo Vespucci* (2003), allo scopo di mettere in mostra la vera natura del superpotere globale, riferendolo sia al suo passato coloniale che ai legami con l'Italia. Il lavoro è di piccole dimensioni, semplice ma estremamente vitale e forte. Si tratta di un cane che urina contro la parete e l'urina gocciola sul pavimento a formare la mappa degli Stati Uniti d'America. HH

Ontological paradox as the very substance, or destiny, of language and cultural practice is at the heart of Huang Yong-Ping's thoughts and works. As one of the most important figures in the Chinese avant-garde since the eighties and among the most original artists on the international scene today, his significant body of work, from conceptual projects to happenings, paintings to installations, writings to speeches, is a powerful expression of a profound and unique thinker resisting and rebelling against institutionalized and established orders—be they material or immaterial, political or cultural, artistic or spiritual. His art has been an extremely important source of inspiration for various generations of Chinese, Asian, and global artists over the past two decades, as he continues with his infinite artistic adventure in the face of growing geopolitical turmoil.
Inspired by traditional culture, such as Yi Jing (the Book of Change) and Zen, the Duchampian game of chance, Beuysian subversion, the philosophic thoughts of Foucault and Wittgenstein, Huang Yong-Ping's approach to the question of tradition and modernity, critique of reality and prospecting of the future, materiality and spirituality, language and ontology is unique, radical, and revolutionary. Living in France and working all over the world for the last two decades, he has developed a highly personal and efficient way of critically dealing with the current geopolitical and social conflicts by proposing alternative visions and projects to "cure" the flaws of reality.
His works are intelligently spectacular and full of biting irony. For the exhibition *Wherever We Go*, he chose the piece *Amerigo Vespucci* (2003) to expose the very nature of global superpowers by referring to its historical, colonial past and its local connection with Italy itself. The work is small, simple, but immensely vital and powerful. It's a dog urinating against a wall. The urine drips down to form . . . a map of the United States of America! HH

UN CANE ITALIANO

"Mastino napoletano" è il nome di una razza italiana di cani da guardia ed è il soprannome di Amerigo Vespucci.

Egli fu colui che nel 1502 registrò la Nuova Terra americana allora scoperta, che da lui prese il nome.

Le tracce di urina lasciate dal mastino napoletano disegnano la forma degli Stati Uniti d'America, e la lunga linea retta di confine – la più lunga esistente al mondo – coincide qui con l'angolo tra muro e pavimento. La mobilità della macchia suggerisce le caratteristiche di allargamento e cambiamento. È un esempio di tutti i "limiti" e "frontiere".

Huang Yong-Ping

UN CANE ITALIANO

An Italian guard dog called the Neapolitan Mastiff is used to indicate the Italian explorer Amerigo Vespucci.

In 1502, he sailed to the New World, to America, which was named after him.

The urine traces left by this dog spontaneously take on the form of United States of America, and the longest straight-line border in the world stands out from a vertical wall corner. Its mobility contains the characteristics of enlargement and change. It's an example of all "limits" and "borders."

Huang Yong-Ping

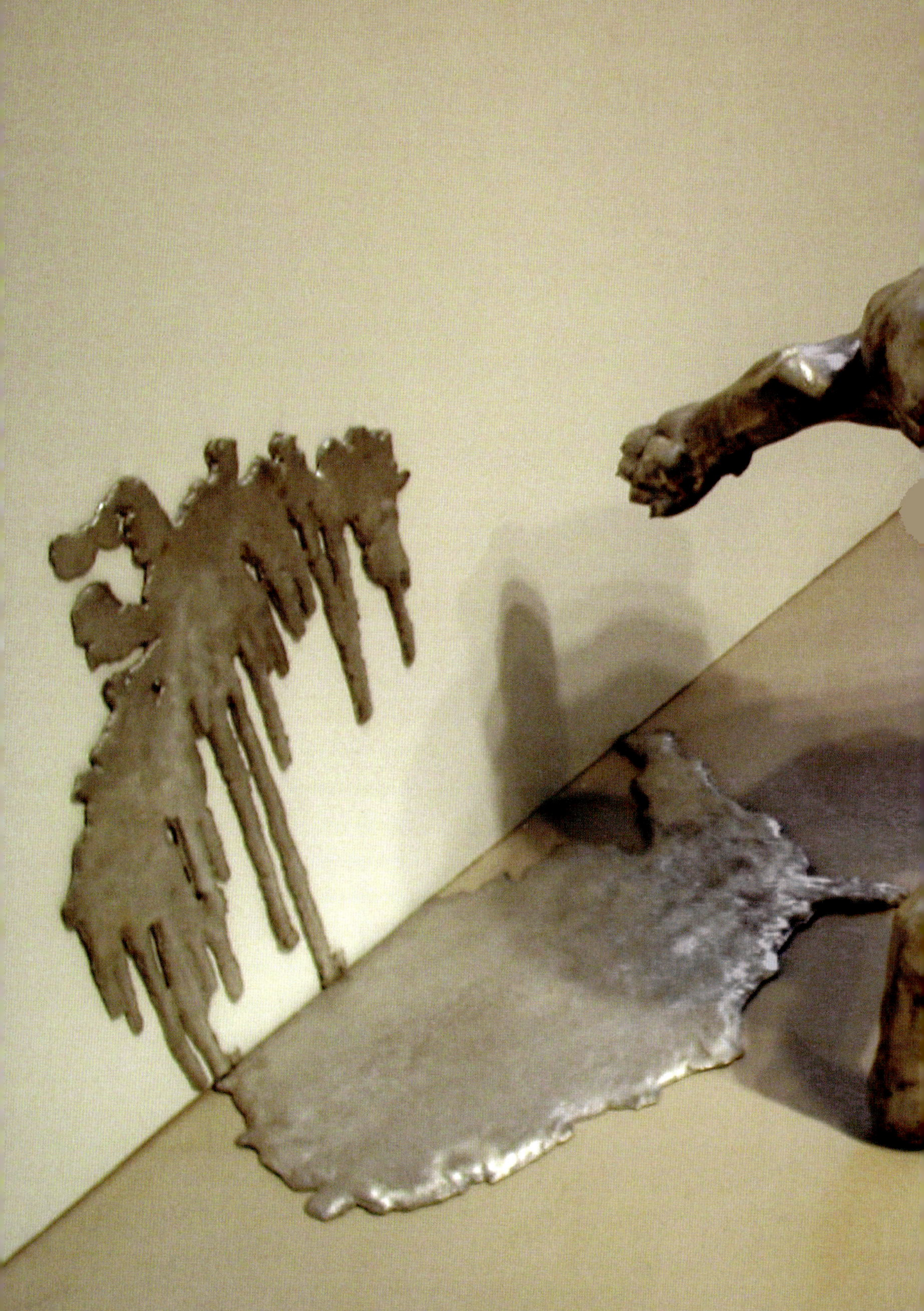

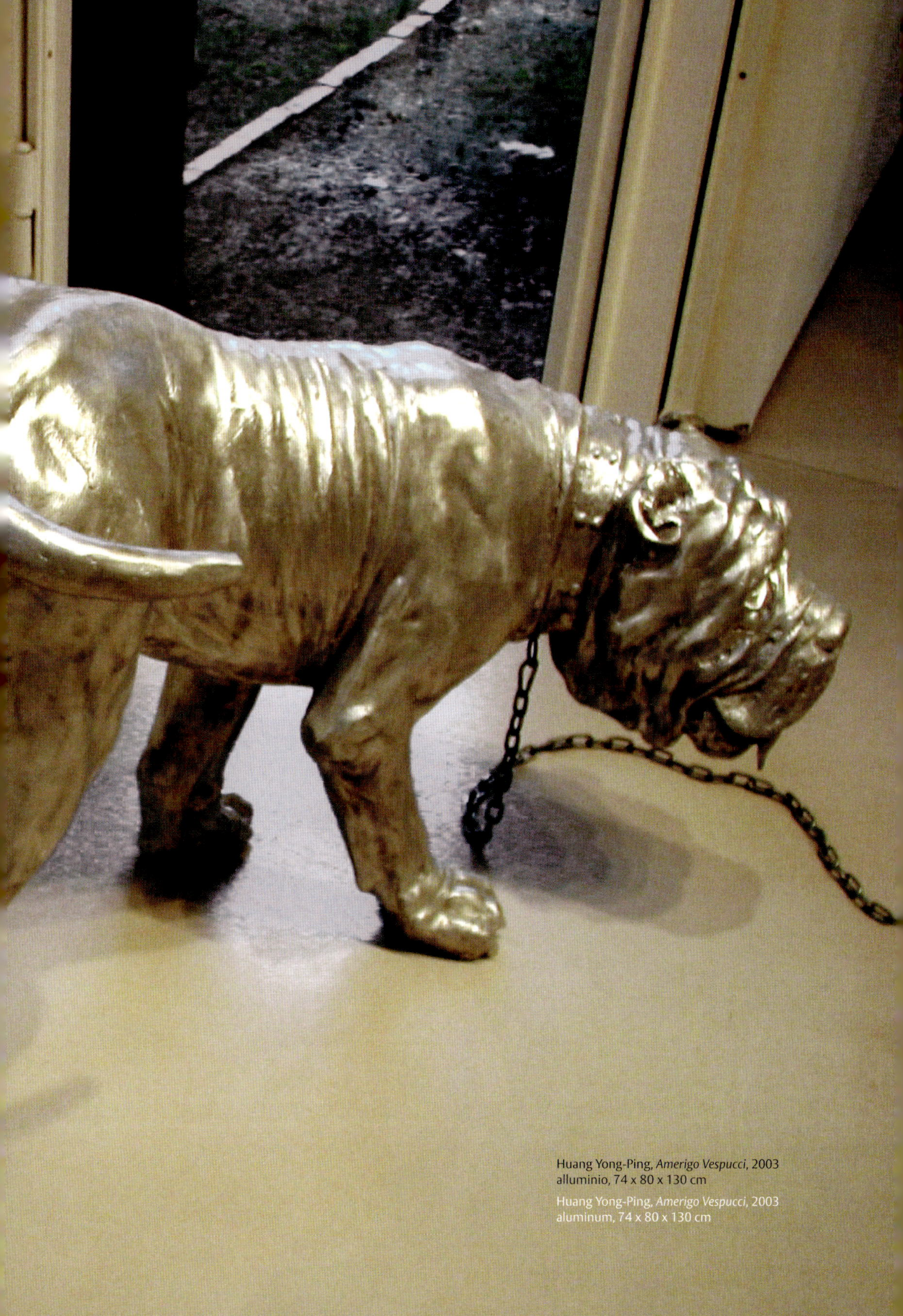

Huang Yong-Ping, *Amerigo Vespucci*, 2003
alluminio, 74 x 80 x 130 cm

Huang Yong-Ping, *Amerigo Vespucci*, 2003
aluminum, 74 x 80 x 130 cm

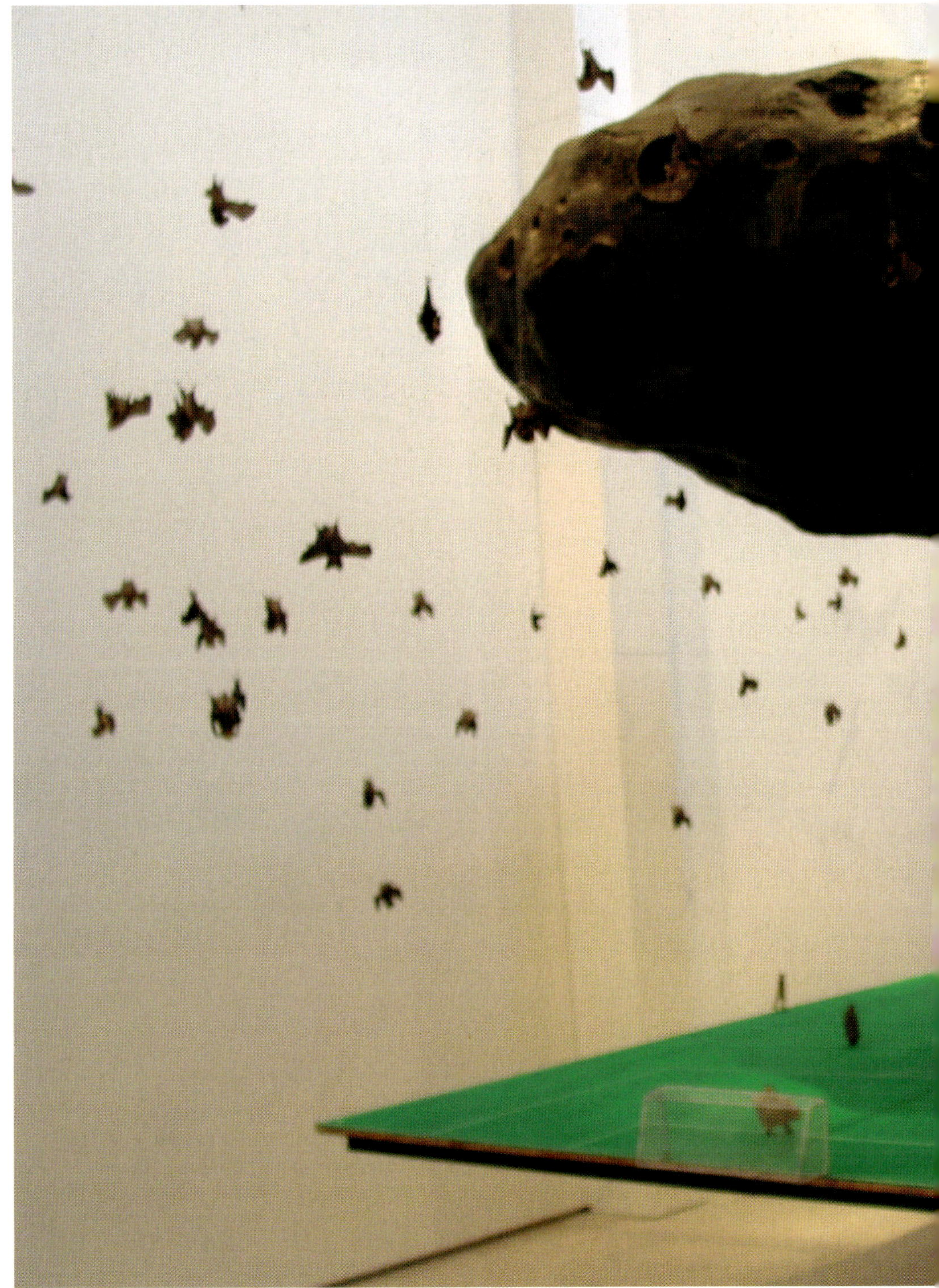

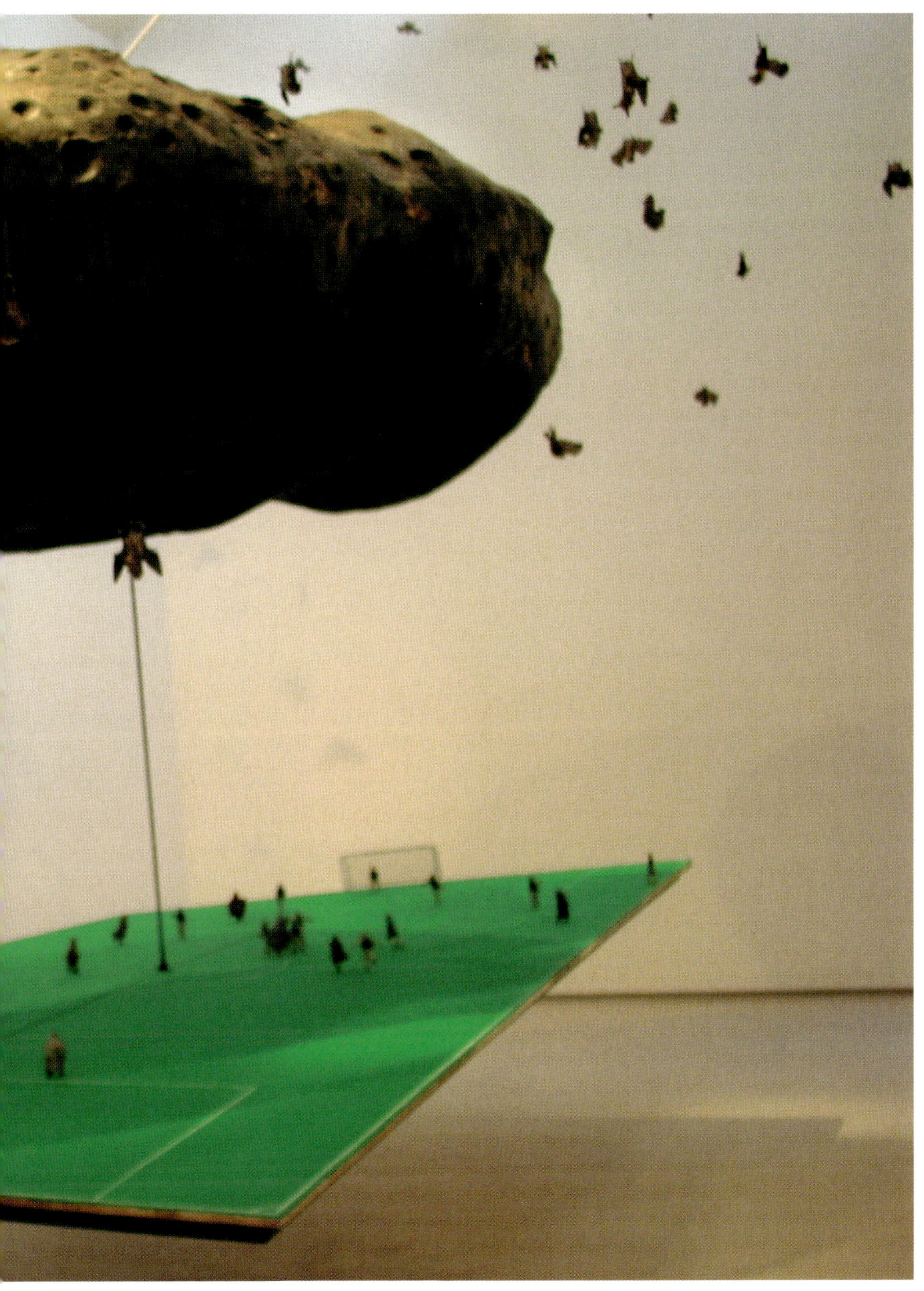

Huang Yong-Ping, *A Football Match of June 14th*, 2002
vetroresina, legno, esemplari di pipistrello, 250 x 480 x 440 cm

Huang Yong-Ping, *A Football Match of June 14th*, 2002
fiberglass, wood, bat specimens, 250 x 480 x 440 cm

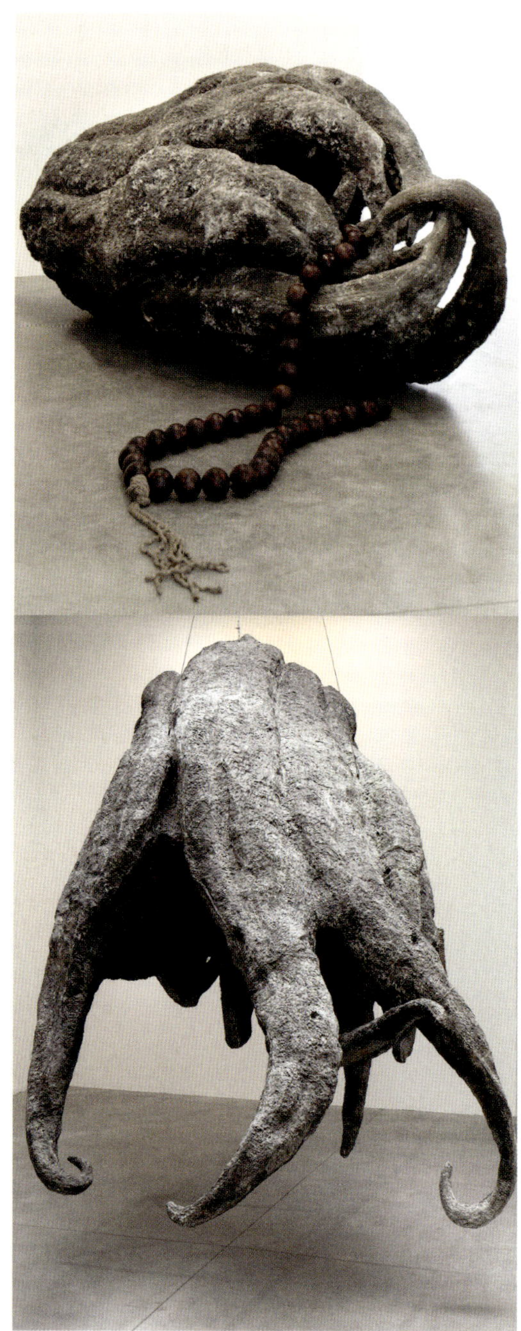

Huang Yong-Ping, *Le main de Bouddha*
(droit et gauche), 2006
vetroresina, resina, metallo, 49 perle di legno,
165 x 450 x 230 cm, 190 x 470 x 230 cm

Huang Yong-Ping, *Le main de Bouddha*
(droit et gauche), 2006
fiberglass, resin, metal, 49 wood pearls,
165 x 450 x 230 cm, 190 x 470 x 230 cm

Huang Yong-Ping, *La pêche*, 2006
vetroresina, legno, bambooo, scultura in pelo e ferro,
475 x 250 x 230 cm

Huang Yong-Ping, *La pêche*, 2006
fiberglass, wood, bamboo, sculpture in fur and iron,
475 x 250 x 230 cm

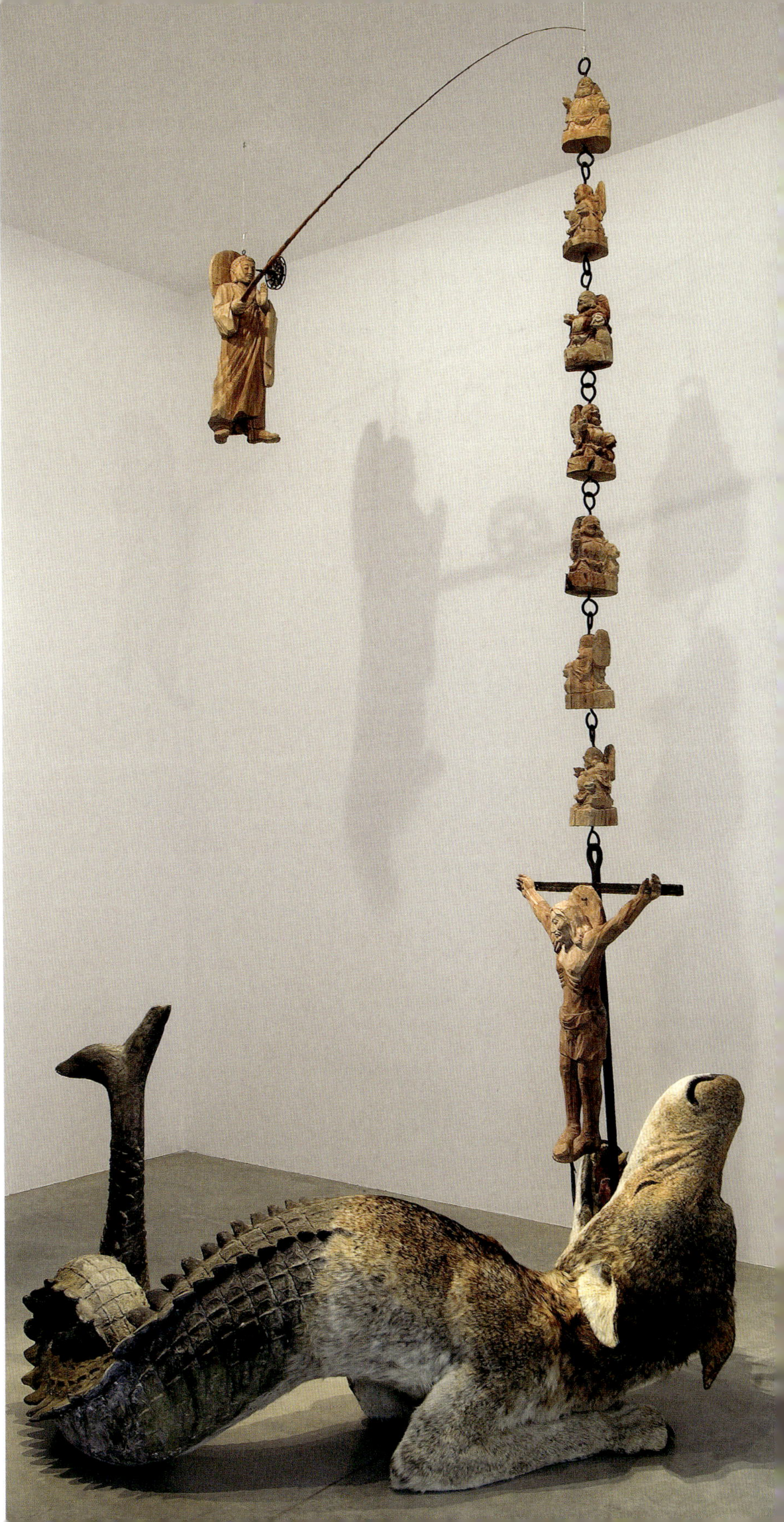

MELLA JAARSMA

Nata in Olanda, indonesiana di adozione, Mella Jaarsma vive da molti anni a Yogyakarta.

La necessità di adattarsi a una situazione diversa da quella originaria e di appropriarsi di una cultura prima sconosciuta l'ha portata a cogliere l'indissolubile legame tra cultura e vita sociale e a sviluppare una particolare attenzione nei confronti degli stili di vita e degli aspetti espressivo-simbolici specifici di una società: modi, riti, tradizioni, lingua, abitudini, come abitiamo, cosa mangiamo e cosa indossiamo, il bisogno di coprirsi e ripararsi; tutto questo non costituisce per Mella Jaarsma un ambito separato, ma concorre a configurare il "capitale culturale" di un luogo.

La sua opera prende spesso la forma di indumenti che coprono il viso e buona parte del corpo, lasciando scoperti gli occhi; simili a burqa, costrittivi come sudari, protettivi come bozzoli, questi manti-tenda assecondano la forma del corpo come una seconda pelle ma al contempo lo avvolgono, nascondendolo. Jaarsma li realizza utilizzando i materiali più vari, purché reperibili sul luogo: elementi organici come pelli, corna o altre parti di animali, oppure alghe, ritagli di tessuti, o, come nel caso di *Refugee Only* (2003), pezzi di divise militari. In molti casi questi manti vengono fatti indossare a modelli ai quali viene richiesto di restare fermi, in piedi e di assumere atteggiamenti neutri; visibili restano sempre gli occhi; e a questo punto, nello scambio di sguardi tra i soggetti così acconciati e i visitatori che li guardano, come possiamo stabilire chi è soggetto e chi è oggetto, chi osserva e chi è invece osservato? A volte, come nella serie dei *Warrior* (2003-2005), i lembi dei manti sono immersi in pentole e padelle, contribuendo alla preparazione di cibi destinati ai visitatori della mostra.

Jaarsma esprime e allo stesso tempo interroga, il contesto, e tematizza questioni di genere e d'identità religiosa affrontando

Born in the Netherlands, but an Indonesian by choice, Mella Jaarsma has been living in Yogyakarta for many years.

The need to adapt to a situation different from the one where she had been raised and to get a grip on an unfamiliar culture has made her aware of the indissoluble bond between culture and social life and led her to develop a particular interest in styles of life and the specific expressive and symbolic aspects of a society: manners, rituals, traditions, language, habits, how we live, what we eat, what we wear, the need to cover up and to take shelter. All this does not constitute a separate sphere for Mella Jaarsma, but helps to create the "cultural capital" of a place.

Her work often takes the form of articles of clothing that cover the face and much of the body, leaving the eyes uncovered; resembling burqahs, as constrictive as shrouds, as protective as cocoons, these cloak-tents adapt to the form of the body like a second skin, but at the same time envelop it, concealing it. Jaarsma makes them out of the most varied materials, but always obtainable locally: organic elements like hides, horn, or other animal parts, seaweed, scraps of cloth, or, as with *Refugee Only* (2003), pieces of military uniforms. In many cases, these mantles are worn by models who are asked to keep still, standing and in neutral attitudes; the eyes always remain visible. And at this point, in the exchange of glances between the figures dressed in this way and the visitors who are looking at them, how can we tell who is subject and who is object, who is observing and who is being observed? At times, as in the *Warrior* series (2003–2005), the hems of the cloaks are dipped in pots and pans, contributing to the preparation of food for visitors to the exhibition.

Jaarsma portrays the context and at the same time probes it, and she raises questions of gender and religious identity. In doing so, she implicitly tackles the

**REFUGEE ONLY
THE WARRIOR I
THE WARRIOR II
SHELTER ME IV**

Io elaboro installazioni con costumi, utilizzando il concetto di ornamento come esternazione o espressione simbolica. Questi sono intrisi di metafore riguardanti sessualità, razza, autenticità e origini. L'intento è quello di scomporre le identità indagando nei recessi più profondi della rappresentazione culturale, prendendo in considerazione i temi dell'individualismo, dell'umanità, dello straniamento e della migrazione, del sacro e del profano.
I costumi, austeri e simili a pesanti sudari, coprono viso e corpo e hanno fessure per gli occhi e aperture che mostrano altre parti del corpo le quali indicano fattori d'identità, etnici, di classe o appartenenza politica.
In *Warrior* i lembi delle divise dei guerrieri finiscono in una pentola o in un *wok* in cui bolle un brodo, divenendone quindi il condimento; il pubblico è invitato a degustare la zuppa in questo modo ottenuta. Il lavoro viene così a essere un'unione di istanze simboliche quali la caccia, l'uccisione, il nutrimento e la cura.
Refugee Only e *Shelter Me IV* si riferiscono invece all'attuale situazione di migrazione globale in cui ciascuno di noi deve sentirsi pronto a diventare rifugiato.
Mella Jaarsma

anche implicitamente il tema della relazione tra noi e gli altri, di chi influenza e di chi è influenzato.

Altra sua serie di opere, *Shelter Me* (2005-2006) consiste nella creazione di coperture – come sacchi a pelo per situazioni di nomadismo forzato e di disagio estremo – e di abitacoli: sorta di rifugi d'emergenza adatti a un unico abitante, realizzati anch'essi con materiali fortemente caratterizzati come provenienti da uno specifico contesto. Questa tipologia di rifugi fin troppo diffusa richiama automaticamente al fenomeno delle migrazioni e dello spazio di sopravvivenza dell'individuo solo, in condizioni avverse. Jaarsma affronta insomma così la tematica dell'abitare e della città, coacervo di storie e di vite in movimento, ma anche quella della casa, intesa come riferimento primo dell'identificazione individuale e sociale: non la casa a cui torniamo ma quella che, in ogni nostro viaggio, reale o metaforico, portiamo dentro di noi.

La necessità di riconoscere che l'altro può essere collocato diversamente da noi, ma anche la necessità di individuare ciò che abbiamo in comune si condensa così, in un indissolubile intreccio di significati, nelle opere di Mella Jaarsma. GS

theme of the relationship between us and others, of who influences and whom is influenced.

Another series of her works, *Shelter Me* (2005–2006), entails the creation of blankets—resembling sleeping bags for situations of forced nomadism and extreme hardship—and refuges: emergency shelters for a single occupant, also made out of materials that are strongly characterized as coming from a specific context. This all too common type of shelter automatically calls to mind the phenomenon of migration and the space of survival of the lone individual, under adverse conditions. In short, Jaarsma tackles the theme of dwelling and the city, accumulations of stories and lives in movement, as well as that of the home, understood as the prime reference of individual and social identification—not the home we go back to, but the one that, on any journey we make, whether real or metaphorical, we carry inside us.

Thus the need to recognize that the other may be in a different place from us, but also to identify what we have in common, is condensed into an indissoluble mesh of meanings in the works of Mella Jaarsma. GS

REFUGEE ONLY
THE WARRIOR I
THE WARRIOR II
SHELTER ME IV

I elaborate costume installations and adopt the notion of garments as an out-
ward or symbolic expression. They are loaded metaphors of race, sexuality,
authenticity, and origins. They deconstruct identities; unearth deeper underlying
issues of cultural representation, questioning humanity, individualism, displacement, and migration, the sacred and the profane.
Austere and usually shroud-like, the costumes cover the body and face with
openings to reveal the eyes or expose other body parts, addressing identity
issues such as ethnicity, class, and gender politics.
The *Warrior* costumes are hanging in a wok or pan and become ingredients of for-
tifying broth or soup, later offered to the audience, connecting hunting, killing,
feeding, and healing. *Refugee Only* and *Shelter Me IV* refer to the current global
reality of migration in which everybody has to be ready to become a refugee.

Mella Jaarsma

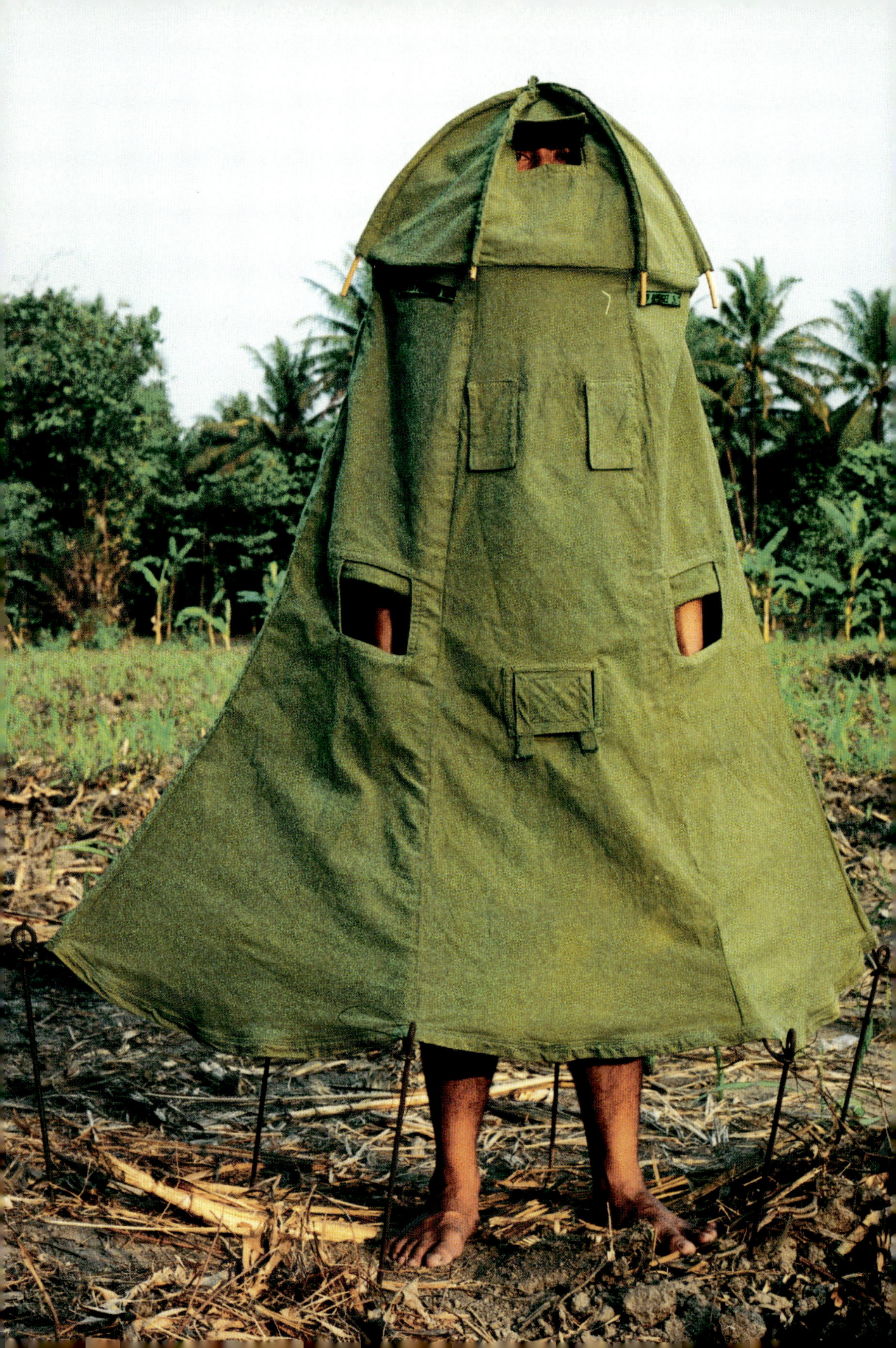

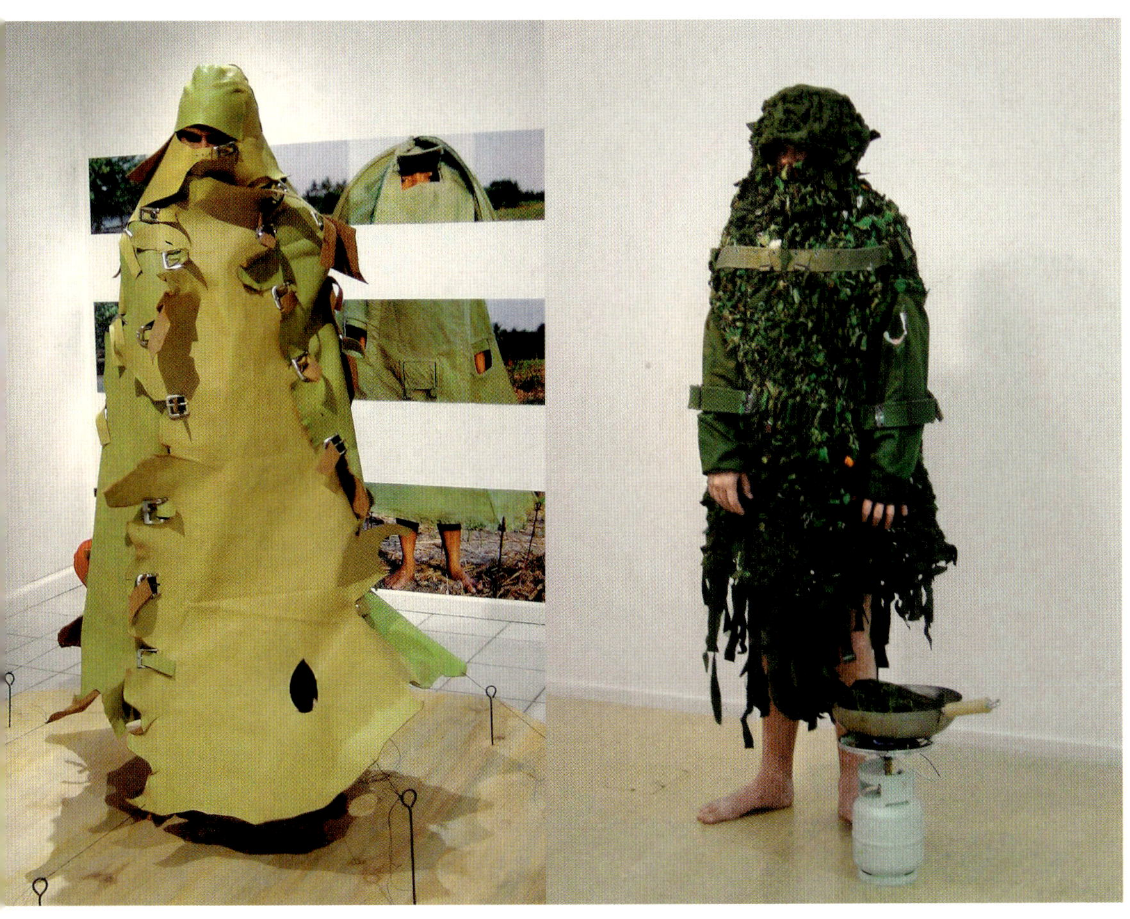

ella Jaarsma, *Refugee Only*, 2003
stumi: pelle di vacca, metallo, tessuto, oggetti personali
entifricio, spazzolino, sapone, fornello, coltello,
sorbenti igienici e altri oggetti)
tografie a colori, 3 file di 30 x 300 cm
urtesy l'artista

ella Jaarsma, *Refugee Only*, 2003
stumes: cow leather, metal, fabric, personal objects
oothpaste, toothbrush, soap, torch, knife, sanitary napkins,
her objects)
lor photos, 3 rows of 30 x 300 cm
urtesy the artist

Mella Jaarsma, *The Warrior*, 2003
costume militare indonesiano, zuppa d'alga, dvd
courtesy l'artista

Mella Jaarsma, *The Warrior*, 2003
Indonesian military uniform, seaweed soup, DVD
courtesy the artist

189

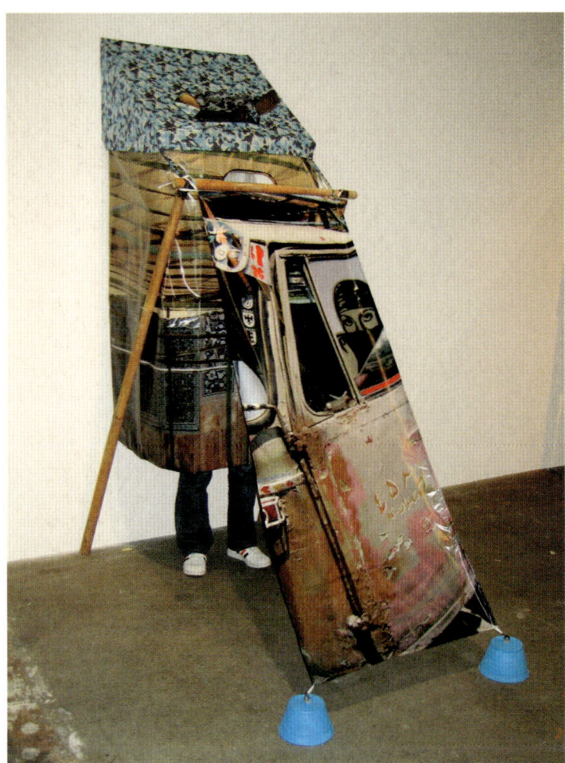

Mella Jaarsma, *Shelter Me IV*, 2005
stampe digitali, legno, tessuto, 200 x 69 x 100 cm
porto di Yokohama, dvd
courtesy l'artista

Mella Jaarsma, *Shelter Me IV*, 2005
digital prints, wood, fabric, 200 x 69 x 100 cm
Yokohama harbor, DVD
courtesy the artist

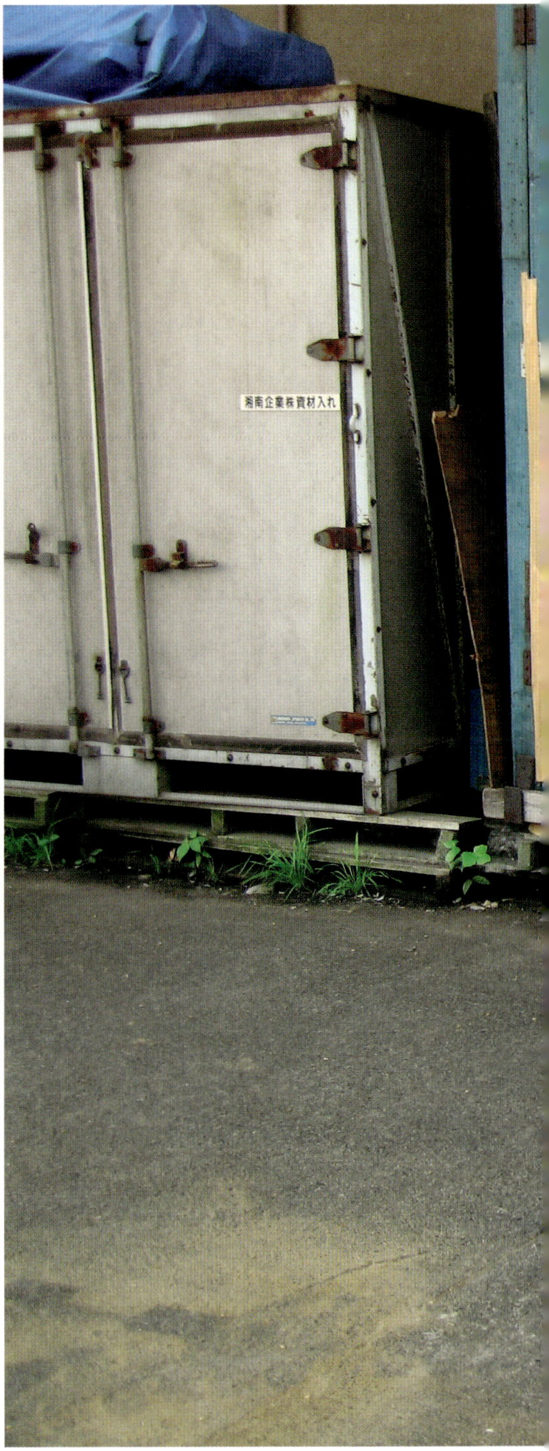

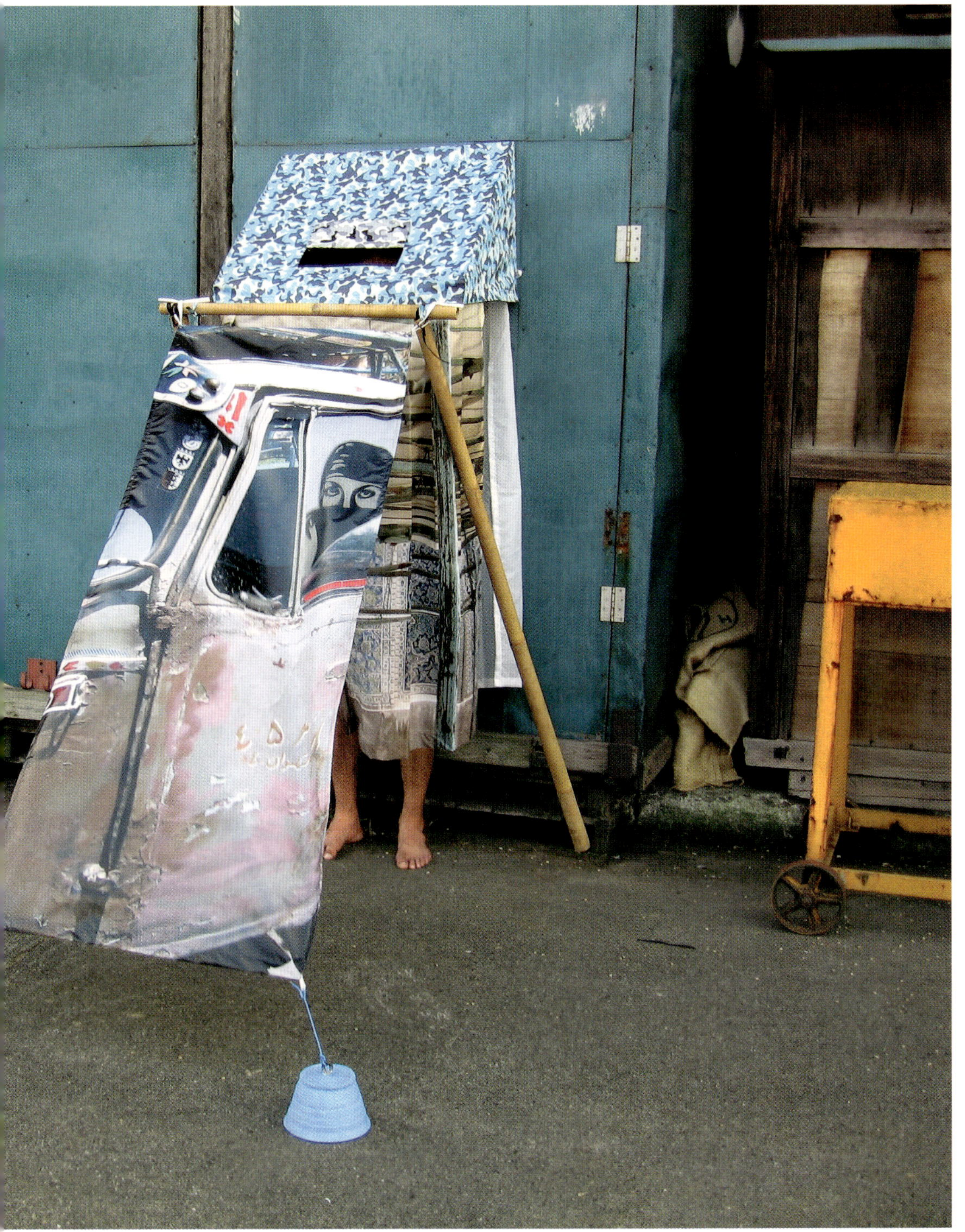

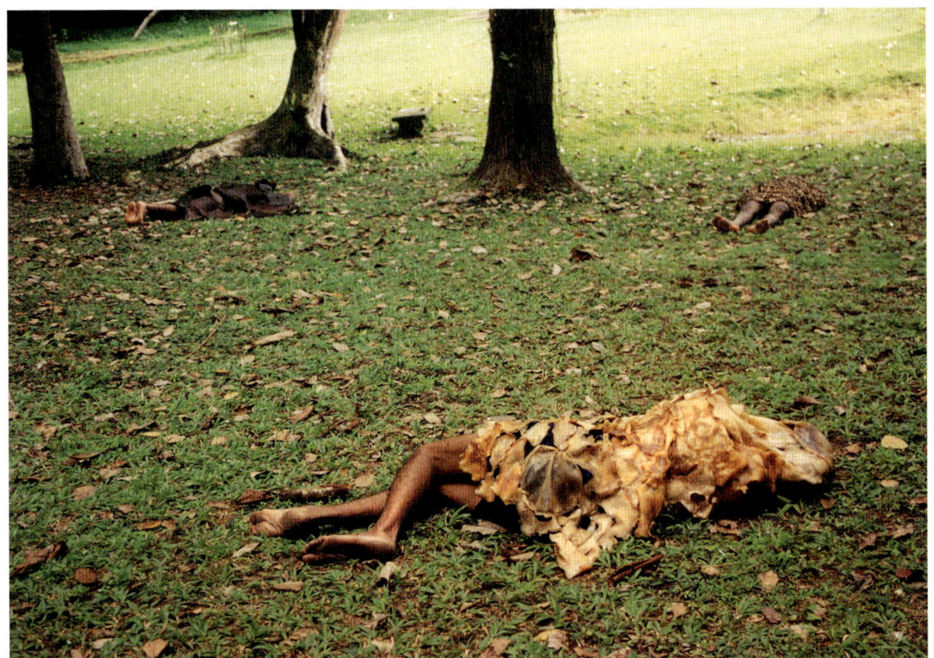

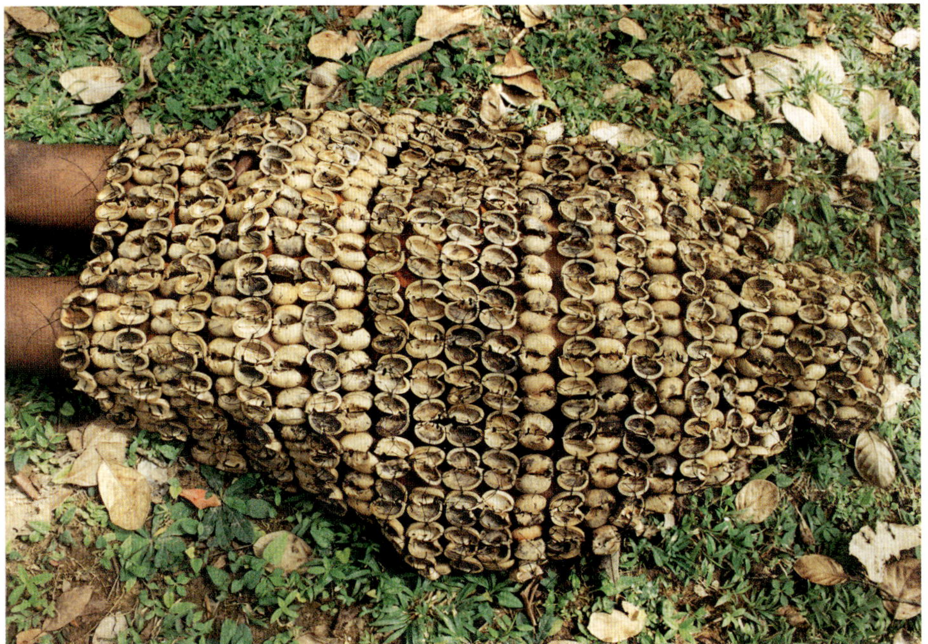

Mella Jaarsma, *Rubber Time I*, 2003
fotografie a colori dell'installazione, gusci di semi di gomma,
gomma bruciata, gomma seccata
Lunagangga, Sri Lanka, 2003
courtesy l'artista

Mella Jaarsma, *Rubber Time I*, 2003
color photos of the installation, rubber seed shells,
burned rubber, dried rubber
Lunagangga, Sri Lanka, 2003
courtesy the artist

Mella Jaarsma, *Shelter Me III*, 2005
pelle, tatuaggi, legno, batik, zinco, 220 x 75 x 75 cm
porto di Yokohama, dvd
courtesy l'artista

Mella Jaarsma, *Shelter Me III*, 2005
leather, tattoos, wood, batik, zinc, 220 x 75 x 75 cm
Yokohama harbor, DVD
courtesy the artist

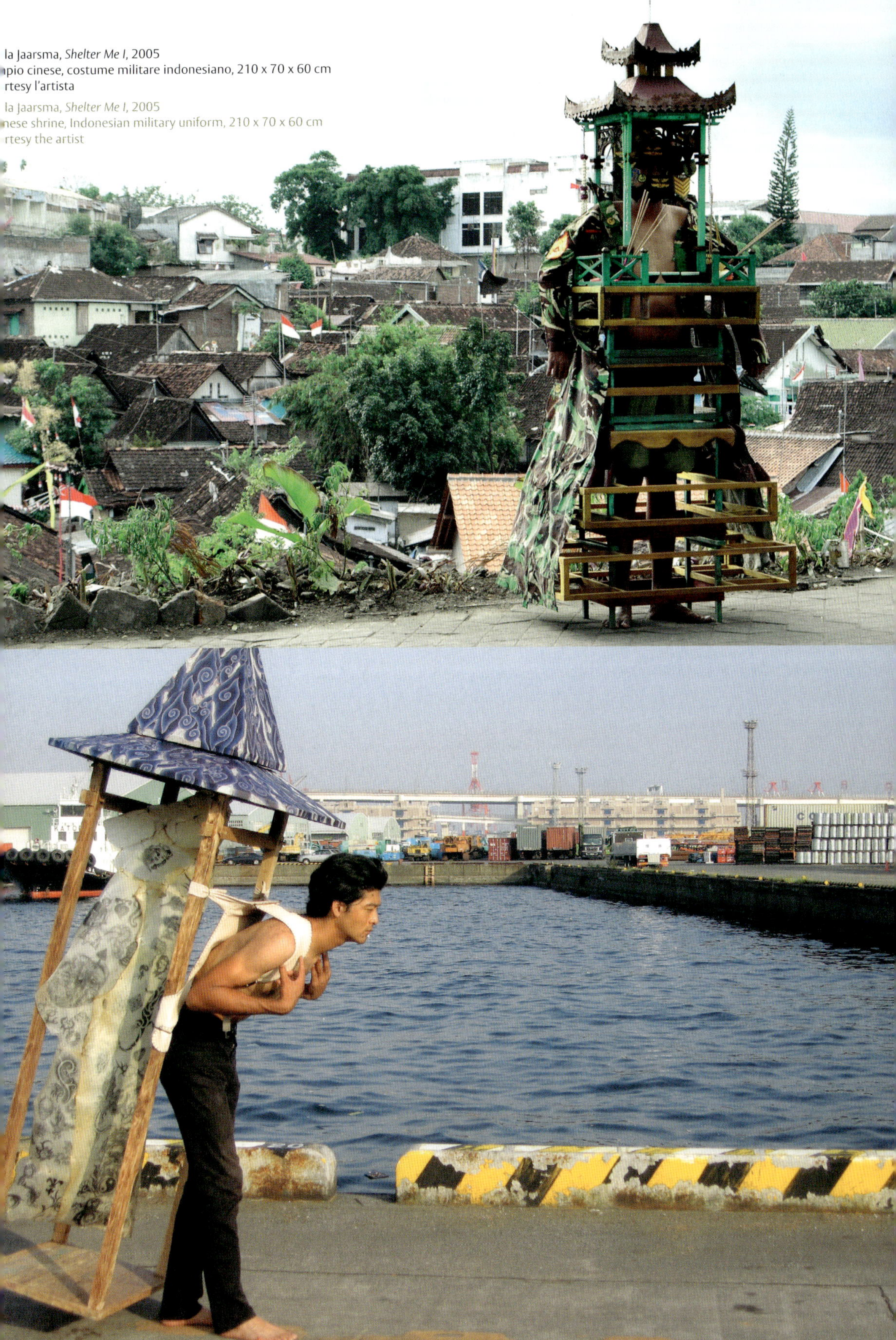

la Jaarsma, *Shelter Me I*, 2005
pio cinese, costume militare indonesiano, 210 x 70 x 60 cm
rtesy l'artista

la Jaarsma, *Shelter Me I*, 2005
nese shrine, Indonesian military uniform, 210 x 70 x 60 cm
rtesy the artist

KOO JEONG-A

Koo Jeong-A è un'artista caratterizzata da grande determinazione, forte ricettività nei confronti delle influenze esterne e allo stesso tempo decisamente riservata.

La sua natura intimista e ricca di immaginazione va di pari passo con una determinazione tale da non lasciar spazio all'imprecisione, fin nei minimi dettagli.

Pare sempre volersi proteggere, ma allo stesso tempo espone gli aspetti più intimi e personali attraverso il proprio lavoro.

Gli stessi paradossi intervengono infatti nelle sue installazioni. L'opera di Koo Jeong-A tenta di risolvere tale antitesi attraverso la forte determinazione a occupare e definire lo spazio, stabilirne i limiti e i contorni. Questo intento è talmente forte nelle sue opere, che i processi di raccolta, disposizione, ordinamento e riciclaggio dei materiali appaiono decisamente come aspetti secondari nel suo agire.

...

Nel 1991 l'artista coreana frequentò a Parigi gli studi di Christian Boltanski e Paul-Armand Gette all'Ecole Nationale Supérieure des Beaux-Arts. Qui, i suoi microinterventi consistevano nel raccogliere e disporre fotografie e materiali vari tra i più poveri e insignificanti: polvere, pezzi di gesso, piccoli oggetti ecc. Effimero, provvisorio, fragile, furtivo, discreto, addirittura invisibile, il suo lavoro rientra nei parametri di ciò che Georges Perec chiama "l'infra-ordinario" o "endotico".

...

L'installazione di Koo Jeong-A rivela una concezione dello spazio in cui, contrariamente alle apparenze, nulla è lasciato al caso. Il quasi-nulla è qui organizzato con meticolosità ossessiva che disorienta chi vorrebbe fissare l'attenzione al solo dettaglio.

Si è tentati di definire questa ossessione per l'ordine come una difesa dalla paura di un crollo totale, un desiderio di respingere la minaccia del caos, ma nel caso di Koo Jeong-A si tratta in realtà di un'organizzazione di ciò che già è distrutto, abbandonato o sconosciuto.

Christine Macel
da "Koo Jeong-A a l'abri,"
in *Koo Jeong-A*, catalogo della mostra,
Espace 315. Parigi, Centre Georges
Pompidou, 2004

Koo Jeong-A is strong-willed, but at the same time reserved, and highly receptive to outside influences. The paradox is striking. Her secretive, imaginative nature goes hand in hand with a determination that allows no room for imprecision, even in the slightest detail. She always seems to be protecting herself, yet the works she exhibits are often intimate and personal. The same paradoxes are at work in Koo Jeong-A's installations. Her works seek to resolve these antitheses through a determination to occupy and define a space, to establish its limits and contours. This approach is central to her work, while her actions—laying down, gathering, collecting, ordering, recycling, etc.—seem a secondary part of her undertaking.

...

The Korean artist came to Paris in 1991 and spent time in the studios of Christian Boltanski and Paul-Armand Gette at the École Nationale Supérieure des Beaux-Arts (Ensba). There, her micro-interventions consisted in putting down and collecting poor and insignificant materials: dust, bits of gypsum board, small objects, etc. Ephemeral, provisional, fragile, furtive, discreet, or even invisible, her work came under the headings of what Georges Perec called the "infra-ordinary" or the "endotic."

...

Koo Jeong-A's installations also reveal a conception of space in which, contrary to appearances, nothing is left to chance. The almost-nothing is organized with an obsessive precision that is disorienting for those for whom the details stop before that point. This obsession with order may hide a fear of collapse, a desire to push away a threatening chaos, but Koo Jeong-A is singular in that she organizes what is destroyed, abandoned, or hidden.

Christine Macel
from "Koo Jeong-A a l'abri,"
in *Koo Jeong-A*,
exhibition catalogue, Espace 315. Paris:
Centre Georges Pompidou, 2004

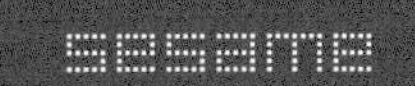

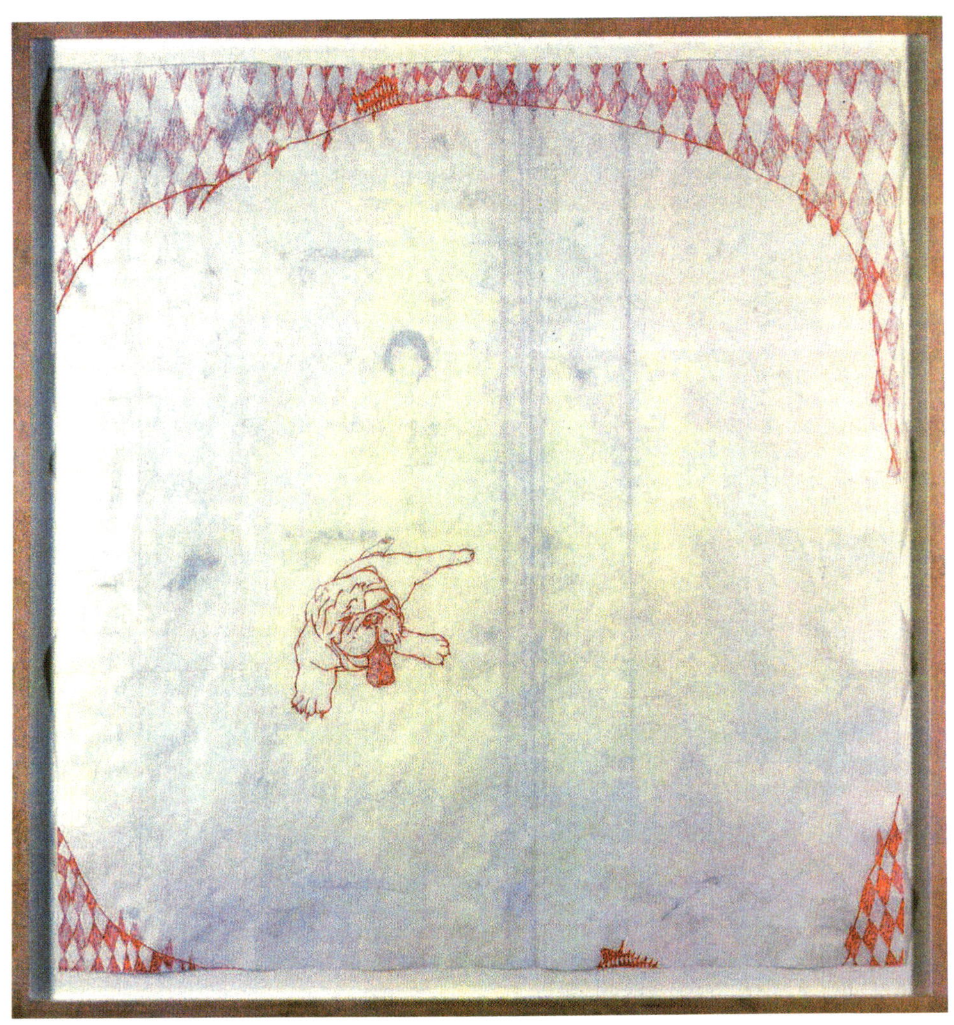

Koo Jeong-A, *Senza titolo*, 2003
inchiostro su carta, 96 x 89,5 cm, pezzo unico
courtesy Yvon Lambert, Parigi

Koo Jeong-A, *Untitled*, 2003
ink on paper, 96 x 89.5 cm, unique
courtesy Yvon Lambert, Paris

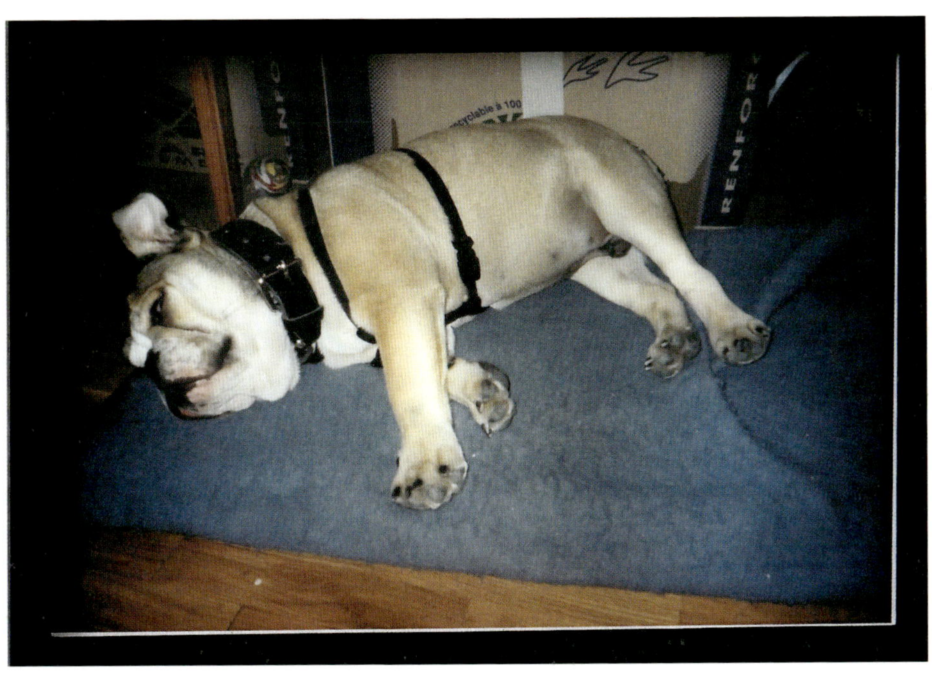

Koo Jeong-A, *Upy*, 2006
fotografia a colori, 16,4 x 22,8 cm, edizione di 5
courtesy Yvon Lambert, Parigi

Koo Jeong-A, *Upy*, 2006
color photo, 16.4 x 22.8 cm, edition of 5
courtesy Yvon Lambert, Paris

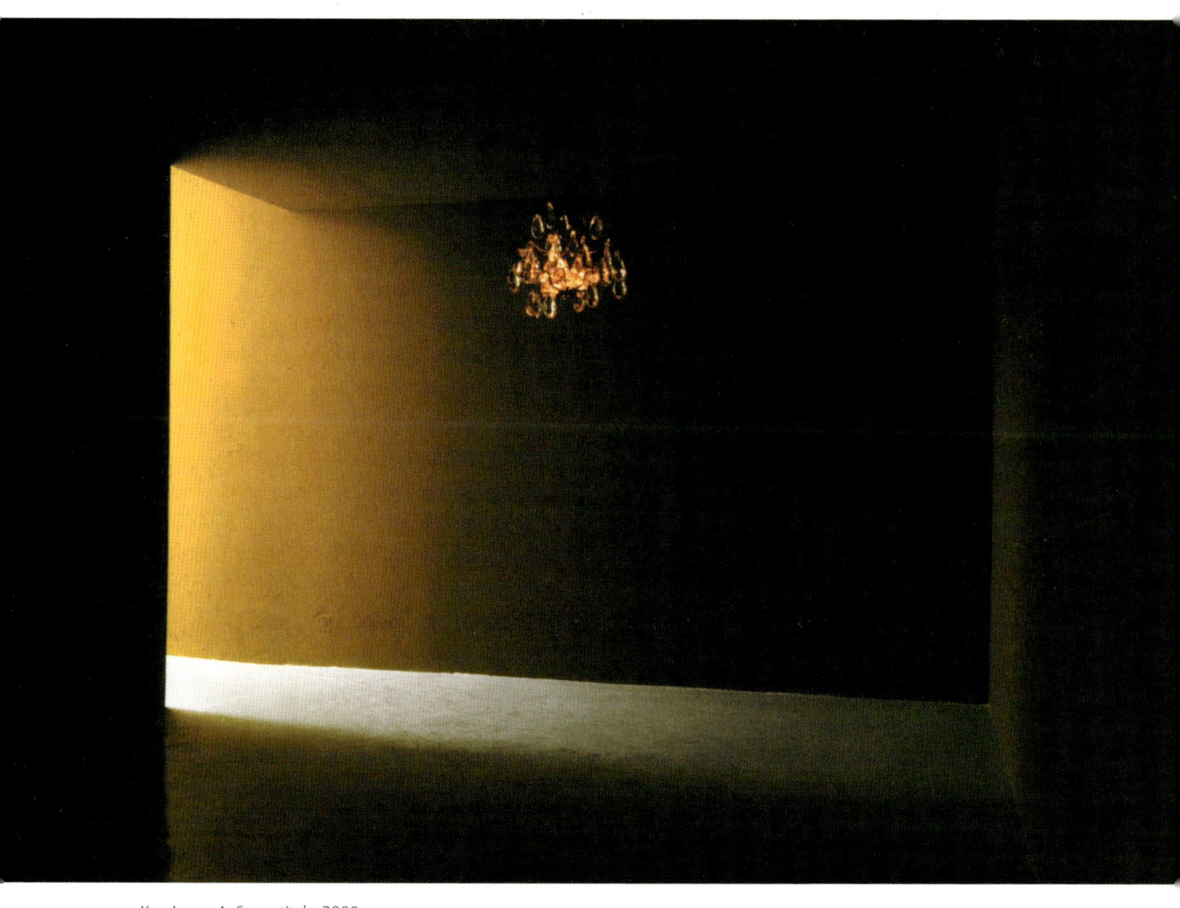

Koo Jeong-A, *Senza titolo*, 2000
lampadario e pittura, dimensioni variabili
courtesy Yvon Lambert, Parigi

Koo Jeong-A, *Untitled*, 2000
chandelier and painting, variable dimensions
courtesy Yvon Lambert, Paris

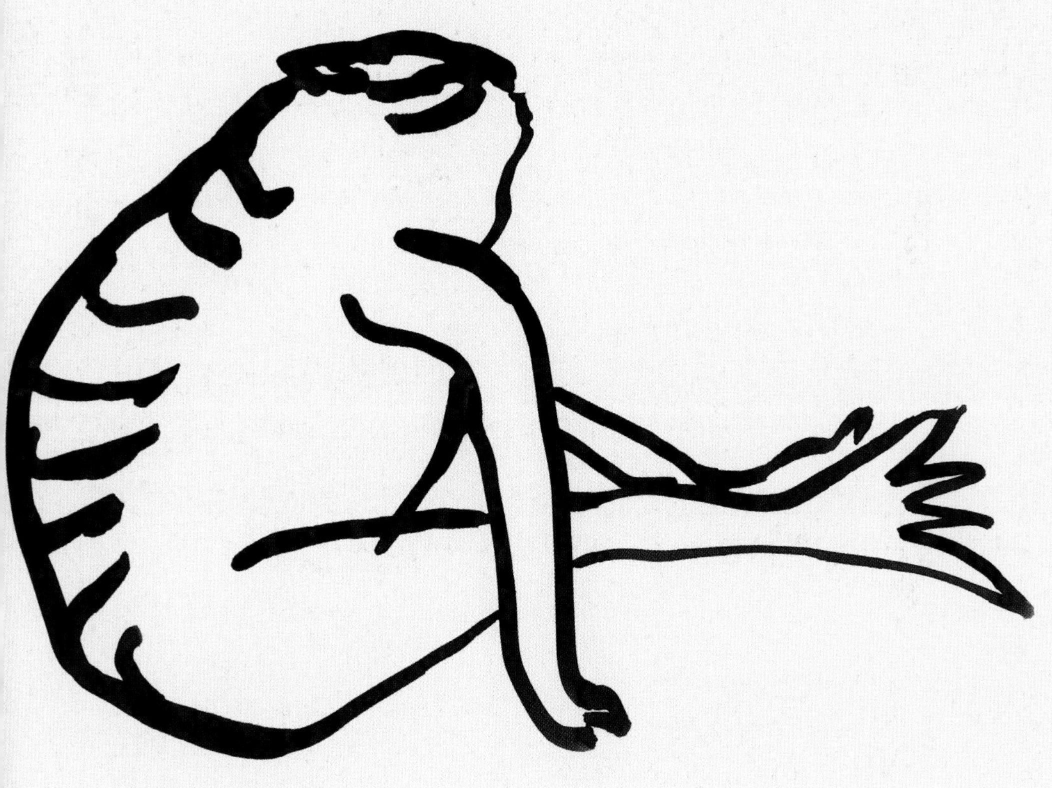

Koo Jeong-A, *3355* (dettaglio), 2003
installazione, dimensioni variabili
courtesy Yvon Lambert, Parigi

Koo Jeong-A, *3355* (detail), 2003
installation, variable dimensions
courtesy Yvon Lambert, Paris

H.H. LIM

La carriera artistica di H.H. Lim è lunga e profondamente impegnata. Arrivato trent'anni fa dalla Malaysia e stabilitosi a Roma per motivi di studio, Lim è stato testimone e protagonista di una delle più gloriose stagioni della scena artistica romana e italiana, dalle generazioni dell'Arte Povera alla Transavanguardia fino ai più recenti movimenti artistici, tanto vari da essere difficilmente etichettabili. Nonostante ciò, anziché aderire incondizionatamente ai dettami di una scuola, ha sempre preservato la propria indipendenza, pacatamente e con grande pazienza, attuando una profonda riflessione su di sé, allo scopo di tradurre la propria visione della vita, dell'arte e della negoziazione culturale attraverso il proprio lavoro. Costantemente navigando tra il desiderio di comunicare con gli altri, aprendosi al mondo esterno, e una condizione di alienazione e disaffezione, tra espansività e solitudine, l'arte di Lim si serve di una vasta gamma di strumenti espressivi, spaziando tra pittura, installazione, performance e interventi su spazi pubblici e così via, utilizzando i materiali più svariati. Opere sempre pacate, sussurrate, sobrie. Tuttavia, guardando più da vicino, si è subito attratti dall'intensità che vibra dietro la superficie: contengono infatti un'anima estremamente passionale e fantasiosa che desidera comunicare con noi, raccontandoci le storie più fantastiche. Sono un vulcano solo momentaneamente inattivo che, quando la sua anima ribolle, si trasforma in un Vesuvio eruttante.
Words Project "Red Wall with Red Curtain" (2006), il progetto di Lim per *Wherever We Go – Ovunque andiamo* è un perfetto esempio della sua intensa espressività. Come un vulcano temporaneamente addormentato, questo lavoro è il risultato di un lungo periodo di riflessione e accumulazione, un insieme di momenti di esaltazione e dubbio, frenesia e tranquillità, emozione e trascendenza, condensati su una superficie

H.H. Lim's artistic career has been a long and profoundly committed endeavor. Originally from Malaysia, he moved to Rome some thirty years ago to study, and has lived there ever since. Lim has witnessed and been actively involved in some of the most glorious moments of the Roman and Italian art scenes, from the generations of Arte Povera and Transavanguardia to more recent movements that defy all labels and categories. However, instead of simply enlisting himself into any of the groups, Lim has learned how to preserve his independence, gently and patiently, with firm and lucid self-reflection, and to translate his personal vision regarding art, life, and cultural negotiation into his works. Consistently navigating between a desire for communication, opening up the self towards the outside world, and the reality of alienation and suspicion, friendship and solitude, Lim's art covers an impressively diverse range of expressions from painting, installation, performance to interventions in public spaces, etc., and incorporates various materials. They are always calm, placid, and "low-key." However, when one looks closer and probes into them, one is immediately attracted by the intensity behind the surface: there is a truly passionate and imaginative soul that desires to talk to us, telling some of the most fantastical stories. It's like a half-sleeping volcano. When the soul puts itself in action, it becomes like the throbbing Vesuvius.
Words Project "Red Wall with Red Curtain" (2006), the Lim's project for *Wherever We Go* is a perfect example of this intense expression. Like a half-sleeping volcano, this work is the result of long reflection and accumulation, mingling moments of excitement and doubts, frenzy and coolness, emotion and transcendence. These are all condensed into an astonishingly tranquil surface:

WORDS PROJECT IN RED

Mi interessa molto il contrasto delle due superfici, ovvero l'immobilità del murales e la mobilità della tenda. La sovrapposizione della tenda è realizzata apposta per creare un effetto come di un'opera in movimento.

Le parole e le immagini sono due componenti fondamentali della comunicazione nella vita quotidiana di ognuno di noi; il linguaggio dei sordomuti è molto interessante perché unisce immagini e parole nello stesso tempo. È un linguaggio puramente visivo e centrato sulla gestualità, una scrittura fatta di immagini, realizzata con dei movimenti danzanti della mano e del corpo, esprime un linguaggio visivo, privo di suoni e una comunicazione che è un piacere per la vista. Trovo sicuramente vantaggioso conoscere questo linguaggio come un linguaggio in più, che ha la capacità di unire le comunicazioni globali ed è anche meno difficile da imparare, rispetto alle altre lingue.

L'idea di nascondere uno schermo al plasma dietro la tenda è nata per creare la curiosità di sapere cosa c'è dietro la tenda. Questo gesto infantile inconsciamente fa parte di un'abitudine che ognuno di noi si porta dietro, fino a tarda età.

Sullo schermo al plasma è proiettato il video *60 kg circa di saggezza*: si tratta di una delle mie performance basata sulla legge della sopravvivenza. Cerco di stare in piedi su un pallone da basket il più a lungo possibile, sino a spingermi al limite della mia capacità di resistenza. Questo gesto è basato sull'"equilibro" e sul "bilico" e l'ho battezzato *Saggezza Project*.

Amo praticare gli insegnamenti di Lao Tzu per migliorare la ricetta e rendere meravigliosa la pasta.

H.H. Lim

sorprendentemente tranquilla: una lunga pittura murale rossa sulla quale campeggiano dieci autoritratti disegnati a gesso. Queste figure, impegnate nella gestualità del linguaggio dei segni, sono così leggere e fluide da essere poco percettibili a prima vista.

Lim si trasforma in questi diversi personaggi che tentano di parlarsi in silenzio, con il solo linguaggio delle mani. Saranno la stessa persona? Riusciranno a capirsi? C'è una sorta di schizofrenia d'identità, che ci parla della condizione di un'"anima in esilio"; il desiderio di comunicare con gli altri e allo stesso tempo l'impossibilità di costruire un reale dialogo creano un perpetuo groviglio. Lavorare nell'arte è la strada che Lim sceglie per lottare contro questa condizione, ed esplorarne la schizofrenia diventa una strategia funzionale al suo atto creativo. HH

a long mural, entirely painted in red upon which tens of his self-portraits making gestures in sign language are drawn in white chalk, so light and fluid that they are hardly distinguishable at first glance. Lim turns himself into multiple personages. They try to talk to each other, in silence and with hands. Are they the same person? Do they understand each other? There is a kind of schizophrenia of identity here. And that tells the real state of being of an exiled soul.

Desire for communication with others and the impossibility of obtaining a real dialogue always leads to eternal entanglement. Working in art is the very way he chooses to wrestle with such a reality. And exploring this schizophrenia becomes an efficient strategy for his creation. HH

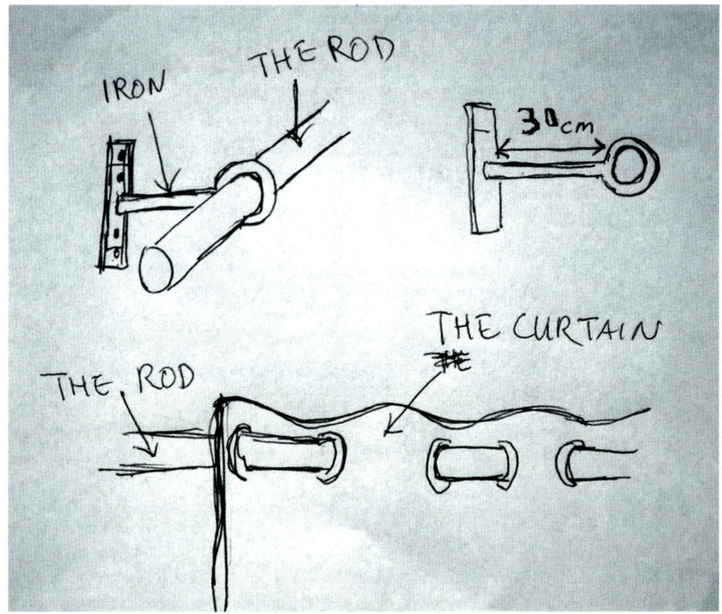

H.H. Lim, *Words Project "Red Wall with Red Curtain"*, 2006
progetto per la tenda

H.H. Lim, *Words Project "Red Wall with Red Curtain,"* 2006
curtain project

WORDS PROJECT IN RED

I'm very interested in the contrast of two surfaces, i.e. the immobility of the mural and the mobility of the drape. The drape is superimposed on purpose to create an effect like that of a work in motion.

Words and images are two fundamental components of communication in the daily life of us all. Sign language is very interesting because it uses images and words at one and the same time. It is a purely visual language centered on gesture, a script made of images, written with dancing movements of the hand and body. It is a visual language that completely lacks sounds and is a means of communication that is a pleasure to watch. I find it a real advantage to know this language as a second language, one which has the ability to unite global communications and which is also less difficult to learn than other languages.

The idea of concealing a plasma screen behind the curtain stemmed from the desire to make people curious about what lay behind it. This childlike gesture is unconsciously part of a habit that each of us carries with him, into old age.

On the plasma screen is shown the video *60 kg circa di saggezza*: it is one of my performances based on the law of survival. I try to stay upright on a basketball for as long as possible, pushing myself to the limit of my capacity for resistance. This gesture is based on "equilibrium" and on "balance" and I have called it *Saggezza Project*.

I like to practice the teachings of Lao Tzu to improve the recipe and make the pasta taste wonderful.

H.H. Lim

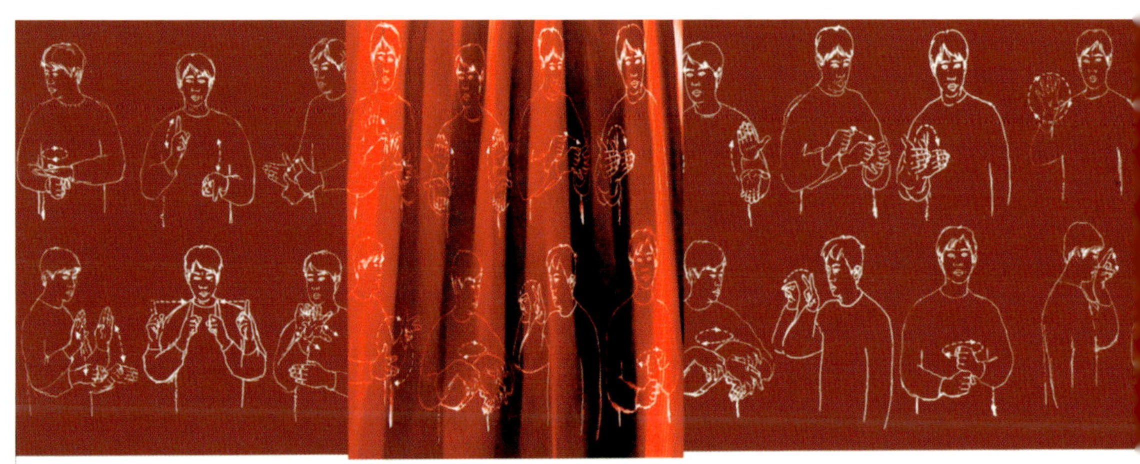

H.H. Lim, *Words Project "Red Wall with Red Curtain"* (dettaglio), 2006
murales, quattro tende stampate 250 x 150 cm cadauna, videoperformance

H.H. Lim, *Words Project "Red Wall with Red Curtain"* (detail), 2006
murales, four curtains with designs 250 x 150 cm each, video performance

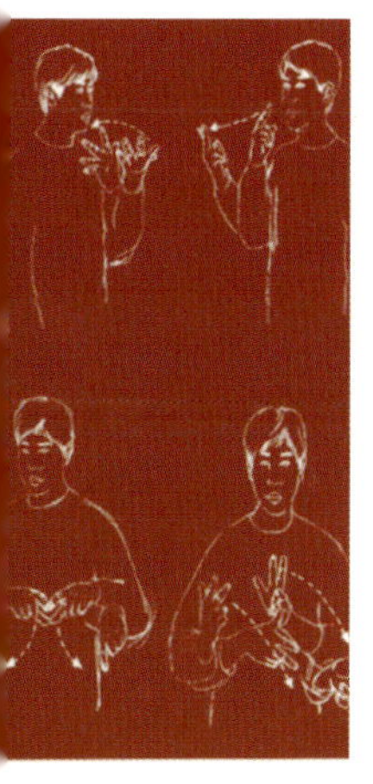

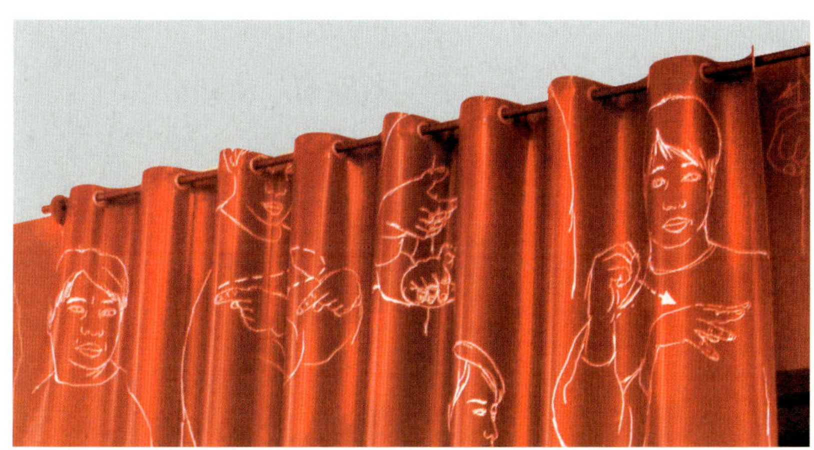

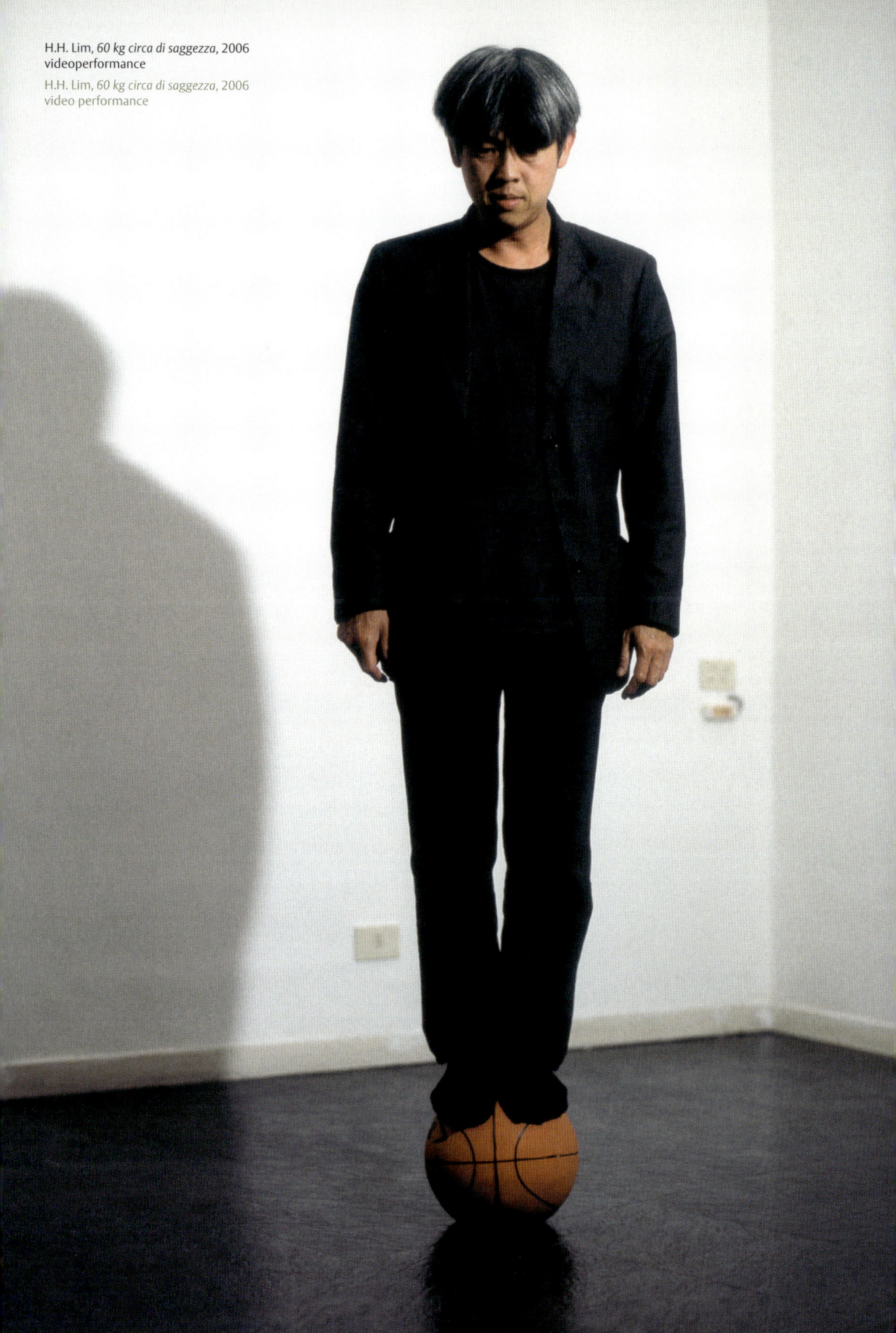

H.H. Lim, *60 kg circa di saggezza*, 2006
videoperformance

H.H. Lim, *60 kg circa di saggezza*, 2006
video performance

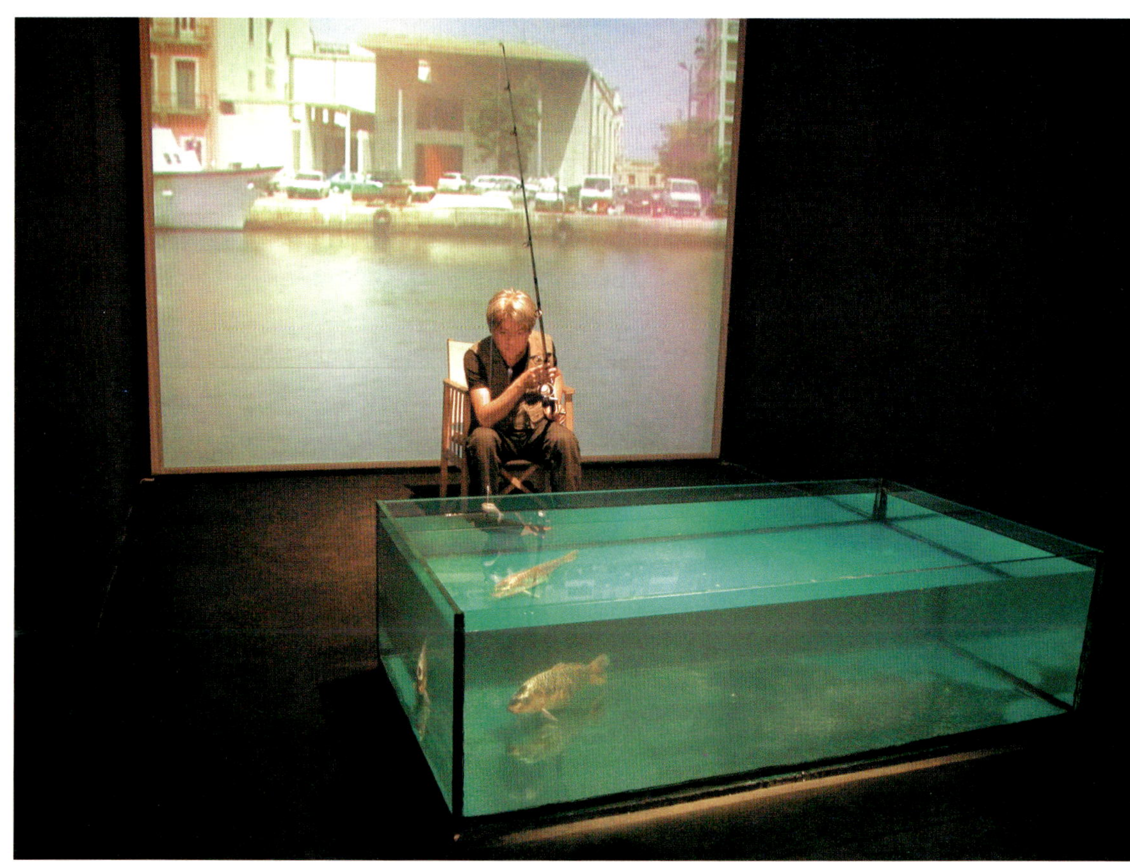

H.H. Lim, *"Patience" Fishing Projects*, 2004
performance
Centre Régional D'Art Contemporain, Sète, Francia

H.H. Lim, *"Patience" Fishing Projects*, 2004
performance
Centre Régional D'Art Contemporain, Sète, France

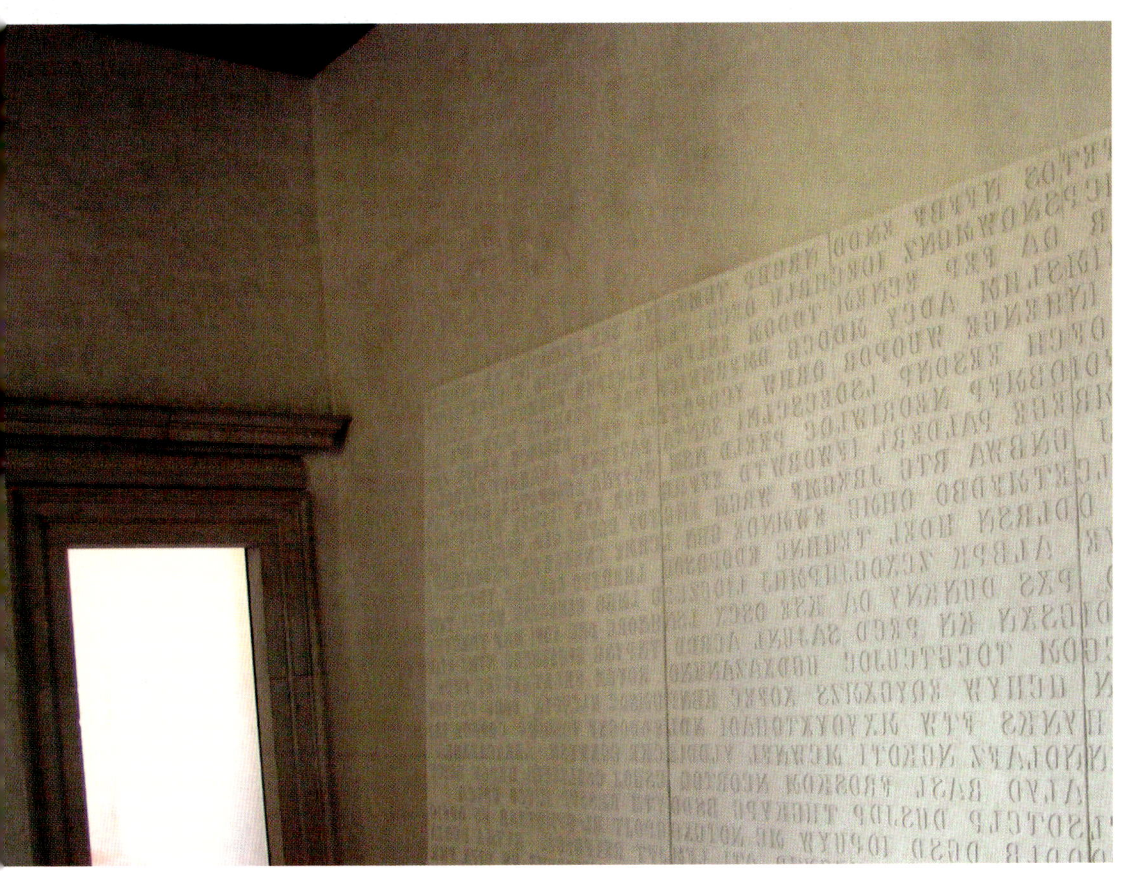

H. Lim, *"Le opere e i giorni"* Abracadabra Projects, 2002-2004
so su tavola, 220 x 540 cm
tosa di San Lorenzo, Padula, Salerno

H. Lim, *"Le opere e i giorni"* Abracadabra Projects, 2002–2004
ster on board, 220 x 540 cm
tosa di San Lorenzo, Padula, Salerno

ELENA NEMKOVA

Nata nel 1971 nel Tagikistan, Nemkova ha vissuto a lungo in Russia, prima di trasferirsi a Parigi, quindi in Italia. Oggi vive tra Milano e San Pietroburgo.

L'esperienza di donna in movimento tra paesi diversi trapela in ogni sua opera, manifestandosi di volta in volta nello sforzo di cogliere i delicati equilibri e i meccanismi sottesi all'identità superficiale dei luoghi in cui si trova a vivere; o nel tentativo di reinventare il concetto di "casa", coltivando la relazione con un territorio che è ormai anzitutto interiore; quasi che, alla ricerca di un punto di riferimento, le sue radici crescano verso l'interno: perché da se stessi non si può essere alienati. Ogni trapianto da un paese vissuto a un altro, implica una sfida, richiede la capacità di allontanarsi dalle proprie radici senza cancellarle, di vivere il presente e di farvi crescere radici nuove. Viviamo in un mondo di interconnessioni transnazionali. Eppure, fare proprio un luogo nuovo, ritrovarvisi, intrecciarvi relazioni resta un traguardo non ovvio; il legame con un paese vissuto persiste sempre, e ogni nuovo innesto implicherà la messa a punto di modalità di adattamento originali e assolutamente personali.

Significativa del legame che l'artista continua a intrattenere con il paese del proprio passato, la Russia, è *www.brrrrr.blog.com* (2005-2006), l'opera presentata nell'ambito di *Wherever We Go – Ovunque andiamo*.

Ci sono infatti vari modi di seguire ciò che accade nel mondo: lo si può fare guardando la tv, sfogliando i giornali, navigando attraverso le infinite pagine Web. Elena Nemkova sceglie, in qualsiasi posto si trovi, di collegarsi al notiziario russo Newsru.com, per sapere cosa succede sia in Russia che in altri paesi. Poiché questo portale non governativo in lingua russa è l'unico punto di riferimento per quanto riguarda le notizie, il suo punto di vista rimane fondamentalmente simile a quello di chi si trovi ancora in Russia.

A volte può addirittura sembrare che Nemkova possegga lo sguardo a geografia

Born in Tajikistan in 1971, Nemkova lived for a long time in Russia before moving to Paris, and then to Italy. She now divides her time between Milan and St. Petersburg.

The experience of a woman moving between different countries filters through every one of her works, expressed each time in the effort to grasp the delicate balances and mechanisms underlying the superficial identity of the places in which she has found herself; or in the attempt to reinvent the concept of "home" by cultivating the relationship with a territory that is by now above all inner. It's almost as if, in search of a point of reference, her roots have grown inward, for it is not possible to be alienated from yourself. Every transplantation from one country in which you have lived to another implies a challenge, requiring the capacity to distance yourself from your roots without obliterating them, to live in the present, and to put down new roots there. We live in a world of transnational interconnections. And yet, to make a new place your own, to feel at ease and form relationships there, is not an obvious goal; the link with a country you have lived in always remains, and every new connection will entail the development of original and absolutely personal modes of adaptation.

Revealing of the bond that the artist still has with the country of her past, Russia, is *www.brrrrr.blog.com* (2005–2006), the work presented at *Wherever We Go*. In fact, there are various ways of following what goes on in the world: you can do it by watching the TV, reading the newspapers, and browsing through the endless web pages on the Internet. Elena Nemkova chooses, wherever she may be, to connect to the Russian news site Newsru.com, in order to find out what is happening in Russia and in other countries. Since this non-governmental portal in the Russian language is her only source of information with regards to the news, her point of view remains fundamentally the same as if she were still in Russia. At times it even seems that Nemkova has the geographically

DELEGATA A RIFERIRE

... le notizie non vivono a lungo, e ognuna cerca di scacciar via dalla mente quella precedente. Ma se una notizia muore tanto velocemente, che senso c'è nell'esaltarne le ceneri? Proprio qui sta la particolarità di questa serie di disegni. Infatti, parlano anche di altro. O quasi completamente di altro. ...

Perdonate il paragone: non intendo affermare che una notizia come "Il pestaggio di cittadini da parte della polizia ha acquisito dimensioni massicce" sia paragonabile alla letteratura classica. Anche se, si dice, Dostoevskij usava trarre episodi per i suoi romanzi dalla cronaca criminale. ...

Per quanto mi riguarda, le scelte di Elena Nemkova sono abbastanza misteriose, tanto che non sono in grado di predire che cosa sembrerà interessante all'artista la prossima volta. In realtà, una supposizione a proposito del suo modo di operare, dell'"algoritmo" che lei adotta, io ce l'avrei. Riflettevo su che cosa mi ricordino queste "storielle visive" su cani-zombi, buchi nel tempo e "armi meteorologiche". Mi è venuto in mente la poesia per i bambini l'"Ingannatore" di Daniil Harms, dove si racconta di simili cose assurde: "Sotto il mare-oceano, sta un guardiano con fucile".

Per curioso che possa sembrare, la decifrazione di queste poesie deve avvenire tramite ragionamenti a dir poco irrazionali. Sarà questo il modo giusto per capire anche i disegni di *Art-blog*? Davvero l'artista si limita solo a illustrare i titoli delle notizie? Oppure li ironizza? Vi aggiunge fantasmagorie? Ci conduce fuori strada per portarci in territorio surrealistico? Tutto questo, certo, ma la cosa più importante rimane la sua iniziale *reazione creativa* in risposta alla notizia. La scelta del punto di partenza per i disegni è probabilmente determinata dalla qualità della notizia, che prima provoca lo stupore, poi le diverse interpretazioni.

Proprio per questo, i disegni sono inseparabili dai loro titoli, e tra loro scatta anche una competizione, ma non al livello della virtuosità delle loro rispettive esecuzioni, ovviamente. I frutti momentanei della routine giornalistica non sono in grado di gareggiare con un disegno realizzato minuziosamente. Competono invece ricorrendo alla mitica forza della persuasione: si tratti di tenera favola, fantasy sconfinata oppure horror totale. Nelle variabili interpretative di lettura e disegno si nasconde l'essenza di questo lavoro, la quale assomiglia pero più a un effetto collaterale. Mentre l'artista godrà successivamente di un vantaggio temporale, è il fornitore delle notizie ad aver comunque diritto alla prima mossa. Questo torneo dura ormai da oltre un anno e mezzo. Probabilmente durerà ancora molto a lungo, ma il vincitore si conosce già. Come può la ripetitività della pratica giornalistica gareggiare con il mestiere diligente del disegnatore? Un aereo ultrasonico non può essere fermato da un grido, e una nuova notizia non può essere anticipata dalle sue illustrazioni. Rimane *Art-blog*, come gagliardetto per un onorevole secondo posto. Appenderlo in vetrina, esposto accanto ai valori fondamentali, o metterlo nel cofanetto tra gli accessori alla moda? Chi potrà dirlo...

Velimir Moist

da *Domani Buildig Society*, catalogo della mostra, SpazioA contemporanearte, Pistoia, 2006

limitata di un abitante recluso entro i confini della propria terra, quando invece lei, alla ricerca di una estensione tutta sua, quei confini li ha varcati da tempo. Evidentemente qualcosa è rimasto impigliato.

Il proliferare, e quindi l'accumulo, di notizie più o meno rilevanti ha dato luogo a una serie di cronache archiviate, attraverso le quali Nemkova ha circoscritto e continua a circoscrivere un proprio personale microcosmo. Una raccolta in progress, in crescita costante, la cui vastità di contenuti e di soggetti può provocare panico e terrore, ma anche diventare un terreno fertile per l'immaginazione. Così, alcuni titoli delle notizie perseguitano l'artista fino al momento in cui si sente costretta a tramutarli in disegni. I quali, una volta realizzati, fanno ritorno al luogo d'origine, ossia on line, visibili in un blog che l'artista ha appositamente creato.

Lì Nemkova compone il proprio mondo – un paesaggio assemblato in un luogo acquisito – e tiene custoditi gli effetti del nostro tempo: creazioni scientifiche, vittime ed eroi, scoperte tecnologiche, miti, semplici dati. GS

limited perspective of an inhabitant confined within the borders of her own land, when in reality she, in search of an expansion all of her own, crossed those borders a long time ago. Evidently something has remained entangled. The proliferation, and therefore the accumulation, of more or less significant news has given rise to a series of reports on file, through which Nemkova has circumscribed and continues to circumscribe a personal microcosm. A collection in progress, constantly growing, whose huge range of contents and subjects can trigger panic and terror, but also become fertile terrain for the imagination. Thus some headlines haunt the artist to the extent that she feels obliged to turn them into drawings. Which, once she has made them, are sent back to their place of origin, i.e. on-line, where they can be seen in a blog that the artist has created for the purpose. There, Nemkova composes her own world— a landscape assembled in an acquired place—and stores the personal effects of our time: scientific discoveries, victims and heroes, technological inventions, myths, simple facts. GS

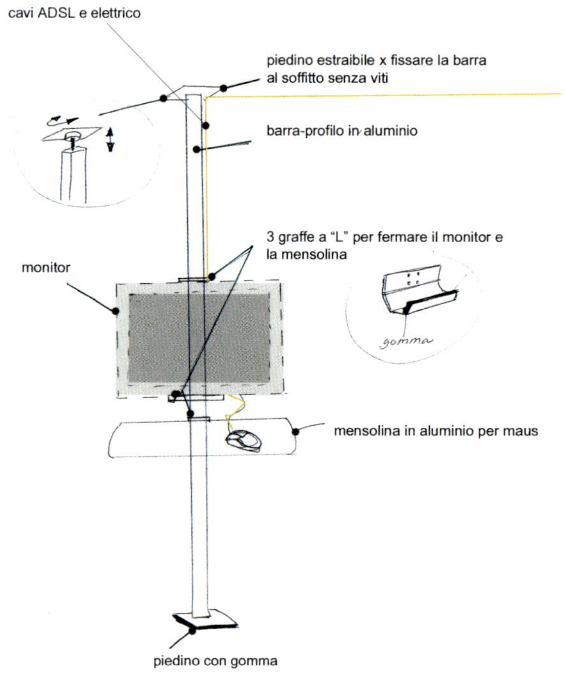

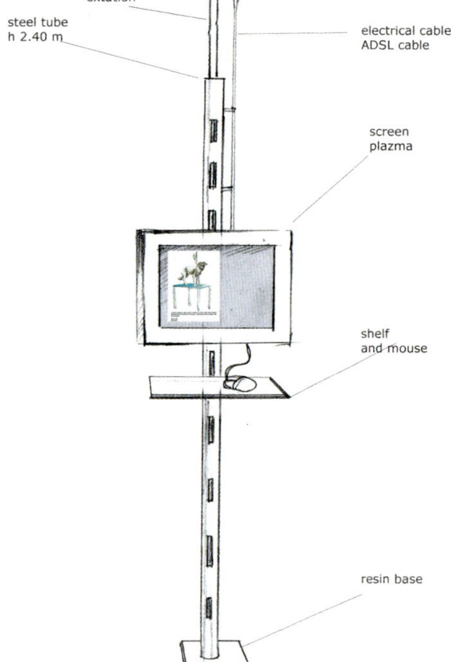

 Elena Nemkova, *www.brrrrr.blog.com*, 2006
progetto per l'installazione per *Wherever We Go – Ovunque andiamo*

Elena Nemkova, *www.brrrrr.blog.com*, 2006
installation project for *Wherever We Go*

A MANDATE TO ANNOUNCE

. . . news doesn't live long, each successive piece seeks to banish the previous one from the mind. What is the point of praising ashes? It is here that the particularity of these drawings becomes evident. They speak of something else. They are almost something else . . .

Please excuse the comparison: I don't intend to affirm that a news story like "The beating of citizens by the police has reached massive dimensions" is the same as classic literature. Even if they do say that Dostoevsky did draw on crime news stories for his novels . . . For me, Elena Nemkova's choices are quite mysterious: I am unable to predict what will seem interesting to her next time around. Perhaps, however, I can guess at the algorithm she uses. I pondered what the visual stories of the zombie dogs, holes in time, and the "meteorological" weapon reminded me of. Daniil Harms' poem for children came to mind, the "Liar," which recounts something like: "under the sea-ocean, there is a guard with a rifle."

Strange, but, to put it mildly, in these poems the revelation of the imagination becomes, with the help of the arguments themselves, irrational. Is this the way to understand the images of *Art-blog*? Does the artist really only illustrate the headlines of the news? Ironize them? Add some phantasmagoria? Does she deviate into the surrealist camp? Certainly not without all of the above, yet the most evident thing is an exchange of imagination. The choice of a point of departure is probably determined by the initial astonishingness of the theme.

It is precisely because of this that the images are inseparable from their titles, remaining in competition between each other. Not in the virtuosity of their execution, obviously. The momentary fruits of journalistic routine cannot compete with detailed drawing. They compete with the mythical force of persuasion—or tender fairytale, or imprudent fantasy, or total horror. A genuine intent hides in the variation between the text and the image, in truth once more similar to a collateral intention . . . The artist has the advantage of time, but the news source has the right to the first move. This tournament has been going on for a year and a half now. It will probably last a good while yet, but we already know who the winner is. How can the diligent work of drawing compete with the temporary fruits of daily journalism? An ultrasonic airplane cannot be shouted at, and a news story cannot be preceded. It remains *Art-blog*, taking the medal for an honorable second position. Does one place it in the showcase in which fundamental values are displayed, or in the box of fashion accessories? Who knows . . .

Velimir Moist

from *Domani Building Society*, exhibition catalogue, SpazioA contemporanearte, Pistoia, 2006

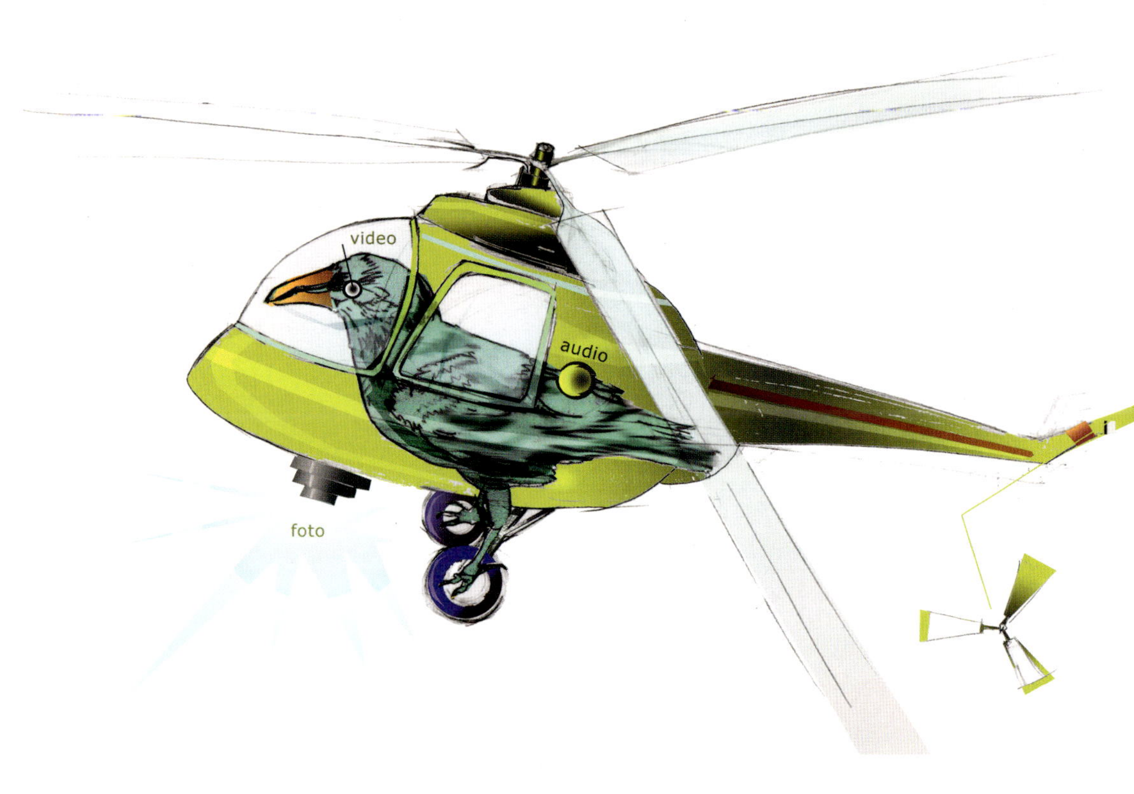

Elena Nemkova, *www.brrrrr.blog.com*, 2005-2006
versione su carta, disegno a mano, elaborazione digitale,
stampa Lambda a colori, 50 x 65 cm, edizione di 3 + 1 P.A.

**L'intellegence russa sarà armata con un elicottero
investigativo chiamato "Corvo" che pesa solo 32 kg.**
Newsru.com, giugno 2005

Elena Nemkova, *www.brrrrr.blog.com*, 2005–2006
version on paper, hand drawing, digital processing,
color Lambda print, 50 x 65 cm, edition of 3 + 1 A.P.

**Russian intelligence will be armed with an investigative
helicopter called "The Crow" that weighs only 32 kgs.**
Newsru.com, June 2005

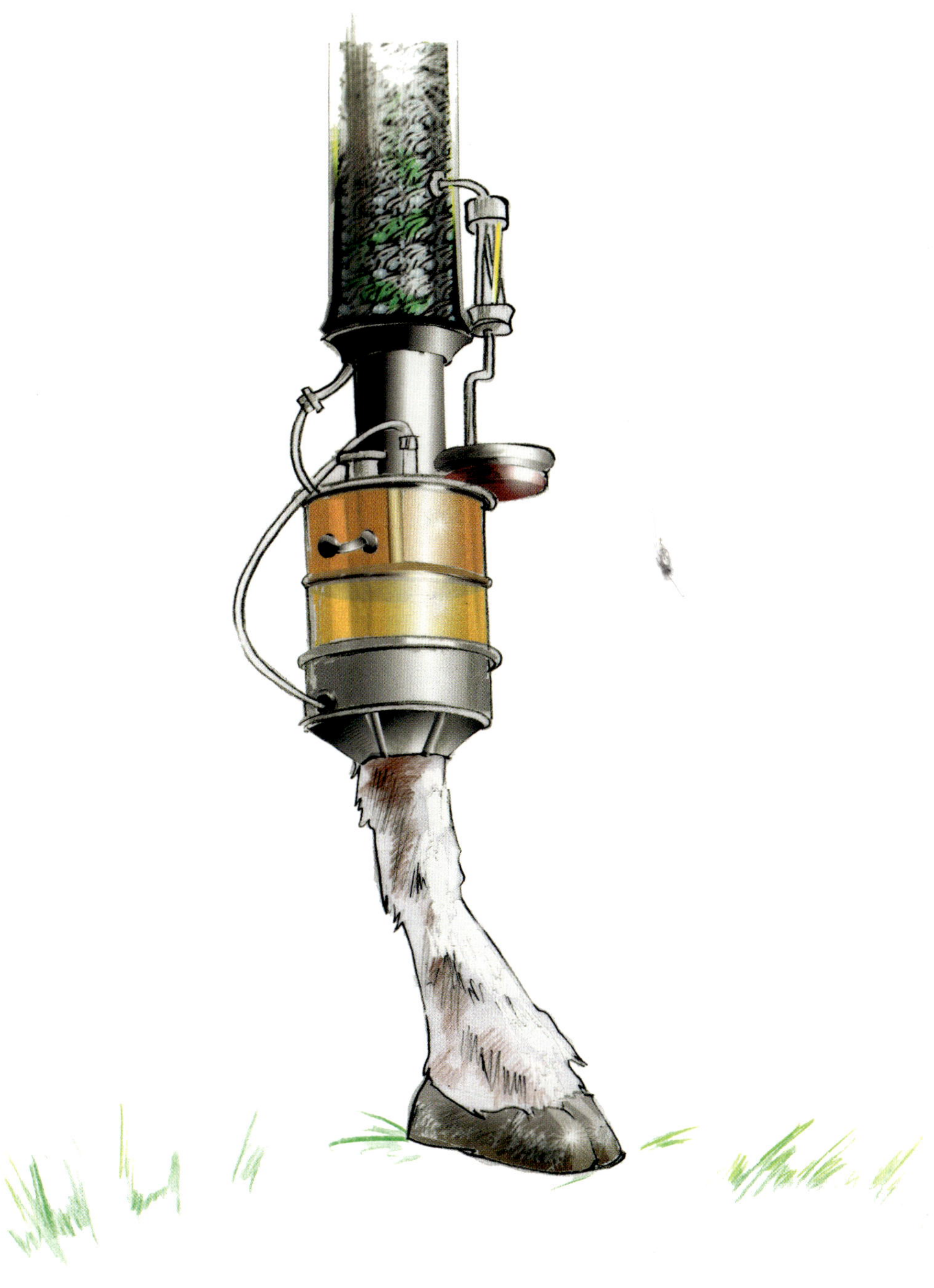

Negli Stati Uniti è stata creata la tecnologia in grado
di produrre carne artificiale.
Newsru.com, agosto 2005

Technology able to produce artificial meat was created
in the United States.
Newsru.com, August 2005

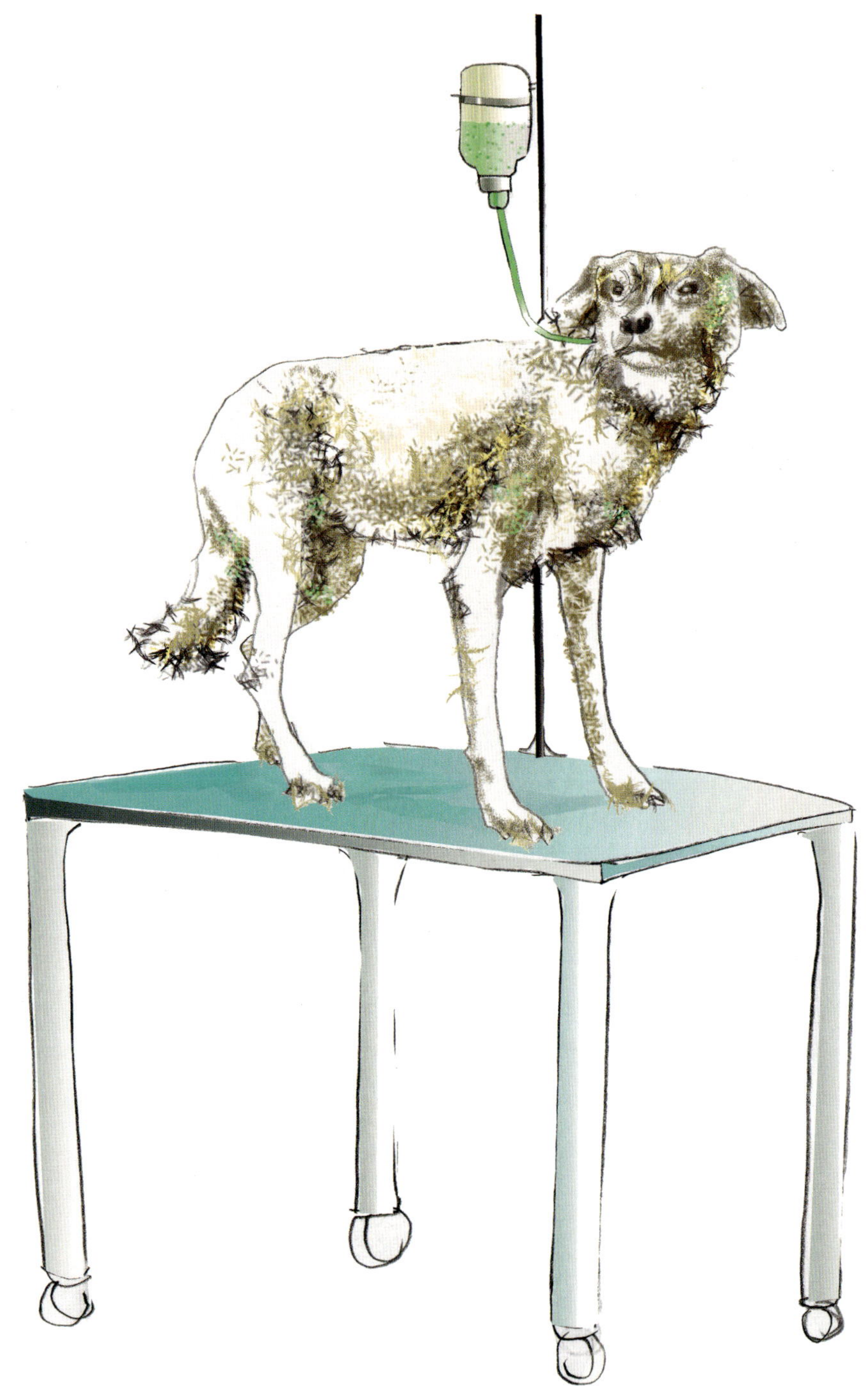

Gli scienziati hanno creato cani zombi, rianimandone
alcuni esemplari dopo la morte clinica.
Newsru.com, giugno 2005

Scientists have created zombie dogs, reanimating
a few of them after they were officially declared dead.
Newsru.com, June 2005

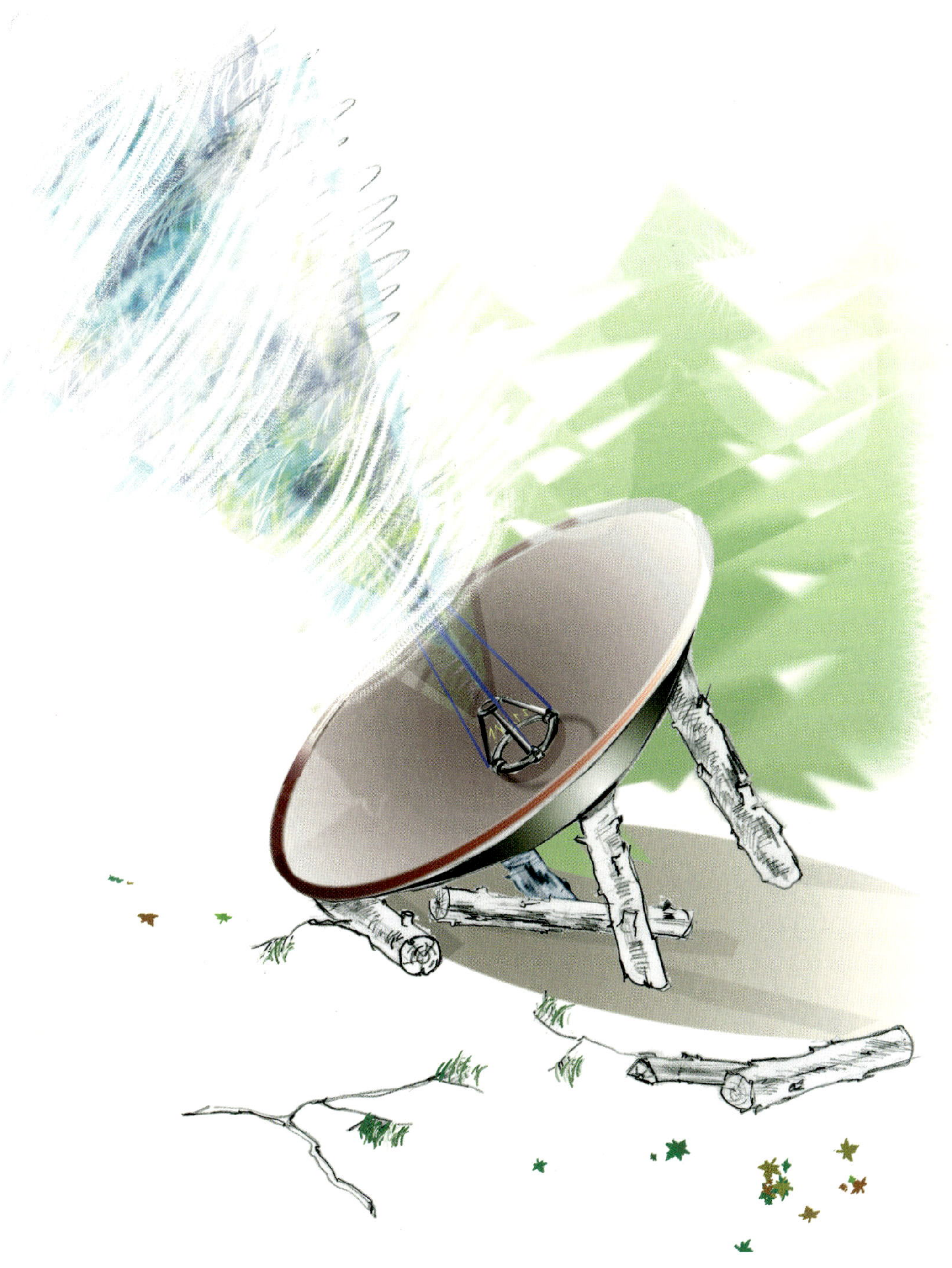

Una segreta arma "meteorologica", probabilmente usata da specialisti russi
per scatenare l'uragano Katrina, è stata scoperta nella lontana provincia russa.
Newsru.com, settembre 2005

A secret "meteorological" weapon, probably used by Russian specialists to set off
Hurricane Katrina, has been discovered in a far-off Russian province.
Newsru.com, September 2005

NI HAIFENG

Smembrare un mondo eccessivamente definito

Ni Haifeng, nato in Cina e residente ad Amsterdam, si è guadagnato riconoscimento artistico grazie alla serie fotografica *Self-Portrait as a Part of the Porcelain Export History* (1999-2001). Le fotografie mostrano parti del suo corpo dipinte con motivi blu presi in prestito dalla tradizione decorativa delle porcellane cinesi; altre volte, invece, riportano frammenti di testi scritti in Occidente a proposito di questi manufatti. I motivi sono in parte quelli della tradizione cinese ma evocano anche le porcellane che nel diciassettesimo e diciottesimo secolo venivano disegnate in Occidente per poi essere realizzate in Cina. Ni ritrae se stesso come testimone dei flussi di importazione/esportazione, un punto d'incontro fra la sensibilità orientale e occidentale, tra presente e passato, immigrazione ed emigrazione, in cui convergono gli aspetti politici, sociali ed economici del commercio. Recentemente Ni ha realizzato il seguito di questo lavoro: ha raccolto a Delft una serie di oggetti di uso comune che sarebbero poi stati riprodotti su porcellane dipinte a Jingdezhen, in Cina; in seguito ha fatto importare nuovamente in Europa i pezzi realizzati per presentarli come oggetti di valore artistico.

Un tema ricorrente nel lavoro di Ni è il corpo come schermo di proiezione degli stereotipi o comunque di immagini dai rimandi ideologici, essendo l'artista interessato a testare costantemente la nostra percezione del mondo e il nostro modo di vedere noi stessi e le culture differenti. Ni indaga sul modo in cui il nostro sguardo viene involontariamente annebbiato dalla soffocante quantità di immagini, impressioni, esperienze, definizioni e modelli che i media e la scienza ci propinano. Dal suo punto di vista, la cultura visiva e scientifica contemporanea contribuiscono a interpretare, etichettare,

Disruption of an Overly Defined World

Ni Haifeng, born in China and living in Amsterdam, gained recognition with his photo series *Self-portrait as a Part of the Porcelain Export History* (1999–2001). The photos depict parts of Haifeng's body painted with decorative blue patterns like those found on porcelain, as well as texts taken from a standard Western work on Chinese porcelain. The patterns derive partly from traditional, indigenous Chinese pottery, but also evoke seventeenth- and eighteenth-century porcelain that was designed in the West, but manufactured in China. Ni portrays himself as a part of this history of export and import: a junction where Western and non-Western perspectives, the present and the past, emigration and immigration, and the political, social, and economic dimensions of export and import all come together. Recently, Ni created a sequel to this work. He collected worthless, everyday objects in Delft to be rendered in painted porcelain in Jingdezhen in China. Then he imported them again to display as valuable art objects.

The body as a projection screen for stereotypes or otherwise ideologically tinted images is a recurring theme in Ni's work. He constantly tests how we think we know the world and how we look at ourselves and different cultures. He questions the way in which our gaze is involuntarily obscured by the overwhelming quantity of images, impressions, experiences, definitions, and models that the media and science serve up to us. In his view, actuality is interpreted, named, categorized, and defined to such a great extent in contemporary visual and scientific culture that these artificial constructions cause us increasingly to lose sight of the real world. "My works are struggling against the power of definition, nomenclature, and interpretation," he states.

NI HAIFENG

Xeno-visions (2003) è un lavoro sulla nostra percezione nei confronti delle persone socialmente ai margini della metropoli occidentale.

Esse sono presenti ma invisibili. Sono fantasmi e sonnambuli. Sono come ombre nella vita delle città odierne.

Le immagini video sono contenute in una logora scatola di cartone, di quelle solitamente impiegate per la spedizione di merci all'estero. Lo scatolone è appoggiato a terra e gli schermi a cristalli liquidi sono di piccole dimensioni affinché lo spettatore sia costretto a chinarsi e *guardare verso il basso*. La combinazione tra questi elementi e i video fa sembrare che le xeno-immagini siano state "imballate", consegnate e appena spacchettate. L'installazione genera un particolare approccio alla visione: il *guardare verso il basso*, lo spiare nella scatola appena aperta e leggere o esaminare a distanza ravvicinata le persone ivi ritratte. La visione è contemporaneamente intima e voyeuristica.

Le immagini raccontano due momenti di *xeno-presenza* nella nostra quotidianità metropolitana: uno privato, in cui lo straniero dorme, e uno pubblico, in cui lo vediamo, quasi trasparente, camminare come un fantasma sul marciapiede e scontrarsi con i passanti. I due video sono proiettati all'infinito, inframezzati solo da due titoli – *The Daydreamer* e *The Ghostly* – che compaiono ogni tre minuti rispettivamente nello schermo di sinistra e in quello di destra.

Hou Hanru

catalogare e definire l'attualità, costruendo delle sovrastrutture artificiali che fanno perdere di vista il mondo reale. A questo proposito sostiene: "I miei lavori sono una lotta contro il potere della definizione, nomenclatura e interpretazione".
In *Respect!* Ni ci presenta altri due autoritratti. Nella serie fotografica *Self-portrait as Trash* (2005) dispone su uno sfondo bianco, rosso e blu il contenuto del suo cestino dei rifiuti accumulatosi nell'arco di tre diversi giorni del 2005. Le immagini mettono così lo spettatore nei panni di un archeologo intento a ricostruire la vita dell'artista attraverso i suoi scarti; inoltre, grazie al rimando tricolore dello sfondo alla bandiera olandese e di altri paesi occidentali, fanno riferimento alla questione dell'identità e della cultura nazionale e alla nostra attribuzione di utilità o inutilità, valore o meno, degli oggetti in questione. Per il Museo Dar Si Saïd, Ni ha realizzato invece un grande murale. Ciò che al primo sguardo appare come una calligrafia si rivela poi essere una serie di misteriosi codici di computer. L'opera, intitolata *Unfinished Self-portrait V* (2005), mostra un frammento delle informazioni contenute nel file del suo autoritratto scattato in digitale. Con un semplice intervento di trascrizione, Ni rivela come la fotografia, solitamente considerata una fedele riproduzione del reale, sia costituita in realtà da una struttura interna che in nessun modo evoca l'immagine del ritratto. Come in altre sue "calligrafie senza senso" realizzate in Cina, Ni Haifeng intende così smembrare le strutture autonome e i moduli imposti per la lettura di un mondo eccessivamente definito, affinché gli schemi cui l'osservatore fa riferimento ne risultino deformati.

Roel Arkesteijn

In *Respect!*, Ni displayed two other self-portraits. For the photo series *Self-portrait as Trash* (2005) he placed the contents of his wastepaperbasket on a red, white, and blue background on three different days in 2005. The photos do not only place the viewer in the position of an archeologist reconstructing the life of the artist through the medium of trash. Since the Dutch or otherwise typical Western tri-colored "flag" is created, the photos also pose questions about national identity and culture and about the way in which we decide whether or not to ascribe use and value to objects. In the Musée Dar Si Saïd, Ni created an extensive mural. What at first glance appears to be calligraphy turns out to be puzzling computer codes. This *Unfinished Self-portrait V* (2005) shows a fraction of the coding behind a simple digital photo-portrait of the artist. What professes to be a faithful representation is proven by this simple intervention to have a completely different internal structure that in no way reminds us of the artist. As with other "nonsense calligraphy" that he made in China, Ni hopes to disrupt autonomous structures and fixed patterns of comprehension in an overly defined world so that the observer's frame of reference is expanded.

Roel Arkesteijn

NI HAIFENG

Xeno-visions (2003), is a work about how a Western metropolis views socially marginalized people.

They are present, but unseen. They are social ghosts and somnambulists. They constitute a shadow in today's metropolitan life.

The video images are housed in a shabby carton box, one that is usually used for packing foreign goods. The box lies on the floor and the LCD monitors are tiny, thus, the viewer has to lower himself in order to *look down* at the *xeno-images*. The combination of object and images suggests that those xeno-images were "packed," and have "just arrived" and been "unpacked." The setting creates a particular way of seeing: of *looking down* at the images, of peeping into the unpacked box and of reading or examining up close those who are portrayed. The viewing is at once voyeuristic and intimate.

The images represent two moments of *xeno-presence* in our daily metropolitan lives: that of the private, in which a foreigner is sleeping; and that of the public, in which foreigners are walking like ghosts on the sidewalk, half-transparent, walking through one another. The clips—*The Daydreamer* and *The Ghostly*—are on the left and right monitors, respectively.

Hou Hanru

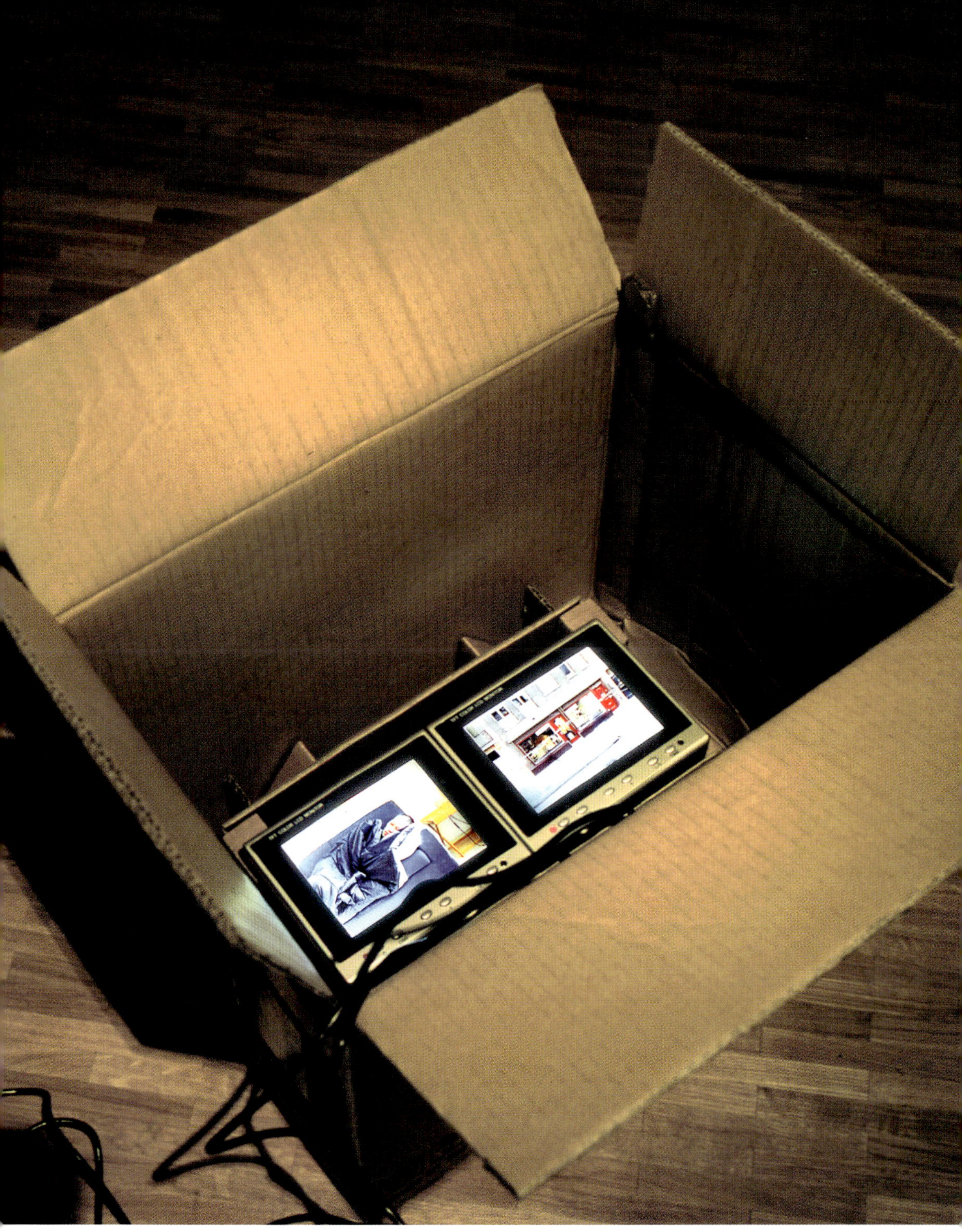

222   Ni Haifeng, *Xeno-visions*, 2003
scatola di cartone, schermo LCD, due canali, 3 min, loop
courtesy Guandong Museum of Art, Guangzhou, Cina

Ni Haifeng, *Xeno-visions*, 2003
cardboard box, LCD screen, two channels, 3 min, loop
courtesy Guandong Museum of Art, Guangzhou, China

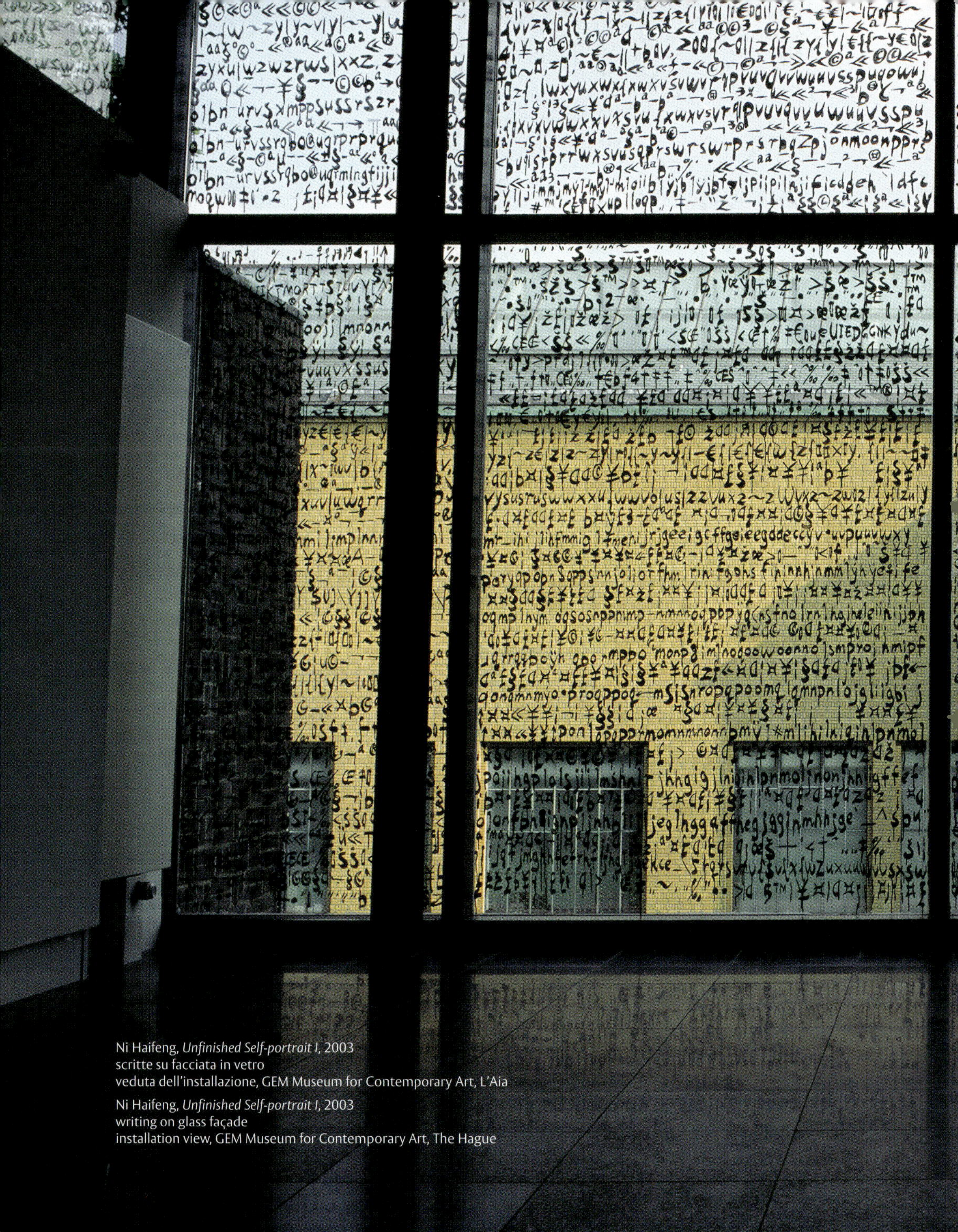

Ni Haifeng, *Unfinished Self-portrait I*, 2003
scritte su facciata in vetro
veduta dell'installazione, GEM Museum for Contemporary Art, L'Aia

Ni Haifeng, *Unfinished Self-portrait I*, 2003
writing on glass façade
installation view, GEM Museum for Contemporary Art, The Hague

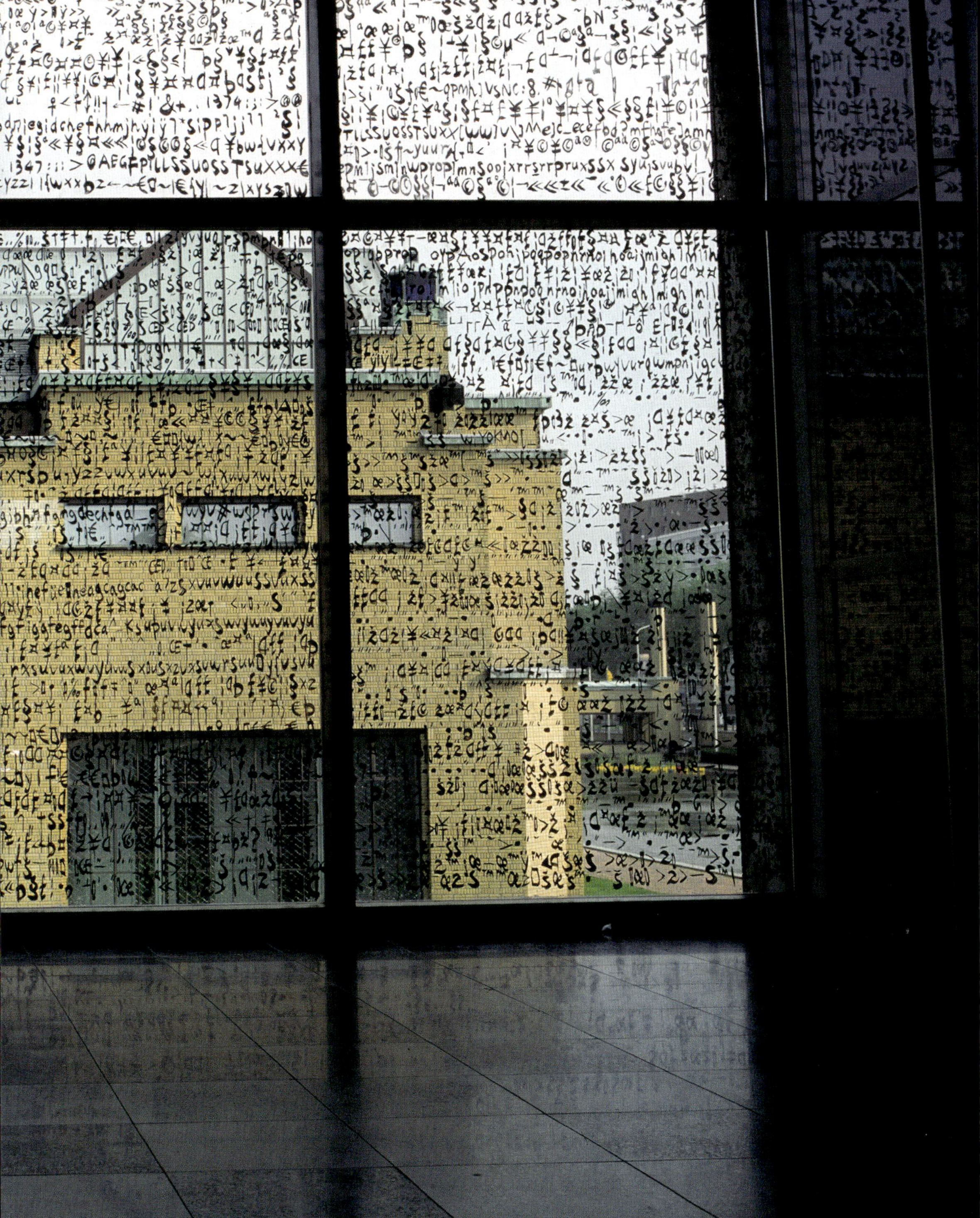

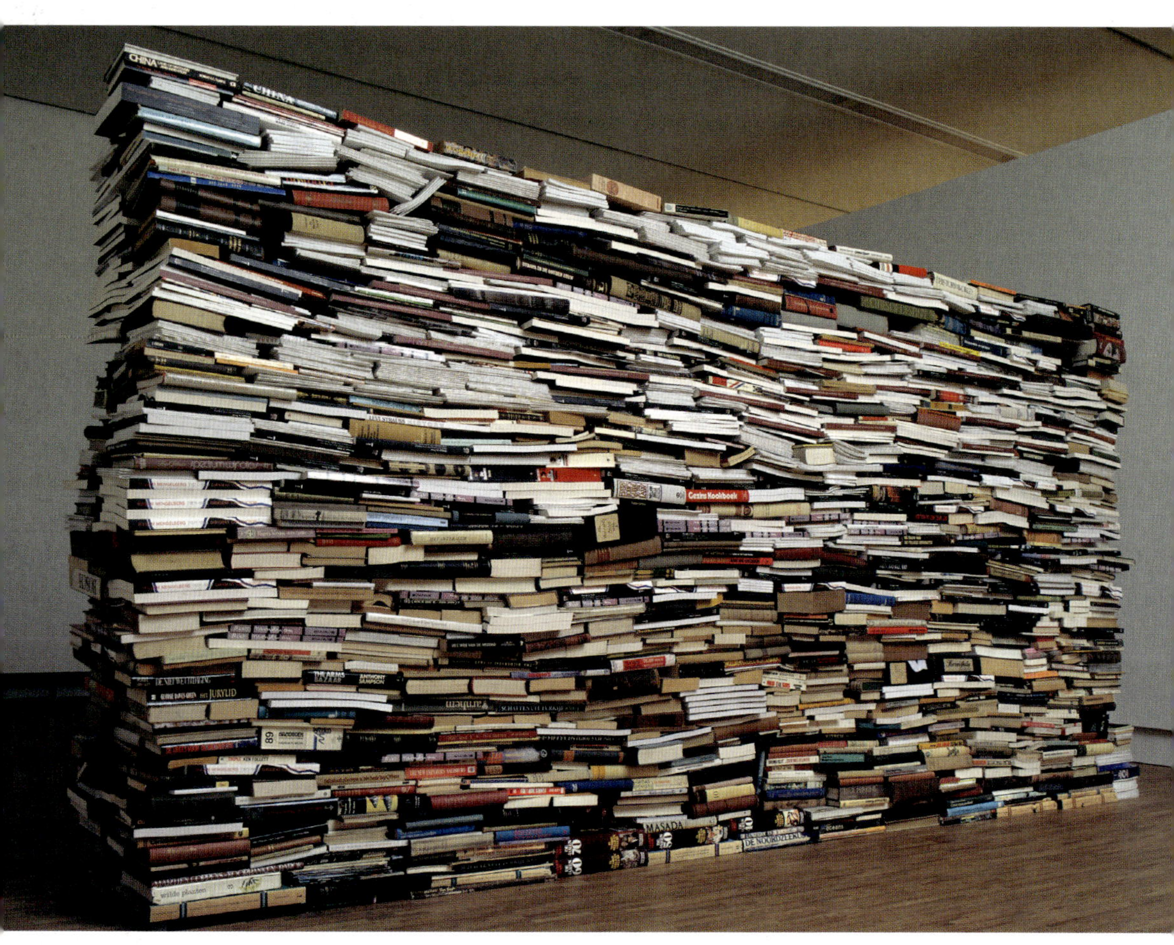

Ni Haifeng, *Xeno-writings*, 2003
libri, videoproiezione, colore, muto, 17 min, loop
veduta dell'installazione, GEM Museum for Contemporary Art, L'Aia

Ni Haifeng, *Xeno-writings*, 2003
books, video projection, color, silent, 17 min, loop
installation view, GEM Museum for Contemporary Art, The Hague

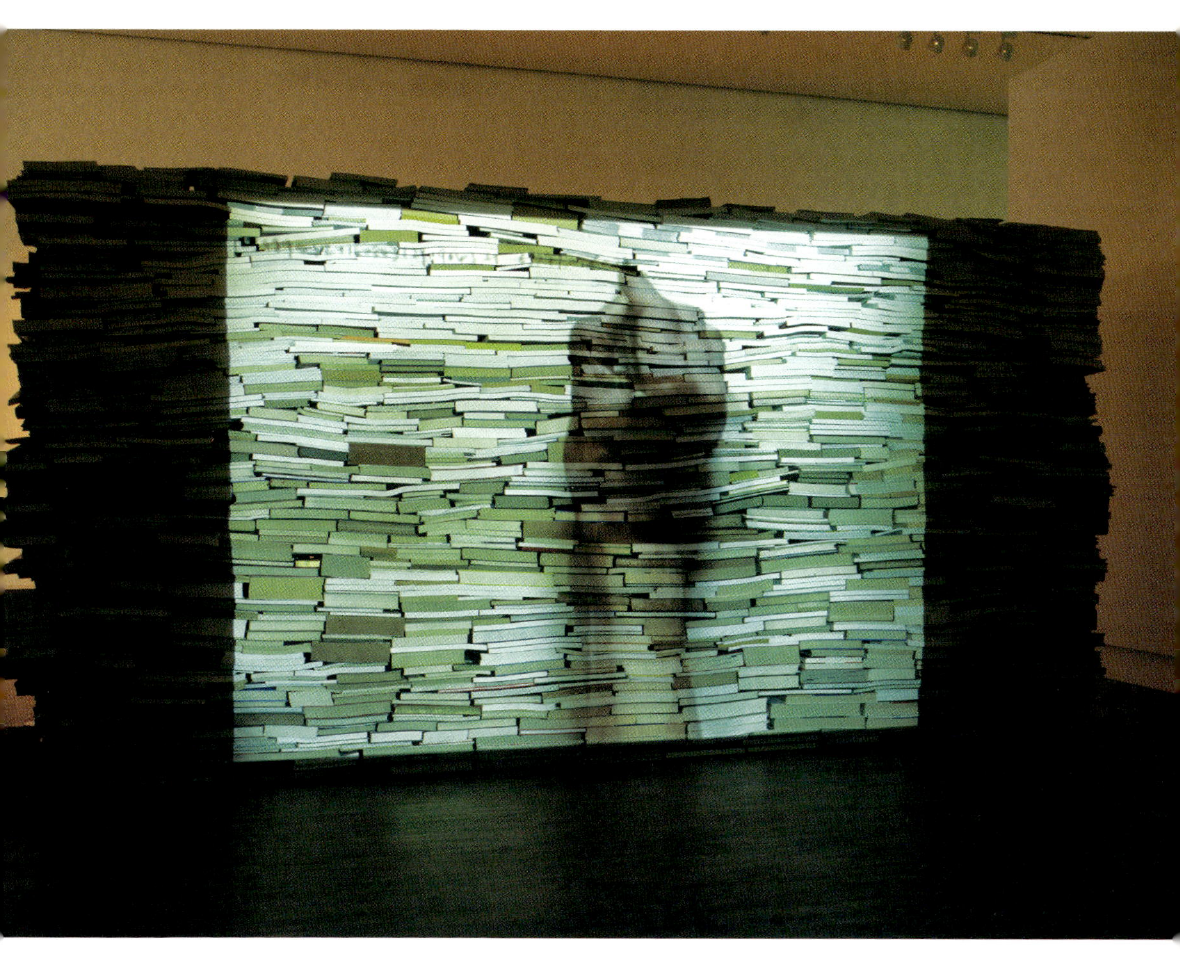

ADRIAN PACI

Adrian Paci racconta di viaggi: viaggi che necessariamente implicano lo strappo di una partenza, il dolore dell'abbandono, la nostalgia e la difficoltà; l'essere sempre divisi. Che inducono il confronto tra sé e gli altri, tra il contesto di provenienza e quelli mano a mano sperimentati. I viaggi di cui parla possono appartenere alla propria storia personale, come quello compiuto insieme alla famiglia nel 1997 quando nel suo paese d'origine, l'Albania, veniva dichiarato lo stato d'emergenza, e loro decisero di trasferirsi a Milano. O possono essere peripli senza fine, come quello di Klodi (*Klodi*, 2005), il giovane albanese intervistato nel suo video più recente, intraprendente e perennemente migrante, sempre tragicamente illegale, sempre alla ricerca e sempre in disperata fuga. È comunque attraverso la concretezza dell'esperienza personale e il filtro rappresentato dall'emotività che il suo sguardo si anima e le sue opere acquistano profondità. Così, nel suo lavoro ciò che è personale e ciò che è collettivo, realtà sociale e dimensione soggettiva, risultano fusi. Ed emerge l'invito a continuare a sentire, e a cercare per capire ciò che accomuna, ciò che rende diversi, ciò che aiuta a convivere. Tra le sue opere una serie di fotografie e una scultura, rappresentanti l'artista nudo che procede trascinandosi un tetto sulle spalle (*Home to Go*, 2001), costituisce un'espressione eloquente e sintetica della fatica rappresentata dall'andare avanti carichi di memorie e di nostalgie, e della ricchezza irrinunciabile ma anche del pesante fardello costituito da un'identità complessa e stratificata. In mostra a *Wherever We Go – Ovunque andiamo*, il video *Vajtojca* (2002) racconta il distacco, il passaggio, il senso di perdita; lo fa affrontando coraggiosamente il tema del viaggio assoluto, dell'esperienza irriducibile della morte. Senza effetti speciali, ma con grande intensità, attraverso immagini che evocano momenti alti della

Adrian Paci speaks of journeys: journeys that necessarily imply the wrench of a departure, the pain of abandonment, homesickness and difficulty, always being apart. That leads to a comparison between the self and others, between your original environment and the ones that you come into contact with. The journeys he speaks of may be part of his own history, like the one he made with his family in 1997, when a state of emergency was declared in the country of his birth, Albania, and they decided to move to Milan. Or they can be endless wanderings, like those of Klodi (*Klodi*, 2005), the young Albanian interviewed in his most recent video, an enterprising and perennial migrant, always tragically illegal, always in search of something and always in desperate flight. However, it is through the concreteness of his personal experience and the filter represented by emotion that his gaze is brought to life and his works acquire depth. Thus what is personal and what is collective, social reality and subjective dimension, are fused in his work. And what emerges is an invitation to go on feeling, and to try to understand what we have in common, what makes us different, what helps us to coexist. Among his works, a series of photographs and a sculpture representing the naked artist walking along and carrying a roof on his back (*Home to Go*, 2001) constitutes an eloquent and succinct expression of the effort involved in resisting while loaded down with memories and yearnings, and of the indispensable richness, but also the heavy burden, represented by a complex and multi-layered identity. On show at *Wherever We Go*, the video *Vajtojca* (2002) tells of detachment, transit, the sense of loss. It does this by courageously tackling the theme of the absolute journey, of the implacable experience of death. Without special effects, but with great intensity, through images that evoke high moments in the history of

VAJTOJCA

Ç'asht kjo gjame,ç'asht o ky o medet
Po kjan nana djalin e vet
Vaj medet se ç'ja ka gjet
Po si e kjaj uno kete djale te ri
Qe ka deke ne gerbet t'zi
O Adrian Pacin o djale shume te ri
Du me kja ,du me vajtua
Se nana e tij fjale me ka çua
O me ardhe djalin sot o me ma brite
Se ujet e vale grues e dy fmive ia ka qite
Pra nane tine ban o medet
Ban o medete uno due me t'thane
Si djalin dishirit nana sot o don o me kja
O çili syte qi ke ne balle
O çili syte o bir me pa ti
Ku ma ke gruen o me dy fmi
Po ç'ka ban o sot grueja per ty
Ia ke plase o dy syte ne ball
O mja ke lane te vogjel o vajz e djal
Mjera nana bir o qe ke gjall
Po a din bir ça t'ka ndodhe ty
Deke t'ka baba shume i ri
E ka lane o nji djale e nji bij
O a din nane baben ça ta ka gjete
O fatin e babes o e pata vete
Se kam deke une sot ne gerbet
Larg kuku shpis e larg votres
Larg kuku nanes e motres
O ban kuku shum larg o prej Shkodres
Djale i nanes fol o me mua
Pse bir syte mi ke qerrua
Si mi qerrove o bir syte e mij
Po si rrij une biro pa ty
Djale i nanes fol me mua
Çou mos pritsh o me u çua
Se njekshtu nuk mbahet shpia
Po njekshtu nuk rriten o babe fmija
Djali i nanes fol me mua
Tesh du vajin uno me e lane
Se nuk mundem me t'kjajte ma gjane
Paç me nafake bir ça ke lane
Tanve u dhashte Zoti kyvet
Ty t'marrte Krishti o ndore t'vet
Tanve u dhashte Zoti kyvet
Gjithçka keni i paçi me jete
Ma n'keto troje mos kjasha vete
Dheu i tokes bir t'u duket I leht
Oj oj eh

storia dell'arte, Paci inscena il proprio stesso rito funebre: un uomo bussa a una porta e una donna lo accoglie in una stanza; cambia l'abito quotidiano con uno più elegante mentre lei prepara il letto. Si sdraia mentre lei si copre la testa. Resta immobile mentre lei intona un sommesso lamento. La donna è una prèfica incaricata di piangerlo. Ma alla fine del canto l'uomo si alza. I due si abbracciano. Lui esce.

Oltre il lutto di ogni distacco, oltre ogni cedimento, oltre la tentazione di sottrarsi al mondo quotidiano e alle sue contraddizioni riprendere il cammino è confessione di speranza, ma anche consapevole scelta. GS

art, Paci stages his own funeral: a man knocks at a door and a woman lets him into a room; he changes his everyday clothing for more elegant attire while she makes the bed for him. He lies down and she covers his head. He remains motionless while she sings a quiet dirge. The woman is a mourner hired to weep over him. But at the end of the song the man gets up. The two embrace. He goes out.

Beyond the grief of every parting, beyond every yielding, beyond the temptation to withdraw from the everyday world and its contradictions, resuming your journey is an admission of hope, but also a conscious choice. GS

VAJTOJCA

Cos'è questa lagna, cos'è questo lutto?
Una madre piange sul suo figlio unico
Povera lei, cosa le è successo!
Come faccio a piangere su questo ragazzo
Che è morto maledettamente lontano
O Adrian Paci, o giovane ragazzo
Voglio piangere e voglio lacrimare,
Perché sua madre me l'ha chiesto,
Vieni oggi a gemere su mio figlio
Per la ferita che ha aperto
A sua moglie e alle sue bimbe
Così, o madre, piangi su tuo figlio
Piangi sul tuo unico figlio
Apri gli occhi figlio mio
Apri gli occhi per vedere
Dove sono tua moglie e le tue bimbe?
Cosa fa oggi tua moglie senza te?
Le hai accecato gli occhi
Le hai lasciato due bimbe orfane
Povera madre che vive ancora
Ma sai, o figlio mio, cosa ti era successo?
Giovane, tuo padre era scomparso
Un figlio e una figlia aveva lasciato
Lo sai, figlio mio, cosa ti è capitato?
E adesso, la sua sorte tu stesso hai provato
Sei morto lontano da qui, immigrato
Lontano ahimè dalla casa e dal fuoco
Lontano ahimè dalla madre e dalla sorella
O ahimè così lontano dalla tua Shkodra
Figlio mio parla con me
Perché hai ferito il mio cuore?
Perché hai accecato i miei occhi?
Come faccio io vivere senza di te?
Ti prego dimmi una parola
Alzati ti dico, ti devi alzare
Così non si tiene la famiglia
Le bimbe hanno bisogno del loro padre
Figlio mio parla con me
Adesso il pianto io voglio lasciare
Non ce la faccio più a continuare
A tutti dico solo due parole
Che Dio vi aiuti a sopportare il dolore
Che il Gesù ti prenda nelle sue mani
Che Dio a tutti dia la forza di sopportare
A quelli che rimangono auguro lunga vita
Io in questi luoghi mai più possa piangere
E che la terra sul tuo corpo sia sempre leggera
Oi oi eh

What is this lament, this mourning?
A mother weeping her only son
Poor woman. What happened to you?
How can I cry for so young a man
Who died in a foreign land
O Adrian Paci, young man,
I want to lament and I want to cry
For his wife and daughters sigh
To come and cry over their misery
O mother, cry thus over thy son,
Weep thy only son
Wake my son
Wake my son and see
What thy wife and daughters will be,
Thy wife, abandoned and
Blinded by thee,
Left with orphaned little girls
Poor mother, still in life's whirls
Do you know what chanced upon thee, son?
Missing went thy father young,
A son and a daughter left he
Do you know, son, what chanced upon thee?
His same lot you encountered,
You died afar, stranded,
Oh so far from home and hearth
Oh so far from sibling and mother,
Oh so afar from thy Shkorda
O son, speak to me
For thou wounded me
For thou with tears blinded me
How can I go on living?
I beg thee speak
Rise, I tell you,
You have to
Your family cannot carry on thus
These daughters need their father
Son, speak to me
For my crying needs to cease
I cannot carry on,
I will say few words to all,
God help thee overcome thy toll
Jesus take thee by His hand
God help thee thy pain to stand
To those who survive
I wish long life in this land
I must stop my mourning here,
Earth on thy shroud be ever light.
Oi oi eh

Adrian Paci

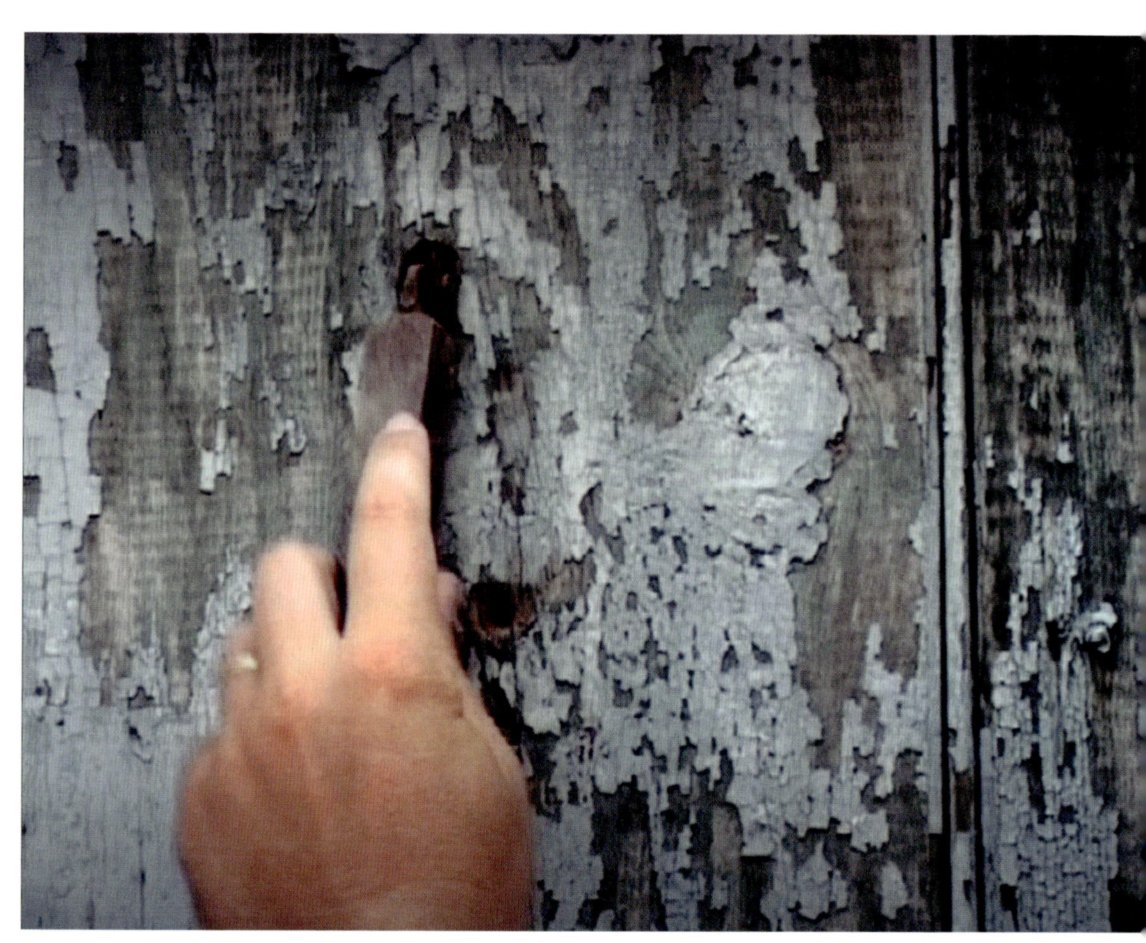

232   Adrian Paci, *Vajtojca*, 2002
        film su dvd, colore, sonoro, 9 min
        courtesy francesca kaufmann, Milano

        Adrian Paci, *Vajtojca*, 2002
        film on DVD, color, sound, 9 min
        courtesy francesca kaufmann, Milan

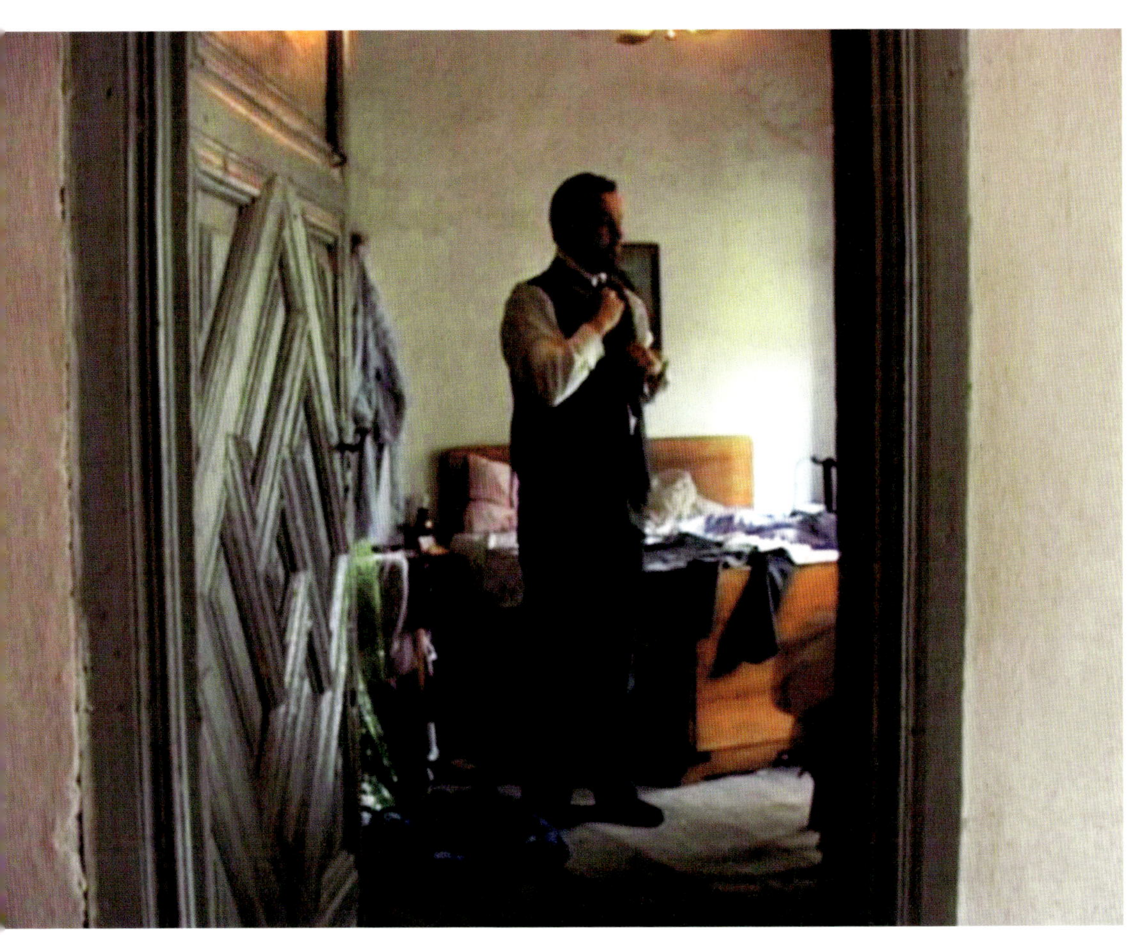

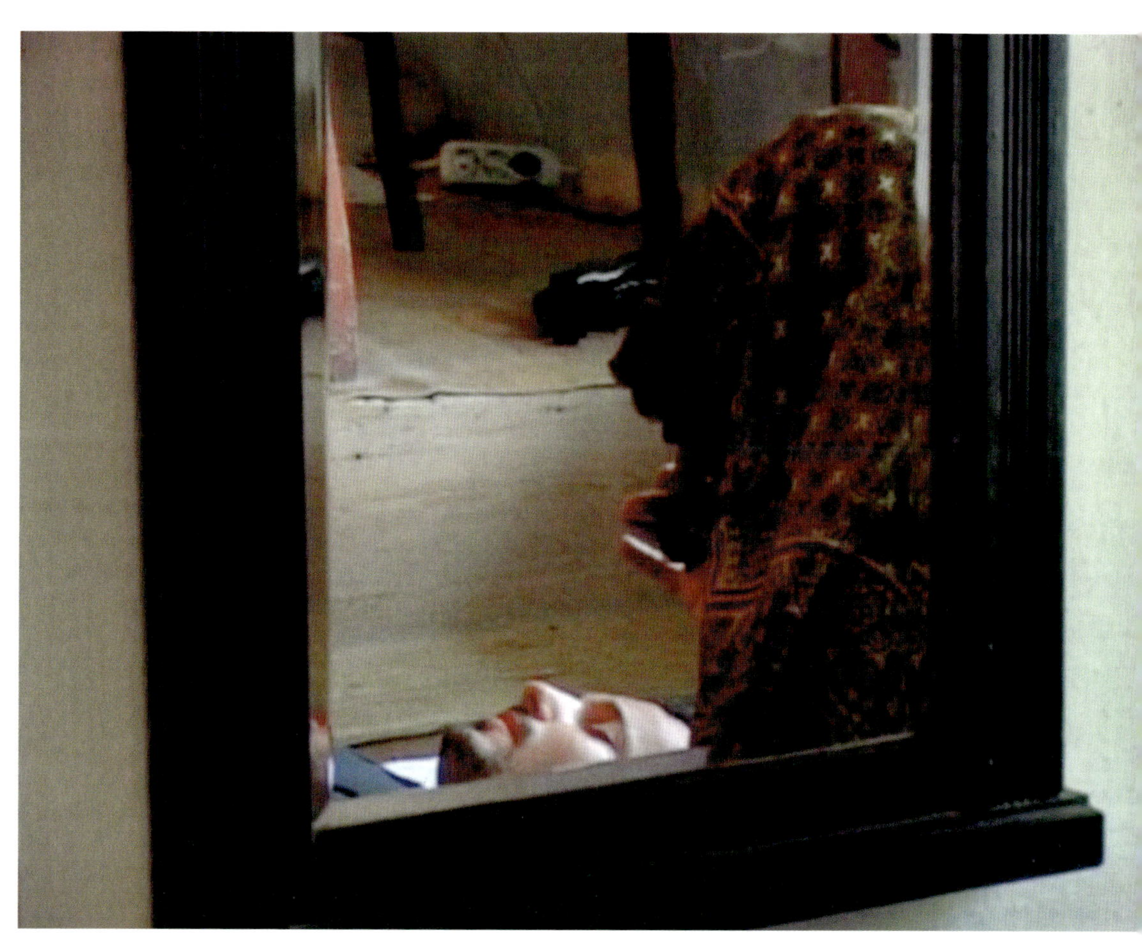

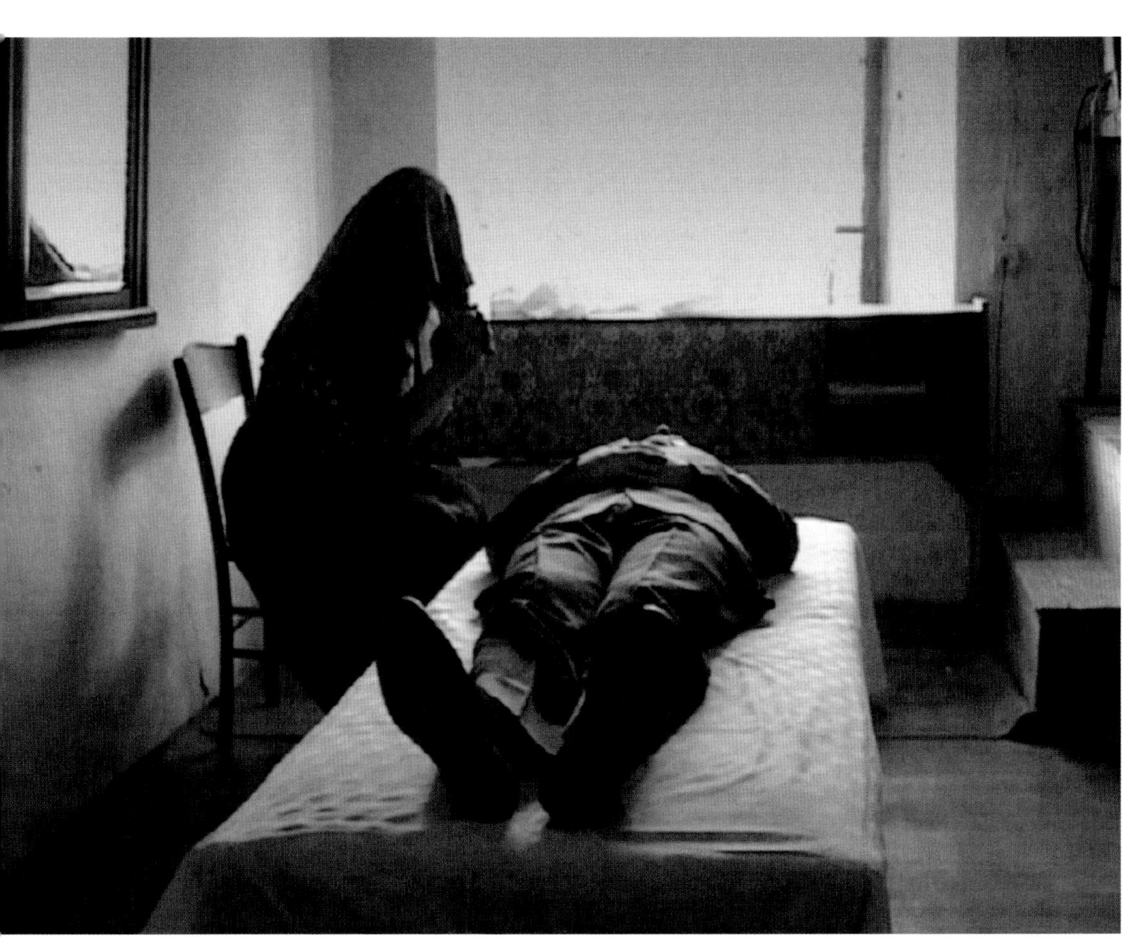

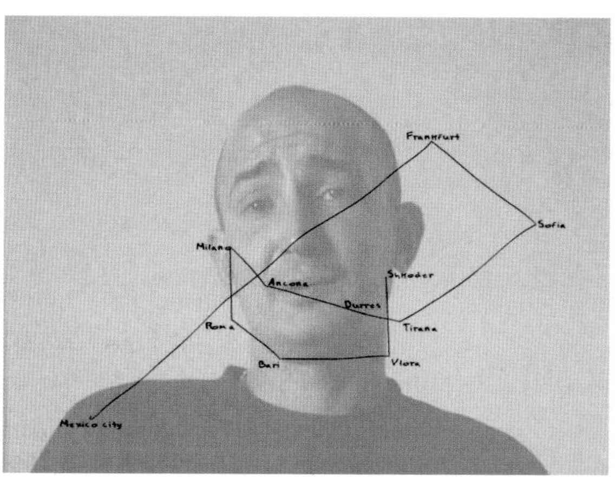

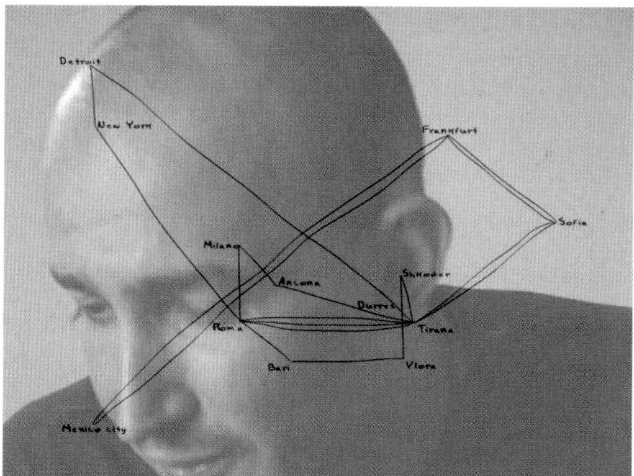

Adrian Paci, *Klodi*, 2005
film su dvd, colore, sonoro, 40 min
courtesy francesca kaufmann, Milano

Adrian Paci, *Klodi*, 2005
film on DVD, color, sound, 40 min
courtesy francesca kaufmann, Milan

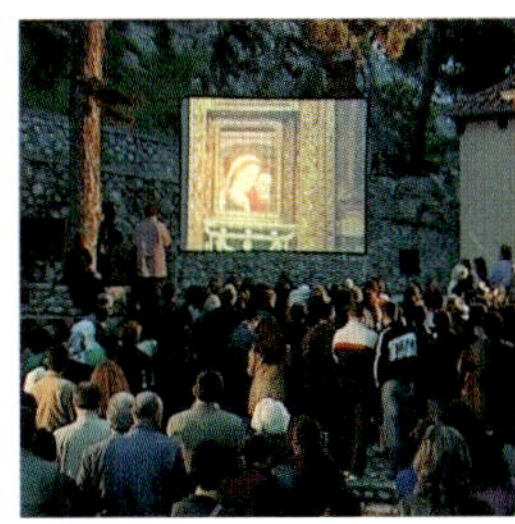

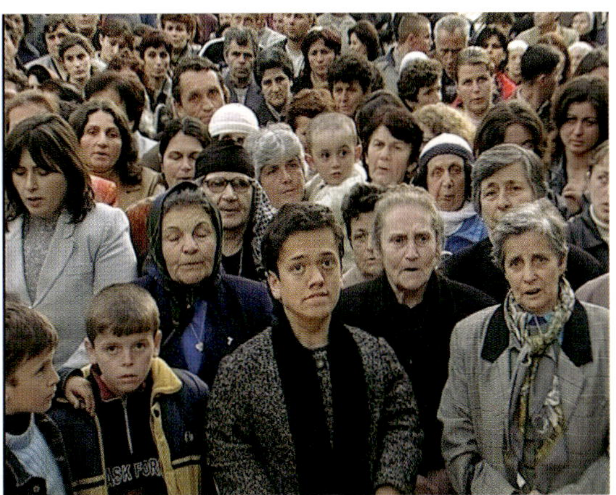

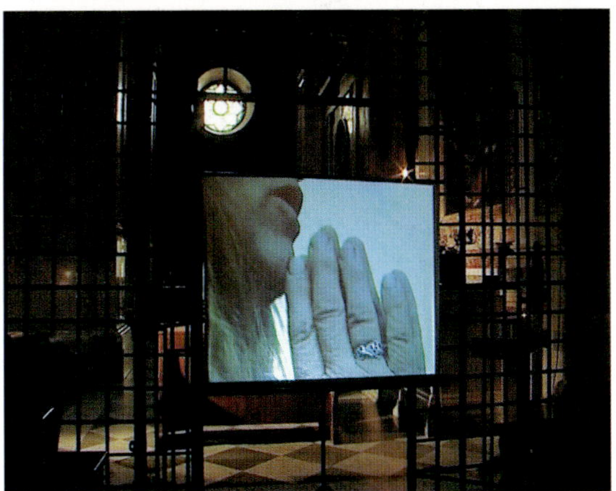

Adrian Paci, *PilgrIMAGE*, 2005
film su dvd, colore, sonoro, 13 min 40 sec
musiche originali Steve Piccolo
courtesy francesca kaufmann, Milano

Adrian Paci, *PilgrIMAGE*, 2005
film on DVD, color, sound, 13 min 40 sec
original music by Steve Piccolo
courtesy francesca kaufmann, Milan

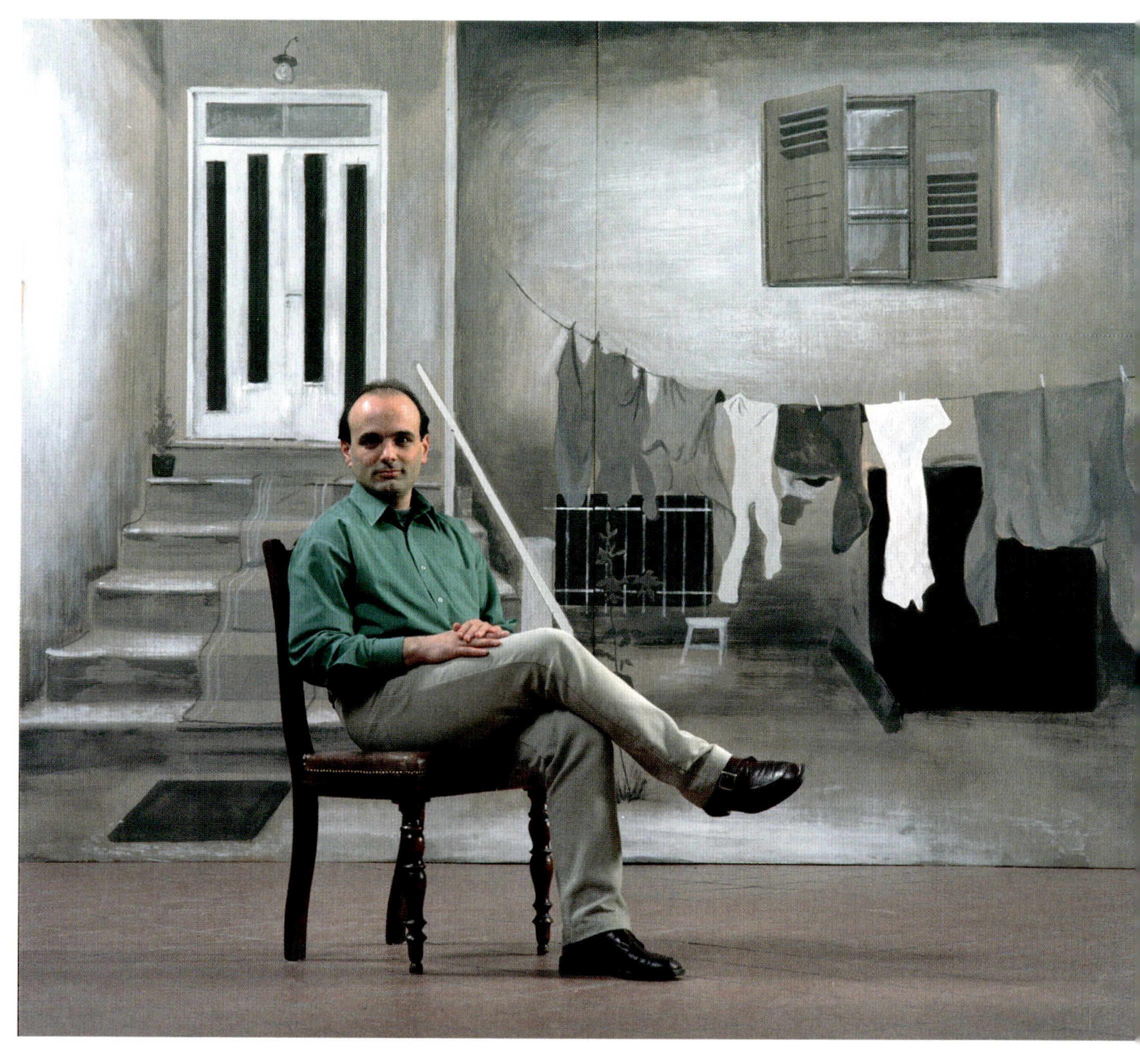

238   Adrian Paci, *Back Home*, 2001
      serie di quattro fotografie a colori, 105 x 125 cm cadauna
      courtesy francesca kaufmann, Milano

      Adrian Paci, *Back Home*, 2001
      series of four color photos, 105 x 125 cm each
      courtesy francesca kaufmann, Milan

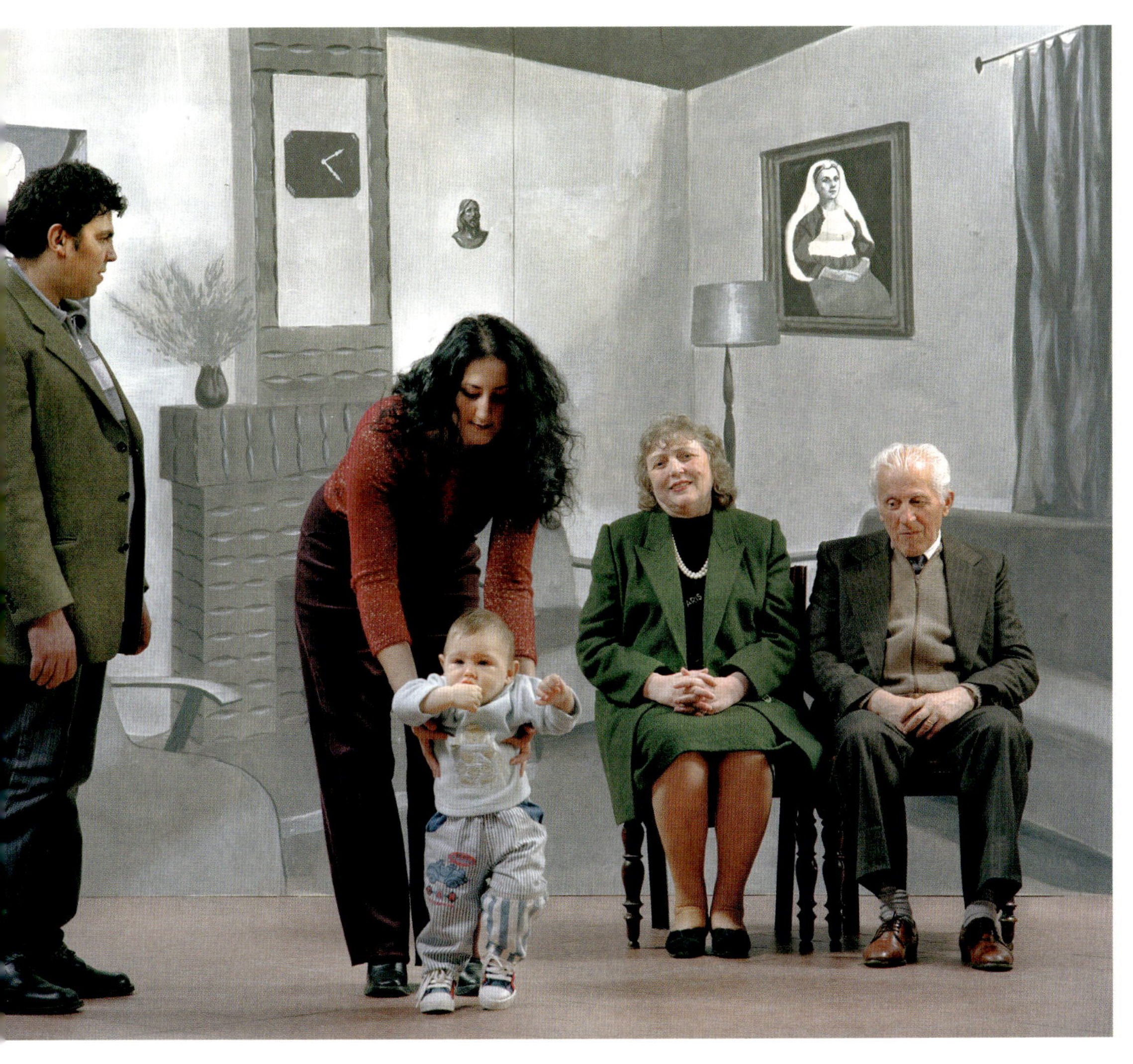

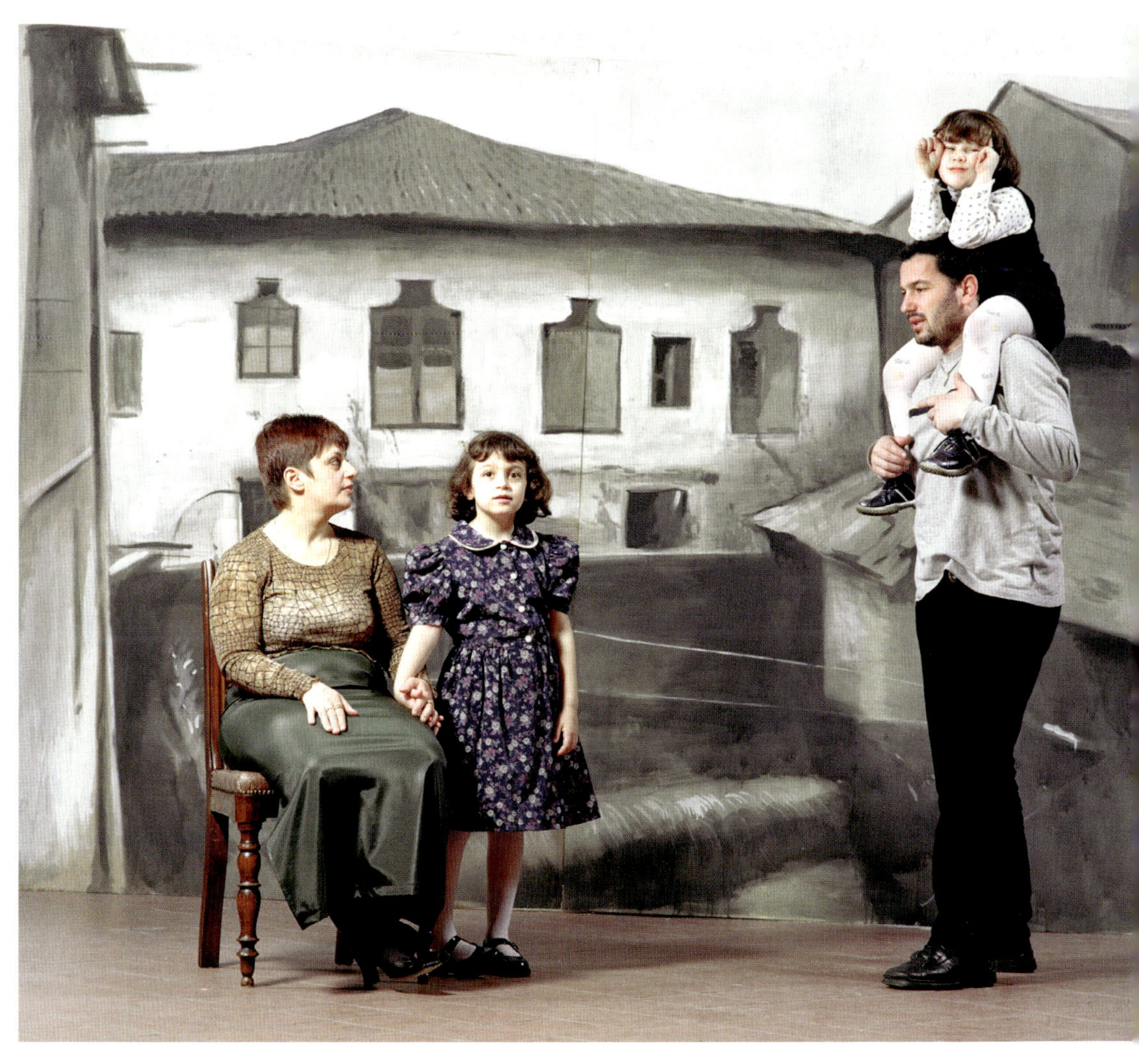

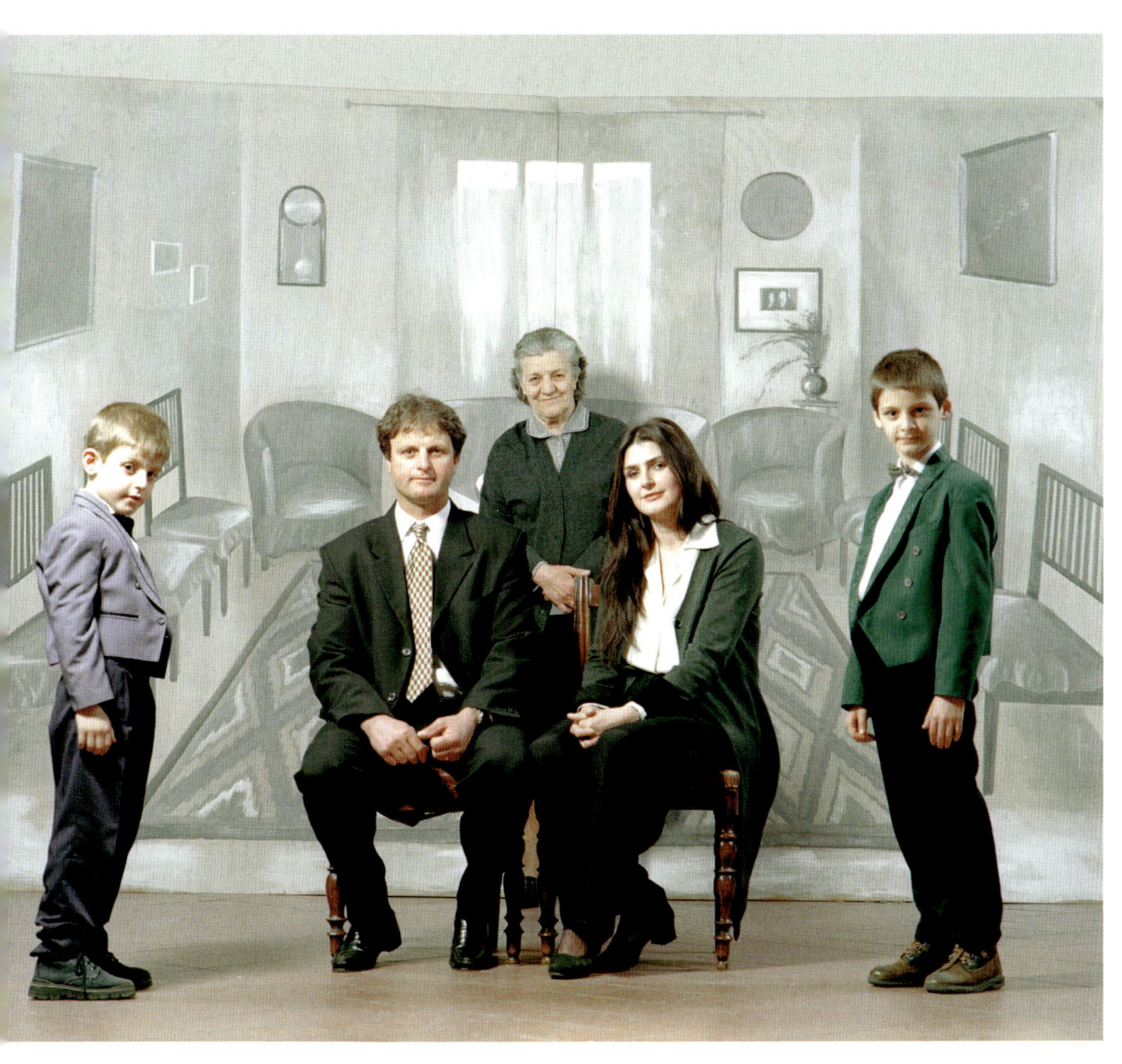

PASCALE MARTHINE TAYOU

Jean Apollinaire Tayou nasce in Camerun. Negli anni Novanta lascia gli studi di diritto all'Università di Yaoundé, cambia nome, ne prende uno doppio e lo declina al femminile; diventa così Pascal(e) e Marthin(e) Tayou. Da allora vive e lavora tra Bruxelles e Douala, Camerun.

Come il suo percorso e il suo nome, anche il suo lavoro d'artista risulta mobile, inclassificabile: volutamente eterogeneo, nelle forme che di volta in volta assume si apre a interpretazioni molteplici. Per Tayou l'opera nasce in strettissima contiguità con la vita; molte sono site-specific e hanno origine nelle sue personali esperienze quotidiane e dall'assunzione di materiali o di immagini di riciclo; hanno a che fare, in molti casi, con la circolazione continua degli individui e degli oggetti nel mondo. Il viaggio, l'incontro, l'energia, la spontaneità e la casualità hanno un ruolo fondamentale nell'operato di Tayou.

"L'intera opera di Pascale Marthine Tayou si regge sulla tensione tra il familiare e l'estraneo, tra ciò che ci è immediatamente accanto, vicino, e ciò che resta irrimediabilmente distante, esotico, persino incomprensibile" scrive Massimiliano Gioni nel catalogo della Biennale di Venezia 2005 a cui Tayou partecipa con una grande installazione esposta all'Arsenale, consistente in un muro di sacchetti di plastica raccolti durante i suoi viaggi in giro per il mondo: un muro colorato che vibra e gioca con il vento. In occasione di *Wherever We Go – Ovunque andiamo* Tayou espone *Shooting Star* (2003), un simbolo eloquente di questa contiguità, una serie di gigantografie tratte da ritratti in formato tessera realizzati in momenti diversi della propria esistenza. Ad accomunare queste opere un segno particolare, il buco di pallottola, fatto da un'arma da fuoco: un banditesco, lugubre, spaventevole segno della tensione che oggi percorre il mondo ma anche di una scelta individuale, quella di vivere sul limite. GS

Jean Apollinaire Tayou was born in Cameroon. In the nineties, he gave up studying law at the University of Yaoundé and changed his name, assuming a double one that he gave a feminine declination to: thus he became Pascal(e) and Marthin(e) Tayou. Since then he has divided his time between Brussels and Douala, Cameroon. Like his name and the course he has taken, his work as an artist is mutable and unclassifiable: deliberately diverse in its forms, which are always open to multiple interpretations. Tayou's works are born in the closest proximity with his life; many are site-specific and stem from his personal, everyday experiences and from the exploitation of recycled materials or images. In many cases, they are connected with the continual circulation of individuals and objects in the world. The journey, the meeting, energy, spontaneity, and chance play a fundamental role in Tayou's work.

"The whole of Pascale Marthine Tayou's work rests on the tension between the familiar and the strange, between what is close by, in the immediate surroundings, and what remains irremediably distant, exotic, even incomprehensible," wrote Massimiliano Gioni in the catalogue of the 2005 Venice Biennale, where Tayou showed a large installation at the Arsenale. This consisted of a wall of plastic bags collected on his travels around the world: a brightly colored world that vibrated and played with the wind.

In *Wherever We Go*, Tayou exhibits *Shooting Star* (2003), an eloquent symbol of this contiguity: a series of blow-ups made from passport-sized pictures taken at different moments of his life. All these works share one particular feature, a bullet hole made by a firearm: a sinister, funereal, frightening mark of the tension that permeates the world today, but also of an individual choice—that of living on the edge. GS

TOTEMS, MASQUES & TABOUS

Raconter une histoire,
essayer de la cacher dans des phrases,
l'aborder par la forme,
par le temps,
la métamorphoser.
Révolter,
ne pas aimer,
j'aime pas les masques africains,
j'aime pas les totems africains,
j'aime le masque africain,
et le masque qui inventa le masque est mon
    préféré.
Le culte des morts est la raison qui fait vivre les
    vivants,
j'aime les totems.

Parler de mes totems à moi,
de mes masques à moi,
mes grattes-ciel,
ma bitume, ...
mes grosses cylindrés
mon rythme.
...

Berta ma Grand-mère
Berto mon Grand-père,
je me souviens encore de la terre rouge-ocre du
    sentier tranquille qui mène chez eux à Colle di
    Val d'Elsa
de la rivière aux crocodiles de ma toscane africaine,
Le bonheur du matin   et ses senteurs cristal,
j'entends encore le chant gris-gris des oiseaux
    sauvages dans la savane des lions,
le froufrou des ouvriers à 5h du matin restera pour
    l'éternité gravé dans mon esprit.

J'irais à Bâle,
à Paris, Tokyo, Pékin, ... Dar es Salam
j'irai aussi à Londres des totems avec mes plumes
    de vieux perroquets,
j'irai avec Louise et les autres,
avec plein d'images et d'histoires à raconter.

Des pattes d'autruches accrochées   sur le mur
    d'une case me reviennent à l'esprit,
le goût aigre-doux du vin de palme n'a pas encore
    disparu de ma bouche et tout
comme la soupe de piment bleu de Berta, tous mes
    souvenirs sont encore en érection.

Depuis mon séjour dans la case en terre de mon
    grand père,
depuis que je suis de retour à New York, je ne pense
    plus qu'à écrire,
je ne pense plus qu'à raconter mon voyage au pays
    des magiciens.

Mais il est vraiment difficile de raconter le son du
    tam-tam qui résonne dans la nuit noire obscure
    de la jungle,
comment faire chanter des criquets par la plume
    sans fausser la gamme?
C'est fort compliqué pour un profane d'écrire les
    accords d'une danse sacrée,
et que faire pour ne pas déranger le repos des
    ancêtres maintenant que mes tabous doivent
    mourir pour allonger l'intemporel?
De mes Totems et Tabous du passé,
de mes Totems et Masques d'hier,
des Danses et Transes de mon enfance,
faire des formes nouvelles dans des matières
    nouvelles pour célébrer la vie,
comprendre l'incompréhension et rendre la densité
    conceptuelle du statuaire perméable et facile à
    visiter.
Rapprocher le sacré du passé vers la tradition de
    l'actuel.
Un pont entre l'esprit et la matière ...
La fusion des temps,
hier et demain dans l'instant présent.
Totems, Masques et Tabous...

Pascale Marthine Tayou, Gand, 6 juin 2006

TOTEM, MASCHERE E TABÙ

Raccontare una storia,
cercare di nasconderla dentro le frasi,
avvicinarla tramite forma,
il tempo,
trasformarla.
Ribellarsi,
non amare,
non mi piacciono le maschere africane,
non mi piacciono i totem africani,
mi piacciono le maschere africane,
e la maschera che inventò la maschera è la mia
    preferita.
Il culto dei morti è la ragione che fa vivere i vivi,
mi piacciono i totem.

Parlami dei miei totem,
delle mie maschere,
i miei grattacieli,
il mio asfalto, …
le mie grosse cilindrate,
il mio ritmo,
…

Berta mia nonna
Berto mio nonno,
mi ricordo ancora della terra color rosso ocra del
    sentiero tranquillo che porta a casa loro a Colle
    di Val d'Elsa
del fiume dei coccodrilli della mia Toscana africana,
la felicità del mattino e i suoi profumi cristallini,
sento ancora il canto "gris-gris" degli uccelli
    selvatici nella savana dei leoni,
il "froufrou" degli operai alle 5 di mattina resterà
    per sempre scolpito nel mio spirito.

Andrò a Basilea
a Parigi, Tokyo, Pechino, … Dar es Salaam
andrò anche nella Londra dei totem con le mie
    piume di vecchi pappagalli,
andrò con Louise e gli altri,
con molte immagini e storie da raccontare.

Zampe di struzzo fissate sul muro di una capanna
    mi tornano in mente,
il sapore agrodolce del vino di palma non è ancora
    scomparso dalla mia bocca e così come la
    zuppa di peperoncino blu di Berta, tutti i miei
    ricordi sono ancora in costruzione.

Dal mio soggiorno nella capanna di terra di mio
    nonno,
da quando sono tornato a New York, non penso ad
    altro che a scrivere,
non penso ad altro che a raccontare il mio viaggio
    nel paese degli stregoni.

Ma è veramente difficile raccontare il suono del
    tam-tam che risuona nella notte nera e oscura
    della giungla,
come poter far cantare le cavallette attraverso la
    scrittura senza falsare la gamma dei suoni?
È molto difficile per un profano scrivere gli accordi
    di una danza sacra,
e cosa fare per non disturbare il riposo degli
    antenati adesso che i miei tabù devono morire
    per allungare l'eterno?

Dei miei Totem e Tabù del passato,
dei miei Totem e Maschere di ieri,
delle Danze e dei momenti di Trance della mia
    infanzia,
concepire nuove forme in materiali nuovi per
    celebrare la vita,
comprendere l'incomprensibile e rendere la densità
    concettuale della statuaria permeabile e facile
    da visitare.
Avvicinare il sacro del passato alla tradizione
    dell'attuale.
Un ponte tra lo spirito e la materia…
La fusione dei tempi,
Ieri e domani nell'istante del presente.
Totem, Maschere e Tabù…
        Pascale Marthine Tayou, Gand, 6 giugno 2006

TOTEMS, MASKS, AND TABOOS

Telling a story,
trying to hide it in the phrases,
approaching it by the form,
by the time,
metamorphosing it.
Revolting,
not liking,
I don't like African masks,
I don't like African totems,
I like the African mask,
and the mask that invents the mask is my favorite.
The cult of the dead is what makes the living live,
I like totems.

Speak to me of my totems,
of my masks to myself,
my skyscrapers,
my asphalt . . .
my big engine
my rhythm,
. . .

Berta my Grandmother
Berto my Grandfather,
I still remember the red-ocher earth of the quiet
    path that leads to their house at Colle di Val
    d'Elsa
of the crocodile-filled river of my African Tuscany.
The happiness of the morning and its crystal
    scents,
I still hear the gris-gris song of the wild birds in
    the savannah of the lions,
the rustle of the workers at 5 in the morning will
    stay engraved on my mind for eternity.

I will go to Basel,
to Paris, Tokyo, Beijing . . . Dar es Salaam
I will go as well to the London of the totems with
    my feathers of old parrots,
I will go with Louise and the others,
with a lot of pictures and stories to tell.

Ostrich feet hanging on the wall of a house come to
    my mind,
the bitter-sweet taste of palm vine has not yet
    vanished from my tongue and all
like Berta's soup of blue pepper, all my memories
    are still in erection.

Since my stay in my grandfather's mud hut,
since I came back from New York, all I think of is
    writing,
all I think of is telling the story of my journey to
    the land of the magicians.

But it's really difficult to tell of the sound of the
    tom-tom resounding in the dark black night of
    the jungle,
how to make crickets sing by the pen without
    straining the scale?
It is very hard for a layman to write down the
    chords of a sacred dance.
And how not to disturb the repose of my ancestors
    now that my taboos have to die so as to
    prolong the timeless?

Of my Totems and Taboos of the past,
of my Totems and Masks of yesterday,
of the Dances and Trances of my childhood.
Making new shapes in new materials to celebrate
    life,
understanding the lack of understanding and
    making the conceptual density of statuary
    permeable and easy to visit.
Bringing the sacred of the past closer to the
    tradition of the present.
A bridge between mind and matter . . .
the fusion of times,
Yesterday and tomorrow in the present moment.
Totems, Masks, and Taboos . . .

Pascale Marthine Tayou, Ghent, June 6, 2006

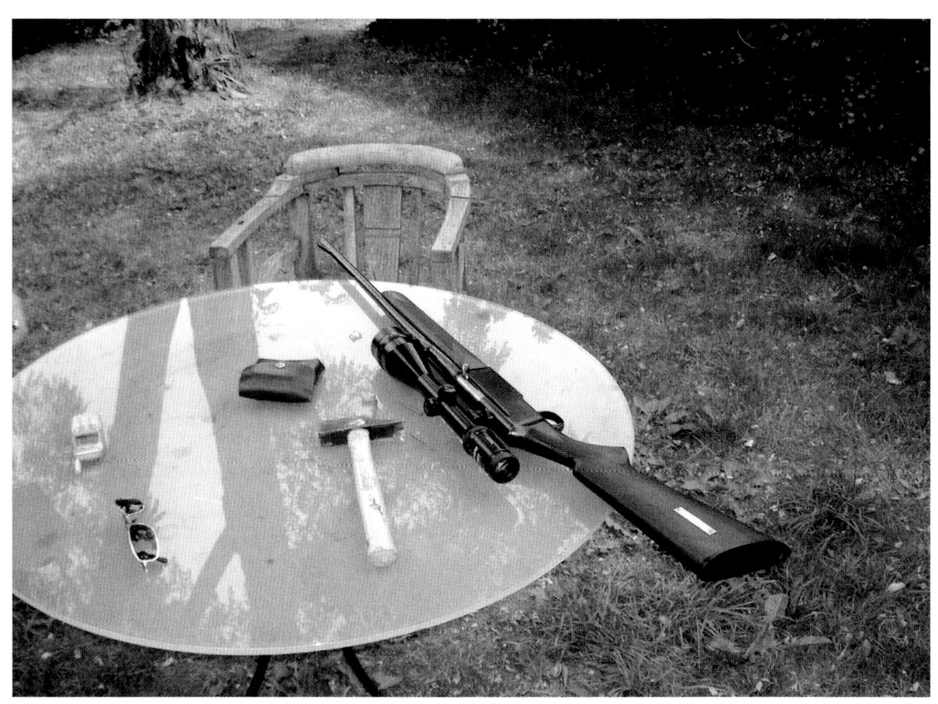

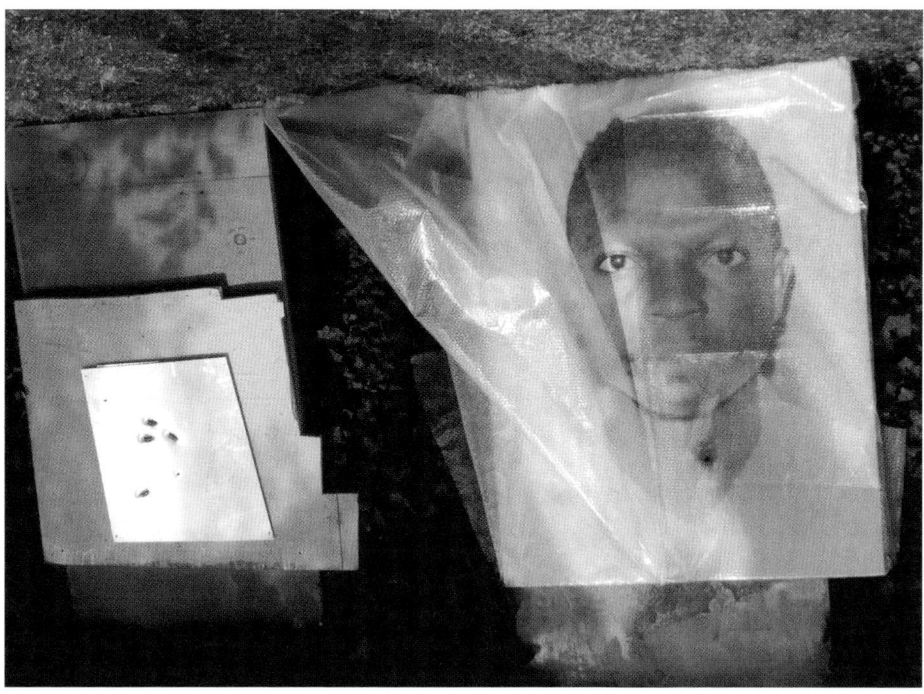

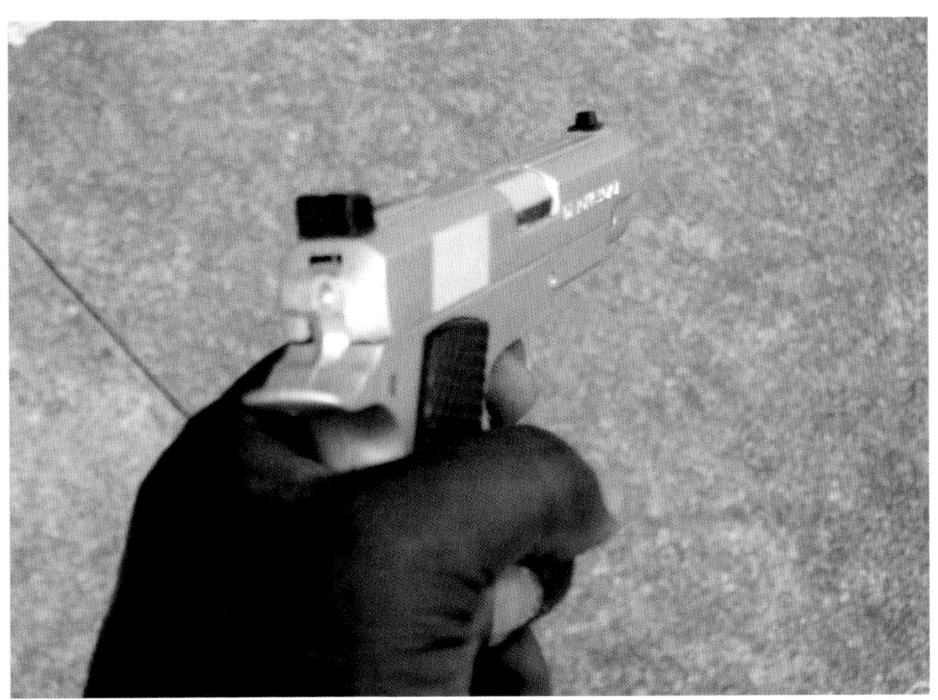

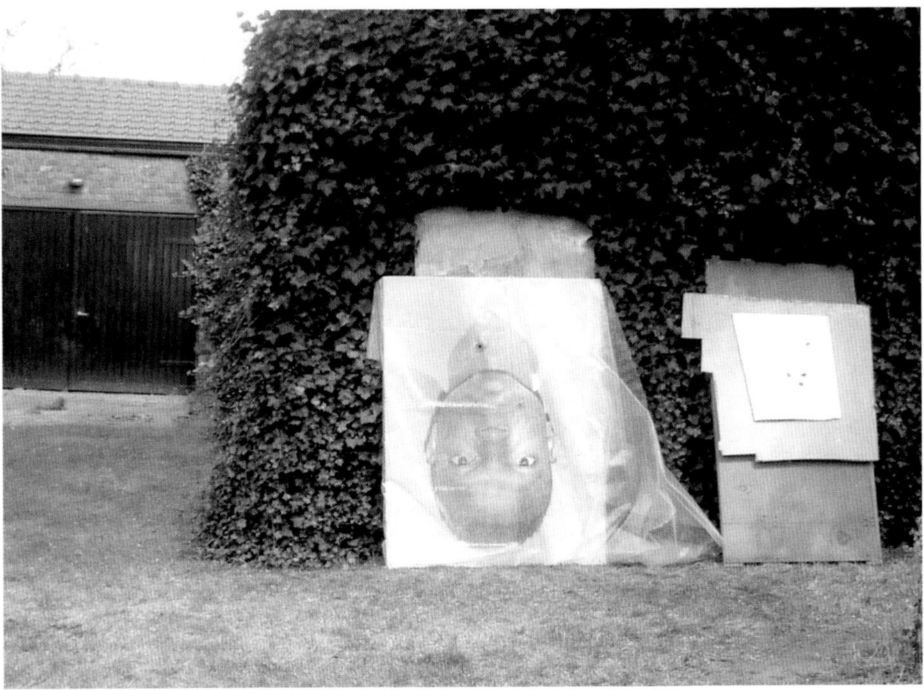

Pascale Marthine Tayou, *Shooting Scene*, 2003
fotografia bianco e nero
courtesy Galleria Continua, San Gimignano - Pechino

Pascale Marthine Tayou, *Shooting Scene*, 2003
black and white photos
courtesy Galleria Continua, San Gimignano - Beijing

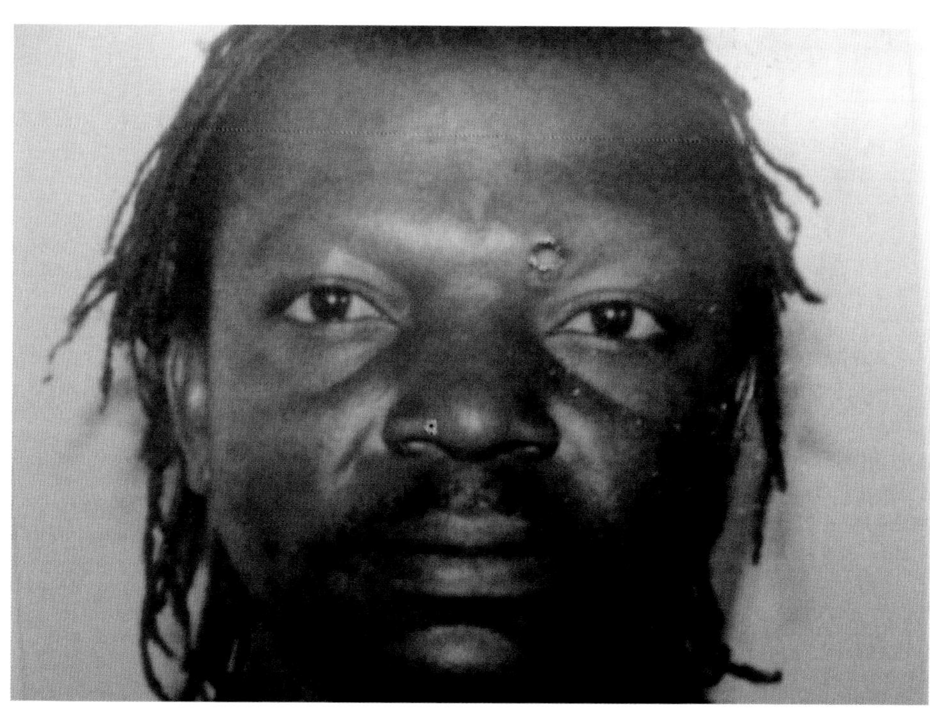

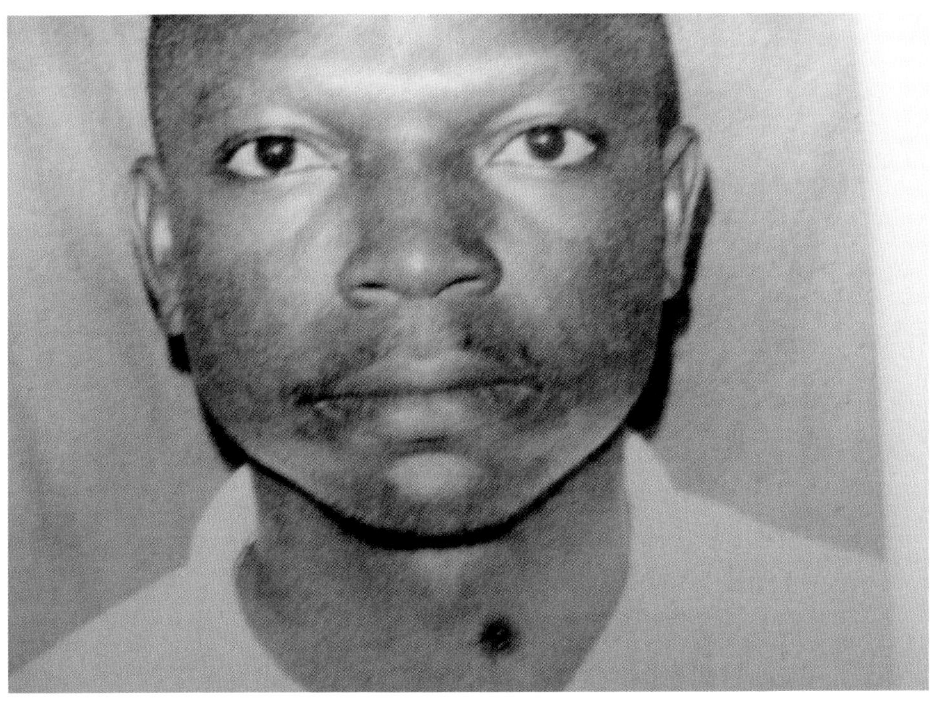

Pascale Marthine Tayou, *Shooting Star*, 2003
quattro fotografie bianco e nero con foro di arma da fuoco, 120 x 180 cm cadauna
courtesy Galleria Continua, San Gimignano - Pechino

Pascale Marthine Tayou, *Shooting Star*, 2003
four black and white photos with bullet hole, 120 x 180 cm each
courtesy Galleria Continua, San Gimignano - Beijing

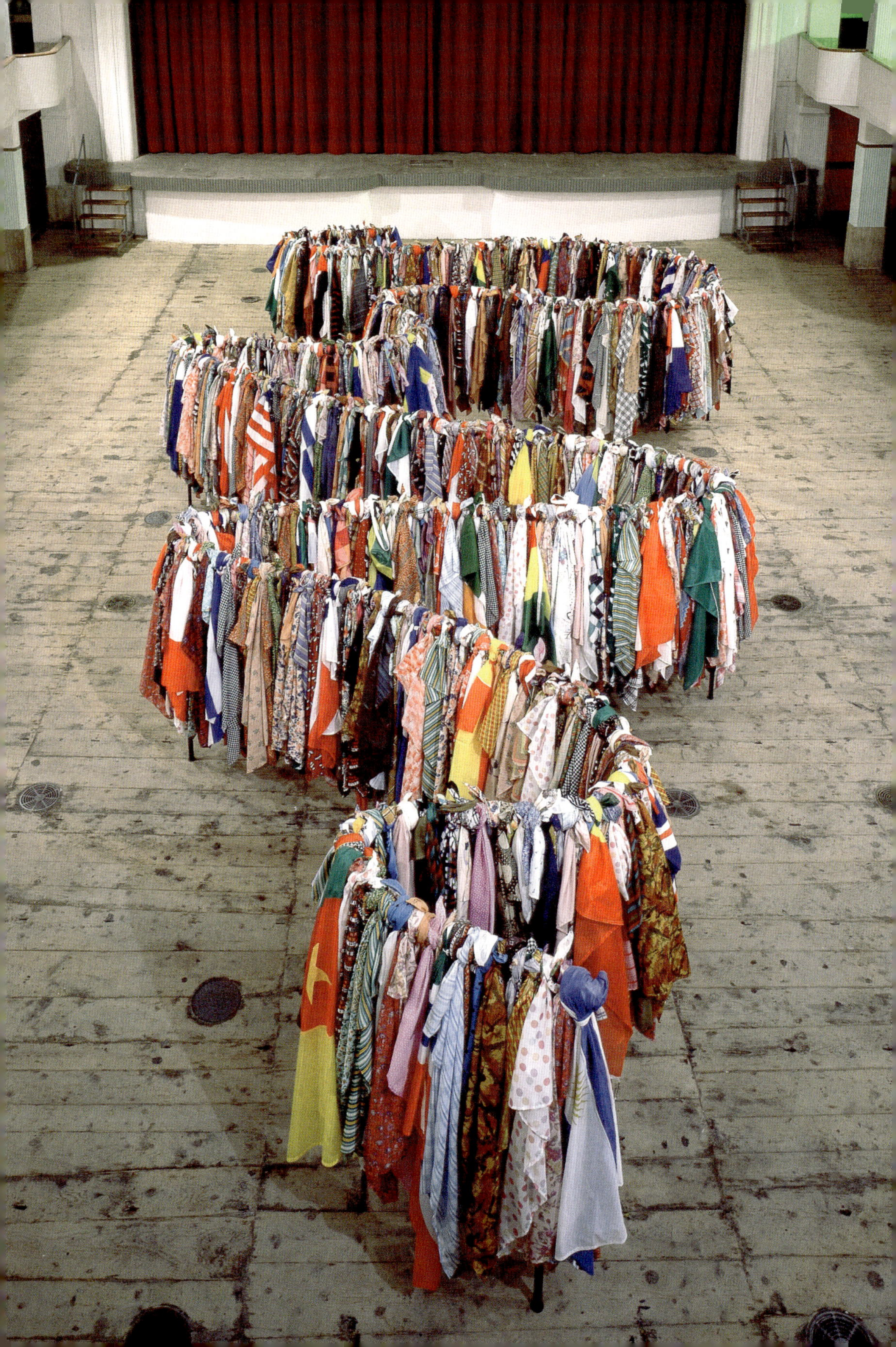

Pascale Marthine Tayou, *Colonie de Foulards*, 2004
ferro, foulard, bandiere, 1,7 x 11 x 5,5 m
courtesy Galleria Continua, San Gimignano - Pechino
foto Ela Bialkowska

Pascale Marthine Tayou, *Colonie de Foulards*, 2004
iron, foulards, flags, 1.7 x 11 x 5.5 m
courtesy Galleria Continua, San Gimignano - Beijing
photo Ela Bialkowska

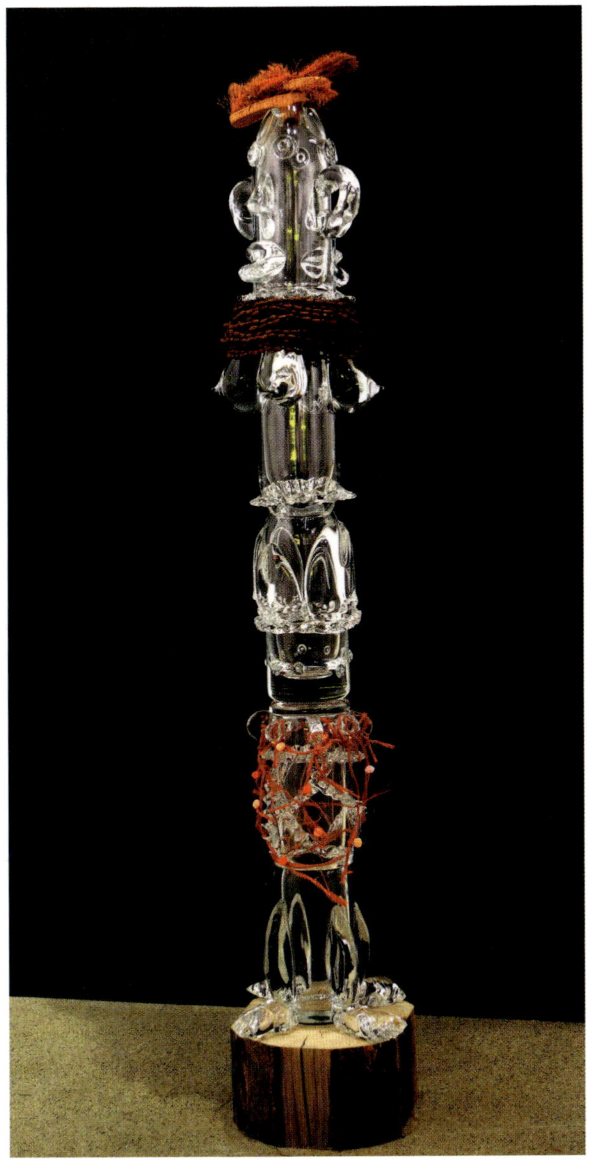

Pascale Marthine Tayou, *Berta*, 2006
cristallo e tecnica mista, h 150 cm, Ø 30 cm
courtesy Galleria Continua, San Gimignano - Pechino
foto Carlo Fei

Pascale Marthine Tayou, *Berta*, 2006
crystal and mixed media, h 150 cm, Ø 30 cm
courtesy Galleria Continua, San Gimignano - Beijing
photo Carlo Fei

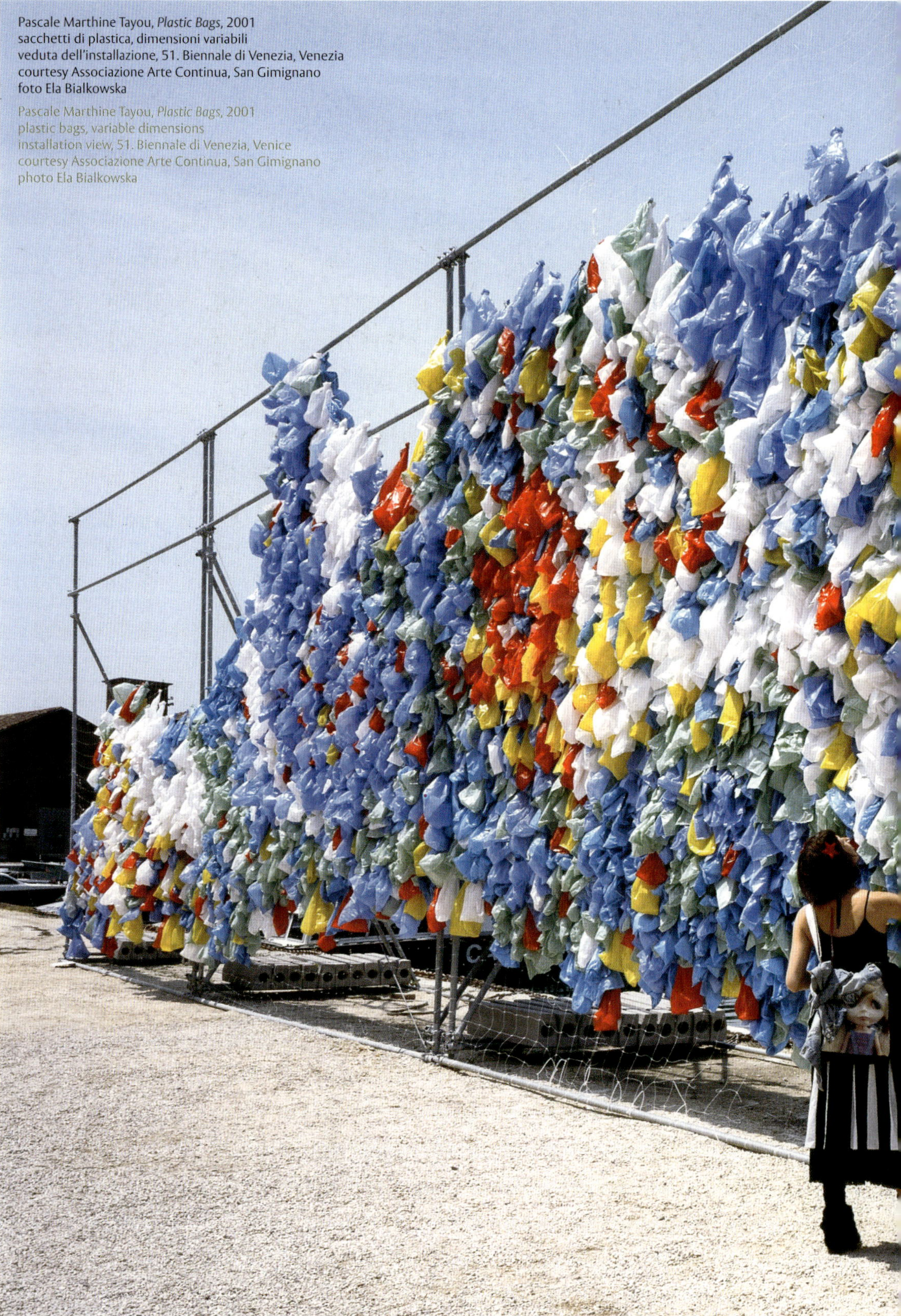

Pascale Marthine Tayou, *Plastic Bags*, 2001
sacchetti di plastica, dimensioni variabili
veduta dell'installazione, 51. Biennale di Venezia, Venezia
courtesy Associazione Arte Continua, San Gimignano
foto Ela Bialkowska

Pascale Marthine Tayou, *Plastic Bags*, 2001
plastic bags, variable dimensions
installation view, 51. Biennale di Venezia, Venice
courtesy Associazione Arte Continua, San Gimignano
photo Ela Bialkowska

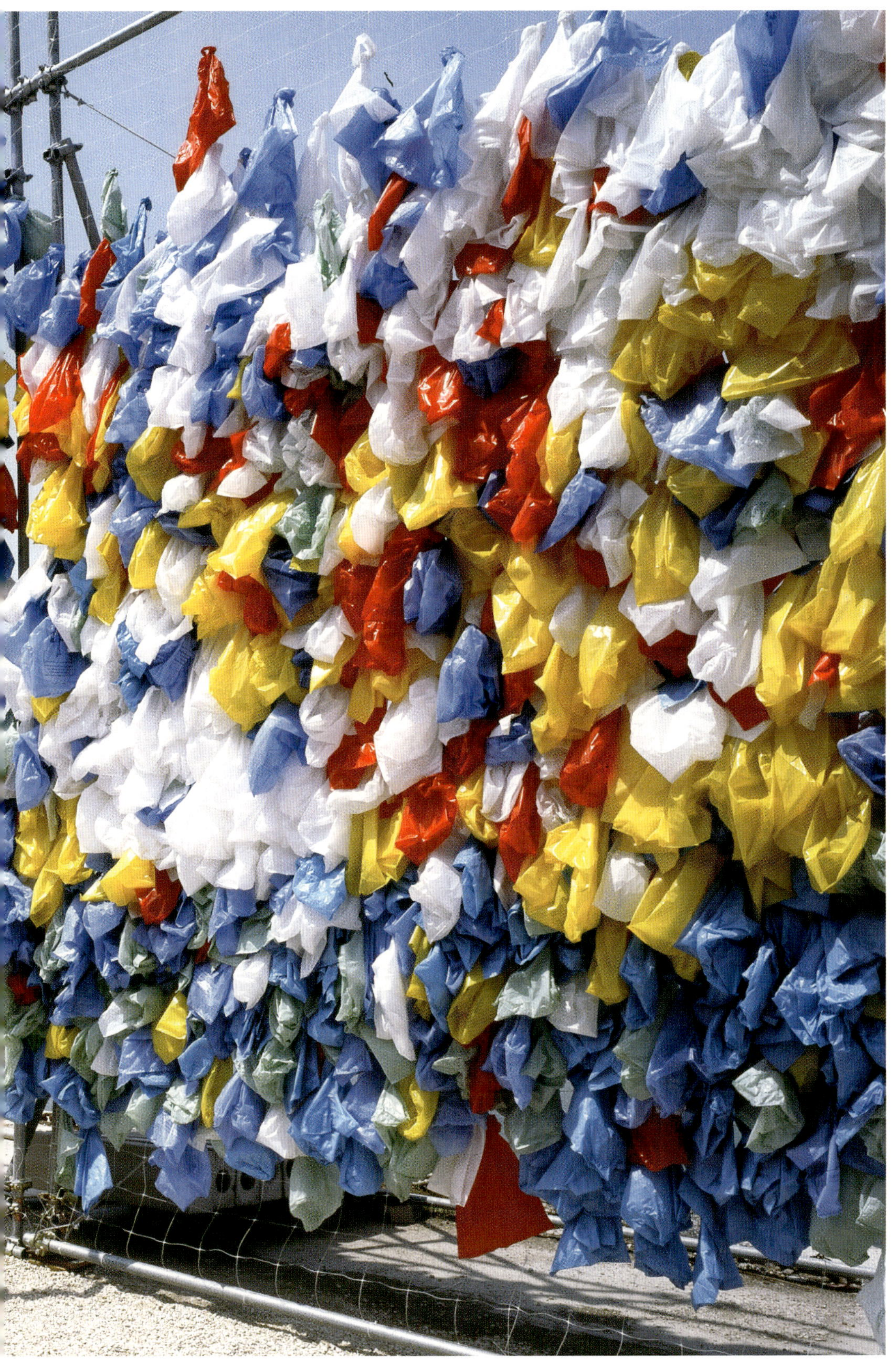

TSUYOSHI OZAWA

Il progetto *Vegetable Weapon* inizia con la richiesta da parte di Ozawa ai partecipanti di suggerire un piatto tipico della propria regione. (Annotazione dell'artista: Il modello e Ozawa vanno insieme a fare la spesa.) In seguito gli ingredienti di quello stesso piatto vengono assemblati in modo da riprodurre la forma di un'arma da fuoco; viene quindi scattato un ritratto per ogni persona con la propria "arma" arrivando ad avere una sorta di esercito armato con gli stessi ingredienti. Questo progetto, portato avanti con grande enfasi in ogni sua operazione, coinvolge persone di diversi luoghi. Attraverso questo lavoro, Ozawa analizza le potenzialità del dialogo nei vari contesti, servendosi delle diverse culture gastronomiche. Il fatto che gli stessi ingredienti utilizzati per realizzare un simbolo bellico possano anche servire come occasione di interazione fra persone riunite attorno ad una sola pietanza, sottolinea come sia l'ostilità che l'amicizia non siano in realtà nient'altro che le due facce della medesima medaglia, solo generate da una diversa interpretazione.

Yukie Kamiya

The project *Vegetable Weapon* begins with the artist asking the person who has agreed to be the model what his recommended dish of that region would be. (Ozawa's note: The model and Ozawa go to a market together.) Ozawa then uses the ingredients of that dish to create the shape of a gun, takes a portrait of the subject holding the gun, after which he has a party using the same materials. The project, which places emphasis on this entire process, involves people in various locations. At the same time, through this project, the artist delves into the subject of the potential of dialogue in various areas, with diverse food culture. The fact that the same ingredients can be transformed from a gesture of conflict into an opportunity for discussion involving a large number of people surrounding a single dish raises the issue that both enmity and friendship represent two sides of the coin and either can be generated by a mere difference in interpretation.

Yukie Kamiya

Penso che questo mondo sia malvagio in quanto fatto da adulti malvagi,
per quanto io stesso abbia superato i 40 anni e da più di 20
sia passato alla maggiore età.
Che ne dite? Che anch'io sia un adulto malvagio?

Fra le montagne del Pakistan incontro un giovane in costume locale
che mi chiede:"Che sarà mai stato quell'esercito che ha convinto
il Giappone a ritirarsi dalla guerra?"
Negli Stati Uniti un altro giovane mi dice: "Non c'è scampo per i paesi
attaccati dalle forze americane, vero?"

In un museo cinese un uomo del personale ammette con imbarazzo: "Sono molto
occupato e non ho ancora capito cosa stiamo esponendo in questi giorni."
Scopro in seguito che si tratta di una "mostra d'arte di contestazione
al 60esimo anniversario della vittoria".

Certamente lo sai.
Nel mondo ci sono tanti punti di vista quanti sono gli esseri umani.
Dobbiamo tener conto di ognuno di essi.
Ci sono anche i punti di vista che non vogliamo ammettere. C'è chi scatena
le guerre e ci guadagna soldi, ci sono gli agitatori e gli invasati
e c'è chi viene miseramente ammazzato.

Purtroppo gran parte degli artisti giapponesi appoggiò la propaganda bellica.
Credo non potessero (o non vollero) fare altrimenti.
Pensiamoci un attimo, cosa avremmo fatto noi al posto loro?

Sono sicuro che nessuno crede che l'arte possa portare la pace nel mondo.
Non ho mai visto un "arte politica" che avesse tale capacità.
Tuttavia, e forse stupidamente, voglio crederci ancora, anche se un approccio
razionale non è ancora stato trovato.
Personalmente impiego tutte le energie affinché la mia arte possa cambiare
in meglio il mondo, anche solo di un po'.

Tsuyoshi Ozawa

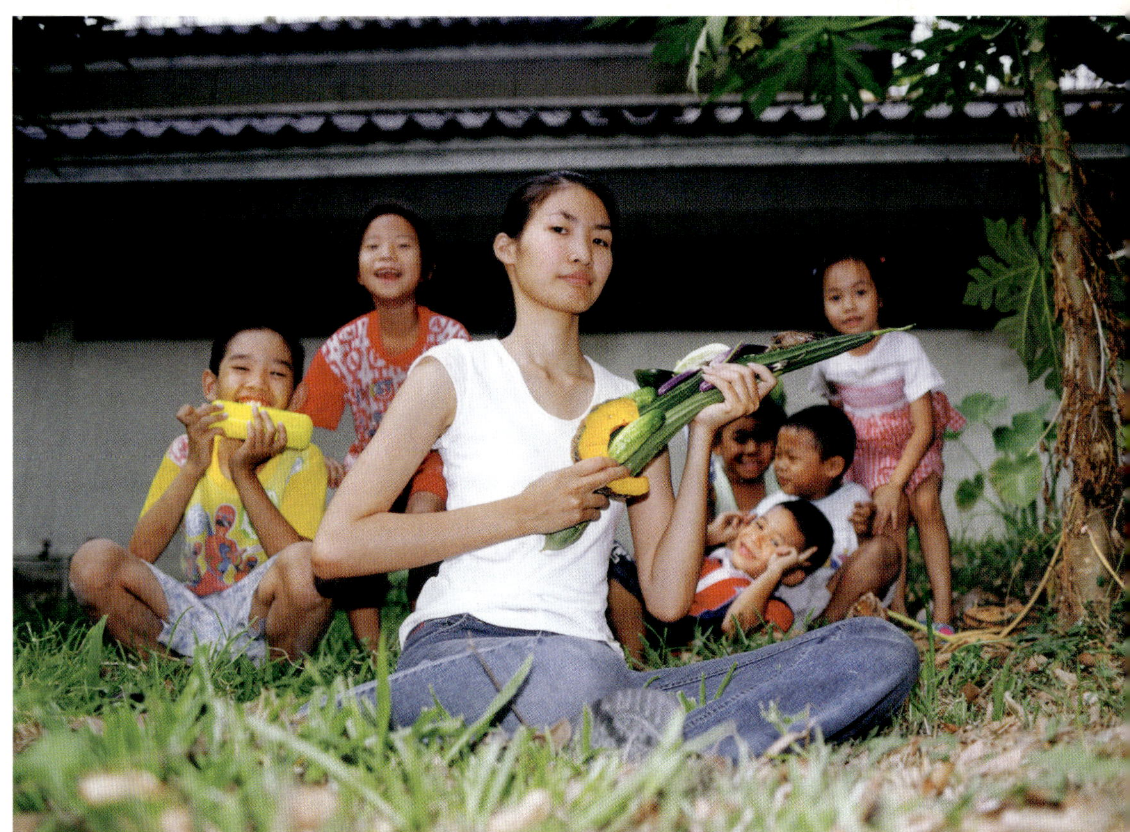

Tsuyoshi Ozawa, *Vegetable Weapon:
Nam Puri / Chiangmai, Thailand*, 2004
stampa Lambda a colori, 113 x 156 cm
collezione Takahashi, Tokyo

Tsuyoshi Ozawa, *Vegetable Weapon:
Nam Puri / Chiangmai, Thailand*, 2004
color Lambda print, 113 x 156 cm
Takahashi collection, Tokyo

I have been thinking that an ugly world is made by ugly adults.
However, I'm already forty years old, and as many as twenty years
have passed since I got suffrage.
What do you think? Am I also an ugly adult?

A young man in an ethnic costume said to me in the heart of a mountain
in Pakistan: "What on earth are those military forces doing here even though
Japan abandoned the war?"
A young man in a white suit said to me in the United States: "There is nothing
you can do if a country is attacked by the United States. Don't you think so?"

The members of a museum staff in China embarrassingly said to me: "We're
really busy these days, and don't know what exhibition is on right now."
Afterwards, I discovered that the museum was hosting an "art exhibition
of an anti-day of the sixtieth war victory anniversary."

You are sure of knowing it.
On earth, there are as many points of view as there are humans.
We have to esteem them all.
However, I know there are also views I do not want to acknowledge. I know there
are the fellows who cause wars and gain money, the fellows who agitate,
the fellows who are brainwashed, and the fellows who are miserably killed.

Sadly, the artists in Japan drew much for war propaganda. I guess they could
not resist the times (or, they didn't want to resist).
Let's imagine. What action would we take if we were living during their time?

I swear, nobody thinks that art brings peace to the world.
I've never seen any amazing political art.
Still, I want to believe foolishly, foolishly, even if the rational process
is not that way.
Art with all my energy may change the world for the better, even if just a little.

Tsuyoshi Ozawa

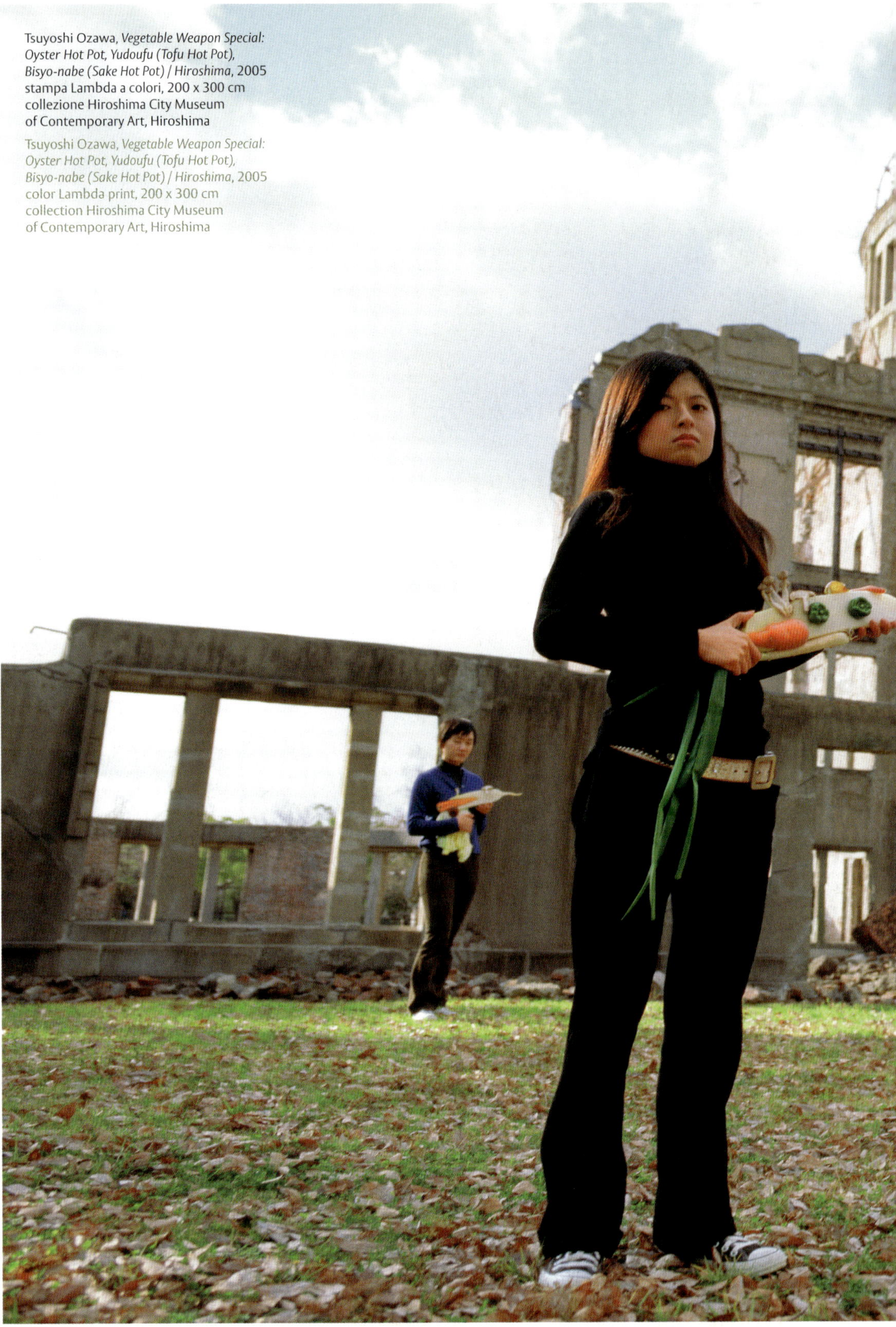

Tsuyoshi Ozawa, *Vegetable Weapon Special:
Oyster Hot Pot, Yudoufu (Tofu Hot Pot),
Bisyo-nabe (Sake Hot Pot) / Hiroshima*, 2005
stampa Lambda a colori, 200 x 300 cm
collezione Hiroshima City Museum
of Contemporary Art, Hiroshima

Tsuyoshi Ozawa, *Vegetable Weapon Special:
Oyster Hot Pot, Yudoufu (Tofu Hot Pot),
Bisyo-nabe (Sake Hot Pot) / Hiroshima*, 2005
color Lambda print, 200 x 300 cm
collection Hiroshima City Museum
of Contemporary Art, Hiroshima

Tsuyoshi Ozawa, *Vegetable Weapon Special:
Oyster Hot Pot, Yudoufu (Tofu Hot Pot),
Bisyo-nabe (Sake Hot Pot) / Hiroshima*, 2005
stampa Lambda a colori, 200 x 300 cm
collezione Hiroshima City Museum
of Contemporary Art, Hiroshima

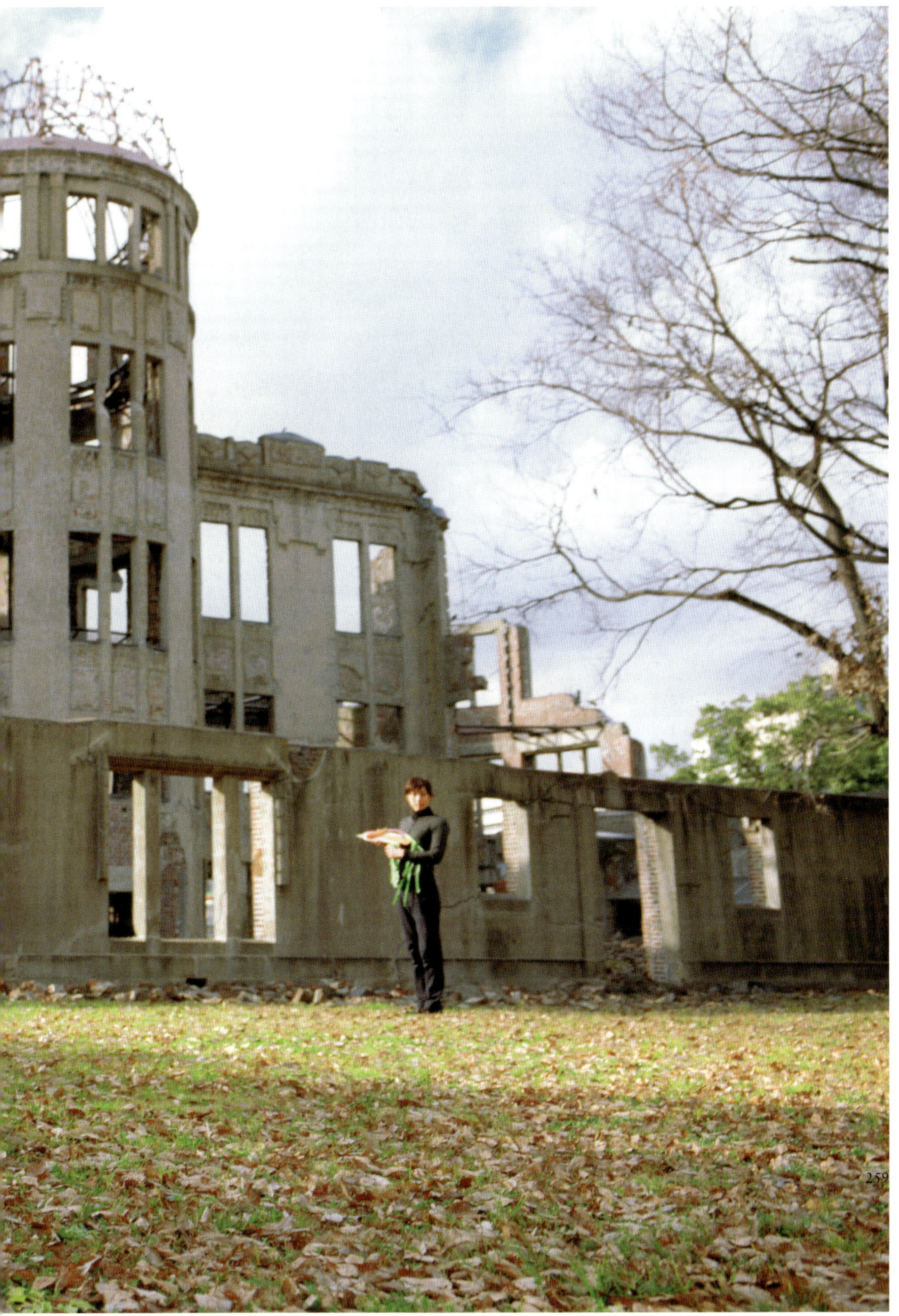

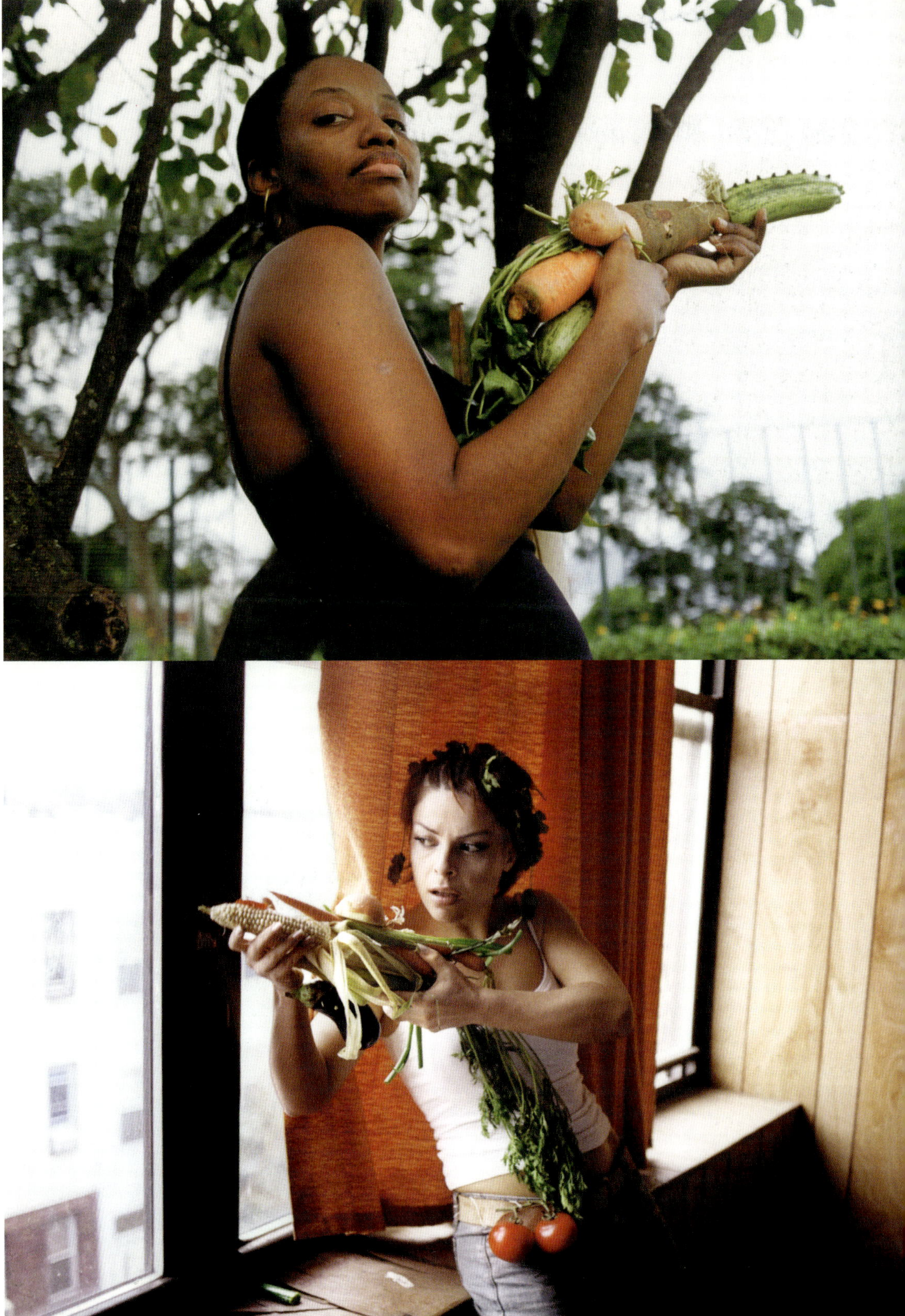

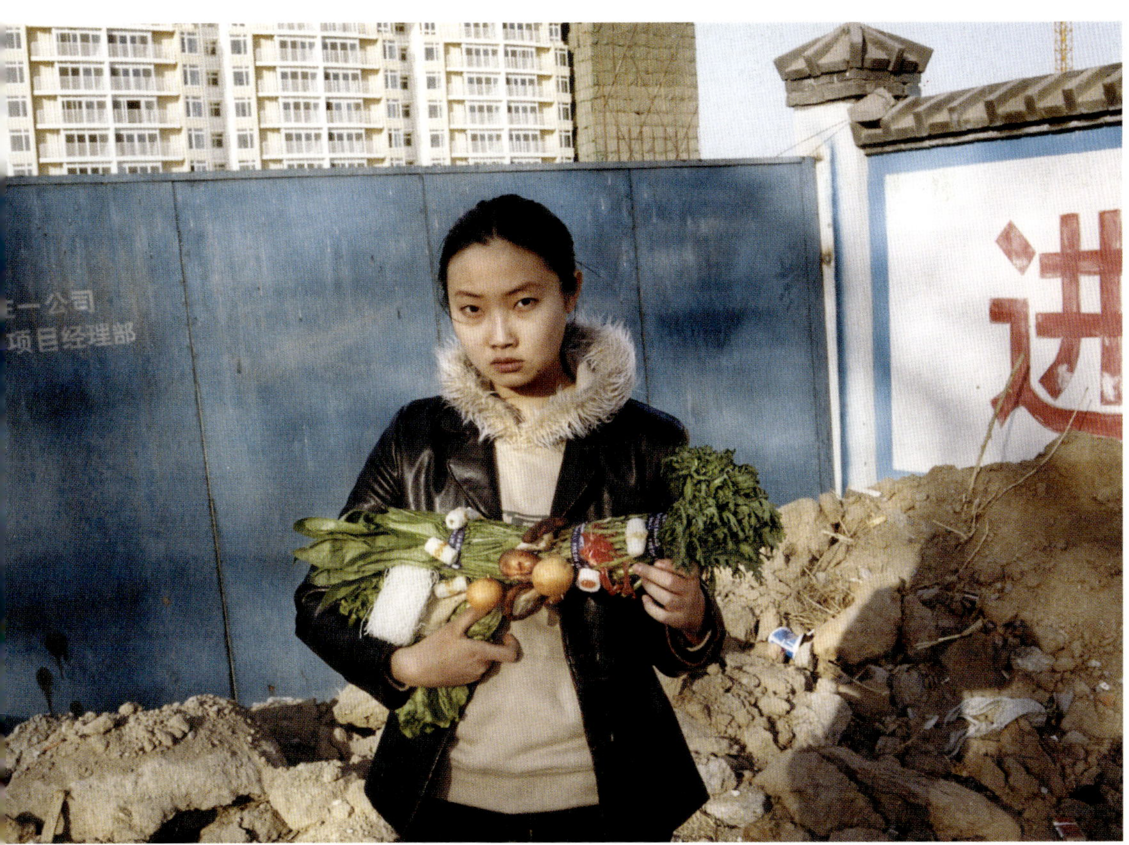

uyoshi Ozawa, *Vegetable Weapon:*
utton Hot Pot / Beijing, 2002
ampa Lambda a colori, 113 x 156 cm
ollezione privata, New York

uyoshi Ozawa, *Vegetable Weapon:*
utton Hot Pot / Beijing, 2002
olor Lambda print, 113 x 156 cm
ivate collection, New York

uyoshi Ozawa, *Vegetable Weapon:*
ıca Atolada / Rio de Janeiro, 2003
ampa Lambda a colori, 113 x 156 cm
ollezione Galerie Leme, San Paolo, Brasile

uyoshi Ozawa, *Vegetable Weapon:*
ıca Atolada / Rio de Janeiro, 2003
olor Lambda print, 113 x 156 cm
ollection Galerie Leme, São Paulo, Brazil

uyoshi Ozawa, *Vegetable Weapon:*
banian Dish / New York, 2002
ampa Lambda a colori, 113 x 156 cm
ollezione privata, Ehime, Giappone

uyoshi Ozawa, *Vegetable Weapon:*
lbanian Dish / New York, 2002
olor Lambda print, 113 x 156 cm
ivate collection, Ehime, Japan

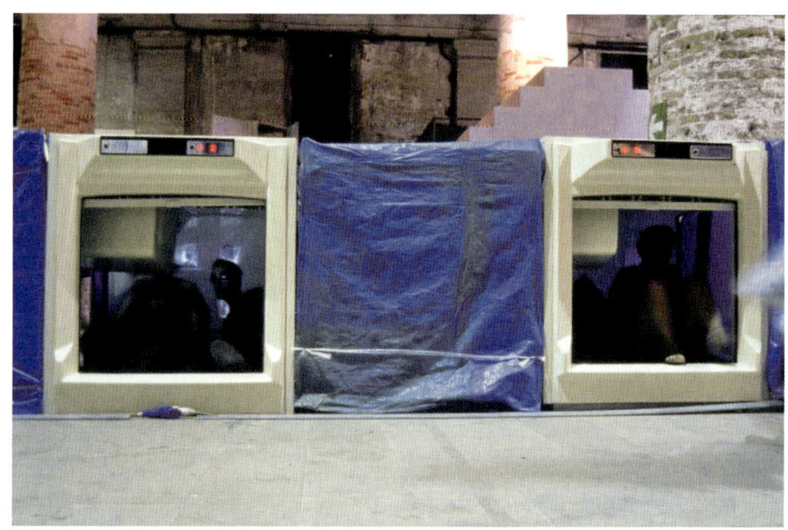

Tsuyoshi Ozawa, *Ivan the Fool House*, 2003
tecnica mista, dimensioni variabili, video, 2 min 17 sec
veduta dell'installazione, 50. Biennale di Venezia, Venezia

Tsuyoshi Ozawa, *Ivan the Fool House*, 2003
mixed media, variable dimensions, video, 2 min 17 sec
installation view, 50. Biennale di Venezia, Venice

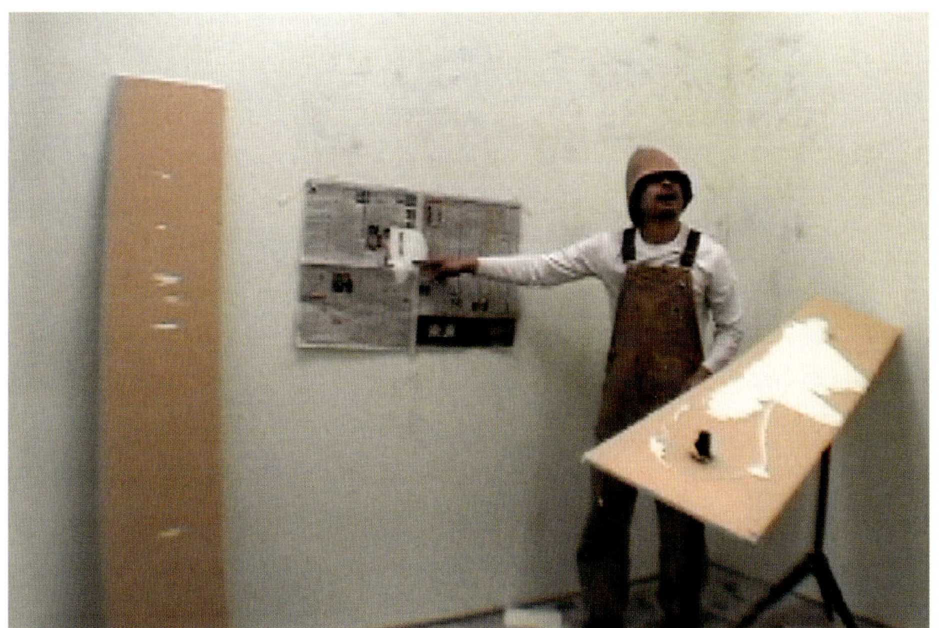

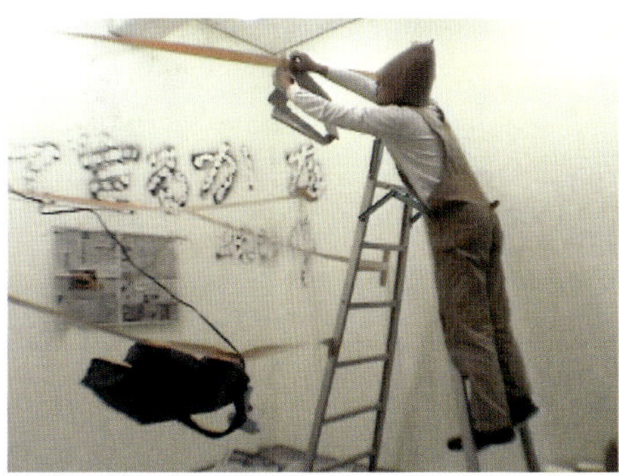

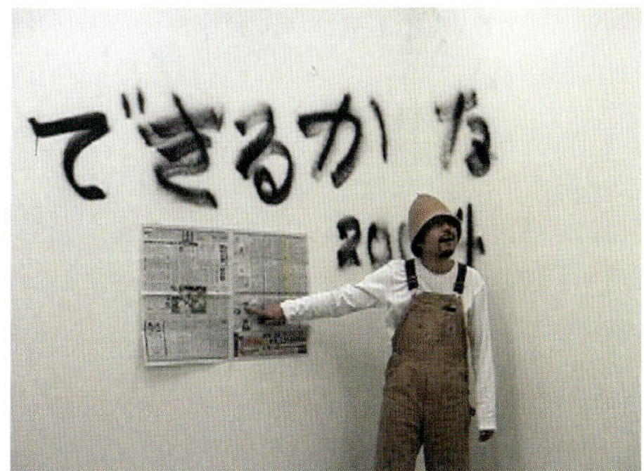

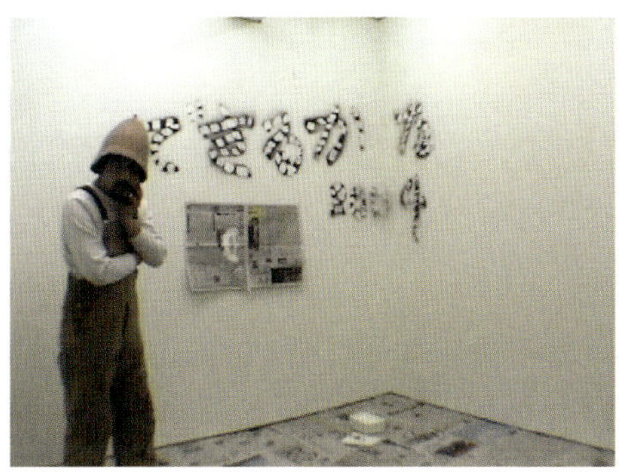

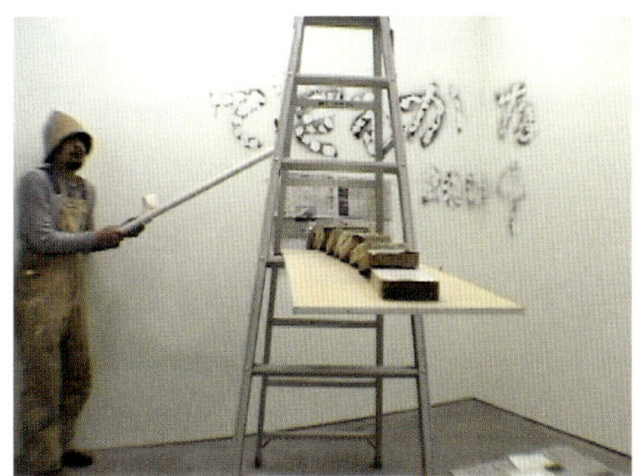

Tsuyoshi Ozawa, *Dekirukana*, 2004
dvd, videoproiezione monocanale, 14 min 58 sec
courtesy l'artista

Tsuyoshi Ozawa, *Dekirukana*, 2004
DVD, single-channel video projection, 14 min 58 sec
courtesy the artist

NARI WARD

Nato a Kingston in Giamaica, Nari Ward si trasferisce in America adolescente. Oggi vive e lavora a Harlem, New York. Le sue installazioni sono per lo più realizzate a partire da oggetti trovati per strada: ferri vecchi, carrelli e passeggini, pezzi di carta e qualsiasi altro materiale; cose cariche di tracce, portatrici di storie e di memorie, di una concreta esperienza del mondo e della vita; oggetti che esprimono prossimità, contingenza e transitorietà. Dotate di una forte fisicità e di un'intensa risonanza emotiva, queste opere parlano di noi, delle nostre esigenze interiori e di tutto ciò che ci circonda. Procedere recuperando e assemblando rappresenta per Nari Ward un modo di attribuire vitalità e valore a oggetti che parevano invece aver raggiunto il limite estremo del loro ciclo vitale ed economico; assume dunque il senso intrinseco di un riscatto, e acquisisce un significato ulteriore se si considera la consapevolezza, espressa dall'artista, di costituire egli stesso parte di una minoranza, quella afroamericana. Nell'ambito di *Wherever We Go – Ovunque andiamo* Ward presenta l'opera *Crusader* (2005), una sorta di totem ambulante costituito da un carrello della spesa ai cui fianchi pendono barattoli e taniche di benzina unte e annerite dall'uso; mentre sopra il carrello è montata una struttura sinuosa e allungata, protesa verso l'alto e stranamente organica, sebbene sia composta fondamentalmente da pezzi di plastica intrecciati e altri materiali di tipo sintetico. Un video presenta l'artista che deambula spingendo *Crusader* per le strade: un'azione connotata in senso rituale, capace di veicolare il senso etico di cui l'attività dell'artista è sempre fortemente imbevuta.
Il carrello non può non evocare la condizione di coloro che, ridotti a vivere per la strada, si trovano a dover trascinare con sé ciò che possiedono; e rappresenta un deciso invito a riconsiderare lo scarto, il rimosso, ad affrontare ciò che

Born in Kingston, Jamaica, Nari Ward moved to the US when he was a teenager. He now lives and works in Harlem, New York.
His installations are made for the most part out of objects found in the street: old pieces of iron, shopping carts and strollers, bits of paper, and all sorts of other materials— things loaded with traces, bearers of stories and memories, of a concrete experience of the world and life; objects that convey a sense of proximity, contingency and impermanence. Endowed with a strong physicality and an intense emotional resonance, these works speak of us, of our inner needs, and of everything that surrounds us.
For Nari Ward the act of salvaging and assembling represents a way of assigning vitality and value to objects that appear to have reached the end of their life and economic cycle. Thus it assumes the intrinsic sense of a deliverance, and takes on additional significance if we consider the awareness, expressed by the artist, that he himself belongs to a minority, that of Afro-Americans.
In *Wherever We Go*, Ward presents the work *Crusader* (2005), a sort of itinerant totem made of a shopping cart from whose sides hang cans and jerry cans greasy and blackened with use; on top of the cart is mounted a sinuous and elongated structure, extending upward and strangely organic in appearance, even though it consists basically of interlaced pieces of plastic and other synthetic materials. A video shows the artist pushing *Crusader* through the streets: an action that has a ritual connotation, capable of conveying the ethical sense with which the artist's activity has always been strongly imbued. The cart cannot but evoke the condition of those who, reduced to living on the street, find themselves having to carry everything they possess around with them. And it represents a clear invitation to reconsider the discarded, the repressed, to face up to

CRUSADER

Sacchetti di plastica, metallo, carrello della spesa, trofei, bitume, candelabro, taniche di benzina.
Volevo creare un'opera in cui il carburante fosse sinonimo di controllo, colpa e dipendenza.
Una videoperformance mandata in *loop* documenta il mio lento cammino dalla Chiesa Battista dell'Umile a una stazione di servizio Mobile.
Il banale rito di recarsi dal benzinaio dà luogo a una sorta di cerimonia rituale improvvisata. È l'ambientazione per un carrello della spesa alato che diventa veicolo di riflessione sul potere, la frammentazione e l'ansia.

Nari Ward

CRUSADER

Plastic bags, metal, shopping cart, trophies, bitumen, chandelier, gas cans.
I wanted to make a work in which petroleum is equated with control, guilt, and dependency.
A looped video performance documents my slow march from the Baptist Church of the Meek to a Mobile gas station. The mundane activity of going to the gas pump develops into an improvised ritual ceremony. It is the setting for a winged shopping cart that becomes a vehicle of reflection on issues of power, fragmentation, and anxiety.

Nari Ward

normalmente non vogliamo guardare, le cose e, addirittura, le persone che tendiamo a spingere alla periferia del nostro sguardo. Ma *Crusader* si riferisce anche metaforicamente alla cruciale e attualissima questione del petrolio e del consumo energetico, con le insicurezze e le angosce e la precarietà, i drammatici conflitti che ne derivano.

"Oggi" – scriveva poco tempo fa Remo Bodei – "oggi che l'uomo è diventato un essere altamente nocivo incapace di valutare adeguatamente il risultato congiunto delle azioni di tutti e di ciascuno, con il rischio effettivo di alterare delicati equilibri in parte ignoti, oggi che ognuno contribuisce per la sua parte alla degradazione dell'ambiente e al depauperamento delle risorse, la responsabilità, la cautela, la riflessione costituiscono un obbligo vincolante e ineludibile." Con la sua opera Nari Ward sembra voler invitare alla medesima consapevolezza, alla medesima riflessione. GS

what we normally don't want to look at, the things and even the people that we tend to push to the periphery of our vision. But *Crusader* also alludes metaphorically to the crucial and highly topical question of oil and the consumption of energy, with all the uncertainties and anxieties and insecurities, the dramatic conflicts that stem from it.

"Today," wrote Remo Bodei just a short time ago, "now that humanity has become a highly noxious species incapable of adequately assessing the joint effect of the actions of all and each of us, running the real risk of altering delicate and in part unknown equilibria, now that each of us makes his or her own contribution to the degradation of the environment and the depletion of resources, responsibility, caution, and reflection constitute a mandatory and inescapable obligation." With his work, Nari Ward seems to be urging us to come to the same realization, to the same reflection. GS

Nari Ward, *Crusader*, 2005
sacchetti di plastica, metallo, carrello della spesa, trofei, bitume, candelabro, taniche di benzina
courtesy l'artista e Palazzo delle Papesse Centro Arte Contemporanea, Siena
foto Carlo Fei

Nari Ward, *Crusader*, 2005
plastic bags, metal, shopping cart, trophies, bitumen, chandelier, gas cans
courtesy the artist and Palazzo delle Papesse Centro Arte Contemporanea, Siena
photo Carlo Fei

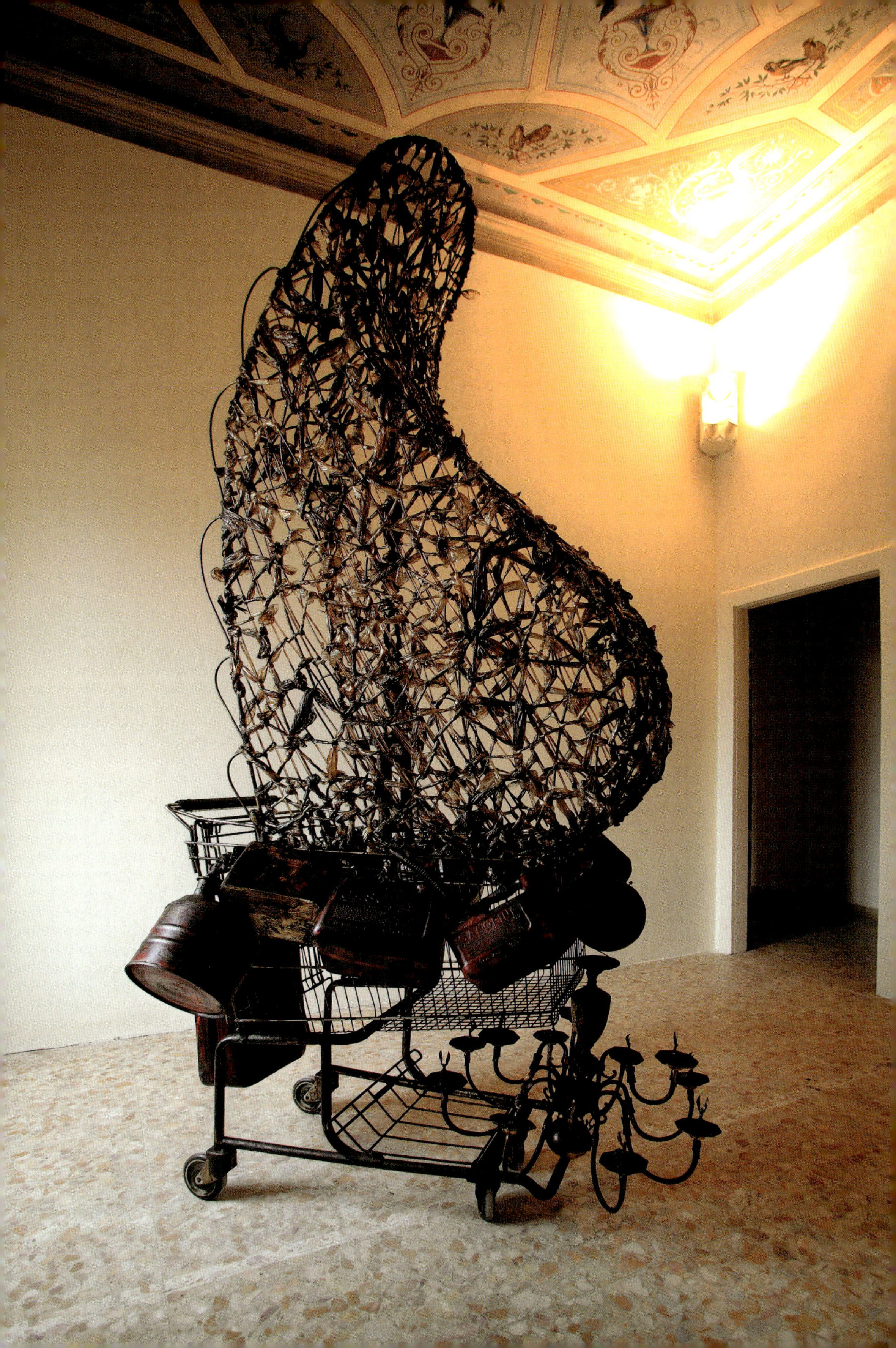

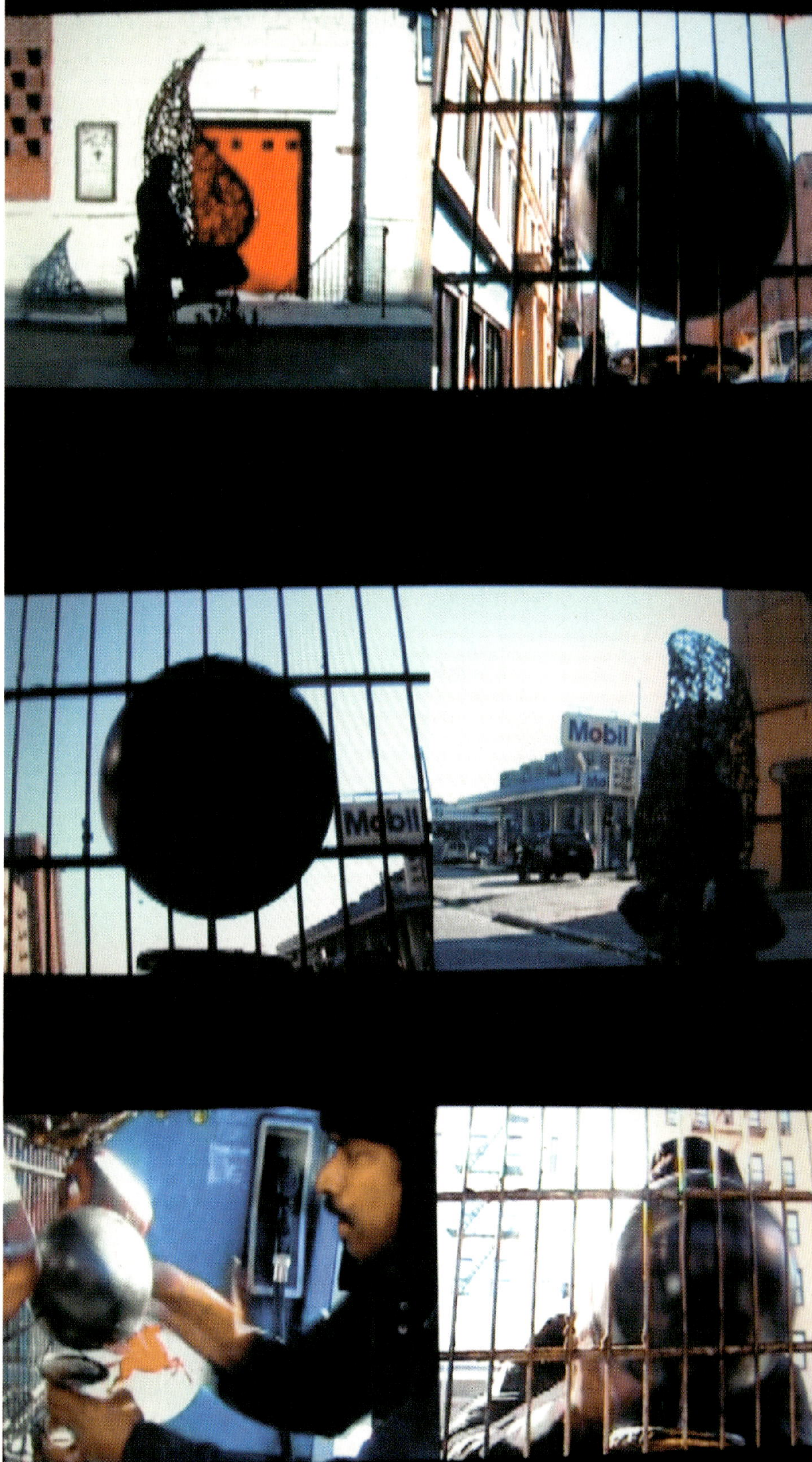
Mobil
Mobil
Mo
Mobil

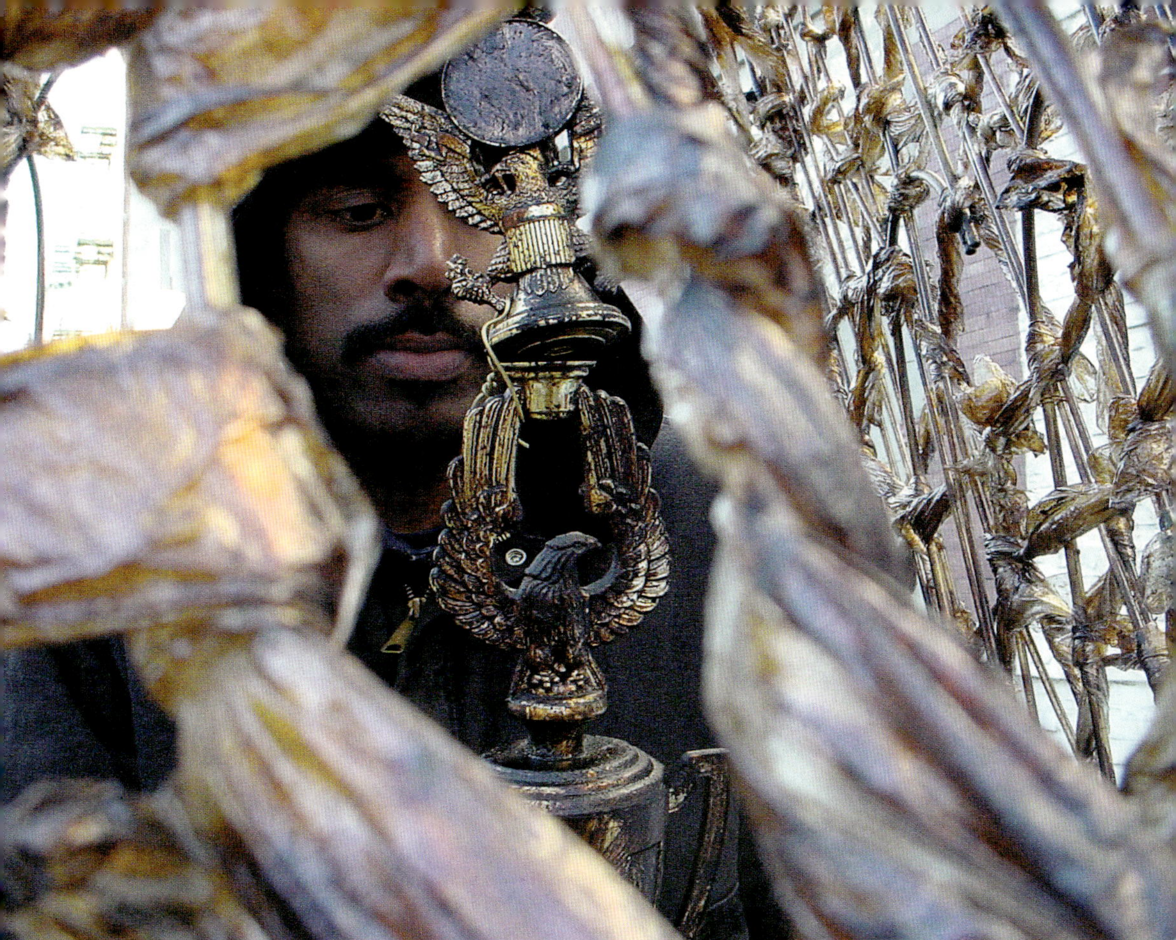

Nari Ward, *Crusader Performance*, 2006
immagine dal video
foto Zachry Fabri

Nari Ward, *Crusader Performance*, 2006
still from video
photo Zachry Fabri

Nari Ward, *Crusader Performance*, 2006
video, colore, sonoro, 4 min 48 sec, loop
courtesy l'artista, Deitch Projects e Palazzo delle Papesse
Centro Arte Contemporanea, Siena

Nari Ward, *Crusader Performance*, 2006
video, color, sound, 4 min 48 sec, loop
courtesy the artist, Deitch Projects, and Palazzo delle Papesse
Centro Arte Contemporanea, Siena

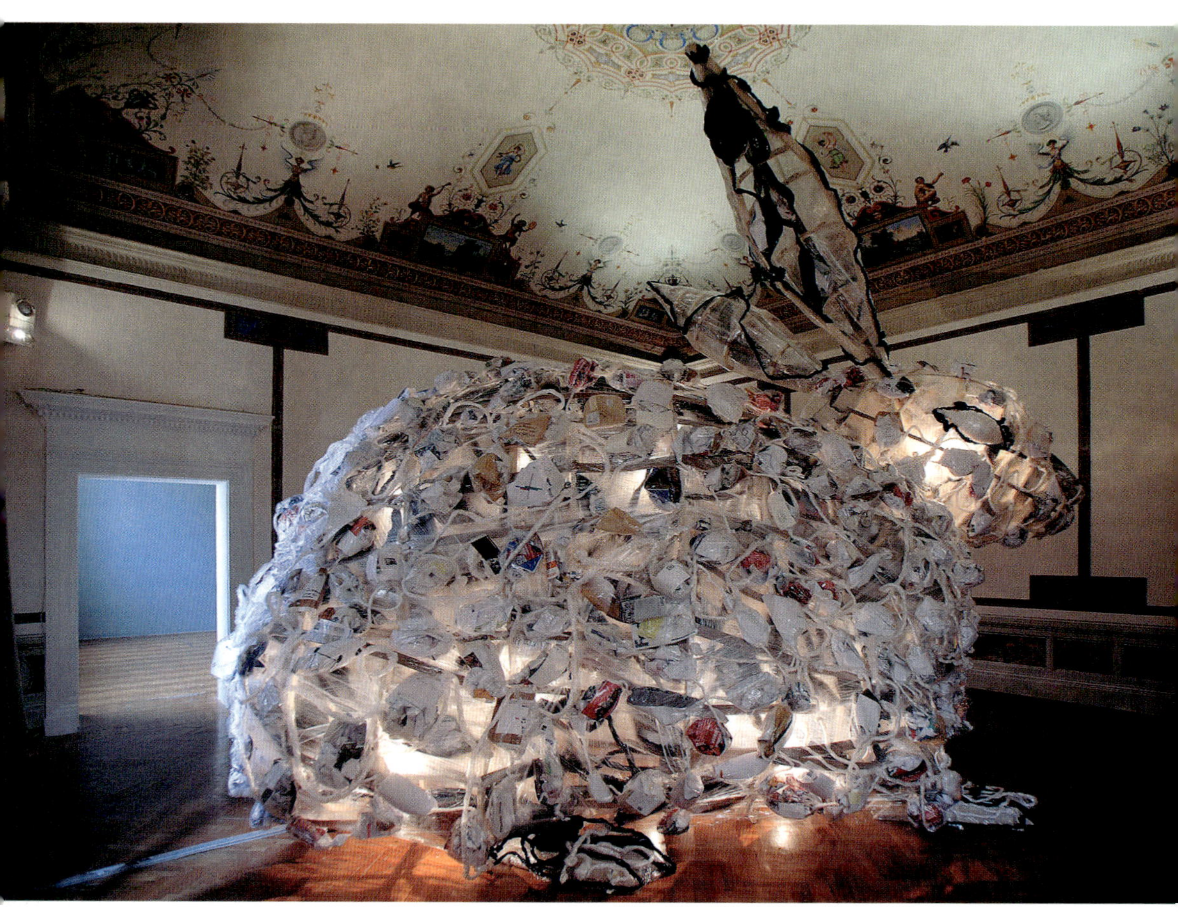

270 Nari Ward, *En Trails*, 2006
tecnica mista, 400 x 300 x 600 cm
courtesy l'artista e Palazzo delle Papesse Centro Arte Contemporanea, Siena
foto Carlo Fei

Nari Ward, *En Trails*, 2006
mixed media, 400 x 300 x 600 cm
courtesy the artist and Palazzo delle Papesse Centro Arte Contemporanea, Siena
photo Carlo Fei

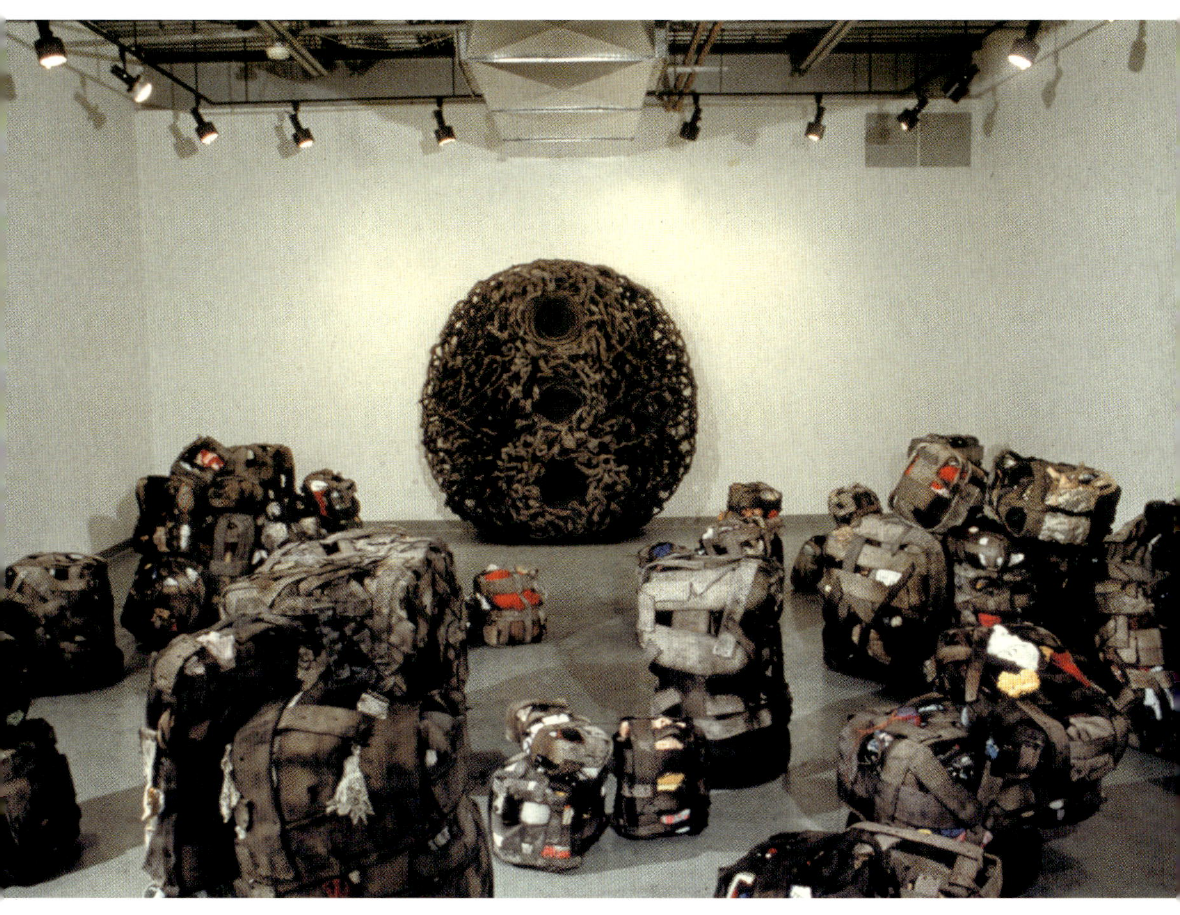

Nari Ward, *Exodus*, 1993
tecnica mista, pneumatici, ruote, scatole, manichette, muro a secco, viti, dimensioni variabili
courtesy l'artista e Palazzo delle Papesse Centro Arte Contemporanea, Siena
foto Carlo Fei

Nari Ward, *Exodus*, 1993
mixed media, tires, wheels, boxes, fire hose, dry-wall, screws, variable dimensions
courtesy the artist and Palazzo delle Papesse Centro Arte Contemporanea, Siena
photo Carlo Fei

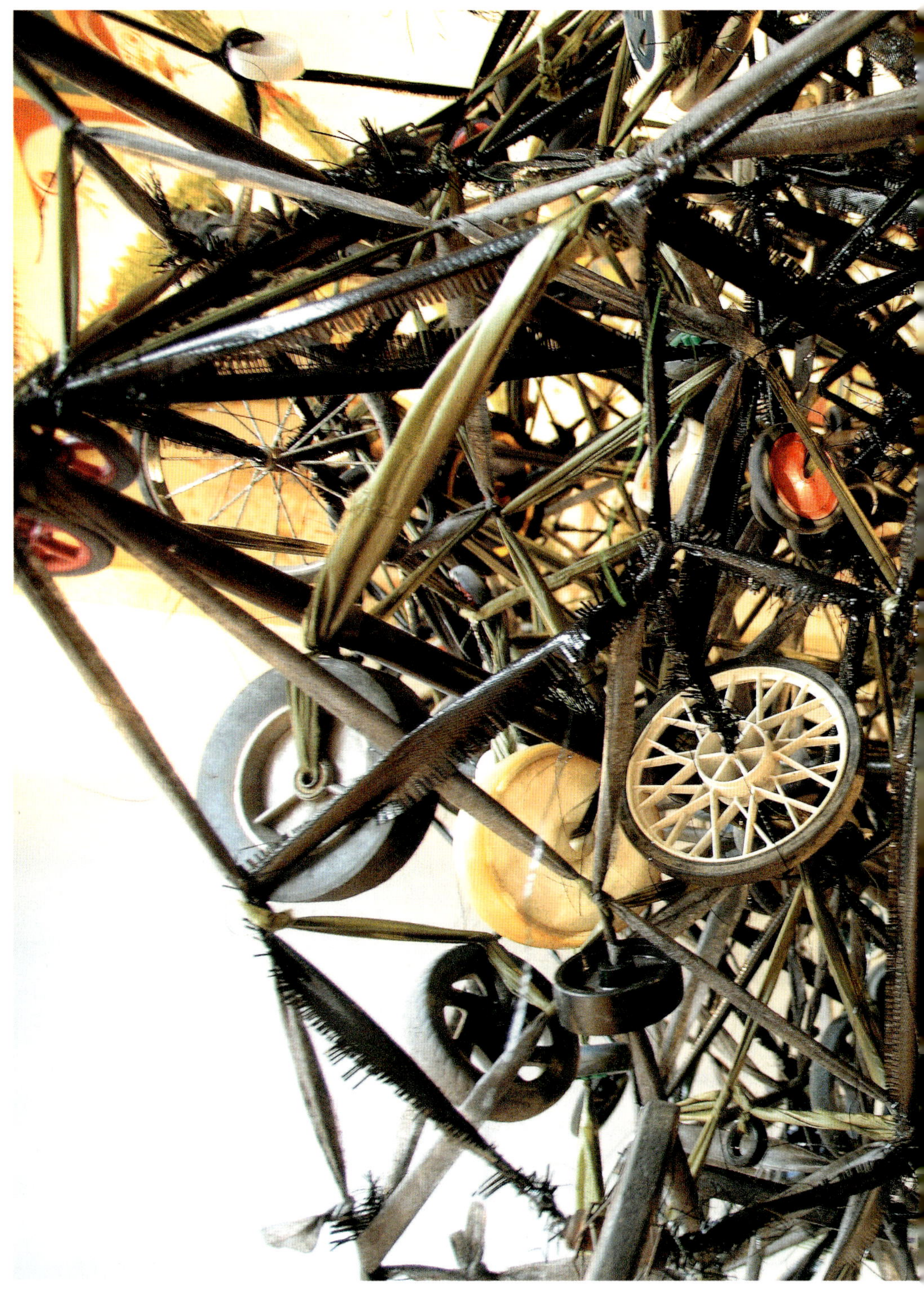

Nari Ward, *Land* (dettaglio), 2006
tecnica mista, 500 x 400 x 400 cm
courtesy l'artista e Palazzo delle Papesse
Centro Arte Contemporanea, Siena
foto Carlo Fei

Nari Ward, *Land* (detail), 2006
mixed media, 500 x 400 x 400 cm
courtesy the artist and Palazzo delle Papesse
Centro Arte Contemporanea, Siena
photo Carlo Fei

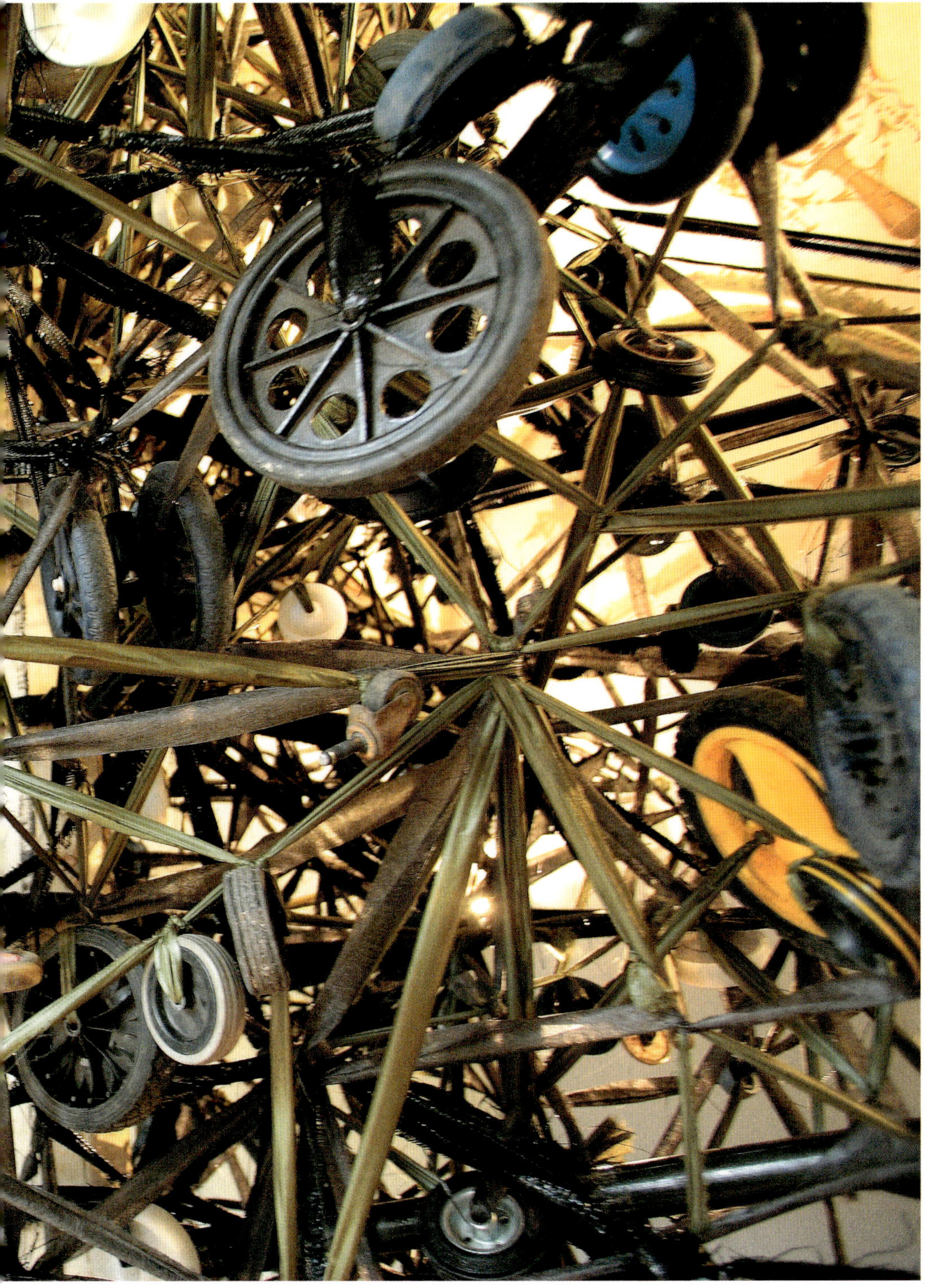

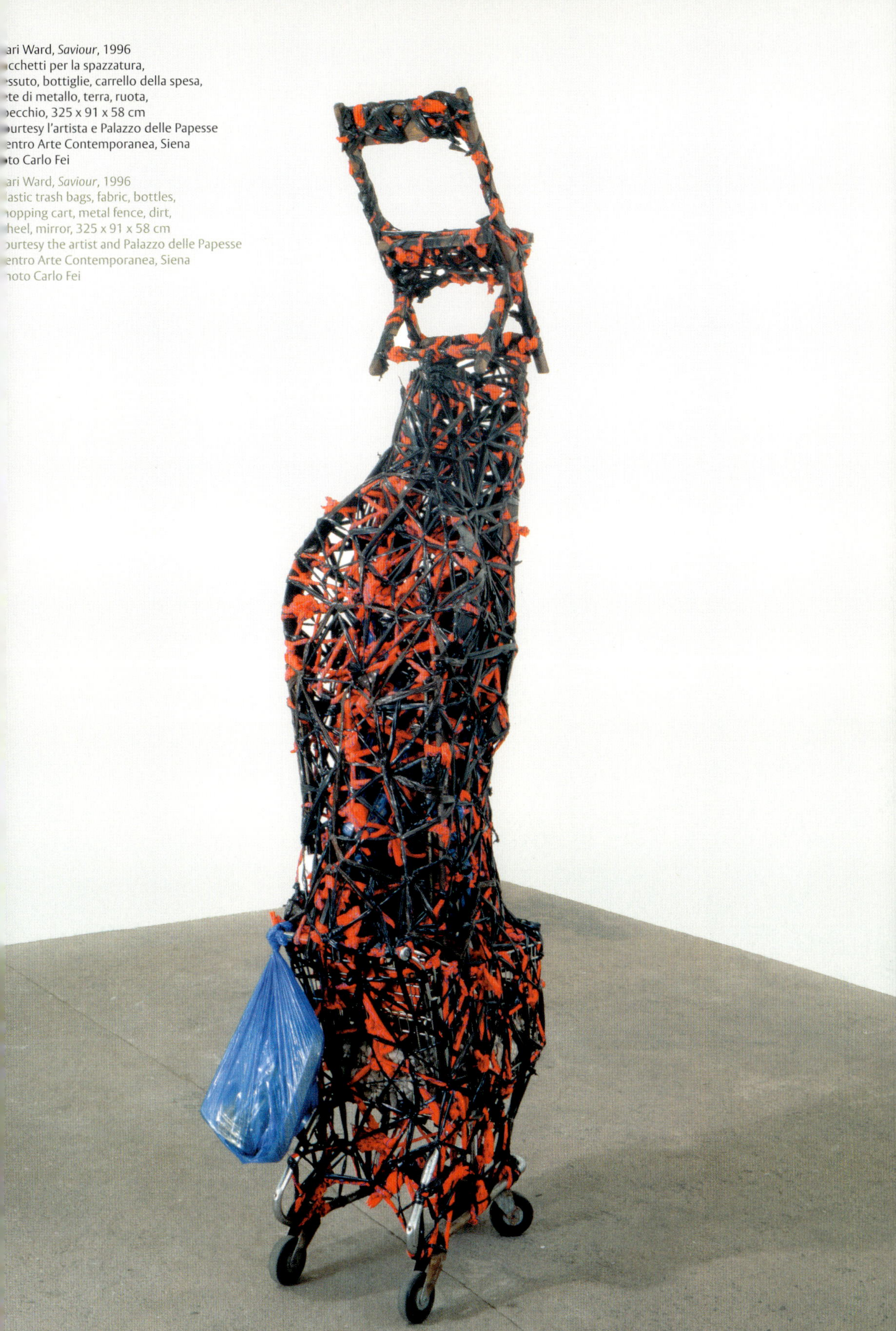

...ari Ward, *Saviour*, 1996
...cchetti per la spazzatura,
...ssuto, bottiglie, carrello della spesa,
...te di metallo, terra, ruota,
...ecchio, 325 x 91 x 58 cm
...urtesy l'artista e Palazzo delle Papesse
...entro Arte Contemporanea, Siena
...to Carlo Fei

...ari Ward, *Saviour*, 1996
...astic trash bags, fabric, bottles,
...opping cart, metal fence, dirt,
...heel, mirror, 325 x 91 x 58 cm
...urtesy the artist and Palazzo delle Papesse
...entro Arte Contemporanea, Siena
...oto Carlo Fei

SHEN YUAN

L'opera di Shen Yuan è da sempre legata intimamente alla sua esperienza di immigrata cinese in Europa. L'esperienza dell'"esilio" ha attivato nell'artista un'energica fonte di immaginazione e creatività.

Creando fantastiche ed emozionanti immagini di disorientamento, il suo lavoro sviluppa il concetto di sopravvivenza dell'"alieno" in terra straniera e opera un superamento di questa dura esperienza attraverso la metamorfosi, sia fisica che psicologica.

Articolando la sua posizione da immigrante donna e madre, Shen Yuan propone inoltre un'analisi e un approccio alla realtà "femminilizzati", dall'osservazione del vivere quotidiano fino all'analisi del contesto geopolitico.

Questo dialogo intenso fra differenti culture e diverse esperienze individuali, fa sì che il suo lavoro sia estremamente dinamico e operativo, pur conservando seduzione e intimità. HH

Shen Yuan's work has always been intimately related to her life experience as an immigrant from China who settled in Europe. The experience of "exile" has been actively turned into an energetic source of imagination and creativity.

Revealing fantastical and emotional images of displacement, her work has focused on the issues of survival for "aliens" in foreign lands and the transcendence of such harsh experiences through material and psychological metamorphose.

Articulating her position as an immigrant woman and mother, Shen Yuan also promotes a kind of "femalized" understanding and approach to reality, from everyday life to geopolitics.

This intense negotiation between different cultures and between diverse individual experiences makes her work highly dynamic, performative, without missing any seductiveness and intimacy. HH

TRAMPOLIN

In qualsiasi paese io vada, il mio viaggio inizia con una visita della Chinatown locale. È una sorta di abitudine. A volte dimentico di farlo, ma succede che le persone con cui mi trovo me lo facciano notare, ricordandomi che sono cinese.

Il mio viaggio a Liverpool non ha fatto eccezione, così la mia installazione ha a che vedere con le Chinatown: si tratta di cinque letti con coperte di cotone realizzate con un *patchwork* di tessuti tradizionali cinesi; i singoli elementi di questa composizione sono in realtà le mappe delle Chinatown delle maggiori città europee. Ho posizionato poi queste coperte su materassini gonfiabili di 2 x 2 metri. Una volta collocati nella sala espositiva, diventano un gioco per i bambini che ci possono saltare sopra; la mostra è sempre un momento di socializzazione tra adulti, vorrei invitare i bambini a parteciparvi.

Shen Yuan

TRAMPOLIN

My visit to any country always begins with a visit to a Chinatown. This is perhaps a habit. Sometimes, I may forget to do this. But other people remind you because I'm Chinese. My trip to Liverpool was no exception. Therefore, this installation has to do with Chinatowns. It consists of five beds with cotton blankets made of patchwork in traditional Chinese formats. But the patterns are the maps of Chinatowns in major European cities. I turned these blankets into inflatable trampolines measuring 2 x 2 m.

During the exhibition, children can jump on the trampolines. An exhibition is always a place for adults to socialize. I do hope to invite children to participate in it.

Shen Yuan

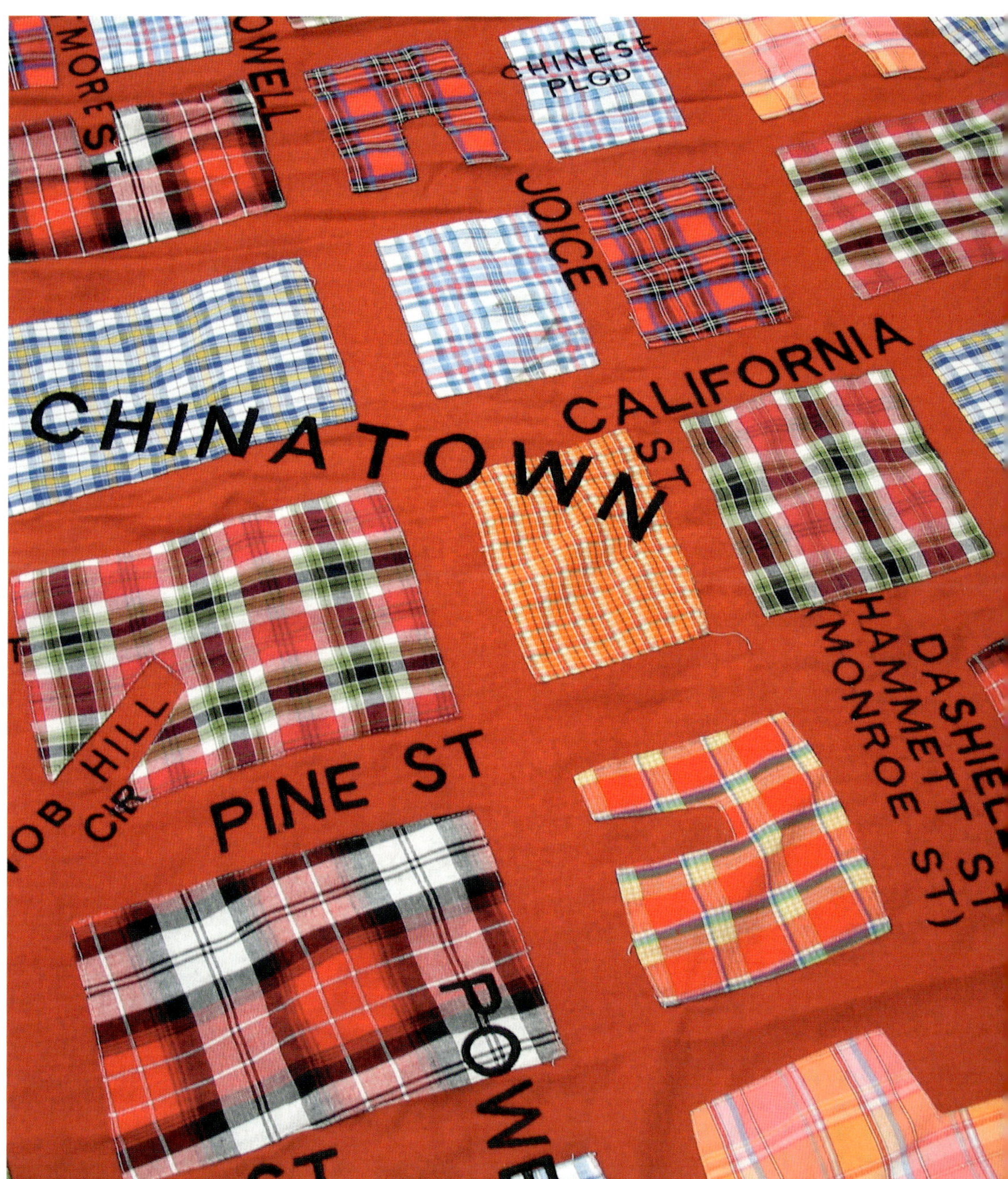
MOREST
POWELL
CHINESE
PLGD
JOICE
CALIFORNIA
CHINATOWN
ST
NOB HILL
CIR
PINE ST
DASHIELL
HAMMETT ST
(MONROE ST)
POWE
ST

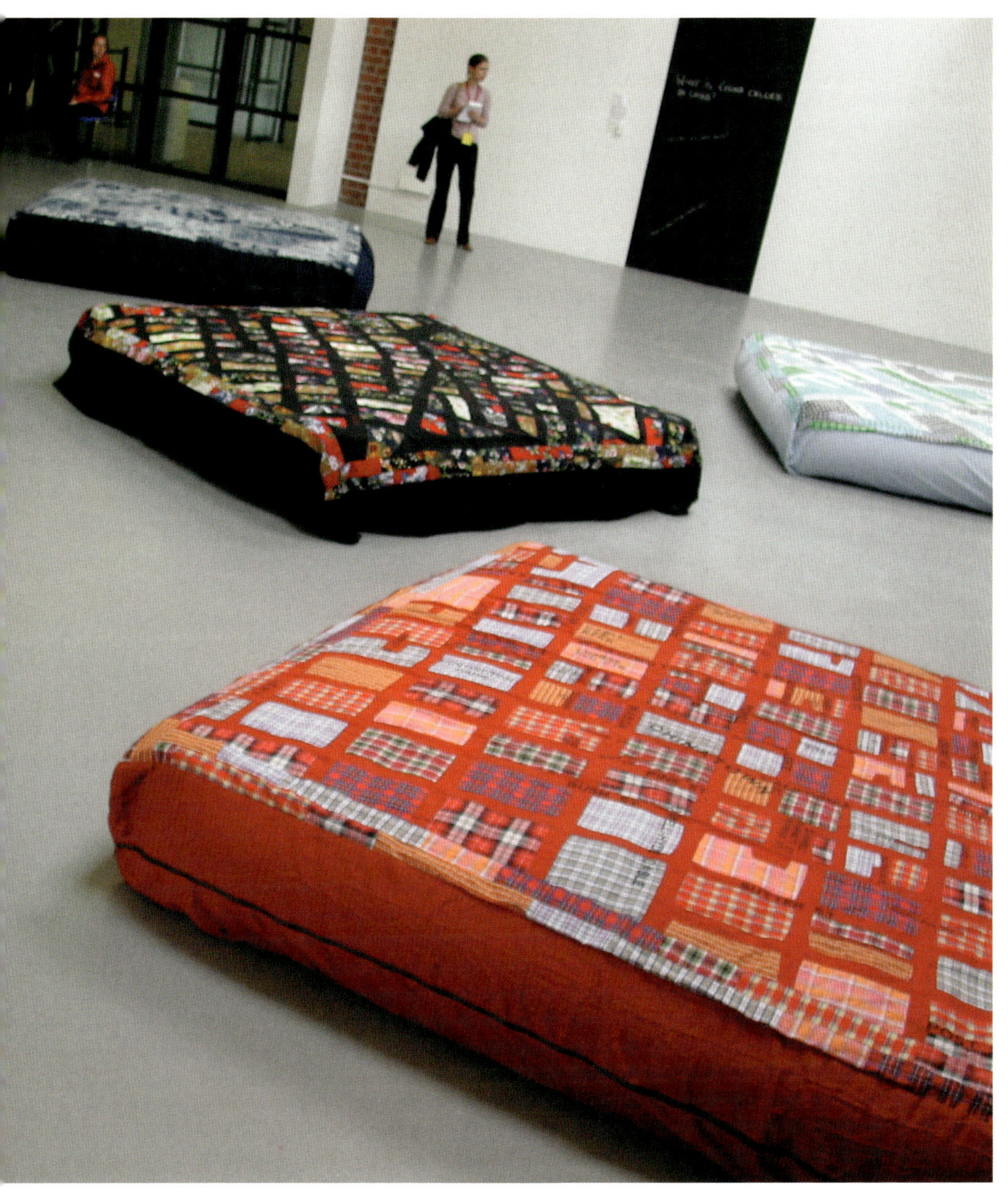

...en Yuan, *Trampolin*, 2004
...astica, tessuto di cotone, 10 x 10 x 0,5 m
...duta dell'installazione, Liverpool Biennial 2004, Liverpool

...en Yuan, *Trampolin*, 2004
...astic, cotton fabric, 10 x 10 x 0.5 m
...stallation view, Liverpool Biennial 2004, Liverpool

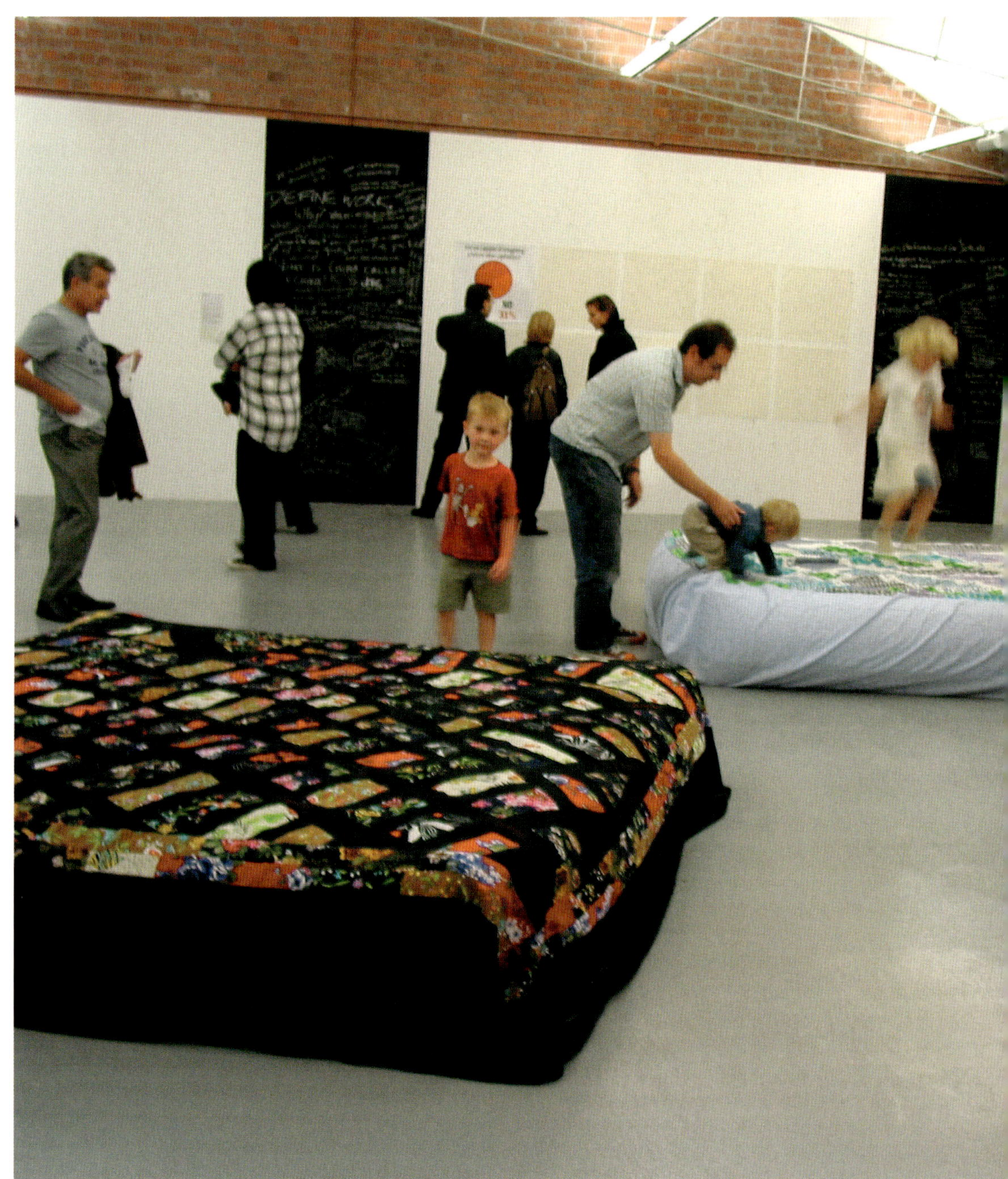

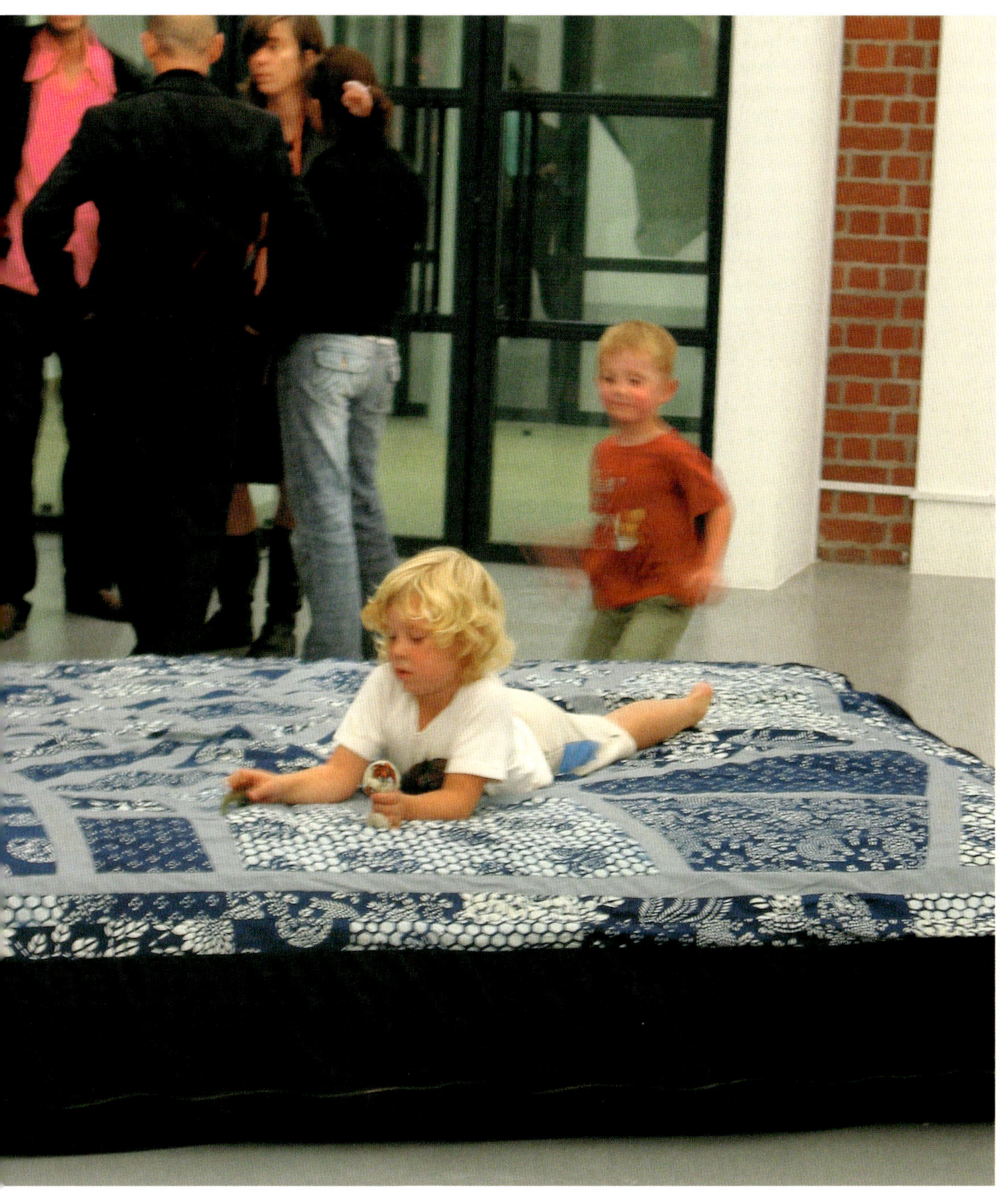

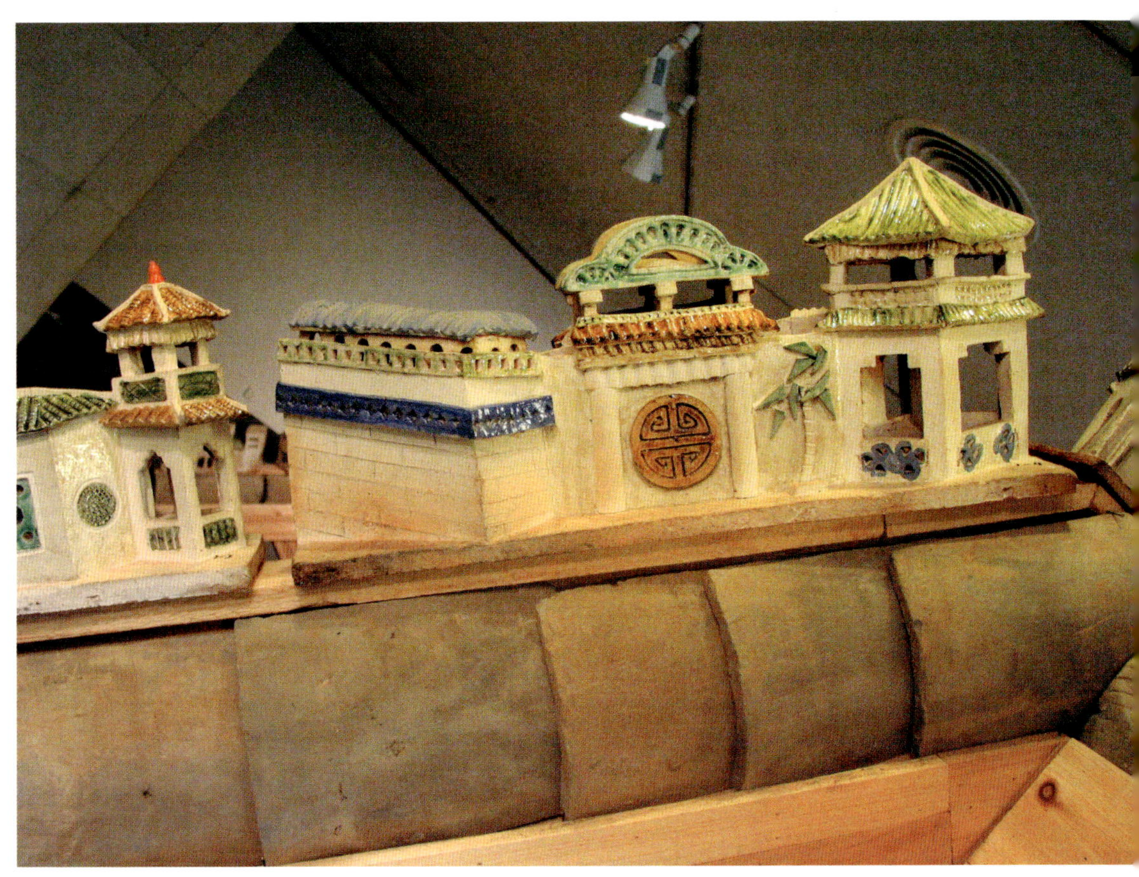

Shen Yuan, *La grande muraille du pays sud*, 2005
ceramica, legno, 15 x 10 x 2 m
veduta dell'installazione, II Guangzhou Triennial, Guangzhou, Cina

Shen Yuan, *La grande muraille du pays sud*, 2005
ceramic, wood, 15 x 10 x 2 m
installation view, II Guangzhou Triennial, Guangzhou, China

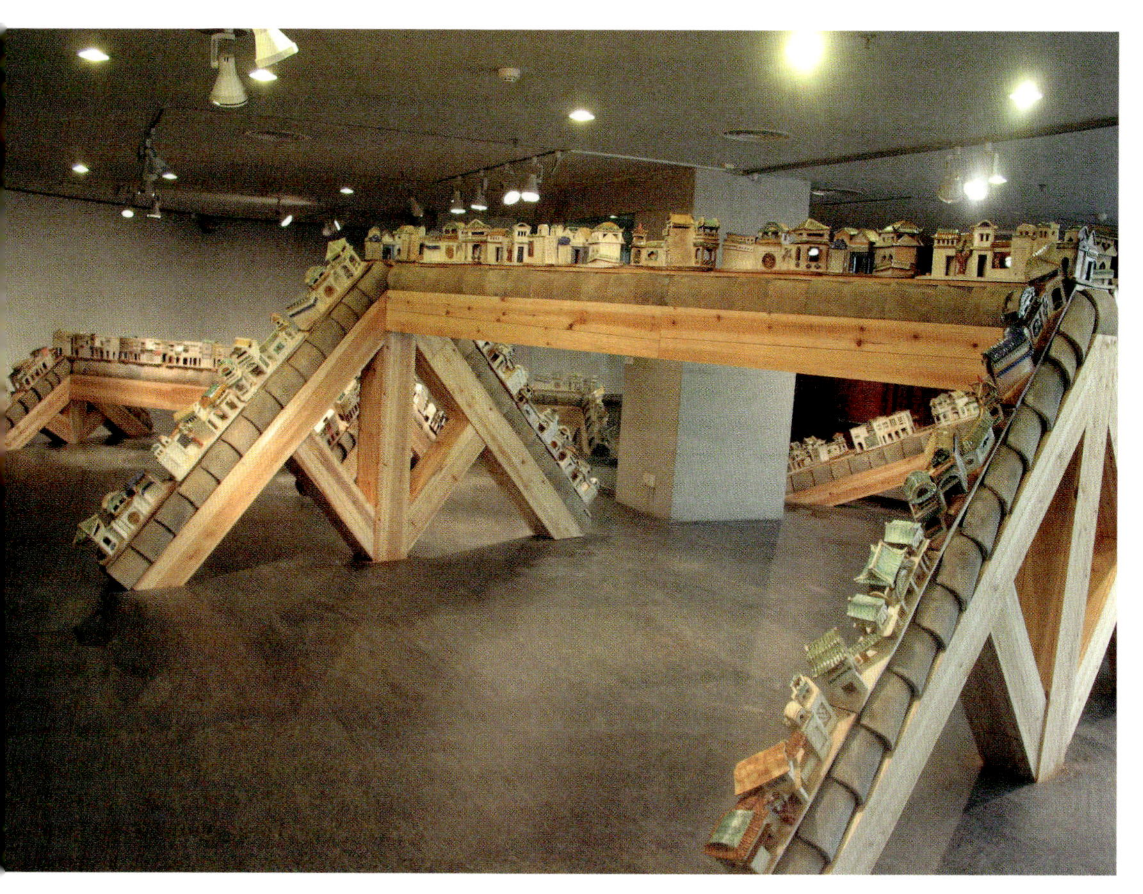

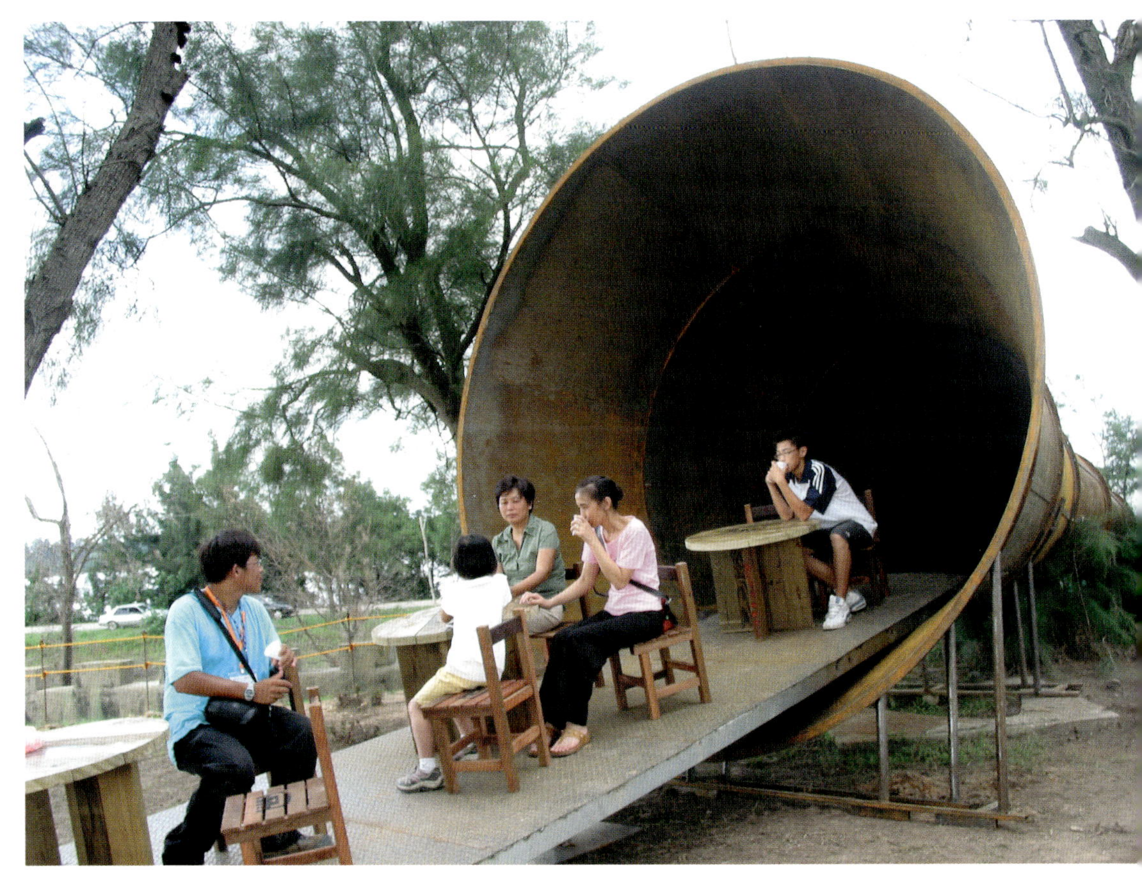

Shen Yuan, *Laba Cha*, 2004
ferro, 12 x 4 x 5,5 m
veduta dell'installazione
Bunker Museum of Contemporary Art, Kinmen Island, Taiwan

Shen Yuan, *Laba Cha*, 2004
iron, 12 x 4 x 5.5 m
installation view
Bunker Museum of Contemporary Art, Kinmen Island, Taiwan

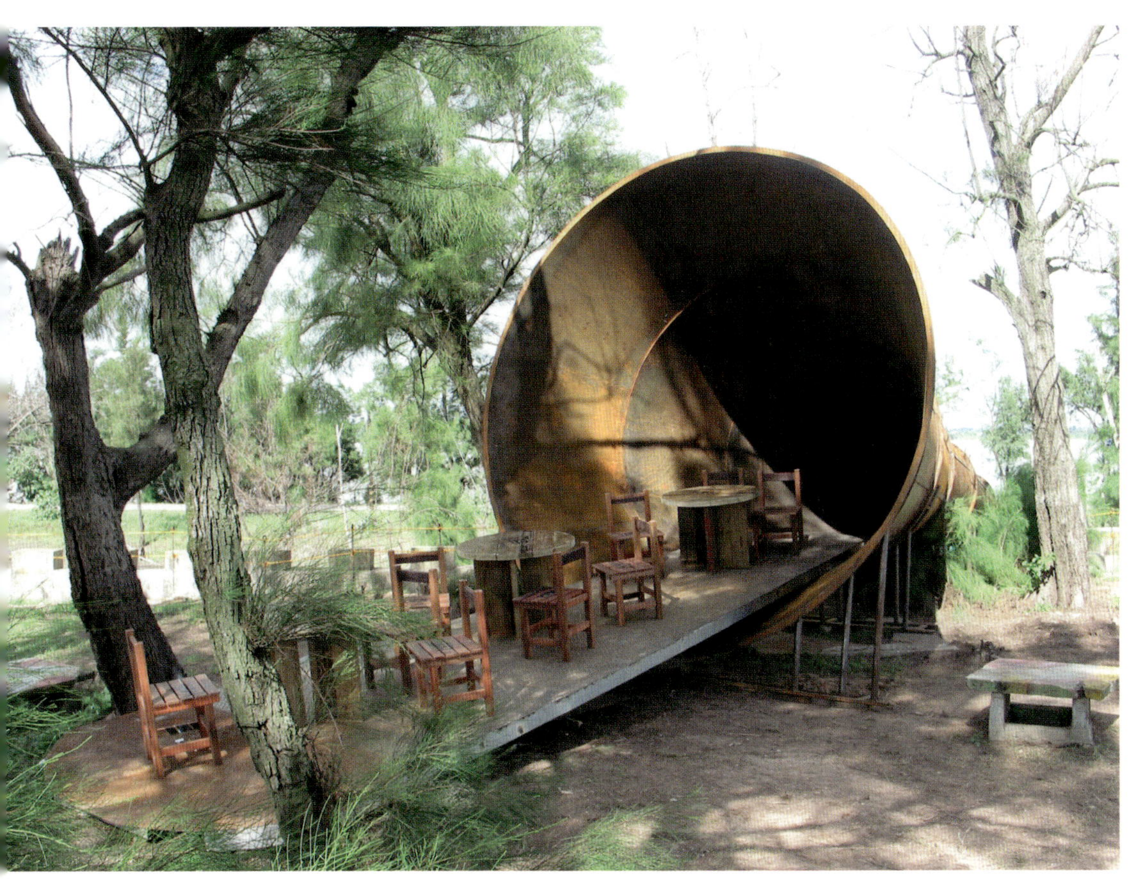

BIOGRAFIE CURATORI
E AUTORI

HOU HANRU (Guangzhou, Cina, 1963), è critico e curatore; vive tra Parigi e San Francisco, dove recentemente è stato nominato Director of Exhibitions and Public Programs e responsabile degli Exhibition Studies and Museology presso il San Francisco Art Institute. Ha curato più di cinquanta mostre. Tra le più significative ricordiamo *Cities on the Move*, in collaborazione con Hans-Ulrich Obrist: 1997 (Wiener Secession, Vienna); 1998 (CAPC, Bordeaux; PS1, New York); 1999 (Louisiana Museum, Danimarca; Hayward Gallery, Londra; Bangkok; Kiasma Museum of Contemporary Art, Helsinki).
Più recentemente ha curato: Gwangju Biennale 2002, Gwangju, Corea del Sud; *Z.O.U. – Zone of Urgency* nell'ambito della 50. Biennale di Venezia, Venezia, 2003; Arte all'Arte VIII, San Gimignano, Siena e altre sedi, 2003; *A l'Ouest du Sud de l'Est/A l'Est du Sud de l'Ouest*, Villa Arson, Nizza e Centre régional d'art contemporain Languedoc Roussillon, Sète, 2004; *Sweet Taboos - Go Inside*, 3ª Biennale di Tirana, Tirana, Albania, 2005; *Out Of Sight*, De Appel Foundation, Amsterdam, 2005; *Laboratoire Pour Un Avenir Incertain*, Grand Palais, Parigi, 2006; *Beyond: An Extraordinary Space of Experimentation for Modernization* (con Hans Ulrich Obrist e Guo Xiaoyan), II Guangzhou Triennale, Guangzhou, Cina, 2004-2006; *Never Go Out without My DVCAM*, ICO Foundation, Madrid, 2006.
Sarà il curatore della 10ª Biennale di Istanbul, Istanbul, 2007.
Collabora regolarmente con numerose riviste d'arte.
Nel 2002, è stata pubblicata presso Timezone 8, Pechino-Hong Kong, *On the Mid-Ground*, un'antologia di suoi scritti, a cura di Yu Hsiao-Hwei.

GABI SCARDI (Milano, 1962) è storica dell'arte. Svolge attività di curatrice, critica e docente d'arte contemporanea occupandosi in modo prevalente delle ultime tendenze della ricerca artistica. Cura mostre e progetti in Italia e all'estero e vive a Milano. Tra i più recenti: *Lucy e Jorge Orta - Drink Water*, Fondazione Bevilacqua La Masa, Venezia, 2005; *Less: Strategie alternative dell'abitare*, PAC Padiglione d'Arte Contemporanea, Milano, 2006, sul tema del rapporto tra arte e architettura di urgenza, e *vojages croisés*, 2005.
È stata curatrice dell'Archivio degli Artisti C/0 Care of - Viafarini di Milano e attualmente è consulente scientifico per l'arte contemporanea della Provincia di Milano.
Collabora stabilmente con l'inserto domenicale del *Sole 24 Ore* e con altre testate nazionali e internazionali.

GILANE TAWADROS (Cairo, Egitto, 1965) è curatrice e scrittrice. Ha fondato e dirige l'inIVA, Institute of International Visual Arts, Londra, organizzazione che si occupa di arte visuale contemporanea. Ha curato numerose mostre, tra le più recenti: *Brighton Photo Biennial*, sedi varie, Brighton, 2006; *Veil*, New Art Gallery, Walsall; Bluecoat Art Gallery & Open Eye Gallery, Liverpool; Modern Art, Oxford, 2003 e Kulturehuset, Stoccolma, 2004; *Fault Lines: Contemporary African Art and Shifting Landscapes*, nell'ambito della 50. Biennale di Venezia, 2003; *Zarina Bhimji*, inIVA, 2004; *Sutapa Biswas*, inIVA, 2004; *David Adjaye*, inIVA, 2004; *The Real Me*, ICA, Londra, 2005. Come scrittrice e critica, Gilane Tawadros ha scritto approfonditamente sull'arte contemporanea, e recentemente ha pubblicato *Changing States: Contemporary Art and Ideas in an Era of Globalisation*, inIVA, 2004. Attualmente fa parte del Forum for African Arts e dell'IFM International Foundation of Manifesta.

PIER LUIGI TAZZI (Colonnato, Firenze, 1941), vive a Capalle (Firenze). Critico d'arte (Remo Salvadori, Marco Bagnoli, Anish Kapoor, Jan Vercruysse, gli artisti su cui ha scritto più spesso) e curatore. Tra i suoi più importanti progetti: Documenta IX, Kassel, 1992; *Wounds: Between Democracy and Redemption in Contemporary Art*, mostra inaugurale del nuovo edificio del Moderna Museet, Stoccolma, 1998; *Happiness: A Survival Guide for Art and Life*, mostra inaugurale del Mori Art Museum, Tokyo, 2003; *Ayor: No Man's Land*, Kodra, Kalamaria, Salonicco, settembre 2006, l'ultimo in ordine di tempo.

ELVAN ZABUNYAN (Parigi, 1968) è critica e storica dell'arte contemporanea e vive a Parigi. Professoressa associata all'Università di Rennes (Bretagna, Francia), sarà nel biennio 2006-2007 ricercatrice associata presso il CENA (Centre for North American Studies) alla EHESS di Parigi e il CNRS (Centre National de la Recherche Scientifique). Ha pubblicato numerosi saggi sulle arti visive contemporanee ed è autrice del recente *Black Is a Color: A History of Contemporary African American Art* (Parigi, Dis Voir, 2004) tradotto in inglese nel 2005 (Dis Voir).
Da alcuni anni si occupa anche di teoria e arte femminista dagli anni Settanta in poi e di studi sul postcolonialismo. La sua ricerca attuale riguarda il lavoro di alcune artiste impegnate nella riflessione visuale e concettuale sull'idea di straniamento culturale e geografico.

BIOGRAPHIES OF EDITORS, AUTHORS, AND CURATORS

HOU HANRU (Guangzhou, China, 1963) is a critic and curator. He lives in Paris and San Francisco, where he has recently become Director of Exhibitions and Public Programs and Chair of Exhibition Studies and Museology at the San Francisco Art Institute.

He has curated over fifty exhibitions. Among the most significant: *Cities on the Move*, in collaboration with Hans-Ulrich Obrist: 1997 (Wiener Secession, Vienna); 1998 (CAPC, Bordeaux; P.S. 1, New York); 1999 (Louisiana Museum, Denmark; Hayward Gallery, London; Bangkok; Kiasma Museum of Contemporary Art, Helsinki).

More recently he has curated: Gwangju Biennale 2002, South Korea; *Z.O.U. – Zone of Urgency*, 50. Venice Biennale, 2003; Arte all'Arte, VIII, San Gimignano, Siena, and other venues, 2003; *A l'Ouest du Sud de l'Est/A l'Est du Sud de l'Ouest*, Villa Arson, Nice, and Centre Régional d'Art Contemporain Languedoc Roussillon, Sète, 2004; *Sweet Taboos - Go Inside*, III Tirana Biennale, Albania, 2005; *Out Of Sight*, De Appel Foundation, Amsterdam, 2005; *Laboratoire Pour Un Avenir Incertain*, Grand Palais, Paris, 2006; *Beyond: An Extraordinary Space of Experimentation for Modernization* (with Hans Ulrich Obrist and Guo Xiaoyan), II Guangzhou Triennale, China, 2004–2006; *Never Go out without My DVCAM*, ICO Foundation, Madrid, 2006.

He will be the curator of the 10th Istanbul Biennale in 2007.

He contributes regularly to numerous art magazines.

In 2002, a selection of his writings, edited by Yu Hsiao-Hwei and entitled *On the Mid-Ground*, was published by Timezone 8, Beijing–Hong Kong.

GABI SCARDI (Milan, 1962) is an art historian living in Milan. She is a curator, critic, and teacher of contemporary art, focusing chiefly on the latest tendencies in artistic practice. She has curated exhibitions and projects in Italy and abroad. Among the most recent: *Lucy and Jorge Orta - Drink Water*, Fondazione Bevilacqua La Masa, Venice, 2005; *Less: Strategie alternative dell'abitare*, PAC Padiglione d'Arte Contemporanea, Milan, 2006, on the theme of the relationship between art and emergency architecture; and *Voyages croisés*, 2005.

She headed the Archivio degli Artisti C/O Care of – Viafarini in Milan.

Gabi Scardi is currently the Contemporary Art Advisor to the Province of Milan.

She regularly contributes to the Sunday supplement of *Il Sole 24 Ore* and other national and international newspapers.

GILANE TAWADROS (Cairo, Egypt, 1965) is a curator and writer. She was the founding Director of inIVA, Institute of International Visual Arts, London, a contemporary visual arts organization in London. She has curated numerous exhibitions, most recently: *Brighton Photo Biennial*, various venues, Brighton, 2006; *Veil*, New Art Gallery, Walsall; Bluecoat Art Gallery & Open Eye Gallery, Liverpool; Modern Art, Oxford, 2003, and Kulturehuset, Stockholm, 2004; *Fault Lines: Contemporary African Art and Shifting Landscapes*, 50. Venice Biennale, 2003; *Zarina Bhimji*, inIVA, 2004; *Sutapa Biswas*, inIVA, 2004; *David Adjaye*, inIVA, 2004; *The Real Me*, ICA, London, 2005. As a writer and critic, Gilane Tawadros has written extensively on contemporary art, and most recently she edited *Changing States: Contemporary Art and Ideas in an Era of Globalisation*, inIVA, 2004. She is currently a board member of the Forum for African Arts and the IFM International Foundation of Manifesta.

PIER LUIGI TAZZI (Colonnato, Florence, 1941) lives in Capalle (Florence). He is an art critic (Remo Salvadori, Marco Bagnoli, Anish Kapoor, and Jan Vercruysse are the artists about whom he has written most often) and curator. Among his most important projects: Documenta IX, Kassel, 1992; Wounds: Between Democracy and Redemption in Contemporary Art, inaugural exhibition of the new building of the Moderna Museet, Stockholm, 1998; Happiness: A Survival Guide for Art and Life, inaugural exhibition of the Mori Art Museum, Tokyo, 2003; and the most recent, Ayor: No Man's Land, Kodra, Kalamaria, Thessaloniki, September 2006.

ELVAN ZABUNYAN (Paris, 1968) is a contemporary art historian and art critic based in Paris. She is Associate Professor at Rennes University (Brittany, France). In 2006–2007, she will be Associate Researcher at the CENA (Centre for North American Studies at the EHESS, Paris) and at the CNRS (Centre National de la Recherche Scientifique). She has published many essays on contemporary visual arts and has recently written Black Is a Color: A History of Contemporary African American Art (Paris: Dis Voir, 2004), published in English in 2005 (Dis Voir). For some years now, she has also been working on feminist art and theory since the seventies and on post-colonial studies. Her current research is based on the work of some women artists who conceptually and visually reflect on the idea of cultural and geographical displacement.

BIOGRAFIE ARTISTI

A CURA DI ROSSELLA MORATTO

ADEL ABDESSEMED
Nato a Constantine, Algeria, nel 1971, vive e lavora a Lione.
Numerose le sue mostre personali in gallerie private e spazi museali tra cui Projectroom Kunsthalle Bern, Berna, 2001; Galleria Laura Pecci, Milano, 2001; Centre international d'art et du paysage de l'Ile de Vassivière, Vassivière, Francia, 2002; Institute of Visual Arts, Milwaukee, USA, 2002; *Habibi*, FRAC Champagne Ardenne, Reims, Francia, 2004; *Le Citron et le Lait*, MAMCO, Ginevra, 2004; *Holidays - God Is Infinity*, Galerie Kamel Mennour, Parigi, 2005; e nell'ultimo anno *Practice Zero Tolerance*, Le Plateau, Parigi, 2006 e La Criée Centre d'Art Contemporain, Rennes, 2006.
Dalla fine degli anni Novanta espone in importanti mostre collettive internazionali come la Biennale dei giovani artisti dell'Europa e del Mediterraneo, Roma, 1999; Manifesta 3, Lubiana, Slovenia, 2000; *Carnet d'adresses*, Musée de Louviers, Louviers, 2000; e *Paris pour escale*, Musée d'Art Moderne de la Ville de Paris, Parigi, 2000; *Uniforme - Ordine e disordine*, Stazione Leopolda, Firenze e P.S. 1 Contemporary Art Center, New York, 2001; Tirana Biennale 1, Tirana, Albania, 2001; 1ª Yokohama Triennale, Yokohama, 2001; *Così lontano così vicino*, Fondazione Baldi, Pelago, Italia, 2002; *Nos Troubles*, CRAC Centre Régional d'Art Contemporain de Sète, Sète, Francia, 2002; *Happiness: A Survival Guide for Art and Life*, Mori Art Museum, Tokyo, 2003; *Z.O.U. - Zone of Urgency* nell'ambito della 50. Biennale di Venezia, Venezia, 2003; *Blood Lines and Connections*, Museum of Contemporary Art, Denver, USA, 2003; *Dimensione follia*, Galleria Civica di Arte Contemporanea, Trento, 2004; *Shake*, OK Centrum for Contemporary Art, Linz, Austria e Villa Arson, Nizza, 2004; Tirana Biennale 3, Tirana, Albania, 2005. Recentemente ha preso parte alla Dak'art Biennial, Dakar, Senegal, 2006; *La force de l'art*, Grand Palais, Parigi, 2006; *Hot/Cold? Summer Loving*, Zacheta - National Gallery of Art, Varsavia, 2006; *Between Body and Object*, MARTa Herford Museum of Contemporary Art and Design, Herford, Germania, 2006; e *Notre Histoire*, Palais de Tokyo, Parigi, 2006.

NINDITYO ADIPURNOMO
Nato a Semarang, Indonesia, nel 1961, vive e lavora a Yogyakarta, Indonesia.

Ha tenuto numerose mostre personali in Indonesia e Paesi Bassi tra cui *The Floor Pattern*, Cemeti Art House, Yogyakarta, 1990 e Foundation of Fine Arts and ABN Bank Amsterdam, Amsterdam, 1991; *Spiritual Space*, The Japan Foundation, Giacarta, 1992; *The Burden of Javanese Exotica*, The New Amsterdam Theater, Amsterdam, 1993; *Helmet Your Art, Helmet Your Earth, Helmet Your Heart, An Art Project*, Lembaga Indonesia Perancis, Giacarta, 1998; *Portrait of Residency in Cardiff*, Cemeti Art House, Yogyakarta, 2000; *LIYAN*, Sunaryo Contemporary Art Space, Bandung, Indonesia; *Beyond the Modesty*, Plastic Kinetic Worms Gallery, Singapore, 2002.
Tra le mostre collettive ricordiamo *Indonesian Modern Art*, Municipal Gallery Filderstadt, Stoccarda, 1990; *Nothing Is Everything, Everything Is Nothing*, Tropen Museum, Amsterdam, 1991; *Three Generations, Tradition and Change*, San Diego Museum of Man, Houston, USA, 1991; Biennale VII, Jakarta Art Council, Giacarta, 1992; Biennale IX, Jakarta Art Council, Giacarta, 1994; *Asia Modernism*, The Japan Foundation Asian Culture Center, Tokyo, Bangkok, Manila, Giacarta, 1995; Asia Pacific Triennial II, Queensland Art Gallery, Brisbane, Australia, 1996; la 6ª Bienal de La Habana, L'Avana, Cuba, 1997; *AWAS! Recent Art from Indonesia*, Benteng Vredeburg, Giacarta, 1999 e *AWAS*, Australian Center of Contemporary Art, Melbourne, Australia, 1999; *Zwischen Tradition und Moderne: Junge Künstler aus Indonesien*, Museum für Volkerkunde, Colonia, 2001; Il Fukuoka Asian Art Triennale, Fukuoka, Giappone, 2002; Busan Biennale, Busan, Corea del Sud, 2004; *Taboo and Transgression in Contemporary Indonesian Art*, Herbert F. Johnson Museum of Art, Ithaca, USA, 2005.

KRISTINE ALKSNE
Nata a Riga, Lettonia, nel 1980, vive e lavora tra Milano e Riga.
Recentemente ha tenuto mostre personali in alcune gallerie italiane, tra cui *Doppler*, Galleria Autori Cambi, (con Sandrine Nicoletta), Roma, 2004, e *Roaming Around*, NOTgallery, Napoli, 2005. Ha partecipato a numerose mostre collettive in Italia, tra cui ricordiamo: *Allo sport l'omaggio dell'arte*, BiMed Biennale di Arte e Scienza, Salerno, 2001; *Tracce di un seminario*, e *Note: Stati mentali*, ambedue presso Viafarini, Milano, 2002; *Assab One: La generazione dell'arte emergente in Italia*, ex GEA, Milano, 2002. Nel 2005 è invitata a *Con altri occhi: La città vista dai giovani artisti*, Palazzo della Ragione, Milano; *Honey Money*, Massai Art Factory, Assab One, Milano, e a *Conflitto e conflitti a Villa (POCO) Serena*, Villa Serena, Bologna. Nel 2006 espone a *Beautiful Nature: Spazi di rappresentazione della natura*, Premio Mauro Manara, Castel San Pietro Terme, Bologna.

MARIA THEREZA ALVES
Nata in Brasile e residente a Berlino, è un'artista.

KEREN AMIRAN
Nata a Tel Aviv, Israele, nel 1975, vive e lavora a Londra.
Come videoartista ha tenuto mostre personali in importanti gallerie e spazi istituzionali internazionali. Tra queste *Ahad Haam*, Heinrich Böll Foundation, Tel Aviv, 2003 e, sempre in Israele, presso l'Herzliya Museum of Contemporary Art, 2003.
Ha partecipato a importanti mostre collettive come ISAMEC, 32nd International Film Festival, Rotterdam, 2003, e *Documentary Fictions*, Fundació "la Caixa", Barcellona, 2004. L'anno successivo è invitata all'11ᵉ Biennal de l'Image en Mouvement, Ginevra e al *Documentary Fictions*, Fundació "la Caixa", Palma di Maiorca, e recentemente, nel 2006, a *Less: Strategie alternative dell'abitare*, PAC Padiglione d'Arte Contemporanea, Milano e al 35th International Film Festival di Rotterdam.

CARLOS AMORALES
Nato a Città del Messico, Messico, nel 1970, vive e lavora tra Amsterdam e Città del Messico.
Dalla seconda metà degli anni Novanta sono numerose le sue personali in gallerie private e spazi istituzionali come *Amorales Table Dance*, W139, Amsterdam, 1997; Project room, Museo Carrillo Gil, Città del Messico, Messico, 1999; *A World All Too Familiar: New Projects by Carlos Amorales and Christine Hill*, CCS Museum, Bard College, Annandale-on-Hudson, USA, 2000; *Cabaret Amorales*, Migros Museum, Zurigo, 2001; *Solitario*, Le Studio, Yvon Lambert, Parigi, 2002;

BIOGRAPHIES OF ARTISTS

EDITED BY ROSSELLA MORATTO

ADEL ABDESSEMED

Born in Constantine, Algeria, in 1971, he lives and works in Lyons.
He has held numerous solo exhibitions at private galleries and museums, including the Projectroom Kunsthalle Bern, 2001; Galleria Laura Pecci, Milan, 2001; Centre international d'art et du paysage de l'Ile de Vassivière, Vassivière, France, 2002; Institute of Visual Arts, Milwaukee, USA, 2002; *Habibi*, FRAC Champagne Ardenne, Reims, 2004; *Le Citron et le Lait*, MAMCO, Geneva, 2004; *Holidays - God Is Infinity*, Galerie Kamel Mennour, Paris, 2005; and most recently, *Practice Zero Tolerance*, Le Plateau, Paris, 2006, and the Criée Centre d'Art Contemporain, Rennes, 2006.
Since the end of the nineties he has taken part in major international group exhibitions, such as the Biennial of Young Artists from Europe and the Mediterranean, Rome, 1999; Manifesta 3, Ljubljana, 2000; *Carnet d'adresses*, Musée de Louviers, France, 2000, and *Paris pour escale*, Musée d'Art Moderne de la Ville de Paris, 2000; *Uniforme - Ordine and disordine*, Stazione Leopolda, Florence, and P.S. 1 Contemporary Art Center, New York, 2001; 1st Tirana Biennale, 2001; 1st Yokohama Triennale, Japan, 2001; *Cosi lontano cosi vicino*, Fondazione Baldi, Pelago, Italy, 2002; *Nos Troubles*, CRAC Centre Régional d'Art Contemporain de Sète, France, 2002; *Happiness: A Survival Guide for Art and Life*, Mori Art Museum, Tokyo, 2003; *Z.O.U. - Zone of Urgency* at the 50. Venice Biennale, 2003; *Blood Lines and Connections*, Museum of Contemporary Art, Denver, 2003; *Dimensione follia*, Galleria Civica di Arte Contemporanea, Trent, 2004; *Shake*, OK Centrum for Contemporary Art, Linz, and Villa Arson, Nice, 2004; 3rd Tirana Biennale, 2005. Recently he has taken part in the Dak'Art Biennial, Dakar, 2006; *La force de l'art*, Grand Palais, Paris, 2006; *Hot/Cold? Summer Loving*, Zacheta - National Gallery of Art, Warsaw, 2006; *Between Body and Object*, MARTa Herford Museum of Contemporary Art and Design, Herford, Germany, 2006; and *Notre Histoire*, Palais de Tokyo, Paris, 2006.

NINDITYO ADIPURNOMO

Born in Semarang, Indonesia, in 1961, he lives and works in Jakarta.
He has held numerous solo exhibitions in Indonesia and the Netherlands, including *The Floor Pattern*, Cemeti Art House, Yogyakarta, 1990, the Foundation of Fine Arts and ABN Bank Amsterdam, Amsterdam, 1991; *Spiritual Space*, The Japan Foundation, Jakarta, 1992; *The Burden of Javanese Exotica*, The New Amsterdam Theater, Amsterdam, 1993; *Helmet Your Art, Helmet Your Earth, Helmet Your Heart, An Art Project*, Lembaga Indonesia Perancis, Jakarta, 1998; *Portrait of Residency in Cardiff*, Cemeti Art House, Yogyakarta, 2000; *LIYAN*, Sunaryo Contemporary Art Space, Bandung, Indonesia; *Beyond the Modesty*, Plastic Kinetic Worms Gallery, Singapore, 2002.
Among the group exhibitions in which he has participated, it is worth mentioning *Indonesian Modern Art*, Municipal Gallery Filderstadt, Stuttgart, 1990; *Nothing Is Everything, Everything Is Nothing*, Tropen Museum, Amsterdam, 1991; *Three Generations, Tradition, and Change*, San Diego Museum of Man, Houston, 1991; 7th Biennale, Jakarta Art Council, 1992; 9th Biennale, Jakarta Art Council, 1994; *Asia Modernism*, The Japan Foundation Asian Culture Center, Tokyo, Bangkok, Manila, and Jakarta, 1995; 2nd Asia Pacific Triennial, Queensland Art Gallery, Brisbane, Australia, 1996; 6th Bienal de La Habana, Havana, 1997; *AWAS! Recent Art from Indonesia*, Benteng Vredeburg, Jakarta, 1999, and the Australian Center of Contemporary Art, Melbourne, 1999; *Zwischen Tradition und Moderne: Junge Künstler aus Indonesien*, Museum für Volkerkunde, Cologne, 2001; 2nd Fukuoka Asian Art Triennale, Fukuoka, Japan, 2002; Busan Biennale, South Korea, 2004; and *Taboo and Transgression in Contemporary Indonesian Art*, Herbert F. Johnson Museum of Art, Ithaca, USA, 2005.

KRISTINE ALKSNE

Born in Riga, Lithuania, in 1980, she lives and works in Milan and Riga.
She has recently held solo exhibitions at several Italian galleries, including: *Doppler*, Galleria Autori Cambi (with Sandrine Nicoletta), Rome, 2004, and *Roaming Around*, NOTgallery, Naples, 2005.
She has taken part in numerous group exhibitions in Italy, among them: *Allo sport l'omaggio dell'arte*, BiMed Biennale di Arte e Scienza, Salerno, 2001; *Tracce di un seminario and Note: Stati mentali*, both at Viafarini, Milan, 2002; *Assab One: La generazione dell'arte emergente in Italia*, ex-GEA, Milan, 2002. In 2005, she was invited to show at *Con altri occhi: La città vista dai giovani artisti*, Palazzo della Ragione, Milan; *Honey Money*, Massai Art Factory, Assab One, Milan, and *Conflitto e conflitti a Villa (POCO) Serena*, Villa Serena, Bologna. In 2006, she exhibited at *Beautiful Nature: Spazi di rappresentazione della natura*, Premio Mauro Manara, Castel San Pietro Terme, Bologna.

MARIA THEREZA ALVES

Born in Brazil and lives in Berlin, she is an artist.

KEREN AMIRAN

Born in Tel Aviv, Israel, in 1975, she lives and works in London.
As a video artist, she has held solo shows at important galleries and institutional spaces in various parts of the world, including: *Ahad Haam*, Heinrich Böll Foundation, Tel Aviv, 2003, and, again in Israel, Herzliya Museum of Contemporary Art, 2003. She has taken part in major group exhibitions like ISAMEC, 32nd International Film Festival in Rotterdam, 2003, and *Documentary Fictions*, Fundació "la Caixa," Barcelona, 2004. The following year she was invited to show at the 11e Biennale de l'Image en Mouvement, Geneva, and at *Documentary Fictions*, Fundació "la Caixa," Palma de Mallorca, and more recently, in 2006, at *Less: Strategie alternative dell'abitare*, PAC Padiglione d'Arte Contemporanea, Milan, and at the 35th International Film Festival in Rotterdam.

CARLOS AMORALES

Born in Mexico City in 1970, he divides his time between Amsterdam and Mexico City.
Since the second half of the nineties he has held numerous solo exhibitions at galleries and institutional venues, including *Amorales Table Dance*, W139, Amsterdam, 1997; Project Room, Museo Carrillo Gil, Mexico D.F., 1999; *A World All Too Familiar: New Projects by Carlos Amorales and Christine Hill*, CCS Museum, Bard College, Annandale-on-Hudson, USA, 2000; *Cabaret Amorales*, Migros Museum, Zurich, 2001; *Solitario*, Le Studio, Yvon Lambert, Paris, 2002;

of South Florida Contemporary Art
Museum, Tampa, USA, 2002; *The Bad
Sleep Well*, Yvon Lambert, New York,
2003; *Devil Dance*, Museum Boijmans
van Beuningen, Rotterdam, 2003;
Amorales vs Amorales. Challenge 2003,
Tate and Egg Live, Tate Modern, Londra,
2003; SF MOMA, San Francisco, USA,
2003 e Hebbel Theater, Berlino, 2003;
The Nightlife of A Shadow, Annet Gelink
Gallery, Amsterdam, 2004; *Why Fear the
Future?*, Casa de America, Madrid,
2005; MUCA, Città del Messico,
Messico, 2005 e MARCO, Monterrey,
Messico, 2006; *Broken Animals*, Yvon
Lambert, Parlgl, 2006.
Ha partecipato a importanti mostre
collettive come *Peace*, Migros Museum,
Zurigo, 1999; *Au delà du spectacle*,
Centre Georges Pompidou, Parigi,
2000; *Unlimited Nl-3*, De Appel,
Amsterdam, 2000; Tirana Biennale 1,
Tirana, Albania, 2001; *We in Flames*,
Berlin Biennial 2, Berlino, 2001; *The
Overexcited Body*, Palazzo
dell'Arengario, Milano, 2001; *Bodies and
Values*, P.S. 1 Contemporary Art Center,
New York, 2002; *Coartadas/Alibis*, Witte
de With, Rotterdam, 2002; Busan
Biennale, Busan, Corea del Sud, 2002;
M_Ars, Graz Kunstverein, Graz, Austria,
2003; *We Are the World*, Padiglione
Olandese, 50. Biennale di Venezia,
Italia, 2003, e Museum Boijmans van
Beuningen, Rotterdam, 2004; *No lo
llames performance*, Centro Andaluz de
Arte Contemporaneo, Siviglia, 2004; e
Don't Call It Performance, El Museo del
Barrio, New York, 2004; e
recentemente *Gabriel Orozco, Carlos
Amorales, Damian Ortega: Memoria de la
creacion del Eco*, El Museo Experimental
El Eco, Città del Messico, Messico, 2005;
T1. La sindrome di Pantagruele, Castello
di Rivoli, Rivoli-Torino; GAM Galleria
Civica d'Arte Moderna e
Contemporanea, Torino e Fondazione
Sandretto Re Rebaudengo, Torino,
2005; *Identità & Nomadismo*, Palazzo
delle Papesse, Siena, 2005; *In the Air:
Projections of Mexico*, Guggenheim
Museum, New York, 2005; *Historias
Animadas*, Fundaciò "la Caixa", Caixa
Forum, Barcellona, 2006.

MAJA BAJEVIĆ
Nata a Sarajevo, Bosnia-Erzegovina, nel
1967, vive e lavora tra Parigi e Sarajevo.
Tra le più recenti mostre personali in
gallerie e istituzioni pubbliche e
museali ricordiamo *Step by Step*, P.S. 1
Contemporary Art Center, New York,
2004 e *Good Morning Belgrade*,
Museum of Modern Art, Belgrado,
Serbia, 2004; *Stockholm Revisited with
a Haiku*, Moderna Museet, Stoccolma,
2005; *Be Nice or Leave*, Galerie Peter
Kilchmann, Zurigo, 2005 e *Terraines
vagues*, Galeri Michel Rein, Parigi, 2005;
Home Again, National Gallery of Bosnia

and Herzegovina, Sarajevo e Ars Aevi
Museum of Contemporary Art,
Sarajevo, 2006.
Ha partecipato a importanti collettive
e rassegne internazionali come
Manifesta 3, Lubiana, Slovenia, 2000;
7ª Istanbul Biennale, Istanbul, 2001; *40
Jahre: Fluxus und die Folgen*,
Fluxusfestival, Wiesbaden, Germania;
2002; *In den Schluchten des Balkans.
Eine Reportage*, Kunsthalle
Fridericianum, Kassel, 2003; *Blood and
Honey*, Sammlung Essl, Vienna, 2003 e
50. Biennale di Venezia, Padiglione
Bosniaco, Venezia, 2003; *Non toccare
la donna bianca: Arte contemporanea
tra diversità e liberazione*, Fondazione
Sandretto Re Rebaudengo, Torino,
2004; BIACS, Bienal Internacional de
Arte Contemporáneo de Sevilla,
Siviglia, 2004; *The Government*,
Secession, Vienna, 2005 e *Be What You
Want But Stay Where You Are*, Witte de
With, Rotterdam, 2005.
Recentemente ha esposto a *Smile
Machines*, nell'ambito del festival
Transmediale, Berlino, 2006;
Witnesses/Testigos, NMAC Foundation,
Cadiz, Spagna, 2006 e *Paranoia*, Leeds
City Art Gallery, Leeds, 2006.

YAEL BARTANA
Nata a 'Afula, Israele, nel 1970, vive
e lavora tra Amsterdam e Tel Aviv.
Ha tenuto numerose mostre personali
in Europa, Israele e Stati Uniti tra cui
Variables XYZ, The Israeli Center of
Digital Art, Holon, Israele, 2002; *Kings of
the Hill*, Herzliya Museum of
Contemporary Art, Herzliya, Israele,
2003 e *Selected Works 1996-2002*, Annet
Gelink Gallery, Amsterdam, 2003; *Three
Works*, MIT List Visual Arts Center,
Cambridge, USA, 2004 e *Yael Bartana*,
Sommer Contemporary Art, Tel Aviv,
2004; *Yael Bartana*, Kunstverein,
Hamburg, Amburgo, 2006.
Ha partecipato a importanti mostre
collettive come *In the Mean Time...*, De
Appel, Amsterdam, 2001; Manifesta 4,
Francoforte sul Meno, 2002 e la 4ª
Gwangju Biennale, Gwangju, Corea del
Sud, 2002; 1ª Biennale di Praga, Praga,
2003 e *Special Projects* P.S. 1
Contemporary Art Center, New York,
2003; The Busan Biennale, Busan, Corea
del Sud, 2004; Liverpool Biennial,
Liverpool, 2004 e *Time Zones: Recent
Film and Video*, Tate Modern, Londra,
2004; *Prix de Rome.NL*, De Appel,
Amsterdam, 2005; 9ª Istanbul Biennale,
2005; e *Traum und Trauma*, Haus der
Kulturen der Welt, Berlino, 2005.
Recentemente ha esposto a *Art of
Living: Contemporary Photography and
Video from the Israel Museum*,
Contemporary Jewish Museum, San
Francisco, 2006; *Three Artists, Three
Different Ways of Looking at Our World*,
Van Abbemuseum, Eindhoven, 2006. I

suoi film e video sono stati proiettati
nei più importanti film festival
internazionali tra cui *Transmediale*,
Berlino, 2003 e 2004; Impakt Festival,
Utrecht, 2003 e Kasseler
Documentarfilm und Videofest, Kassel,
2003; VIPER Basel 2002, International
Competition Film/Video Programme,
Basilea, 2002; International Film
Festival, Rotterdam, 2002.

BANU CENNETOGLU
Nata ad Ankara nel 1970, vive e lavora
a Istanbul.
Ha tenuto la sua prima personale a
Parigi, Galerie Colette, 1998. Tra le più
recenti *False Witness*, un book launch,
Istiklal Caddesi 459, Istanbul, 2003.
Negli ultimi anni ha preso parte a
importanti mostre internazionali, tra
cui ricordiamo, *No More Than I Know*,
Australian Centre for Photography,
Sydney, 2003; *Vision 01*, Moscow House
of Photography, Mosca, 2003; *Into the
Breach*, Smart Project Space,
Amsterdam, 2003; *Brothers, Sisters and
Birds*, Badischer Kunstverein, Karlsruhe,
2004; 3. Berlin Biennale, Berlino, 2004;
On Mobility, De Appel, Amsterdam,
2005; *Information/Transformation*, Extra
City Center for Contemporary Art,
Anversa, 2005; *Sweet Taboos* (Episodes
5), Tirana Biennale 3, Tirana, Albania,
2005; *Pixels of Reality*, PSWAR,
Amsterdam, 2006.
Dal 2006 è promotrice e organizzatrice
a Istanbul di BAS, un project space per
la promozione, raccolta e produzione
di libri di giovani fotografi.
Oltre a fotografie e video, Cennetoglu
ha realizzato numerosi progetti
editoriali che esplorano la forma del
libro d'arte, considerato come lavoro
autonomo più che come
documentazione, tra cui *A False
Witness*, 2003 e *15 Scary Asian Men*,
2005, un libro multiplo in progress.

MAGALI CLAUDE
Nata a Parigi nel 1964, vive e lavora
a Parigi.
Come artista multimediale, ha tenuto
mostre personali in Europa e Stati Uniti
tra cui *La Chora. Les rumeurs*, Art 3,
Valence, Francia, 1995; *La chambre de
Victoire*, c/o Victoire Dubruel, Bagnolet,
Francia, 1996; *Avatars. The Rumours*,
Creative Time, New York, 1997; *On peut
pas toujours couper le son*, Galerie des
Beaux-Arts de Mulhouse, Mulhouse,
Francia, 1998; *Les gestes du travail*,
Galerie Le Grand Wazoo, Amiens,
Francia, 1998 e *Through*, Printed Matter,
New York, 1998.
Dalla metà degli anni Novanta ha
partecipato a numerose mostre
collettive come *Un papillon sur la roue*,
Palais des Arts, Tolosa, Francia, 1994; *La
ville en chantier*, Le Magasin, Grenoble,
1998; *+ 8 + 7 + 3 + 1 - 1 –5*, San

Fighting Evil (with Style), USF University of South Florida Contemporary Art Museum, Tampa, 2002; *The Bad Sleep Well*, Yvon Lambert, New York, 2003; *Devil Dance*, Museum Boijmans van Beuningen, Rotterdam, 2003; *Amorales vs Amorales. Challenge 2003*, Tate & Egg Live, Tate Modern, London, 2003; SF MOMA, San Francisco, 2003, and Hebbel Theater, Berlin, 2003; *The Nightlife of A Shadow*, Annet Gelink Gallery, Amsterdam, 2004; *Why Fear the Future?*, Casa de America, Madrid, 2005; MUCA, Mexico City, 2005, and MARCO, Monterrey, Mexico, 2006; *Broken Animals*, Yvon Lambert, Paris, 2006.

He has taken part in important group exhibitions like *Peace*, Migros Museum, Zurich, 1999; *Au delà du spectacle*, Centre Georges Pompidou, Paris, 2000; *Unlimited Nl-3*, De Appel, Amsterdam, 2000; 1st Tirana Biennale, 2001; *We in Flames*, 2nd Berlin Biennial, 2001; *The Overexcited Body*, Palazzo dell'Arengario, Milan, 2001; *Bodies and Values*, P.S. 1 Contemporary Art Center, New York, 2002; *Coartadas/Alibis*, Witte de With, Rotterdam, 2002; Busan Biennale, South Korea, 2002; *M_Ars*, Graz Kunstverein, Austria, 2003, and *We Are the World*, Dutch Pavilion, 50. Venice Biennale, 2003, and Museum Boijmans van Beuningen, Rotterdam, 2004; *No lo llames performance*, Centro Andaluz de Arte Contemporaneo, Seville, 2004; *Don't Call It Performance*, El Museo del Barrio, New York, 2004; and recently *Gabriel Orozco, Carlos Amorales, Damian Ortega: Memoria de la creacion del Eco*, Museo Experimental El Eco, Mexico City, 2005; *T1. La sindrome di Pantagruele*, Castello di Rivoli, Rivoli-Turin; GAM Galleria Civica d'Arte Moderna e Contemporanea, Turin, and Fondazione Sandretto Re Rebaudengo, Turin, 2005; *Identità & Nomadismo*, Palazzo delle Papesse, Siena, 2005; *In the Air: Projections of Mexico*, Guggenheim Museum, New York, 2005; *Historias Animadas*, Fundaciò "la Caixa," Caixa Forum, Barcelona, 2006.

MAJA BAJEVIĆ
Born in Sarajevo, Bosnia-Herzegovina, in 1967, she divides her time between Paris and Sarajevo.
Her most recent solo exhibitions at galleries, public institutions, and museums include *Step by Step*, P.S. 1 Contemporary Art Center, New York, 2004; *Good Morning Belgrade*, Museum of Modern Art, Belgrade, 2004; *Stockholm Revisited with a Haiku*, Moderna Museet, Stockholm, 2005; *Be Nice or Leave*, Galerie Peter Kilchmann, Zurich, 2005; *Terraines vagues*, Galeri Michel Rein, Paris, 2005; *Home Again*, National Gallery of Bosnia and Herzegovina; and Ars Aevi Museum of Contemporary Art, Sarajevo, 2006.
She has taken part in major group exhibitions and international events like Manifesta 3, Ljubljana, 2000; 7th Istanbul Biennale, 2001; *40 Jahre: Fluxus und die Folgen*, Fluxusfestival, Wiesbaden, 2002; *In den Schluchten des Balkans. Eine Reportage*, Kunsthalle Fridericianum, Kassel, 2003; *Blood and Honey*, Sammlung Essl, Vienna, 2003; the Bosnian Pavilion at the 50. Venice Biennale, 2003; *Non toccare la donna bianca: Arte contemporanea tra diversità e liberazione*, Fondazione Sandretto Re Rebaudengo, Turin, 2004; BIACS (Bienal Internacional de Arte Contemporáneo de Sevilla), Seville, 2004; *The Government*, Secession, Vienna, 2005; and *Be What You Want But Stay Where You Are*, Witte de With, Rotterdam, 2005. Recently she has shown at *Smile Machines* at the Festival Transmediale, Berlin, 2006; *Witnesses/Testigos*, NMAC Foundation, Cadiz, Spain, 2006; and *Paranoia*, Leeds City Art Gallery, Leeds, 2006.

YAEL BARTANA
Born in 'Afula, Israel, in 1970, she lives and works in Amsterdam and Tel Aviv.
She has held numerous solo exhibitions in Europe, Israel, and the United States including *Variables XYZ*, The Israeli Center of Digital Art, Holon, 2002; *Kings of the Hill*, Herzliya Museum of Contemporary Art, Herzliya, Israel, 2003, and *Selected Works 1996-2002*, Annet Gelink Gallery, Amsterdam, 2003; *Three Works*, MIT List Visual Arts Center, Cambridge, USA, 2004, and *Yael Bartana*, Sommer Contemporary Art, Tel Aviv, 2004; and *Yael Bartana*, Kunstverein, Hamburg, 2006.
She has taken part in major group exhibitions like *In the Mean Time...*, De Appel, Amsterdam, 2001; Manifesta 4, Frankfurt, 2002, and the 4th Gwangju Biennale, South Korea, 2002; 1st Prague Biennale, 2003, and *Special Projects*, P.S. 1 Contemporary Art Center, New York, 2003; Busan Biennale, South Korea, 2004; Liverpool Biennial, 2004, and *Time Zones: Recent Film and Video*, Tate Modern, London, 2004; *Prix de Rome.NL*, De Appel, Amsterdam, 2005; 9th Istanbul Biennale, 2005, and *Traum und Trauma*, Haus der Kulturen der Welt, Berlin, 2005. Recently she has shown at *Art of Living: Contemporary Photography and Video from the Israel Museum*, Contemporary Jewish Museum, San Francisco, 2006, and *Three Artists, Three Different Ways of Looking at Our World*, Van Abbemuseum, Eindhoven, 2006. Her films and videos have been screened at the most important international film festivals, including *Transmediale*, Berlin, 2003 and 2004; Impakt Festival, Utrecht, 2003, and Kasseler Documentarfilm und Videofest, Kassel, 2003; VIPER Basel 2002, International Competition Film/Video Programme, Basel, 2002; and International Film Festival Rotterdam, 2002.

BANU CENNETOGLU
Born in Ankara in 1970, she lives and works in Istanbul.
Her first solo show was held in Paris, Galerie Colette, 1998, and her most recent events include *False Witness*, a book launching, Istiklal Caddesi 459, Istanbul, 2003.
In recent years, she has taken part in important international exhibitions, including *No More Than I Know*, Australian Centre for Photography, Sydney, 2003; *Vision 01*, Moscow House of Photography, Moscow, 2003; *Into the Breach*, Smart Project Space, Amsterdam, 2003; *Brothers, Sisters, and Birds*, Badischer Kunstverein, Karlsruhe; 3rd Berlin Biennale, 2004; *On Mobility*, De Appel, Amsterdam, 2005; *Information/Transformation*, Extra City Center for Contemporary Art, Antwerp, 2005; *Sweet Taboos*, (Episodes 5), 3rd Tirana Biennale, Albania, 2005; *Pixels of Reality*, PSWAR, Amsterdam, 2006.
Since 2006 she has been a supporter and organizer of BAS in Istanbul, a project/space for the promotion, collection, and production of books by young photographers.
In addition to her photographs and videos, Cennetoglu has been involved in numerous publishing projects that explore the form of the art book, regarded as a work in its own right rather than as documentation, including *A False Witness*, 2003 and *15 Scary Asian Men*, 2005, a multiple book-in-progress.

MAGALI CLAUDE
Born in Paris in 1964, she lives and works in Paris.
As a multimedia artist, she has held solo exhibitions in Europe and the United States, including *Lu Chora. Les rumeurs*, Art 3, Valence, France, 1995; *La chambre de Victoire*, c/o Victoire Dubruel, Bagnolet, France, 1996; *Avatars. The Rumours*, Creative Time, New York, 1997; *On peut pas toujours couper le son*, Galerie des Beaux-Arts de Mulhouse, France, 1998; *Les gestes du travail*, Galerie Le Grand Wazoo, Amiens, 1998, and *Through*, Printed Matter, New York, 1998.
Since the mid-nineties she has participated in numerous group exhibitions, such as *Un papillon sur la roue*, Palais des Arts, Toulouse, 1994; *La ville en chantier*, Le Magasin, Grenoble, 1998; *+ 8 + 7 + 3 + 1 - 1 –5*, San Casciano dei Bagni, Italy, 1998; *Revue Parlée*, Centre Georges Pompidou, Paris, 1999, and *Faiseurs d'Histoires*,

1998; *+ 8 + 7 + 3 + 1 - 1 –5*, San Casciano dei Bagni, Italia, 1998; *Revue Parlée*, Centre Georges Pompidou, Parigi, 1999 e *Faiseurs d'Histoires*, Casino du Luxembourg, Forum d'art contemporain, Lussemburgo, 1999; *Chiffren + Legenden*, Hartware, Dortmund, 2001; *Biennale de l'Urgence*, Palais de Tokyo, Parigi, 2005; e recentemente *Go Inside*, Tirana Biennale 3, Tirana, Albania, 2006 e *La force de l'art*, Nef du Grand Palais, Parigi, 2006.

DANICA DAKIĆ

Nata a Sarajevo, Bosnia-Erzegovina, nel 1962, vive e lavora tra Düsseldorf e Sarajevo.
Tra le numerose mostre personali ricordiamo *go_HOME*, (con Sandra Sterle), CEC International Partners/ArtsLink, New York, 2001; *Prayer*, Kunstverein Ulm, Ulm, 2002; *Solares*, 2ª Bienal de Valencia, Valencia, 2003, e *a cappella*, National Gallery of Bosnia and Herzegovina, Sarajevo, 2003; *Displaced*, Neuer Berliner Kunstverein, Berlino, 2005 e recentemente nel 2006 *PubliCity: Constructing the Truth*, all'interno di Duisburger Akzente, Festival delle Culture del Nordrhein-Westfalen, Duisburg, Germania.
Ha partecipato a importanti mostre collettive in Europa come *After the Wall*, Moderna Museet, Stoccolma; Museum für Gegenwartskunst Hamburger Bahnhof, Berlino e Ludwig Museum, Budapest, 1999-2001. Nel 2003 è invitata a *Poetic Justice*, 8ª Istanbul Biennale. Nel 2004 partecipa a *In Exile*, 13ª Biennale di Arti Grafiche di Tallinn, Estonia, e a *Passage d'Europe*, Musée d'Art Moderne, Saint-Étienne. Espone anche in *How Do We Want To Be Governed? (Figure and Ground)*, Miami Art Central, Miami. Nel 2005 partecipa a *Be What You Want But Stay Where You Are*, Witte de With, Rotterdam. Nel 2006 è invitata a *40yearsvideoart.de*, mostra itinerante al K21 Kunstsammlung Nordrhein-Westfalen, Düsseldorf; ZKM Zentrum für Kunst und Medientechnologie, Karlsruhe; Kunsthalle Bremen, Brema; Museum der Bildenden Künste Leipzig, Lipsia; Städtische Galerie im Lenbachhaus München, Monaco.

LATIFA ECHAKHCH

Nata a El Khnansa, Marocco, nel 1974, vive e lavora a Parigi.
Recentemente ha tenuto mostre personali in alcune istituzioni e gallerie francesi, tra cui *Words Don't Come Easy to Me*, Espace Premier Regard, Parigi, 2002; *Call Box*, La Box, Bourges, Francia, 2004; *Désert*, Le Showroom, Parigi, 2005; *promesse*, Ecole des Beaux Arts, Valence, Francia, 2006.

Ha preso parte a importanti mostre collettive internazionali come *ONLY*, Post Diplôme de Lyon, Centre National de la Photographie, Parigi, 2002; *Synchretic Attitude*, Silpakorn University, Bangkok, Thailandia, 2003 e *Formen der Organisation*, Kunstraum der Universität, Lüneburg e Galerie der Hochschule für Gestaltung und Buchkunst, Lipsia, 2003; *Occupation #1/Time Line (lancement)*, Musée d'Art Contemporain Val-de-Marne, Vitry, Francia, 2004; *Just What Is That Makes Today's Homes so Different so Appealing?*, Les Subsistances, Lione, 2005; *Escape Espace*, Speelhoven, Aarshot, Belgio, 2005; *Looking at America*, Hohenlohe & Kalb Galerie, Vienna, 2005; e *Go Inside*, nell'ambito della Tirana Biennale 3, National Gallery of Art, Tirana, Albania, 2005. Nell'ultimo anno ha partecipato a *O.T.*, Hungarian Cultural Institute, Berlino, 2006; *La fabrique: An Extended Field of Action*, AK28, Stoccolma, 2006; *La force de l'art*, Grand Palais, Parigi, 2006; e *Strategies of Learning*, Periferic 7 - International Biennial for Contemporary Art, Iasi, Romania, 2006.

HUANG YONG-PING

Nato a Xiamen, Cina, nel 1954, vive e lavora a Parigi.
Ha tenuto numerose mostre personali in spazi museali e importanti gallerie, tra cui *Taigong Fishing, Willing to Bite the Bait*, Jack Tilton Gallery, New York, 2000; *Om Mani Padme Hum*, Barbara Gladstone Gallery, New York, 2002; *Un cane italiano*, Galerie Beaumontpublic, Lussemburgo, 2003; *House of Oracles*, Walker Art Center, Minneapolis, USA, 2004, e recentemente *Panthéon*, Centre international d'art et du paysage de l'Ile de Vassivière, Vassivière, Francia, 2006.
Ha partecipato a importanti mostre collettive e rassegne internazionali tra le più recenti la Bienal de São Paulo, San Paolo, Brasile, 2002 e 2004; *Iconoclash*, ZKM Zentrum für Kunst und Medientechnologie, Karlsruhe, 2002; *Z.O.U. - Zone of Urgency* nell'ambito della 50. Biennale di Venezia, Venezia, 2003 e *Arte y naturaleza II*, Montenmedio Arte Contemporáneo, Vejer de la Frontera, Cádiz, Spagna, 2003; e la 3ª Liverpool Biennial, Liverpool, 2004, oltre a *Le moine et le démone*, Musée d'Art Contemporain de Lyon, Lione, 2004; *Contrepoint - De l'objet d'art à la sculpture*, Musée du Louvre, Parigi, 2005 e *La force de l'Art*, Grand Palais, Parigi, 2006.

MELLA JAARSMA

Nata a Emmeloord, Paesi Bassi, nel 1960, vive e lavora a Yogyakarta, Indonesia.
Attiva dalla metà degli anni Novanta, ha tenuto numerose mostre personali. Tra le più recenti *Saya makan kamu*

makan saya, Galerie Lembaga, Perancis, Indonesia e Cemeti Art House, Yogyakarta, 2000; *I Eat You Eat Me*, The Art Center, Center of Academic Resources, Chulalongkorn University, Bangkok, Thailandia, 2001; *The Shelter*, Valentine Willy Gallery, Kuala Lumpur, Malaysia, 2004; e recentemente *Shelter Me*, Gaya Fusion Art Space, Ubud, Bali, Indonesia, 2006; e *De meeloper/The Follower*, Artoteek Den Haag, L'Aia, 2006.
Ha partecipato a numerose mostre collettive internazionali come *Third Asia-Pacific Triennial*, Queensland Art Gallery, Brisbane, Australia, 1999; *Reformasi Indonesia*, Museum Nusantara, Delft, Paesi Bassi, 2000; *ARS 01*, Kiasma Museum, Helsinki, 2001; *OPEN 2002*, 5ª Esposizione Internazionale di Sculture e Installazioni, Venezia, 2002 e Gwangju Biennale, Gwangju, Corea del Sud, 2002; *Country-bution*, nell'ambito della VII Yogyakarta Biennale, Yogyakarta, 2003; *Identities versus Globalisation*, Chang Mai Art Museum, Chang Mai, Thailandia; Museum of Contemporary Art, Bangkok e Dahlem Museum, Berlino, 2004; *Asian Traffic*, Asia-Australia Contemporary Arts Centre, Sydney, 2004; *Taboo and Transgression in Contemporary Indonesian Art*, Herbert F. Johnson Museum of Art, Cornell University, Ithaca, New York, 2005; Yokohama 2005 International Triennale of Contemporary Art, Yokohama, 2005; *Go Inside*, nell'ambito della Tirana Biennale 3, Tirana, Albania, 2005. Recentemente è stata invitata a *Flucht Vertreibung Intergration*, Haus der Geschichte der Bundesrepublik Deutschland, Bonn; Deutschen Historischen Museum, Berlino e Zeitgeschichtlichen Forum, Lipsia, 2006, e a *Nederland 1*, Museum Gouda, Gouda, 2006.

KOO JEONG-A

Nata a Seoul, Corea del Sud, nel 1967, vive e lavora tra Parigi e Berlino.
Ha tenuto mostre personali in spazi museali e gallerie internazionali come *To Fall to Dive*, Shima/Islands, Kyoto, 2001, e Yvon Lambert, Parigi, 2001; *3355*, Secession, Vienna, 2002; *121002 very*, CCA Kitakyushu Project Gallery, Kitakyushu, Giappone, 2002; *The Land of Ousss*, The Douglas Hyde Gallery, Dublino, 2002; Artpace San Antonio, San Antonio, Texas, USA, 2003 e *Koo Jeong-A - Your Tree My Answer*, Yvon Lambert, New York, 2003; *Wednesday*, Portikus im Leinwandhaus, Francoforte, 2004 e *Koo Jeong-A*, Centre Pompidou, Espace 315, Parigi, 2004.
Tra le numerose e importanti collettive e rassegne internazionali *Generation Z*, P.S. 1 Contemporary Art Center, New York, 1999; *Art Unlimited*, Art 32 Basel, Basilea, 2001 e la Yokohama

Casino du Luxembourg, Forum d'art contemporain, Luxembourg, 1999; *Chiffren + Legenden*, Hartware, Dortmund, 2001; *Biennale de l'Urgence*, Palais de Tokyo, Paris, 2005; and recently *Go Inside*, 3rd Tirana Biennale, 2006, and *La force de l'art*, Nef du Grand Palais, Paris, 2006.

DANICA DAKIĆ
Born in Sarajevo, Bosnia-Herzegovina, in 1962, she lives and works in Düsseldorf and Sarajevo.
Among her numerous solo shows it is worth mentioning: *go_HOME* (with Sandra Sterle), CEC International Partners/ArtsLink, New York, 2001; *Prayer*, Kunstverein Ulm, 2002; *Solares*, 2nd Bienal de Valencia, 2003; *e a cappella*, National Gallery of Bosnia and Herzegovina, Sarajevo, 2003; *Displaced*, Neuer Berliner Kunstverein, Berlin, 2005; and more recently, in 2006, *PubliCity: Constructing the Truth*, as part of the Duisburger Akzente, Festival of Culture of Nordrhein-Westfalen, Duisburg, Germany.
She has taken part in important group exhibitions in Europe, including *After the Wall*, Moderna Museet, Stockholm; Museum für Gegenwartskunst Hamburger Bahnhof, Berlin, and Ludwig Museum, Budapest, 1999–2001. In 2003, she was invited to show at *Poetic Justice*, 8th Istanbul Biennale. In 2004, she participated in *In Exile*, 13th Biennial of Graphic Arts in Tallinn, Estonia, and *Passage d'Europe*, Musée d'Art Moderne, Saint-Étienne. She also exhibited at *How Do We Want To Be Governed? (Figure and Ground)*, Miami Art Central. In 2005, she took part in *Be What You Want But Stay Where You Are*, Witte de With, Rotterdam. In 2006, she was invited to participate in *40yearsvideoart.de*, a traveling exhibition staged at the K21 Kunstsammlung Nordrhein-Westfalen, Düsseldorf; ZKM Zentrum für Kunst und Medientechnologie, Karlsruhe; Kunsthalle Bremen; Museum der Bildenden Künste Leipzig; and Städtische Galerie im Lenbachhaus München.

LATIFA ECHAKHCH
Born at El Khnansa, Morocco, in 1974, she lives and works in Paris.
Recently she has held solo exhibitions at a number of French institutions and galleries, including *Words Don't Come Easy to Me*, Espace Premier Regard, Paris, 2002; *Call Box*, La Box, Bourges, 2004; *Désert*, Le Showroom, Paris, 2005; *promesse*, Ecole des Beaux Arts, Valence, France, 2006.
She has taken part in major international group exhibitions like *ONLY*, Post Diplôme de Lyon, Centre National de la Photographie, Paris,

2002; *Synchretic Attitude*, Silpakorn University, Bangkok, 2003, and *Formen der Organisation*, Kunstraum der Universität, Lüneburg, and Galerie der Hochschule für Gestaltung und Buchkunst, Leipzig, 2003; *Occupation #1 / Time Line (lancement)*, Musée d'Art Contemporain Val-de-Marne, Vitry, 2004; *Just What Is That Makes Today's Homes so Different so Appealing?*, Les Subsistances, Lyons, 2005; *Escape Espace*, Speelhoven, Aarshot, Belgium, 2005; *Looking at America*, Hohenlohe & Kalb Galerie, Vienna, 2005; and *Go Inside*, at the 3rd Tirana Biennale, National Gallery of Art, Tirana, 2005. Over the last year she has participated in *O.T.*, Hungarian Cultural Institute, Berlin, 2006; *La fabrique: An Extended Field of Action*, AK28, Stockholm, 2006; *La force de l'art*, Grand Palais, Paris, 2006; and *Strategies of Learning*, Periferic 7 - International Biennial for Contemporary Art, Iasi, Romania, 2006.

HUANG YONG-PING
Born in Xiamen (Amoy), China, in 1954, he lives and works in Paris.
He has held numerous solo exhibitions at museums and major galleries, including *Taigong Fishing, Willing to Bite the Bait*, Jack Tilton Gallery, New York, 2000; *Om Mani Padme Hum*, Barbara Gladstone Gallery, New York, 2002; *Un cane italiano*, Galerie Beaumontpublic, Luxembourg, 2003; *House of Oracles*, Walker Art Center, Minneapolis, USA, 2004; and, most recently, *Panthéon*, Centre International d'Art et du Paysage de l'Ile de Vassivière, France, 2006.
He has participated in important group exhibitions and international events. Some of the most recent have been the Bienal de São Paulo, 2002 and 2004; *Iconoclash*, ZKM Zentrum für Kunst und Medientechnologie, Karlsruhe, 2002; *Z.O.U. - Zone of Urgency* at the 50. Venice Biennale, 2003, and *Arte y naturaleza II*, Montenmedio Arte Contemporáneo, Vejer de la Frontera, Cadiz, Spain, 2003; the 3rd Liverpool Biennial, 2004; *Le moine et le démone*, Musée d'Art Contemporain de Lyon, 2004; *Contrepoint - De l'objet d'art à la sculpture*, Musée du Louvre, Paris, 2005; and *La force de l'Art*, Grand Palais, Paris, 2006.

MELLA JAARSMA
Born at Emmeloord, the Netherlands, in 1960, she lives and works in Yogyakarta. Active since the mid-nineties, she has held numerous solo exhibitions.
Among the most recent: *Saya makan kamu makan saya*, Galerie Lembaga, Perancis, Indonesia, and Cemeti Art House, Yogyakarta, 2000; *I Eat You Eat Me*, The Art Center, Center of Academic Resources, Chulalongkorn University, Bangkok, 2001; *The Shelter*, Valentine Willy Gallery, Kuala Lumpur, 2004; and

most recently, *Shelter Me*, Gaya Fusion Art Space, Ubud, Bali, Indonesia, 2006; and *De meeloper/The Follower*, Artoteek Den Haag, The Hague, 2006.
She has taken part in numerous group exhibitions in various parts of the world, including the Third Asia-Pacific Triennial, Queensland Art Gallery, Brisbane, Australia, 1999; *Reformasi Indonesia*, Museum Nusantara, Delft, the Netherlands, 2000; *ARS 01*, Kiasma Museum, Helsinki, 2001; *OPEN 2002*, 5th International Exposition of Sculptures and Installations, Venice, 2002; Gwangju Biennale, South Korea, 2002; *Country-bution*, at the 7th Yogyakarta Biennale, Yogyakarta, 2003; *Identities versus Globalization*, Chang Mai Art Museum, Chang Mai, Thailand, the Museum of Contemporary Art, Bangkok, and Dahlem Museum, Berlin, 2004; *Asian Traffic*, Asia-Australia Contemporary Arts Centre, Sydney, 2004; *Taboo and Transgression in Contemporary Indonesian Art*, Herbert F. Johnson Museum of Art, Cornell University, Ithaca, New York, 2005; Yokohama 2005 International Triennale of Contemporary Art, Yokohama, Japan, 2005; and *Go Inside*, at the 3rd Tirana Biennale, Albania, 2005. Recently she has been invited to show at *Flucht Vertreibung Intergration*, Haus der Geschichte der Bundesrepublik Deutschland, Bonn, Deutschen Historischen Museum, Berlin, and Zeitgeschichtlichen Forum, Leipzig, 2006, and at *Nederland 1*, Museum Gouda, Gouda, the Netherlands, 2006.

KOO JEONG-A
Born in Seoul, South Korea, in 1967, she divides her time between Paris and Berlin.
She has held solo exhibitions in museums and galleries in various parts of the world, including *To Fall to Dive*, Shima/Islands, Kyoto, 2001, and Yvon Lambert, Paris, 2001; *3355*, Secession, Vienna, 2002; *121002 very*, CCA Kitakyushu Project Gallery, Kitakyushu, Japan, 2002; *The Land of Ouss*, Douglas Hyde Gallery, Dublin, 2002; Artpace San Antonio, San Antonio, Texas, USA, 2003; *Koo Jeong-A - Your Tree My Answer*, Yvon Lambert, New York, 2003; *Wednesday*, Portikus im Leinwandhaus, Frankfurt, 2004; and *Koo Jeong-A*, Centre Pompidou, Espace 315, Paris, 2004.
Among the numerous and important joint exhibitions and international events in which she has taken part: *Generation Z*, P.S. 1 Contemporary Art Center, New York, 1999; *Art Unlimited*, Art 32 Basel, 2001, and the International Triennale of Contemporary Art, Yokohama, 2001; *Less Ordinary*, ArtSonje Center, Seoul, South Korea, 2002; *Open Garden*,

Contemporary Art, Yokohama, 2001; *Less Ordinary*, ArtSonje Center, Seoul, Corea del Sud, 2002; *Open Garden*, Watarium Museum of Contemporary Art, Tokyo, 2003; 50. Biennale di Venezia, Venezia, 2003; *Singular Forms (Sometimes Repeated)*, Guggenheim Museum, New York, 2004 e la Biennale of Sydney, 2004; *Emergency Biennale in Chechnya/Bolzano Stop*, Palais de Tokyo, Parigi; Matrix Art Project, Bruxelles ed EURAC, the European Academy, Bolzano, 2005. Recentemente ha partecipato a *Not All Is Visible - Works from the Astrup Fearnley Collection*, Astrup Fearnley Museum of Modern Art, Oslo, Norvegia, 2006. Sempre nel 2006 l'artista ha realizzato per Swiss Re Centre for Global Dialogue *R [Do soul's wander?]*, libro d'artista che segue di quattro anni *The Land of Ouss [the smallhours of love]*, volume di disegni realizzato per la Douglas Hyde Gallery, Dublino.

H.H. LIM
Nato in Malaysia, nel 1954, vive e lavora a Roma.
Ha tenuto numerose personali, tra cui recentemente in Italia *Punto di vista*, Museo Manzù, Ardea, Roma, 2005; *Il buco*, Galleria Pio Monti, Roma, 2006 e *Parole/Project*, Nmb Studio, Torino, 2006.
Ha partecipato a importanti mostre collettive in Italia e all'estero tra cui *Artisti suonati*, Trevi Flash Art Museum, Trevi, Perugia, 2001; *Le tribù dell'arte*, MACRO Museo d'Arte Contemporanea Roma, Roma, 2001; *Dream 2*, Red Mansion Foundation, Londra, 2002; *Le opere e i giorni*, Certosa di San Lorenzo, Padula, Salerno, 2002; *Speechless*, IT Park, Taipei, Taiwan, 2002; *Pagine nere*, Galleria L'Attico, Roma, 2003; *Urban Flashes*, workshop, Platform Garanti Contemporary Art Center, Istanbul, 2003; Musée National des Beaux Arts d'Algerie, Algeri, 2004; *A l'Ouest du Sud de l'Est/A l'Est du Sud de l'Ouest*, Villa Arson, Nizza, 2004; Centre Régional d'Art Contemporain, Sète, Francia, 2004; e in anni recenti *20x20 Artisti dalla Galleria Nazionale d'Arte Moderna 1980-2000*, Castello Colonna, Genazzano, 2005; *Sweet Taboo*, e *Go Inside*, nell'ambito della Tirana Biennale 3, Tirana, Albania, 2005; *Super*, Frac des Pays de la Loire, Carquefou, Francia, 2006; *Infiltration*, Canton Museum of Art, Canton, Cina, 2006; Biennale Adriatica di Arti Nuove, San Benedetto del Tronto, 2006.

ELENA NEMKOVA
Nata a Dushanbe, Tagikistan, nel 1971, vive e lavora tra Milano e San Pietroburgo.
Ha tenuto numerose mostre personali in gallerie internazionali, come *Anaesthetic*, Borey Art Gallery, San Pietroburgo, Russia, 2000; *Valuable Stamps*, Galleria Estro, Padova, 2000; *Induction*, Konstepidemin Galerie, Gothenburg, Svezia, 2002; *Snowscape*, Kavgolovo, San Pietroburgo, Russia, 2004 e *Serious Attack*, Buchsenhausen.lab, Innsbruck, Austria, 2004; e recentemente *3500cm²*, Bluroom RialtosantAmbrogio, Roma, 2006.
Ha partecipato a importanti mostre collettive in gallerie e spazi istituzionali tra cui *Chaos & Communication*, Biennale dei Giovani Artisti del Mediterraneo, Sarajevo, 2001; *Border Stories*, IX Biennale Internazionale di Fotografia, Torino, 2001; *Touches on Terrorism*, Museum of New Arts, Detroit, USA, 2002; *Assab One: La generazione dell'arte emergente in Italia*, ex GEA, Milano, 2004; *We Surely Will Be Confused*, ex Ticosa, Como, 2004 e recentemente *This Insane World*, VVV Festival, Los Angeles, 2005; *Urban Flesh and Blood*, Barikada cinema, Kaliningrad, Russia, 2005.

NI HAIFENG
Nato a Zhoushan, Cina, nel 1964, vive e lavora ad Amsterdam.
Ha esordito nella seconda metà degli anni Novanta e da allora ha tenuto numerose mostre personali. Tra le più recenti *No Man's-land*, Lumen Travo Gallery, Amsterdam, 2001; *Multiple Lies*, GEM Museum of Contemporary Art, L'Aia, 2003; *Xeno-Writings - Ni Haifeng*, Museum Het Domein, Sittard, Paesi Bassi, 2004; *Of the Arrival and the Departure*, Het Museum Prinsenhof, Delft, Paesi Bassi, 2005; *Of the Departure and the Arrival*, KunstRAI, Amsterdam (con la Lumen Travo Gallery, Amsterdam), 2006.
Ha partecipato a numerose mostre collettive in spazi istituzionali e gallerie private tra cui *Unpacking Europe*, Museum Boijmans Van Beuningen, Rotterdam, 2001; *Synthetic Reality*, East Modern Art Center, Pechino, 2002 e *Mirage*, Suzhou Art Museum, Suzhou, Cina, 2002; *In or Out: Dutch Contemporary Art 2003*, National Museum of Contemporary Art, Seoul, Corea del Sud, 2003; *A l'Ouest du Sud de l'Est/A l'Est du Sud de l'Ouest*, Villa Arson, Nizza, e Centre Régional d'Art Contemporain, Sète, Francia, 2004 e alla quinta Shanghai Biennale, Shanghai Art Museum, Shanghai, 2004. Nel 2005 è invitato alla 2ª Guangzhou Triennial, Guangdong Art Museum, Guangzhou, Cina e a *Poldermodellen - Een tentoonstelling van hedendaagse kunst uit Nederland in Marokko*, Musée Dar Si Saïd, Marrakech, Marocco/Mondriaan Foundation, 2005; e *Out of Sight*, De Appel, Amsterdam, 2005. Nel 2006 partecipa a *Roam Is My Home*, CM Studio, Centraal Museum Utrecht, Utrecht e *Nederland*, Museum Gouda, Gouda, Paesi Bassi, 2006.

ADRIAN PACI
Nato a Scutari, Albania, nel 1969, vive e lavora a Milano.
Dalla metà degli anni Ottanta ha tenuto numerose mostre personali in gallerie private e spazi pubblici tra cui: National Gallery of Art, Tirana, 1996; Bildmuseet, Umeå, Svezia, 2001; Galleria Francesca Kaufmann, Milano, 2002, 2004; GAMeC Galleria d'Arte Moderna e Contemporanea, Bergamo, 2002; Baltic Art Center, Gotland, Svezia, 2003; P.S. 1 Contemporary Art Center, New York, 2005; Yale University, Connecticut, 2005; *Perspective 147: Adrian Paci*, Contemporary Arts Museum, Houston, 2005 e Moderna Museet, Stoccolma, 2005. Più recentemente ricordiamo le personali tenute presso la Galleria Civica, Modena, 2006 e presso il BAK, basis voor actuele kunst, Utrecht, 2006.
Tra le collettive segnaliamo la 48. Biennale di Venezia, Venezia, 1999 e *Lost & Found*, De Waag Center for Electronic Media, Amsterdam, 1999; Kasseler Dokumentarfilm und Videofest, Kassel, 2000; Manifesta 3, Lubiana, 2000; 1ª Bienal de Valencia, Valencia, 2001 e Tirana Biennale 1, Tirana, 2001: *EXIT*, Fondazione Sandretto Re Rebaudengo, Torino, 2001; *The Horse Would Know but the Horse Can't Speak*, Premio Furla, Fondazione Querini Stampalia, Venezia, 2002; *In den Schluchten des Balkan: Kunst aus dem Südosten Europas*, Kunsthalle Fridericianum Kassel, Kassel, 2003 e *Se Bashku*, Tirana Biennale 2, 2003; *Blood and Honey*, Sammlung Essl, Vienna, 2003; *New Video, New Europe*, Renaissance Society, Chicago; Contemporary Art Museum, St. Louis e The Tate Modern, Londra, 2004; Biennale di Siviglia, 2004; Biennale di Cetinje, Montenegro, 2004; Triennale di Tallinn, Estonia, 2004 Photography Festival, Berlino, 2005; ArtFilm Biennale, Colonia, 2005; *Sempre un po' più lontano*, 51. Biennale di Venezia, 2005; Göteborg International Biennial for Contemporary Art, Göteborg, Svezia, 2005; *Zones of Contact*, Biennale of Sydney, 2006; *Painting as a Way of Living*, Istanbul Modern Art Museum, Istanbul, 2006; *Ecce Uomo*, Spazio Oberdan, Milano, 2006 e Busan Biennale, Busan, Corea del Sud, 2006.

PASCALE MARTHINE TAYOU
Nato a Yaundé, Camerun, vive e lavora tra Bruxelles e Yaundé.
Ha tenuto mostre personali in spazi museali e gallerie private tra cui *Crazy Nomad*, Lombard-Freid Fine Arts, New

Watarium Museum of Contemporary Art, Tokyo, 2003; 50. Venice Biennale, 2003; *Singular Forms (Sometimes Repeated)*, Guggenheim Museum, New York, 2004, and the Sydney Biennale, 2004; *Emergency Biennale in Chechnya/Bolzano Stop*, Palais de Tokyo, Paris; Matrix Art Project, Brussels and EURAC, The European Academy, Bolzano, Italy, 2005. Recently she has participated in *Not All Is Visible - Works from the Astrup Fearnley Collection*, Astrup Fearnley Museum of Modern Art, Oslo, Norway, 2006. Also in 2006, she produced for the Swiss Re Centre for Global Dialogue the artist's book *R [Do soul's wander?]*, published four years after *The Land of Ouss [the smallhours of love]*, a volume of drawings made for the Douglas Hyde Gallery, Dublin.

H.H. LIM
Born in Malaysia in 1954, he lives and works in Rome.
He has held numerous solo exhibitions, of which the most recent in Italy were: *Punto di vista*, Museo Manzù, Ardea, Rome, 2005; *Il buco*, Galleria Pio Monti, Rome, 2006, and *Parole/Project*, Nmb Studio, Turin, 2006.
He has taken part in major group exhibitions in Italy and abroad, including: *Artisti suonati*, Trevi Flash Art Museum, Trevi, Italy, 2001; *Le tribù dell'arte*, MACRO, Rome, 2001; *Dream 2*, Red Mansion Foundation, London, 2002; *Le opere e i giorni*, Certosa di San Lorenzo, Padula, Salerno, Italy, 2002; *Speechless*, IT Park, Taipei, 2002; *Pagine nere*, Galleria L'Attico, Rome, 2003; *Urban Flashes*, workshop, Platform Garanti Contemporary Art Center, Istanbul, 2003; Musée National des Beaux Arts d'Algerie, Algiers, 2004; *A l'Ouest du Sud de l'Est/A l'Est du Sud de l'Ouest*, Villa Arson, Nice, 2004; Centre Régional d'Art Contemporain, Sète, France, 2004; and most recently, *20x20 Artisti dalla Galleria Nazionale d'Arte Moderna 1980-2000*, Castello Colonna, Genazzano, Italy, 2005; *Sweet Taboo* and *Go Inside*, at the 3rd Tirana Biennale, 2005; *Super*, FRAC des Pays de la Loire, Carquefou, France, 2006; *Infiltration*, Canton Museum of Art, Canton, China, 2006; and the Biennale Adriatica di Arti Nuove, San Benedetto del Tronto, Italy, 2006.

ELENA NEMKOVA
Born in Dushanbe, Tajikistan, in 1971, she lives and works in Milan and St. Petersburg.
She has held numerous solo exhibitions at galleries in various parts of the world, including: *Anaesthetic*, Borey Art Gallery, St. Petersburg, 2000; *Valuable Stamps*, Galleria Estro, Padua, 2000; *Induction*, Konstepidemin Galerie,

Gothenburg, Sweden, 2002; *Snowscape*, Kavgolovo, St. Petersburg, 2004; *Serious Attack*, Buchsenhausen.lab, Innsbruck, 2004; and most recently *3500cm²*, Bluroom RialtosantAmbrogio, Rome, 2006.
She has taken part in major group exhibitions at galleries and institutional venues, among them *Chaos & Communication*, Biennial of Young Artists from Europe and the Mediterranean, Sarajevo, 2001; *Border Stories*, IX Biennale Internazionale di Fotografia, Turin, 2001; *Touches on Terrorism*, Museum of New Arts, Detroit, 2002; *Assab One: La generazione dell'arte emergente in Italia*, ex-GEA, Milan, 2004; *We Surely Will Be Confused*, ex-Ticosa, Como, 2004; and recently *This Insane World*, VVV Festival, Los Angeles, 2005, and *Urban Flesh and Blood*, Barikada Cinema, Kaliningrad, Russia, 2005.

NI HAIFENG
Born in Zhoushan, China, in 1964, he lives and works in Amsterdam.
He made his debut in the second half of the nineties and since then he has held numerous solo exhibitions.
Among the most recent: *No Man's-Land*, Lumen Travo Gallery, Amsterdam, 2001; *Multiple Lies*, GEM Museum of Contemporary Art, The Hague, 2003; *Xeno-Writings - Ni Haifeng*, Museum Het Domein, Sittard, the Netherlands, 2004; *Of the Arrival and the Departure*, Het Museum Prinsenhof, Delft, the Netherlands, 2005; *Of the Departure and the Arrival*, KunstRAI, Amsterdam (with the Lumen Travo Gallery, Amsterdam), 2006.
He has taken part in numerous group exhibitions held at institutions and private galleries, including: *Unpacking Europe*, Museum Boijmans Van Beuningen, Rotterdam, 2001; *Synthetic Reality*, East Modern Art Center, Beijing, 2002, and *Mirage*, Suzhou Art Museum, China, 2002; *In or Out: Dutch Contemporary Art 2003*, National Museum of Contemporary Art, Seoul, 2003; *A l'Ouest du Sud de l'Est/A l'Est du Sud de l'Ouest*, Villa Arson, Nice, and the Centre Régional d'Art Contemporain, Sète, France, 2004, and *West of the South of the East/East of the South of the West*, 5th Shanghai Biennale, Shanghai Art Museum, 2004. In 2005, he was invited to show at the 2nd Guangzhou Triennial, Guangdong Art Museum, Guangzhou, China, and at *Poldermodellen - Een tentoonstelling van hedendaagse kunst uit Nederland in Marokko*, Musée Dar Si Saïd, Marrakesh, Morocco/Mondriaan Foundation, the Netherlands, 2005; and *Out of Sight*, De Appel, Amsterdam, 2005. In 2006, he participated in *Roam Is My Home*, CM Studio, Centraal Museum Utrecht, and

Nederland, Museum Gouda, the Netherlands, 2006.

ADRIAN PACI
Born in Shkodër, Albania, in 1969, he lives and works in Milan.
Since the mid-eighties he has held numerous solo exhibitions in private galleries and public spaces, including the National Gallery of Art, Tirana, 1996; Bildmuseet, Umeå, Sweden, 2001; Galleria Francesca Kaufmann, Milan, 2002 and 2004; GAMeC (Galleria d'Arte Moderna e Contemporanea), Bergamo, Italy, 2002; Baltic Art Center, Gotland, Sweden, 2003; P.S. 1 Contemporary Art Center, New York, 2005; Yale University, Connecticut, 2005; *Perspective 147: Adrian Paci*, Contemporary Arts Museum, Houston, 2005, and Moderna Museet, Stockholm, 2005. Among his more recent solo exhibitions are the ones staged at the Galleria Civica, Modena, 2006, and the BAK, basis voor actuele kunst, Utrecht, 2006.
Among group exhibitions: 48. Venice Biennale, 1999, and *Lost & Found*, De Waag Center for Electronic Media, Amsterdam, 1999; Kasseler Dokumentarfilm und Videofest, Kassel, 2000; Manifesta 3, Ljubljana, 2000; 1st Bienal de Valencia, 2001, and 1st Tirana Biennale, 2001; *EXIT*, Fondazione Sandretto Re Rebaudengo, Turin, 2001; *The Horse Would Know but the Horse Can't Speak*, Premio Furla, Fondazione Querini Stampalia, Venice, 2002; *In den Schluchten des Balkan: Kunst aus dem Südosten Europas*, Kunsthalle Fridericianum Kassel, 2003, and *Se Bashku*, 2nd Tirana Biennale, 2003; *Blood and Honey*, Sammlung Essl, Vienna, 2003; *New Video, New Europe*, Renaissance Society, Chicago; Contemporary Art Museum, St. Louis, and The Tate Modern, London, 2004; Bienal de Sevilla, Seville, 2004; Cetinje Biennale, Montenegro, 2004; Tallinn Triennale, Estonia, 2004; Berlin Photography Festival, 2005; ArtFilm Biennale, Cologne, 2005; *Sempre un po' più lontano*, 51. Venice Biennale, 2005; Göteborg International Biennial for Contemporary Art, Sweden, 2005; *Zones of Contact*, Sydney Biennale, 2006; *Painting as a Way of Living*, Istanbul Modern Art Museum, 2006; *Ecce Uomo*, Spazio Oberdan, Milan, 2006; Busan Biennale, South Korea, 2006.

PASCALE MARTHINE TAYOU
Born in Yaoundé, Cameroon, he divides his time between Brussels and Yaoundé.
He has held solo exhibitions at museums and private galleries, including *Crazy Nomad*, Lombard-Freid Fine Arts, New York, 1999; *Islands,*

York, 1999; *Islands*, ARCO, Madrid, Spagna, 2001; *Brazilisme*, Lombard-Freid Fine Arts, New York, 2002; *Le Menu Familial*, Kunsthalle Bern, Berna, 2002; *Qui perd gagne*, Palais de Tokyo, Parigi, 2002; MACRO Museo d'Arte Contemporanea Roma, Roma, 2004 e *Young Collector*, Galleria Continua, San Gimignano, 2004.
Tra le numerose collettive *Festival des Arts et de la Culture*, Douala, Camerun, 1994; *Africa: Art of Our Time*, Setegaya Art Museum, Tokyo, 1995; la 1ª e la 2ª Gwangju Biennale, Gwangju, Corea del Sud, 1995 e 1997; *Campo 6*, Fondazione Sandretto Re Rebaudengo, Torino, 1996; Biennale de l'Art Contemporain Africain, Dakar, Senegal, 1996; 6ª Bienal de la Habana, L'Avana, Cuba, 1997; 2ª Johannesburg Biennale, Johannesburg, Sud Africa, 1997; *De Rode Poort*, Museum van Hedendaagse Kunst, Gent, Belgio, 1997; *Cet été-là*, Centre Régional d'Art Contemporain de Sète, Sète, Francia, 1998; 11ª Biennale of Sydney, Sydney, 1998; Liverpool Biennial, Liverpool, 1999; *Trafique*, Stedelijk Museum voor Actuele Kunst, Gent, Belgio, 1999; Biennale di Taipei, Taiwan, 1999; Biennale de Lyon, Lione, 2000; *South Meets West*, Kunsthalle Bern, Berna, 2000; Berlin Biennale, Berlino, 2001; Documenta 11, Kassel, 2002; Bienal de São Paulo, San Paolo, Brasile, 2002; *Arte all'Arte*, Galleria Continua, San Gimignano, 2002; *Once Upon a Time*, MuHKA Museum voor Hedendaagse Kunst, Anversa, Belgio, 2004; *Africa Remix*, Hayward Gallery, Londra, 2005, e Centre Georges Pompidou, Parigi, 2005; 8ª Biennale de Lyon, Lione, 2005 e 51. Biennale di Venezia, Venezia, 2005.
Nell'ultimo anno ha partecipato a *La Force de l'Art*, Grand Palais, Parigi, 2006; *Human Game: Vincitori e vinti*, Stazione Leopolda, Firenze, 2006 e alla 9ª Bienal de La Habana, L'Avana, Cuba, 2006.

TSUYOSHI OZAWA
Nato a Tokyo, Giappone, nel 1965, vive e lavora a Tokyo.
Recentemente ha tenuto mostre personali in Giappone e in Francia come *JIZOING 1987-1999*, Ota Fine Arts, Tokyo, 2000; *Comparatively Recent Works*, Ota Fine Arts, Tokyo, 2001; *Answer with Yes and No!*, Mori Art Museum, Tokyo, 2004; e recentemente *Koropokkuru Talk to You*, Yvon Lambert, Parigi, 2005.
Tra le mostre collettive *Public Offerings*, MOCA Museum of Contemporary Art, Los Angeles, 2001 e la 1ª International Triennale of Contemporary Art, Yokohama, 2001; la 4ª Gwangju Biennale, Gwangju, Corea del Sud, 2002; *Z.O.U. - Zone of Urgency*, 50. Biennale di Venezia, Venezia, 2003; 8ª Istanbul Biennale, 2003 e *How Latitudes Become Forms*, Walker Art Center,

Minneapolis, USA e Fondazione Sandretto Re Rebaudengo, Torino, 2003; *Akimahen*, Maison Folie de Wazemmes, Lille, Francia, 2004 e *Swedish Hearts*, Moderna Museet, Stoccolma, 2004; *Beyond*, nell'ambito della 2ª Guangzhou Triennial, Guangdong Art Museum, Guangzhou, Cina, 2005. Nel 2006 ha partecipato a *Aesthetics/Dietetica*, GAMeC Galleria d'Arte Moderna e Contemporanea, Bergamo, e a *Berlin-Tokyo/Tokyo-Berlin*, Neue Nationalgalerie, Berlino.

NARI WARD
Nato a St. Andrews, Giamaica, nel 1963, vive e lavora a New York.
Dall'esordio nei primi anni Novanta ha tenuto numerose mostre personali in spazi istituzionali e gallerie private, negli Stati Uniti e all'estero tra cui *Carpet Angel*, The New Museum, New York, 1993; *Idle/Drift*, Le Magasin, Centre National d'Art Contemporain, Grenoble, Francia, 1994; *Happy Smilers: Duty Free Shopping*, Deitch Projects, New York, 1996; *Attractive Nuisance*, GAM Galleria Civica d'Arte Moderna e Contemporanea, Torino, 2001 e *Illuminated Sanctuary of Empty Sins*, per Arte all'Arte, Poggibonsi, Siena, 2001; *Saint Peter's Odyssey Salon*, Deitch Projects, New York, 2004; e recentemente *The Refinery X: A Simple Twist of Fate*, Palazzo delle Papesse, Siena, 2006.
Ha partecipato a importanti mostre collettive e rassegne internazionali come la XLV Biennale di Venezia, Venezia, 1993; Whitney Biennial of American Art, Whitney Museum of American Art, New York, 1995; *Projects: How to Build and Maintain the Virgin Fertility of Our Soul*, P.S. 1 Contemporary Art Center, New York, 1997; *I Love New York: Crossover of Contemporary Art*, Ludwig Museum, Colonia, 1998; *Global Vision: New Art from the 90s*, Deste Foundation, Atene, 1998. Negli ultimi anni ha esposto a *Quotidiana*, Castello di Rivoli Museo d'Arte Contemporanea, Rivoli-Torino, 2000; *A Room Is a World*, Kunsthalle Zürich, Zurigo, 2001; Documenta 11, Kassel, 2002 e *Fortress*, Festival di Spoleto, 2002; *Whispering Lights*, 8ª Bienal de la Habana, L'Avana, Cuba, 2003; *Garvey Carts Curator's Eye*, National Gallery of Jamaica, Kingston, Giamaica, 2004; *Double Consciousness: Black Conceptual Art Since 1970*, Contemporary Arts Museum, Houston, Texas, 2005 e recentemente *Eldorado*, MUDAM Musée d'Art Moderne Grand-Duc Jean, Lussemburgo, 2006 e *Dirty Yoga*, Taipei Biennial, Taipei, Taiwan, 2006.

SHEN YUAN
Nata a Xianyou, Cina, nel 1959, vive e lavora a Parigi.

Ha tenuto importanti personali in Europa tra cui *Sous la terre, il y a le ciel*, Kunsthalle Bern, Berna, 2000; Bluecoat, Liverpool, 2001 e, sempre nello stesso anno, Arnolfini, Bristol, UK; *Un matin du monde*, Chisenhale Gallery, Londra, e *Shen Yuan*, Institut français du Royaume-Uni, Londra; *Shen Yuan*, Kunstverein Nürtingen, Germania, 2003; Galerie Beaumontpublique, Lussemburgo, 2005.
Tra le più importanti mostre collettive la Bienal de São Paulo, Brasile, 2002; *Paris pour escale*, Musée d'Art Moderne de la Ville de Paris, Parigi, 2002; *New Zone-Chinese Art*, The Zacheta Gallery of Contemporary Art, Varsavia, Polonia, 2003; *Non toccare la donna bianca: Arte contemporanea tra diversità e liberazione*, Fondazione Sandretto Re Rebaudengo, Torino, 2004; Liverpool Biennial, Liverpool, 2004 e *Le moine et le démone*, Musée d'Art Contemporain de Lyon, Lione, 2004. Nel 2005 è invitata alla 2ª Guangzhou Triennale, Guangdong Art Museum, Guangzhou, Ciina, 2005 e nel 2006 partecipa a *La force de l'Art*, Grand Palais, Parigi.

ARCO, Madrid, 2001; *Brazilisme*, Lombard-Freid Fine Arts, New York, 2002; *Le Menu Familial*, Kunsthalle Bern, Bern, 2002; *Qui perd gagne*, Palais de Tokyo, Paris, 2002; MACRO Museo d'Arte Contemporanea Roma, Rome, 2004, and *Young Collector*, Galleria Continua, San Gimignano, Italy, 2004. Among the numerous group exhibitions in which he has participated: *Festival des Arts et de la Culture*, Douala, Cameroon, 1994; *Africa: Art of Our Time*, Setegaya Art Museum, Tokyo, 1995; 1st and 2nd Gwangju Biennale, South Korea, 1995 and 1997; *Campo 6*, Fondazione Sandretto Re Rebaudengo, Turin, 1996; Biennale de l'Art Contemporain Africain, Dakar, Senegal, 1996; 6th Bienal de la Habana, Havana, 1997; 2nd Johannesburg Biennale, 1997; *De Rode Poort*, Museum van Hedendaagse Kunst, Ghent, 1997; *Cet été-là*, Centre Régional d'Art Contemporain de Sète, Sète, France, 1998; 11th Sydney Biennale, 1998; Liverpool Biennial, 1999; *Trafique*, Stedelijk Museum voor Actuele Kunst, Ghent, 1999; Taipei Biennale, 1999; Biennale de Lyon, Lyons, 2000; *South Meets West*, Kunsthalle Bern, 2000; Berlin Biennale, 2001; Documenta 11, Kassel, 2002; Bienal de São Paulo, 2002; *Arte all'Arte*, Galleria Continua, San Gimignano, Italy, 2002; *Once Upon a Time*, MuHKA Museum voor Hedendaagse Kunst, Antwerp, 2004; *Africa Remix*, Hayward Gallery, London, 2005, and Centre Georges Pompidou, Paris, 2005; 8th Biennale de Lyon, Lyons, 2005, and 51. Venice Biennale, 2005. Over the last year he has taken part in *La Force de l'Art*, Grand Palais, Paris, 2006; *Human Game: Vincitori e vinti*, Stazione Leopolda, Florence, 2006, and the 9th Bienal de la Habana, Havana, 2006.

TSUYOSHI OZAWA
Born in 1965 in Tokyo, he lives and works in Tokyo.
Over the last few years he has held solo exhibitions in Japan and France, including *JIZOING 1987-1999*, Ota Fine Arts, Tokyo, 2000; *Comparatively Recent Works*, Ota Fine Arts, Tokyo, 2001; *Answer with Yes and No!*, Mori Art Museum, Tokyo, 2004; and most recently, *Koropokkuru Talk to You*, Yvon Lambert, Paris, 2005.
Among the group exhibitions in which he has taken part: *Public Offerings*, MOCA Museum of Contemporary Art, Los Angeles, 2001; the 1st International Triennale of Contemporary Art, Yokohama, Japan, 2001; the 4th Gwangju Biennale, South Korea, 2002; *Z.O.U. - Zone of Urgency*, 50. Venice Biennale, 2003; 8th Istanbul Biennale, 2003; *How Latitudes Become Forms*, Walker Art Center, Minneapolis, USA,

and Fondazione Sandretto Re Rebaudengo, Turin, 2003; *Akimahen*, Maison Folie de Wazemmes, Lille, France, 2004, and *Swedish Hearts*, Moderna Museet, Stockholm, 2004; and *Beyond*, at the 2nd Guangzhou Triennale, Guangdong Art Museum, China, 2005. In 2006, he participated in *Aesthetics/Dietetica*, GAMeC Galleria d'Arte Moderna and Contemporanea, Bergamo, Italy, and in *Berlin-Tokyo/Tokyo-Berlin*, Neue Nationalgalerie, Berlin.

NARI WARD
Born at St. Andrews, Jamaica, in 1963, he lives and works in New York.
Since his debut in the early nineties he has held numerous solo exhibitions at institutions and private galleries, in the United States and overseas, including *Carpet Angel*, The New Museum, New York, 1993; *Idle/Drift*, Le Magasin, Centre National d'Art Contemporain, Grenoble, 1994; *Happy Smilers: Duty Free Shopping*, Deitch Projects, New York, 1996; *Attractive Nuisance*, GAM (Galleria Civica d'Arte Moderna and Contemporanea), Turin, 2001, and *Illuminated Sanctuary of Empty Sins*, Per Arte all'Arte, Poggibonsi (Siena), 2001; *Saint Peter's Odyssey Salon*, Deitch Projects, New York, 2004; and most recently *The Refinery X: A Simple Twist of Fate*, Palazzo delle Papesse, Siena, 2006.
He has taken part in major group exhibitions and international events such as the 45. Venice Biennale, 1993; Whitney Biennial of American Art, Whitney Museum of American Art, New York, 1995; *Projects: How to Build and Maintain the Virgin Fertility of Our Soul*, P.S. 1 Contemporary Art Center, New York, 1997; *I Love New York: Crossover of Contemporary Art*, Ludwig Museum, Cologne, 1998; *Global Vision: New Art from the 90s*, Deste Foundation, Athens, 1998. In recent years, he has shown at *Quotidiana*, Castello di Rivoli Museum of Contemporary Art, Rivoli-Turin, 2000; *A Room Is a World*, Kunsthalle Zürich, 2001; Documenta 11, Kassel, 2002; *Fortress*, Spoleto Festival, Spoleto, 2002; *Whispering Lights*, 8th Bienal de la Habana, Havana, 2003; *Garvey Carts Curator's Eye*, National Gallery of Jamaica, Kingston, 2004; *Double Consciousness: Black Conceptual Art Since 1970*, Contemporary Arts Museum, Houston, 2005; and most recently *Eldorado*, MUDAM (Musée d'Art Moderne Grand-Duc Jean), Luxembourg, 2006, and *Dirty Yoga*, Taipei Biennial, 2006.

SHEN YUAN
Born in Xianyou, China, in 1959, she lives and works in Paris.
She has held major solo exhibitions in

Europe, including *Sous la terre, il y a le ciel*, Kunsthalle Bern, 2000; Bluecoat, Liverpool, 2001 and, the same year, Arnolfini, Bristol; *Un matin du monde*, Chisenhale Gallery, London, and *Shen Yuan*, Institut Français du Royaume-Uni, London; *Shen Yuan*, Kunstverein Nürtingen, Nürtingen, Germany, 2003; Galerie Beaumontpublique, Luxembourg, 2005.
Among the most important group exhibitions in which she has participated: the Bienal de São Paulo, 2002; *Paris pour escale*, Musée d'Art Moderne de la Ville de Paris, 2002; *New Zone-Chinese Art*, Zacheta Gallery of Contemporary Art, Warsaw, 2003; *Non toccare la donna bianca: Arte contemporanea tra diversità e liberazione*, Fondazione Sandretto Re Rebaudengo, Turin, 2004; Liverpool Biennial, 2004, and *Le moine et le démone*, Musée d'Art Contemporain de Lyon, Lyons, 2004. In 2005, she was invited to show at the 2nd Guangzhou Triennale, Guangdong Art Museum, China, 2005, and in 2006 she participated in *La force de l'Art*, Grand Palais, Paris.

Fotolito / Color Separation
Eurofotolit, Cernusco sul Naviglio, Milano

**Finito di stampare nel mese di ottobre 2006 presso /
Printed in October 2006 by**
Arti Grafiche Bianca & Volta, Trucazzano, Milano